"十三五"国家重点出版物出版规划

诺/贝/尔/经/济/学/奖/获/得
*Library of Nobel Laureates in Economic Sciences*

# 行为经济学及其应用

## Behavioral Economics and Its Applications

彼得·戴蒙德(Peter Diamond)
汉努·瓦蒂艾宁(Hannu Vartiainen) 编著
贺京同 等译
贺京同 校

中国人民大学出版社
·北京·

# 译者序

近年来,行为经济学在经济学各分支的研究与应用中,不断强化其主流地位。行为金融成为现代金融学的重要组成部分,已是不争的事实。然而,过去十几年在经济学的其他领域中行为经济学的进展同样也是卓有成效的。最近由美国普林斯顿大学出版社出版、彼得·戴蒙德和汉努·瓦蒂艾宁所编著的《行为经济学及其应用》正是行为经济学在公共经济学、发展经济学、法经济学、卫生经济学、工资决定理论和组织经济学等方面的最新进展和总结。

什么是主流经济学?这概念一直以来并不十分清晰。同样的概念还有经济学中的经济人(homo economicus)和字面意义上的经济人(economic man)。

不能将新古典经济学（neoclassical economics）等同于主流经济学（mainstream economics）。可以这样认为，主流经济学曾经是新古典经济学的代名词，但是任何学科都是在发展的，不论是自然科学还是社会科学。经济学也是与时俱进的。看一套理论是否属主流，其一是理论是否经得起实践的检验，其二是同行的普遍认同。近年来，行为经济学在这两方面都取得了长足进展。我们可以这样认为，行为经济学是主流经济学的重要组成部分，是主流经济学的前沿。正如著名行为经济学者凯莫勒曾畅言"行为经济学最终将不再需要'行为'一词的修饰"。

本书主要有六方面内容：第2章论述行为公共经济学，讨论了规范政策分析的新兴研究方法；第3章论述行为发展经济学，重点介绍了行为观点在发展经济学领域的潜在应用；第4章论述行为法经济学，阐释了行为法经济学的一些核心特征；第5章论述工资决策的研究，从行为经济学的视角和标准经济学视角，对工资刚性等问题进行了讨论；第6章论述行为卫生经济学，作者认为卫生部门中的制度和决策环境存在市场失灵以及决策者认知失误问题；第7章论述行为组织经济学，主要分析了行为经济学可用于对组织研究的原因，以及对与组织有关的经济问题的考察为何会丰富对人们的行为分析。

本书的翻译工作由南开大学经济学院贺京同教授主持完成。贺京同教授翻译了本书的第1章、第8章、前言、索引及第6章的部分内容；高林博士翻译了本书的第2章；路旭泽、孙苑硕士翻译了本书的第3章；冯尧博士翻译了本书的第4章；柳勇博士翻译了本书的第5章；侯文杰博士翻译了本书第6章的主要内容；那艺博士翻译了本书的第7章。最后由贺京同教授对全书的译文进行了全面校订。

在翻译出版过程中，我们得到了中国人民大学出版社的大力支持与帮助，在此表示由衷的谢意。

本书的翻译还得到了国家社科基金重点项目"贯彻落实科学发展观与实施知识产权战略研究"（项目批准号：07AJY0011）、国家自然科学基金项目"中国微观消费行为特征与宏观消费需求管理研究"（项目批准号：70773059）的支持，故本书亦属于上述科研项目的阶段性成果，在此一并表示感谢。

贺京同

2010年仲夏于南开园

# 前　言

于尔约·约翰逊基金会（Yrjö Jahnsson Foundation）成立于1954年，启动资金来源于已故经济学教授乔治·约翰逊的遗孀希尔玛·约翰逊（Hilma Jahnsson）慷慨捐献的属于他们二人的共有财产，基金的宗旨是促进芬兰在经济学、医学和卫生经济学方面的研究，维护和资助芬兰在这些领域的教育及研究设施。

国际交流是基金会极为重要的一项工作，曾有很多享誉世界的经济学家来此举办讲座或是参加研讨会，芬兰经济学界亦从中受益颇多。1963年后，基金会举办了于尔约·约翰逊经济学讲座（Yrjö Jahnsson Lectures），这是这一领域最优秀的学术讲座之一。著名的于尔约·约翰逊奖（Yrjö Jahnsson Award）每隔两年颁发一次，授予那些在经济学上作出重要贡献的欧洲年轻经济学者。此外，基金会还会每隔十年组织一次高规格的会议以庆祝其成立。

这本论文集源于为庆祝基金会成立50周年于2004年6月22—23日在赫尔辛基举行的一次国际会议。正如会议主题所表明的，这次会议的目的是讨论行为经济学在实际应用领域的作用。固然，理解在心理学上貌似合理的人类行为的特征是如何——以及应该如何——影响经济制度的设计与运行是重要的，然而，获得应用领域的反馈以了解哪些行为倾向真正起作用从而更加完善整个经济学框架也同样重要。

在此我感谢担任该项目主席的麻省理工学院的彼得·戴蒙德教授，他在制定讨论主题以及选择演讲者等方面作出了了不起的工作。同样感谢同在麻省理工学院任教的本特·霍姆斯特姆（Bengt Holmström）教授在会议开始阶段特别重要的付出。我对英国剑桥大学的塞波·洪卡波希亚教授奉献其经验与人脉关系在会议组织和论文集编纂中所给予我们的帮助表示感谢。最后，我感谢所有的发言者还有评论者以及基金会的学术部主任——汉努·瓦蒂艾宁，是他们促成了这次会议的成功。

蒂莫·拉图恩（Timo Laatunen）
基金会主席

# 相关学者列表

伊恩·艾尔斯（Ian Ayres）
耶鲁法学院
伊恩·艾尔斯是耶鲁大学法学院威廉·K·汤森（William K. Townsend）讲座教授。著书八部，发表论文上百篇，其中涉及的论题相当广泛。长期向公共电台的市场栏目供稿，在《福布斯》杂志也开有专栏。

B·道格拉斯·伯恩海姆（B. Douglas Bernheim）
斯坦福大学
B·道格拉斯·伯恩海姆是斯坦福大学爱德华·埃姆斯·埃德蒙兹（Edward Ames Edmonds）经济学讲座教授。他研究兴趣非常广泛，在公共经济学、政治经济、行为经济学、产业组织、金融经济学、博弈论和契约理论等方面均有著述。他在美国艺术与科学研究院（American Academy of Arts and Sciences）、计量经济学会（Econometric Society）、约翰·西蒙·古根海姆纪念基金会（John Simon Guggenheim Memorial Foundation Fellowship）、艾尔弗雷德·P·斯隆基金会（Alfred P. Sloan Foundation Research Fellowship）、美国国家经济研究局——奥林基金会（NBER-Olin Research Fellowship）等多个机构任研究员。曾任斯坦福大学理论经济学研究所（Stanford Institute for Theoretical Economics）主任；《美国经济评论》（American Economic Review）共同主编（Co-Editor）。

杜鲁门·F·比利（Truman F. Bewley）
耶鲁大学

杜鲁门·F·比利1970年在加州大学伯克利分校取得经济学博士学位，1971年在该校获得数学博士学位。现在是耶鲁大学艾尔弗雷德·C·考尔斯（Alfred C. Cowles）讲座教授。比利教授对一般均衡理论有所贡献。采访过商人、工会领导人和对劳动力市场有重要影响的决策制定者300多人次，并据此撰写著作 Why Wages Don't Fall During a Recession（1999）。

科林·F·凯莫勒（Colin F. Camerer）
加州理工学院（California Institute of Technology）

科林·F·凯莫勒是加州理工学院贸易经济学阿克斯林讲座教授（Axline Professor of Business Economics）。他将实验研究（experimental methods）和现场数据（field data）两种研究方法相结合，并用其研究行为经济学中的决策（decisions）、战略思考（strategic thinking）和市场（markets）等问题。最近正在探究经济学的神经基础。凯莫勒教授编著有包括 Behavioral Game Theory（2003）在内的四部著作，在期刊和书籍上发表了100多篇论文。他是计量经济学会的研究员，曾担任神经经济学协会（Society for Neuroeconomics）2005—2006年度主席。

安妮·凯斯（Anne Case）
普林斯顿大学

安妮·凯斯是普林斯顿大学经济学和公共事务教授，也是该校发展研究学研究项目主任。最近的研究重点是美国及发展中国家的经济状况与卫生状况之间的双向联系。在专业学术杂志上发表了一系列有关卫生和福利的论文。目前，她同时担任《美国经济评论》和《世界银行经济评论》(World Bank Economic Review)的主编。

迈克尔·D·科恩（Michael D. Cohen）
密歇根大学

迈克尔·D·科恩是密歇根大学复杂系统（Complex Systems）、信息（Information）和公共政策（Public Policy）威廉·D·汉密尔顿（William D. Hamilton）学院讲座教授，在《理性和社会》(Rationality and Society)和《自然》(Nature)等杂志上就组织决策问题发表了数篇论文；和罗伯特·阿克塞尔罗德（Robert Axelrod）合著有 Harnessing Complexity: Organizational Implications of a Scientific Frontier，做过关于决策过程的现场研究和反映个体程序性记忆群体路径的基础的室内实验等经验性研究。他曾是圣达菲研究院（Santa Fe Institute）的讲座学者，在施乐帕洛阿尔托研究中心（Xerox Palo Alto Research Center）也担任过长期顾问。

彼得·戴蒙德（Peter Diamond）
麻省理工学院

彼得·戴蒙德是麻省理工学院的学院教授和经济学教授，从1966年起，他就在那里教书。他曾是美国经济协会（American Economic Association）、计量经济学会和全国社会保险学会（National Academy of Social Insurance）的主席。目前，在美国艺术与科学研究院任研究员，是美国国家科学学会（National Academy of Sciences）的会员。在行为经济学、公共财政、社会保险、不确定与搜寻理论（uncertainty and search theories）和宏观经济学方面均有著述。

克里斯托弗·恩格尔（Christoph Engel）
马克斯·普朗克集体财产研究所（Max Planck Institute for Research on Collective Goods），波恩

克里斯托弗·恩格尔在图宾根（Tübingen）获得法学博士（Dr. Juris）学位，在汉堡取得大学任教资格，在奥斯纳布吕克大学（University of Osnabrück）教授过传媒法，曾领衔马克斯·普朗克公共物品

法项目（Max Planck Project Group on the Law of Common Goods）团队的研究。自 2003 年始至今一直担任波恩马克斯·普朗克集体财产研究所主任。其研究侧重于对法律问题进行行为分析，最近出版了 *Generating Predictability*（2005）和 *Heuristics and the Law*（2006）（与 Gerd Gigerenzer 合著）等著作。

理查德·G·弗兰克（Richard G. Frank）
哈佛医学院

理查德·G·弗兰克是哈佛医学院卫生保健政策系（Department of Health Care Policy）玛格丽特·T·莫里斯（Margaret T. Morris）卫生经济学讲座教授，也是国家经济研究局的副研究员，在医药研究所（Institute of Medicine）任生物科学理事（Biobehavioral Sciences Board），在多家国家精神卫生及物质滥用事务所（state mental health and substance abuse agencies）担任顾问，是《卫生经济学杂志》（*Journal of Health Economics*）的主编。获得过多个奖项，例如南部经济学协会（Southern Economic Association）颁发的乔治斯库-罗根奖（Georgescu-Roegen Prize）；美国公共保健协会（American Public Health Association）授予的卡尔·A·陶布奖（Carl A. Taube Award）；哥伦比亚大学精神病学系颁发的埃米莉·芒福德奖（Emily Mumford Medal）。

雅各布·格莱泽（Jacob Glazer）
特拉维夫大学 波士顿大学

雅各布·格莱泽是特拉维夫大学和波士顿大学的经济学教授。格莱泽教授于 1986 年在西北大学获得博士学位，其研究兴趣是卫生经济学、产业组织和经济理论。

塞波·洪卡波希亚（Seppo Honkapohja）
剑桥大学

塞波·洪卡波希亚是剑桥大学国际宏观经济学教授，此前在赫尔辛基大学任经济学教授。其研究兴趣在宏观经济学方面，尤其是学习及期望（learning and expectation）、有限理性的模型化，以及它们对货币与财政政策的影响。

克里斯廷·乔尔斯（Christine Jolls）

耶鲁法学院　国家经济研究局

克里斯廷·乔尔斯是耶鲁大学法学院教授，并分管国家经济研究局法律和经济学项目工作。作为律师和经济学家，乔尔斯教授训练有素，她在行为法学和经济学以及劳动和契约法经济学方面著述颇丰。

博托德·科斯泽基（Botond Koszegi）
加州大学伯克利分校经济系

博托德·科斯泽基是加利福尼亚大学伯克利分校经济学系副教授，2000年在麻省理工学院获博士学位。其研究重点是将与经济学相关的心理问题数学模型化，尤其关注自我控制问题、预期情绪（anticipatory emotions）和基于参考点的偏好（reference-dependent preferences）。

乌尔莉珂·马尔门迪尔（Ulrike Malmendier）
斯坦福大学

乌尔莉珂·马尔门迪尔是斯坦福大学副教授，同时在国家经济研究局和波恩的劳动研究所（Institute for the Study of Labor）任研究员。她在哈佛大学取得博士学位后，在波恩大学又取得了法学博士学位。她现在是《经济杂志》（*Economic Journal*）和《金融中介杂志》（*Journal of Financial Intermediation*）的副主编。

森德希尔·穆来纳森（Sendhil Mullainathan）
哈佛大学

森德希尔·穆来纳森是哈佛大学经济学教授，专门研究行为经济学、贫困与金融，且致力于将心理学应用到经济学中。他参与创办了贫困行动实验室（Poverty Action Lab），是国家经济研究局的助理研究员。曾被授予多种奖项，例如颇负盛名的麦克阿瑟奖（MacArthur Fellowship）。他从哈佛大学取得经济学博士学位。

安东尼奥·兰格尔（Antonio Rangel）
斯坦福大学

安东尼奥·兰格尔是斯坦福大学经济系副教授，并任斯坦福神经经济学实验室（Stanford Neuroeconomics Lab）主任。其研究兴趣包括神经经济学、心理学、经济学以及这些学科在公共政策方面的应用。

伊曼纽尔·赛斯（Emmanuel Saez）
加州大学伯克利分校

伊曼纽尔·赛斯在麻省理工学院取得博士学位。现任加州大学伯克利分校经济学教授、国家经济研究局副研究员及《公共经济学杂志》（*Journal of Public Economics*）的主编。致力于研究税收、再分配和退休储蓄（retirement savings）等方面的问题。

埃尔达·沙菲尔（Eldar Shafir）
普林斯顿大学

埃尔达·沙菲尔是普林斯顿大学心理学系的心理学教授，兼任该校伍德罗·威尔逊公共和国际事务学院（Woodrow Wilson School of Public and International Affairs）的公共事务教授。他于1988年在麻省理工学院获得认知科学博士学位。研究兴趣包括对决策制定过程的描述性研究（descriptive studies）及其对经济学和理性的含义。最近研究集中于贫困背景下决策的制定。

尼古拉斯·斯特恩爵士（Sir Nicholas Stern）
英国财政部

尼古拉斯·斯特恩爵士是英国财政部第二常务秘书，首相非洲委员会（Prime Minister's Commission for Africa）政策与研究主任，主管政府经济学服务（Government Economic Service）。此前他曾任伦敦经济学院经济学教授、世界银行首席经济学家、高级副行长。他的研究及著作重点是经济发展及增长、经济理论、税制改革、公共政策和转型过程中国家与市场的作用。著有 *Stern Review on the Economics of Climate Change*。他在牛津大学获得哲学博士学位。

让·梯若尔（Jean Tirole）
图卢兹大学

让·梯若尔是麻省理工学院的经济学博士。现任图卢兹社会科学大学产业经济研究所（Institut d'Economie Industrielle, University of Social Sciences, Toulouse）学术主任（Scientific Director）。曾于麻省理工学院执教，现在是麻省理工学院的长期客座教授。发表了150余篇论文，著有八部书，涉及产业组织、规制、博弈论、银行和金融、心理学和经济学及宏观经济学等多个领域。1993年获得欧洲经济学会授予的于尔约·约翰逊奖。

**汉努·瓦蒂艾宁（Hannu Vartiainen）**
于尔约·约翰逊基金会
汉努·瓦蒂艾宁是于尔约·约翰逊基金会的学术主任，赫尔辛基经济学院讲师。他在赫尔辛基大学取得博士学位，现从事博弈论、社会选择理论和决策理论等方面的研究。

**蒂莫西·D·威尔逊（Timothy D. Wilson）**
弗吉尼亚大学
蒂莫西·D·威尔逊于1977年在密歇根大学获博士学位，现任弗吉尼亚大学谢雷尔·J·阿斯顿心理学讲座教授（Sherrell J. Aston Professor of Psychology）。著有 *Strangers to Ourselves: Discovering the Adaptive Unconscious*（2002）。

# 目 录

- 第1章 导 论 …………………………………………………………… 1
- 第2章 行为公共经济学：非标准决策者条件下的
  福利与政策分析 ……………………………………………… 7
  - 2.1 引言 …………………………………………………………… 7
  - 2.2 福利的定义与测量 …………………………………………… 10
  - 2.3 储蓄 …………………………………………………………… 19
  - 2.4 成瘾 …………………………………………………………… 38
  - 2.5 公共产品 ……………………………………………………… 54
  - 2.6 未来之路 ……………………………………………………… 62
  - 尼古拉斯·斯特恩的评论 ……………………………………… 77
  - 伊曼纽尔·赛斯的评论 ………………………………………… 80
- 第3章 心理学与发展经济学 ……………………………………… 83
  - 3.1 引言 …………………………………………………………… 83
  - 3.2 教育面临的直接障碍 ………………………………………… 85
  - 3.3 委托、默认设置和储蓄的需求 ……………………………… 89
  - 3.4 初始设置和金融机构 ………………………………………… 94
  - 3.5 现状偏好和创新扩散 ………………………………………… 96
  - 3.6 自私偏见和评估 ……………………………………………… 101

3.7 有趣的深入方向 ………………………………………… 103
3.8 结论性意见 ……………………………………………… 109
　　安妮·凯斯的评论 …………………………………… 113

## 第4章　行为法经济学 ……………………………………… 115
4.1 引言 ……………………………………………………… 115
4.2 行为经济学和行为法经济学中的禀赋效应 …………… 117
4.3 行为法经济学的现代范畴 ……………………………… 121
4.4 行为法经济学的解说性应用 …………………………… 126
4.5 法律除偏 ………………………………………………… 135
4.6 结论 ……………………………………………………… 138
　　伊恩·艾尔斯的评论 ………………………………… 144
　　克里斯托弗·恩格尔的评论 ………………………… 148

## 第5章　公平、互惠和工资刚性 …………………………… 156
5.1 引言 ……………………………………………………… 156
5.2 工资和薪水是向下刚性的吗？ ………………………… 157
5.3 经济学家调查的证据 …………………………………… 159
5.4 实验经济学家的证据 …………………………………… 170
5.5 来自组织心理学和管理科学的证据 …………………… 176
5.6 结论 ……………………………………………………… 180
　　塞波·洪卡波希亚的评论 …………………………… 189

## 第6章　行为经济学与卫生经济学 ………………………… 195
6.1 引言与背景 ……………………………………………… 195
6.2 医生行为的模型 ………………………………………… 197
6.3 医疗需求与保险 ………………………………………… 210
6.4 最后的观察 ……………………………………………… 214
　　雅各布·格莱泽的评论 ……………………………… 220
　　博托德·科斯泽基的评论 …………………………… 227

## 第7章　行为组织经济学 …………………………………… 232
7.1 引言 ……………………………………………………… 232
7.2 对单一代理人风险激励模型的扩展 …………………… 235
7.3 多代理人情形下的公司员工行为 ……………………… 247
7.4 高级管理者与企业融资行为 …………………………… 259
7.5 有关公司治理的其他问题 ……………………………… 269
7.6 组织的反应：偏差归类、偏差修正

　　　　　以及利用偏差 …………………………………………… 270
　7.7　结论 ……………………………………………………………… 275
　　　　　迈克尔·D·科恩的评论 ………………………………… 286

第8章　分组小结 ……………………………………………………… 297
　8.1　有关决策的有争议内容和背景：
　　　　　来自埃尔达·沙菲尔的评论 ……………………………… 297
　8.2　让·梯若尔的评论 …………………………………………… 302
　8.3　蒂莫西·D·威尔逊的评论 ………………………………… 308
　8.4　彼得·戴蒙德的评论 ………………………………………… 310
　8.5　一般性的讨论 ………………………………………………… 313

索引 ……………………………………………………………………… 317

# 第1章 导 论

彼得·戴蒙德 汉努·瓦蒂艾宁[①]

在过去的十多年里，行为经济学从根本上改变了经济学家概念化（conceptualize）这个世界的方式。由于相关的人类行为特征在标准经济学框架下难以得到解释，而行为经济学拓展了标准经济学框架，从而为该问题的解决开辟了道路。[②] 通常，这需要借鉴其他社会科学，尤其是心理学和社会学中的知识。需要强调的是，大量实证结果已经表明：行为经济学的核心就是坚信——将经济中人的模型更精确化可以改善我

---

[①] 非常感激所有参与讨论的与会者，特别感谢伦敦 T&T 生产有限公司（T&T Productions Ltd.）的 Emma Dain 对本论文集的精心校对。

[②] 对这一领域发展的研究以及一些里程碑式作品，参见 Camerer et al. (2003)。

们对经济学的理解，从而也使这门学科更加有用。

很自然地，这种努力促成了一门新的分支学科的诞生。该学科研究的是与传统经济学理论相悖的反常行为，探求新的决策模型，并将其加以实际应用以验证模型的功效。行为视角更具雄心的目标是能够影响实用领域的研究者进行实证和规范分析的方式。总的来说，在应用领域中才能评价出这些新的观点的有用性。如果是有用的，人们希望，有朝一日它们能够与主流观点相融合。

基于行为背景取得进展的一个例证是金融学。行为金融学如今正在蓬勃发展，已有足够的成果保证其成为一门独立学科（Thaler，1993）。[①] 行为金融学的成功，部分源自标准的基准模型与丰富的现实数据之间相当明显的矛盾，用行为倾向填补有助于消除对金融市场和基本理论的令人不安的理解上的差异。

尽管其他应用领域没有取得相似的进展，但是没有理由认为不可以或不应当把人类的行为特征应用到其他领域。由于行为倾向考虑的是人类的一般行为，所以没有理由把它限定在某一特定领域。我们希望，这本论文集将有助于行为视角和应用领域的结合。这些论文的作者对行为理念在经济学中的应用前景极有信心，并且希望，本书能够帮助人们很好地利用这些理念，取得进步。我们不是参与对标准模型和行为路径之间的争论，而是讨论行为理念的应用。

本论文集中的文章对六个经济学领域（公共经济学、发展经济学、法经济学、卫生经济学、工资决定和组织经济学）的行为要素进行了分析。已经证明对行为的讨论有助于这些领域的发展，但行为研究尚未与其既有框架融为一体。我们没有论述金融学，因为金融学已经超越了本书中的理论贡献足以使其发生巨变的阶段。

随着越来越多的证据表明，传统的消费者决策模型在一些问题上对人类行为的实证描述不够充分，人们对行为经济学的兴趣被激发了出来。这些证据（与传统的经济模型相悖）说明，人们的能力在一些方面——尤其是理性、自我控制和自利方面是有限的。

人们处理信息能力的欠缺，证实了人们的有限理性[②]的存在。人们在做决策时，一般是采取试探方法或根据经验；而且，对事情的各种可能性的估计存在偏差，且常常过于自信。另外，人们往往会囿于似乎不

---

[①] 行为宏观经济学领域也有一些研究成果（Akerlof，2002）。
[②] 这一术语是由赫伯特·西蒙（Herbert Simon）提出的（参见 Simon，1982）。

相干的信息，不愿改变现状，厌恶损失。总之，他们不能达到期望效用的最大化（Kahneman and Tversky，1979）。①

非完全自控（incomplete self-control）是指，经济主体作出的决策常常会与他们的长期利益背道而驰。自我控制问题会导致成瘾行为、储蓄不足或拖拉延迟。与新古典观点相反，将选择集加以限制，这对意志力有限的经济主体而言是有益的（比如 Laibson（1977）的分析）。

自利性不足是指，人们的偏好考虑了社会因素。人们关心，或看上去是关心别人的福利（比如 Kahneman et al.，1986）。人们也讲究互惠：乐意别人公平地对待自己，也会在别人表现得公平时公平地对待别人。结果就是，经济主体比新古典所假设的更为心地善良且（当他们受到不公平对待时）更为怀恨在心。②

除了背离传统经济学模型的上述三个基本点之外，经济学家还对影响经济决策设计的心理学和社会学因素进行了考察，同时还探究了决策机制以期弄清楚人们决策过程中的"黑箱子"，并对其加以模型化。神经经济学的最新研究就直接针对决策到底是如何作出的这一问题。这是个相当重要的进展，因为这有助于解决建立基于个人决策的福利标准时遇到的根本难点。

除了修正过的个人决策模型，其他行为模型也可帮助我们理解经济体制的运作。在规范经济学方面，加入行为要素的模型有助于建立更好的制度，这不仅仅建立在对制度作用的更深入理解之上，更是建立在对个人需要和福利概念的更深理解之上。③

经济中人的行为模型非常有助于我们构建对经济学的认知，认识不到这一点，就不能评价出模型的最终优势所在。实用性要求由模型和程式化事实构成相互协调的理论，该理论是有灵活性的，并能够使我们建立可检验的检验假说，所以必须加强理论应用和基本理论间的互动。从理论应用领域获得的反馈可帮助我们进一步发展理论，对理论应用的研究能够使我们更清晰地了解哪些行为倾向真正有用。

本书中的文章内容不仅涉及行为经济学已经得到应用的领域，而且也涉及行为经济学的潜在应用领域。每章包括整理后的会议报告和评论

---

① Rabin(1998)对经济学和心理学进行过概述。
② Gilbert et al.(1998)对社会心理学做出非常好的研究。
③ 正如一位评论者指出的，对于基于社会或制度的偏好来说，方法论个人主义已不再是最优分析准则。关于制度是如何影响偏好的讨论，参见凯莫勒和马尔门迪尔的文章（本书第7章），对基本理论的可应用性为何重要的讨论参见梯若尔的文章（本书第8章）。

人的评论。第 8 章是经整理后的圆桌讨论记录。博托德·科斯泽基和伊曼纽尔·赛斯将整个讨论中精彩之处进行了总结。

本书包括以下章节。

道格拉斯·伯恩海姆和安东尼奥·兰格尔讨论了行为经济学中规范政策分析（normative policy analysis）的新兴研究方法，尤其关注公共经济学中的问题。一些人认为，存在有限理性的情况下，必将出现对显示性偏好理论（doctrine of revealed preference）的背离，不可避免地会使得福利分析无法进行或完全陷入主观。伯恩海姆和兰格尔对这种观点表示反对，他们认为其他令人信服的规范原则（compelling normative principles）有可能取代显示性偏好。例如，如果一个人充分理解了决策失灵（decision-making malfunction）的本质，依靠显示性偏好的选择性应用，就有可能恢复本来偏好（recover tastes）。相应地，行为经济学的兴起需要的就是对现代经济学的核心方法论原则进行修正，而不是抛弃。该章考察三个领域：成瘾、储蓄和对公共物品的贡献。评论者是尼古拉斯·斯特恩和伊曼纽尔·赛斯。

森德希尔·穆来纳森概要介绍了行为观点在经济发展领域的潜在应用。他认为有关储蓄和有限意志力等行为方面的研究成果的文献有益于加深对发展中国家储蓄机制及其行为的理解。另外，对自我控制的研究也为理解教育提供了一条途径。行为路径为创新扩散的已有研究提供了新的思索，也有助于更好地理解如何以及何时评价发展政策的影响问题。穆来纳森推测了将来心理学将发挥作用的专业领域：贫困陷阱、冲突、社会偏好、腐败和对贫困者心理的研究。评论者是安妮·凯斯。

克里斯廷·乔尔斯讨论了行为经济学在法经济学领域的应用，阐释了行为法经济学的一些核心特征，勾勒出通过法律框架对人们行为进行"除偏"（debiasing）的前景，其必将引起越来越多的人的关注。她认为利用"法律除偏"这一工具，行为法经济学可以为法律干预开启新的空间。法律干预承认人们能力的有限性，试图在人们自主做决定的前提下帮助人们规避错误。但是，由于法律除偏并不是在每一情境下都适用，所以乔尔斯建议，行为法经济学今后的工作应寻求当除偏不适用时完善和加强法律制度构建的方法。评论者是伊恩·艾尔斯和克里斯托弗·恩格尔。

杜鲁门·比利研究了工资刚性的起因。在 20 世纪 90 年代经济衰退、失业率升高的时期，他采访了美国东北部的公司管理者和工会领导人，并对采访结论进行了阐述。那个年代，标准的经济学观点都预言工资水平会下降，但这一情形并没有发生。尤其令人惊异的是，减薪的主要阻力来自高级管理层，而不是雇员。比利的研究发现，减薪会有损士气，而这正是避免减薪的主要原因。士气包括三个层次。第一层是对企业的认同和目标的内部化（an internalization of its objectives）。第二层是对雇员与企业和雇员与雇员间不言自明的相互回报的信任；雇员知道，给予企业和同事的帮助能够得到回报，即使这是以一种默契的方式进行的。第三层是有益于优异工作的氛围，这不一定是某种令人愉悦的氛围；良好的士气不等同于让人们获得愉悦或工作满足感。工作者可能仅仅因为什么都不用做而感到愉悦。好的士气近乎于一种甘心情愿为企业和同事作出牺牲的心态。因而，该章研究的是一个组织适应性的例子，组织的特征应与工作于该组织中的经济主体的行为特征相匹配。总的来说，该章的重点是关于组织的议题，而不仅仅是工资决定（见凯莫勒和马尔门迪尔的文章，本书第 7 章），评论者是塞波·洪卡波希亚。

理查德·弗兰克认为，卫生部门中的制度和决策环境存在市场失灵以及决策者认知失误的问题。决策的压力、紧张、专业性，保障覆盖范围和信息缺失使得卫生领域问题的行为分析成为必要。他的最终结论是，问题的核心是医患关系，其中信任起着关键性作用。实际上，Arrow（1963）运用非传统理论对这一领域的研究已着力甚深，但利用现在产生的更为宽广的行为视角能够得出更为丰富的研究成果。弗兰克还讨论了规范性的问题。他认为由传统规范解释不能得出卫生保健市场的需求函数，因此不能依据其进行政策分析。流行观点认为，美国卫生政策的基石——增加信息，提高可获得选择的种类——可以改善卫生服务的质量，弗兰克对此表示怀疑。评论者是雅各布·格莱泽和博托德·科斯泽基。

科林·凯莫勒和乌尔莉珂·马尔门迪尔既分析了行为经济学可用于对组织研究的原因，也分析了对与经济组织有关的经济问题的考察为何会丰富对人们的行为分析。组织中人们行为偏差的存在将导致以下问题：组织如何设计才能修复或是利用这些错误；如果这些偏差只代表纯粹的无悔偏好而不是错误时，我们将如何围绕这些偏好构建企业。工作者进入组织后，会涉及很多心理学和社会学知识：社会比较、身份改变、同志感情、信任和责备的归属与散布等等。近些年在行为经济学中这种行为分析只占很小一部分，但涉及组织问题时，这种分析却起着越来越大的作用。作者们已为进一步研究制定了日程表。另外，对制度的研究可为分析能力有限的人类的行为提供重要的反馈。评论者是迈克尔·科恩。

本书第 8 章的作者为埃尔达·沙菲尔、让·梯若尔、蒂莫西·威尔逊和彼得·戴蒙德,他们的评论及其后续讨论都在这一章中。

# 参考文献

Akerlof, G. 2002. Behavioral macroeconomics and macroeconomic behavior. *American Economics Review* 92: 411–433.

Camerer, C., G. Loewenstein, and M. Rabin. 2003. *Advances in Behavioral Economics*. Princeton University Press.

Gilbert, D., S. Fiske, and G. Lindzey. 1998. *Handbook of Social Psychology*, 4th edn. McGraw-Hill.

Kahneman, D., and A. Tversky. 1979. Prospect theory: an analysis of decision under risk. *Econometrica* 47: 263–291.

Kahneman, D., J. L. Knetsch, and R. H. Thaler. 1986. Fairness as a constraint on profit seeking. *American Economics Review* 76: 728–741.

Laibson, D. 1997. Golden eggs and hyperbolic discounting. *Quarterly Journal of Economics* 112: 443–478.

Rabin, M. 1998. Psychology and economics. *Journal of Economic Literature* 36: 11–46.

Thaler, R. (ed.). 1993. *Advances in Behavioral Finance*. New York: Russell Sage Foundation.

Simon, H. 1982. *Models of Bounded Rationality*. MIT Press.

# 第2章 行为公共经济学：非标准决策者条件下的福利与政策分析

B·道格拉斯·伯恩海姆和安东尼奥·兰格尔[①]

## 2.1 引言

公共经济学有实证和规范两个目标；其目的不仅要描述公共政策的效果，而且要对它们进行评价。这就要求我们构建包括以下两个组成部分的人类决策模型：一部分描述选择，而另一部分描述福利。基于选择，我们可以预测政策改革对个体行动以及价格和资源配

---

[①] 我们感谢科林·凯莫勒、彼得·戴蒙德、伊曼纽尔·赛斯和尼古拉斯·斯特恩对本文的有益评论。安东尼奥·兰格尔衷心感谢 NSF（批准号：SES-0134618）与 SIEPR 的资金支持。

置的影响。基于福利，我们能够确定这些变化是有益于消费者还是会伤害消费者。

传统上，经济学家不区分经济模型的行为和福利。这种区分不是必要的，因为标准的福利分析立足于显示性偏好理论。也就是说，我们可以从人们的选择中推断其需要。当进行政策评价时，我们试图充当个体的代理人，从相应条件下观察到的消费选择中推断他可能的政策选择。

近年来，人们对行为经济学的兴趣与日俱增，这很大程度上是由于越来越多的证据表明，标准消费者决策模型不能为人类行为提供充分的实证描述。学者们已经开始提出一些融合心理学和神经科学见解的替代模型。某些相关文献集中研究一般被认为是"机能失常"的行为，例如，成瘾、肥胖症和犯罪。此外，人们对诸如储蓄、风险承受和慈善捐赠等更加标准的经济问题的替代研究方法的兴趣也相当大。

行为经济学家已经提出了多种模型，这些模型提出了关于福利评价的一些难题。然而对于正确的评价标准和准则还未达成一致。一般说来，存在两个主要学派。

一个学派在评价经济政策时坚持严守显示性偏好理论。该学派认为，当可能时，观测到的"异常"应当通过扩展偏好域来解释。实际上，在某些经济学家看来，行为经济学唯一正统的目标是确定使选择理性化的偏好（Gul and Pesendorfer，2001，2004a，b）。这种视角维持了经济模型行为和福利两部分之间的紧密联系。

一个学派认为，福利分析过程中应该修订、放松甚至抛弃显示性偏好原则，而行为经济学能够在原则上证明这种做法的合理性。该学派已经研究了若干可能性。如果人们在某些情况下会犯系统性错误，则或许应该有选择地而非系统地应用显示性偏好原则。如果个体的选择显示出几种明显相互矛盾的偏好，则规范性评价要求采用某个特定的视角。如果选择未显示出一致的偏好，则规范性评价或许应该强调福利的其他方面，比如机会。要继续研究其中任何一种可能性，必须构建独立的并且有可能相互背离的实证和规范模型。

采用与显示性偏好原则不同的方法允许经济学家研究其他领域的专家以及普通大众普遍关注的政策问题。例如，他们可以深入研究成瘾者的"自毁"行为或弄清楚美国人是否为退休储蓄得"太少"。

然而，也存在某种风险。显示性偏好是一种具有吸引力的政治原则，因为它能防止滥权（虽然在实践中十分不完善）。一旦放松该原则，

## 第 2 章 行为公共经济学：非标准决策者条件下的福利与政策分析

就有可能使政府合法地谴责几乎任何选定的生活方式，借口其违反了反映个体"真正"利益的"自然"福利标准。比方说，如果我们可以将消费致瘾性物品归类为违反个体利益，那么该如何看待涉及文学艺术、宗教和性倾向的选择呢？如果选择不能明确地揭示个体对好与坏的看法，则"真实偏好"就会成为争论的主题，并且任何"有益的"对个人选择的限制都会成为受攻击的对象。①

鉴于这些风险，如果我们要在评价公共政策时放松显示性偏好原则，就有必要基于客观证据设立一个较高且科学的标准，以决定特定问题是否要求不同的实证和规范模型。值得强调的是，必须根据客观证据而非对选择的观察来修订或替代显示性偏好原则。毕竟在缺乏额外假设的条件下，不可能简单地通过分析人们的选择来驳倒该假设，即人们偏爱其选定的结果。如同我们在随后的章节中将详细论证的那样，在这一方面关于神经决策机制的直接证据开始被证明是有价值的。

遗憾的是，在某种程度上，行为经济学家大多轻视规范性标准的选取。例如，在准双曲线折现的相关文献中，采用"长期"视角（$\beta=1$）而非控制"短期"选择的视角（$\beta<1$）进行福利分析现在已经成为标准做法。这种方法已经遭受到了批评，因为根据显示性偏好原则，短期视角同样具有作为福利标准的地位。在维护"长期"视角的过程中提出的论据还没有使怀疑者相信——完全不赋予短期偏好规范性含义是正确的。因此，还需要更加关注进行福利分析的基础。

本章有两个目标。首先，我们讨论行为经济学中规范性政策分析的新方法，以及可能出现成果的研究方向。我们明确反对这种观点，即偏离显示性偏好原理会导致福利分析要么不可行要么完全主观。相反，我们认为，有时有可能用其他具有说服力的规范性原则来代替显示性偏好。例如，如果对决策失灵的本质足够了解，就有可能通过显示性偏好原则的选择性应用来复原嗜好。因此，行为经济学应用要求我们修订而非放弃现代经济学的关键方法论原则（参见 Rabin（2002）的相关论述）。

其次，我们回顾行为经济学在公共经济学领域的一些应用。在着手这一精心的回顾时，我们特意偏向深度而非广度，希望对相关福利问题和政策含义进行实质性的探讨。我们关注三个具体政策问题：储蓄、成瘾和公共产品。虽然这些领域仍然处于起步阶段，但我们认为行为经济

---

① McCaffrey and Slemrod（2006）提出了类似的论点。

学已经为这些领域的公共政策提供了重要启示。

本章接下来的内容是这样安排的。2.2 节讨论福利问题的替代分析方法。此部分是伯恩海姆和兰格尔（Bernheim and Rangel，2005a）文章的缩减版，建议读者查阅其相关细节。2.3～2.5 节分别对行为经济学在储蓄、致瘾性物品和公共产品方面的应用进行了概述。2.6 节对行为公共经济学的未来进行了简短的讨论。

## 2.2 福利的定义与测量

福利分析有两个主要组成部分。首先，确定政策如何影响每个个体的福利；其次，对个体进行加总。众所周知，第二步涉及一些棘手的问题（比如，由阿罗不可能定理提出的那些问题）。然而，由于这些问题在新古典和行为方法中共同存在，我们不再详细讨论。相反，我们将重点放在每个个体福利的评价上。

人们广泛认同规范性标准应该尊重个体主权原则，即认为社会的是与非观念应该植根于受影响个体持有的是与非观念。该原则要求政策分析者在比较不同政策时应充当每个个体的代理人。它禁止分析者将自己的价值判断强加于他人。实际上，我们在这里将重点放在"充当每个个体的代理人"这句话的含义上。

在新古典范式中，分析者会尝试在给定机会条件下确定个体会做何种政策选择。显然这是很困难的，因为分析者考虑的政策选择与人们通常作出的个人选择之间存在很大差异。标准消费者理论的优点和效力体现在它允许我们从观察到的个人选择中推断对公共政策的选择。

对新古典方法的一种一般解释是，人们有明确的偏好排序，分析者可以通过分析人们的实际选择发现这些排序（利用显示性偏好原则），然后将这些排序作为福利评价的基础。正如伯恩海姆和兰格尔（Bernheim and Rangel，2005a）的文章所详细论述的，这种解释基于以下四个假设：

假设 2.1（一致性偏好）。每个个体都有一致的，性状良好的偏好。

假设 2.2（偏好域）。每个个体的偏好域是多个依状态而定的一生消费路径的集合。

假设 2.3（一生偏好固定）。每个个体的消费路径排序不随时间和身心状况的变化而变化。

假设 2.4（不犯错误）。每个个体在其可行集中总是会选择其最偏爱的组合。

应该强调的是假设 2.3 并没有排除偏好会随着时间和身心状况而变化的可能性。要说明这一点，考虑以下问题：从立即开始的 5 天假期和三个月后的 10 天假期中作出选择。假设 2.3 允许偏爱的选择随年龄而变化或随心情而随机波动。比如，如果个体有压力，则立即休假或许更具有吸引力。然而这一假设不允许下列情况发生，即个体在心情舒畅时希望给自己指定一个选择，而该选择不同于心情压抑时会真正作出的选择。相反，当心情舒畅时，他也应该将其在心情压抑时所作出的决定看做是最优的。虽然他愿意在不同时刻和不同身心状况下作出不同的取舍，但他对"美好人生"的概念是保持不变的。

伯恩海姆和兰格尔（Bernheim and Rangel，2005a）对新古典方法的另外一种更详尽的解释认为，显示性偏好仅仅是使选择信息系统化的架构。这种观点不要求在人们是否真正具有偏好方面或显示性偏好是否与"真实"偏好一致方面表明立场。相反地，它假定人们的行为如同他们在优化给定偏好，并且利用这种表示方法来推断对不同政策方案的选择。根据这一观点，新古典范式仅仅是关于选择的。

本节的余下部分，我们采纳偏好是客观存在的"实"物这种观点。在我们看来，偏好的概念是用具体事物理解的东西。即使我们局限于从他人的选择中推断其偏好，但这并不能使我们对偏好的存在性产生怀疑。毕竟我们中的大多数人都相信我们能从自省中学会很多关于自身偏好的东西。我们中的任何一个人都未曾在毛伊岛上度假两星期和监狱中度过两年这两者之中进行过选择，然而我们知道我们会更乐意选择第一个。我们没有必要从实际选择中推断这种偏好。从这个角度看，发现真正的偏好是福利经济学的中心目标。

放松上述四个假设会产生一些突出的问题，而行为文献中出现的各种福利分析方法，可以看做为处理这些问题而做的努力。我们将对其依次进行考察。

### 2.2.1 放松第一个假设（一致性偏好）

假设 2.1 认为，人们有明确的一致的偏好。如果观察到的选择高度依赖于情境，重大决定与理性选择问题的表述方式等次要且看似不相关的方面相联系（参见 Tversky and Kahneman，1986），则或许可以假定人们有性状不良或不一致的偏好（或可能根本没有偏好）。在这种情况

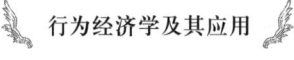

下,如何评估个体的福利?

一种可能是,放弃"公共政策评价使用的福利标准应该基于个体的是与非评判观念"这一原则。与标准方法不同,这会使描述选择的实证模型与描述福利的规范模型之间产生明显的分离。这种方法的一个有趣的例子出现在 Sugden（2004）的文章中,他赞同基于机会的福利概念。Sugden 沿着这种思路制定了一种严格的福利标准,并且证明了与此相对应的第一福利定理。

有很多实际和哲学方面的原因要求考虑基于机会而非评判的福利标准（参见 Cohen, 1989；Sen, 1992；Roemer, 1998）。这无疑简化了某些测量方面的问题,并且也避免了通过强加未经检验的假设来系统化行为观测的需要。然而我们猜测大部分经济学家会反对如此彻底的违反标准的方法。即使我们承认机会的重要性,人们仍然会表现出对评判以及福利主观感知的极大兴趣。虽然有某些证据表明了情境依赖与非一致性,但我们相信没有人会声称偏好是完全不一致的（例如,不可能通过控制理性选择问题的表述方式来诱使典型个体用在毛伊岛度假两星期来交换在监狱里度过两年）。完全基于机会的方法似乎忽略了这一潜在的非常有价值的信息。

### 2.2.2 放松第二个假设（偏好域）

如果扩展偏好域,则某些用标准方法无法解释的行为异常会变得容易解释。概念上,这允许我们如同在标准方法中那样通过应用显示性偏好原则进行福利分析（也就是说,基本上我们能够使用相同的模型来描述选择和福利）。我们讨论两个例子。

第一个例子涉及诱惑和自我控制。促使放松该假设的行为异常包括明显的时间不一致和各种形式的事前自我约束。Gul and Pesendorfer (2001) 认为,如果偏好既从评判又从选择集角度定义,则有可能解释一系列反之令人费解的行为（参见 Gul and Pesendorfer, 2004a, b）。如果某些选择成为可能时具有诱惑力并且有损于福利,则个体有可能更偏好小的选择集而非大的选择集。这为限制未来替代选择提供了一个理由,即使限制对选择没有影响。在 Gul-Pesendorfer 体系中,希望限制未来选择并不意味着偏好会随着时间的推移而改变。相反,与标准体系相同,个体在每一时刻会使用相同的一生偏好集合。虽然在时刻 $t$,他或许希望限制其在时刻 $s>t$ 时的有效选择,然而在此限制不存在的条件下,他会赞同其在时刻 $s$ 实际作出的选择（因为它了解诱惑的重要性)。在这一体系中,如果给选择数据规定适当的结构,则恰如标准方法,运用显示性偏好原则就有可能发现定义于评判和选择集上的一生偏好,并且可以使用这些偏好进行福利评价。

第二个例子涉及社会偏好。促使放松该假设的行为异常主要包括在没有互惠空间环境下赠与金钱的倾向(例如,参见 Camerer(2003)对独裁者博弈相关证据的回顾),明显的对不平等的厌恶(例如,参见 Fehr and Schmidt,1999;Bolton and Ockenfels,2000),以及遵守群体规范的愿望(参见 Jones(1984)对相关证据的回顾)。就实证建模目的而言,行为经济学家经常假定偏好不仅定义在个体自身的消费束上,而且定义在社会结果之上,比如其他个体的消费束。如果给选择数据规定适当的结构,就可以利用显示性偏好原则再次发现这些嗜好。这些偏好为规范性评价提供了基础(也就是说,我们会再次使用本质相同的模型来描述选择和福利)。

## 2.2.3 放松第三个假设(一生偏好固定)

第三个假设说明一生的消费路径排序不会随着时间和心理状态的变化而变化。促使放松该假设的行为异常再次包括明显的时间不一致和各种形式的事前自我约束。从实证角度而言,一般的建模策略包括在不同时刻赋予个体不同的性状良好的一生偏好(Laibson,1997;O'Donoghue and Rabin,1999b,2001);当然,我们也可以允许一生偏好随心理状态变化而变化(Loewenstein,1996;Loewenstein and O'Donoghue,2004)。假定我们已经对这些偏好进行了正确的测量,福利分析实际上要求我们研究并解决它们之间的冲突。这个问题近似于涉及多个个体的福利加总;这里,我们加总的是多个"自我"。

文献中的一个分支便是利用这种近似。实际上,它将时刻 $t$ 的个体 A 看做是其在时刻 $t-1$ 的"子女"。然后应用标准的多个体福利原则。一种可能是使用帕累托标准(参见 Phelps and Pollack,1968;Laibson,1997;最近的例子参见 Bhattacharya and Lakdawalla,2004)。这种方法存在的主要问题是该标准难以辨别事物的优劣。因此,往往很难对各类引人关注的政策进行排序,最终不能给政策制定者太多明确的指导。第二种可能是利用某种福利函数加总偏好。类似于具有多个消费者的问题,分析者可以使用某类表现良好的加总规则(比如类似萨缪尔森-柏格森的社会福利函数(Samuelson-Bergson social welfare functions))并尝试获得一般性结果。然而如果对加总规则所做的特定假设缺乏基础，则这种方法并不能利用帕累托标准开具更加有效的处方。然而，原则上可以为政策制定者提供一个从加总规则的属性（例如，福利权重）到处方的映射。

文献中的另一个分支是基于偏好的某些较稳定部分进行福利评价的。例如，O'Donoghue and Rabin（1999b）主张在准双曲线折现模型中运用"长期"福利标准（$\beta=1$）。在 Bernheim and Rangel（2005a）中，我们基于加总原则正式证明了这一标准的合理性。特别地，我们论证了如果消费者的视野足够长远，并且如果政策分析者在类别众多的表现良好的加总规则中运用任意一类，则最终的福利标准"接近"长期偏好。这一结果给我们的直接启示是：除第一期外，消费者在所有时期都会使用相同的标准对 $t$ 与 $t+1$ 期之间的取舍进行判断，任一时期的"自我"的影响会随着自我数量的加大减小为 0。

对心理状态的研究得到的结论也相同。要证明这一点，考虑一个处于时间连续状态的个体。选择本质上具有瞬时性且影响比较持久（比如，考虑毒品使用）。个体的精神状态或许"冷静"，对应一组一生偏好；或许"疯狂"，对应另外一组偏好。通常，个体处于冷静状态。在每一时刻，个体都有可能进入疯狂状态，状态持续期为固定的 ε。假定我们在模型中将疯狂状态的到来看做是一种失灵过程，并且具有固定的危害参数。随着 ε 趋近于 0，冷静状态出现的时间会趋近于 1。因此，如果我们根据状态占优的频率加总偏好，最终我们会使用冷静偏好进行规范分析。即便如此，冷静偏好在此种状况下并不能准确地描述行为。由于疯狂状态能够产生具有长期持续影响的"瞬间失误"，以致正确的实证和规范模型是背离的。正式的处理参见 Bernheim and Rangel（2005a）。

### 2.2.4 放松第四个假设（不犯错误）

假设 2.4 认为，选择和偏好不会背离。Gul and Pesendorfer（2004a）对该假设进行了如下辩护：

> 显示性偏好理论将人们的利益定义为人们的所作所为。由于没有自利行为的客观标准，因此，很难理解行为人会违反其自身利益行事。

然而，的确存在某些情况，在这些情况下每个人确实承认会出现背离，即选择明显地违背其利益。也存在某些情况，在这些情况下大部分人会同意制定公共政策时应该意识到这些背离的存在。

## 第 2 章 行为公共经济学：非标准决策者条件下的福利与政策分析

考虑以下例子。美国游客在伦敦经常发生交通事故，因为他们在过马路时往往仅向左看是否有车辆开来，即使他们知道车辆是从右边驶来的。这是系统性的模式；不能将其看做孤立的事件而不予理会。照本宣科地运用显示性偏好会迫使我们得出以下结论——这些人要么只不过具有非常强烈的向左看的偏好，要么他们都是受虐狂。如果我们使用这些显示性偏好进行福利分析，则制定相应政策以防止某些人从疾驰而来的卡车面前走过就缺乏合理的基础。然而可以肯定地说，当人们意识到这些政策干预的目的，他们就会非常感激。行人的目标——安全地穿越街道——是明显的，上述向左看的决定明显是一个错误。

另一个例子是考虑如何对待儿童。很少有经济学家运用消费者主权观念以及显示性偏好来评价儿童的福利。我们认为，儿童不知道什么是最好的，并且他们的行为往往不能反映有效的偏好，这很可能是由于他们对后果没有给予充分的重视。因此，禁止向未成年人出售香烟和白酒的政策是相对无争议的。然而客观上，认为一个无责任感的 19 岁的孩子的显示性偏好是合理的，而一个 14 岁的孩子的显示性偏好是不合理的，这种观点很难自圆其说。虽然达到 18 岁具有重要的法律意义，但这没有使决策机制变得不连续。

在其他的一些情况下，显示性偏好作为公共政策评价的指导性原则看似也是站不住脚的。例如，当人们被诊断为患有严重的精神疾病时，政府可以并且应该介入来保护他们。厌食症患者，虽然不是极端情况，提供了另外一个例子。对于公共政策而言，我们或许不应按照"厌食症患者拒绝进食是其有效偏好的表现"这一假设行事。相反，我们应该将其看做机能失常。这些例子是有启示意义的，因为它们表明，在某些情况下，应该运用大脑进程失灵方面的证据——选择数据以外的东西，作为战胜显示性偏好原则的王牌。在这些情况下，严守显示性偏好原则并否定出错的可能性，必然会导致应用错误的福利标准。

迄今为止，我们仅限于讨论"机能失常性"选择。更一般地，导致某种程度上放松前三个假设的几乎任何行为异常也会导致放松第四个假设。例如，时间不一致的偏好现期的证据或许反映了一种系统性的"过度消费"倾向。同样，人们可以事前自我约束以阻止自己重犯某类错误。

一个自然的分析策略包括赋予个体性状良好的一生偏好，同时确定一种决策过程（或决策准则），该过程不必涉及在偏好排序中选择最佳路径。进行实证分析时，就使用该决策过程（或准则）模型；进行规范分析时，就使用一生偏好模型。与标准方法不同，这些实证和规范模型可能会产生背离。

我们的成瘾模型（Bernheim and Rangel，2004）举例说明了这种方法。给定真实偏好，我们假定人们会尝试优化，但由于会随机遇到一些触发系统性错误的环境，所以其可能性就会随前期物品的使用情况而变化。也可以沿着相同的思路解释熟知的准双曲线折现模型（实际上，许多提倡该模型的人赞同这种解释）。在这种解释中，相对于未来收益，过度看重即时收益的决策过程倾向所产生的偏好现期行为是一种错误。[①]

在证明和使用这一方法的过程中，我们遇到了两个关键和困难的问题。首先，我们如何得知选择和偏好是背离的？也就是说，推翻显示性偏好原则的基础是什么？其次，如果我们发现了强有力的关于背离的证据，在实证上我们如何确定偏好？这两个问题在相关文献中都有阐述，虽然这些阐述并不集中在同一篇文章中。

**推翻显示性偏好的标准**。对于第一个问题，应该承认，严格说来，仅使用对选择的观测不可能推翻显示性偏好原则。虽然选择实验可以推翻特定的结构化假设，但推翻原则自身还需要其他类型的证据。因为存在通过假定嗜好过度与具体情境相关来使选择数据理性化的可能性。

一种有前途的方法是，使用在决策中起作用的神经进程方面的证据，这些证据来自神经科学和心理学。例如，如果分离有可能为决策提供输入物的进程，并且有可能表明要么这一进程具有重大局限性，要么其在某种环境下会失灵，那么这些证据就会为断言错误的存在提供基础，并且为某种简约形式的错误产生机制模型提供基础。在这方面，尤其令人感兴趣的大脑进程包括在预测和评价不同选择的结果时、记忆相关信息（记忆）时，以及处理相关数据和选择（处理）时涉及的进程。伯恩海姆和兰格尔（Bernheim and Rangel，2004）认为，致瘾性物品会干扰自动神经预测系统的正常运行，因而会使得决策发生扭曲。在2.4.5节我们将详细阐述这个例子。

**确定偏好的策略**。对于第二个问题，在特定情况下有可能通过结构建模方法解释有效数据来确定偏好。这一方法要求我们构建两个紧密联系的参数化模型：一个关于偏好，另一个关于选择。在理想情况下，利用来自神经学和心理学的确立偏好和选择之间差异存在性的证据，应该

---

[①] McClure et al.（2004）提出了可能支持这一解释的证据。

可以证明决策模型的主要结构化假设。

即使个体不进行优化,只要真实偏好会影响选择,实证和规范模型的参数之间就存在某些关系,并且这对确定偏好是有用的。实际上,对于迄今为止提到的两个例子(Bernheim and Rangel(2004,2005b)中的随机性错误以及 Laibson(1997)与 O'Donoghue and Rabin(1999b,2001)中的准双曲线折现),规范模型的参数是实证模型参数(某些参数描述的是真实偏好,有些参数描述的是选择和偏好之间的差异)的一个子集。最终通过实证模型的估计,可以在结构化假设正确的假定下复原偏好。

在理想情况下,假定的结构应该包含偏好和选择之间不存在差异的可能性,因此,可能能够检验该可能性。上面提到的两个例子都符合这一要求。

**通过选择数据确定偏好**。只要规范模型的参数是实证模型参数的子集,原则上仅使用关于选择的数据就可以估计这些参数。例如,Laibson et al.(即将发表)使用消费数据确定了准双曲线折现模型的参数。这反过来表明在仅考虑选择条件下有可能检验不犯错误的假设(例如,在准双曲线折现环境下 $\beta=1$)。这一表述看似与"不可能仅用选择数据推翻显示性偏好原则"这一法则不一致。对这种明显的不一致的解释是,我们在结构模型假设条件之下对不犯错误假说进行联合检验。即使这一联合假设被拒绝,仍存在一些其他的结构模型,对这些结构模型而言,不犯错误的假说不会被拒绝。当解释这些结果时,有必要依靠用来证明假定结构的非选择证据。因此,这些非选择证据的可靠性和说服力限制了其结论的说服力。

即使使用非标准类型的选择数据,比如事前决定、事前自我约束以及进行自我控制的支出等数据,上述结论仍然是有效的。对任意给定的结构化决策模型,从参数估计的精确性和可信性角度而言,这类证据可以被证明是异常有价值的,并且对于多类偏好来说(例如,决策者会表现出对时间不一致行为的任何偏好),它允许拒绝不犯错误的假说。然而,脱离假定的结构,总会存在对偏好的其他阐释,其可以在假定偏好与决策一致的情况下解释选择数据。当然,任何此类阐释必定会偏离标准模型(如同 Gul and Pesendorfer(2001)所论述的),并且在任何给定情况下,对数据的理性化解释或许需要一些关于偏好的奇怪的假定。

值得强调的是,估计分离的实证和规范模型不要求我们完全放弃显示性偏好原则。相反,可以暗中采用有选择的显示性偏好原则。在某些结构模型中,可识别的决策(例如,在准双曲线折现环境下,选择先于结果）可以根据假设确定性地揭示偏好；而某些结构模型在给定决策与偏好是否一致方面存在不确定性（例如在随机性错误模型中）。在后一种情况下，我们可以明确地用模型表示这种不确定性，例如，在结构转换模型文献中。

**通过选择和非选择数据确定偏好**。另一个在很大程度上未被研究的可能性涉及在结构性估计中同时使用选择和非选择数据。可能令人产生兴趣的数据包括关于偏好和/或福利的自我陈述信息，以及诸如觉醒和压力等对身体状况的测度信息。

这些附加数据可以使我们能够更加容易地更精确和可靠地估计关键结构参数。例如，可以使用关于偏好的自陈数据以及选择数据来估计规范模型的参数。原则上，规范模型甚至可以包括实证模型中没有出现过的参数。另外，非选择数据在识别哪些环境下选择可靠地反映了偏好，那些环境下没有反映偏好方面或许是有用处的。例如，如果有理由相信——当人们有压力时更容易犯错误，则关于皮质醇水平的数据或许能够帮助我们确定那些更可靠的揭示偏好的选择。

非选择数据的使用引发了几个值得关注的问题。首先，仅当我们愿意做附加假设时，例如关于非选择数据如何与决策过程联系的假设，才可以通过结构建模方法来解释数据。显示性偏好方法的提倡者非常怀疑这些假设（Gul and Pesendorfer，2001，2004a，b）。然而行为经济学中新出现的一种观点认为，通过谨慎运用来自心理学和神经科学的数据有可能证明、维护并检验这些假设。更进一步地，在实践中显示性偏好方法依赖于选择数据不直接支持的一些假设（例如，结构化估计总是需要一些未经验证的对偏好形式的限制），并且人们对于在特定情况下这些假设中的哪些最"合理"也持有不同的观点。只要我们是基于不涉及选择的证据来判断假设的合理性，就应该明确我们推断的基础，而不必考虑采用标准方法还是行为方法。简单地通过掩盖暗中依赖非选择证据或是通过理论构建一套实践中无法遵循的理想化过程便断言标准方法具有优越性是不可取的（参见 Bernheim and Rangel（2005a）以及 Koszegi（2002）对该观点详细的解释）。

其次，与关于选择的信息相比，经济学家一般认为非选择数据是非常不可靠且异常模糊的。表明某种类型的自陈数据是不可靠的证据部分证明了这种观点（Diamond and Hausman，1994；Schwarz and Strack，1999）。在我们看来，这种不足被夸大了，对关于预测、记忆和处理（上面讨论过）等特定大脑进程的局限性和障碍的证据而言更是如此。

我们有充分的理由相信，这种以及其他非选择证据的质量以及我们解释它的能力会随着时间的推移而得到改善。更进一步地，考虑到非选择数据的潜在价值，对此类信息质量的关注会推动开发更好的程序来获取和解释它，而不是促进在"概念"层面上忽略它的策略。

我们以承认两类需要更进一步关注的问题来结束本节。首先，本节讨论的测量福利的实证方法的可行性和价值仍然是通过一系列有说服力的应用来确定的。仅有少数研究（见下文的讨论）对此进行了初步研究。仍存在许多未解决的问题，比如，如何得到和使用自陈偏好数据。另外，在概念层面，在允许偏好和选择背离的条件下，似乎确实可以进行有意义的实证福利分析。

其次，本节描述的研究日程安排存在很大的政治风险。如同我们在2.1节所论述的，显示性偏好是一种颇具吸引力的政治原则，因为它可以防止对任一特定选择（比如关于文学、性倾向或宗教）的批评者以其违反了反映个体"真正"利益的"自然"福利标准为借口对其进行谴责。虽然我们不应轻率地偏离这一原则，但我们确实认为可能可以基于科学证据进行一种高标准的检验。在将某些行为模式，例如，精神病、饮食障碍、成瘾等，归类为精神疾病的过程中，医学专家也在处理本质上相同的问题。虽然确实存在一些有争议的决定（比如，直到最近，才将同性恋归类为精神紊乱），但总体上，这一过程反映了可靠的科学原则的均衡应用。

## 2.3 储蓄

50多年来，经济学家在考虑个人储蓄问题时，跨期效用优化体系占据了主导地位。这一体系可以溯源到费雪（Fisher, 1930），并且在莫迪格里安尼和布伦伯格（Modigliani and Brumberg, 1954）阐述的生命周期假说中处于核心地位。最近几年，其变得具有争议性，并且越来越多的经济学家对其普遍适用性表示怀疑。

在本节中，我们概述促使对标准模型的替代模型兴趣不断增加的一些经验证据，描述主要的一些行为模型，探究它们的关键政策含义。我们的目标是要讨论核心主题。考虑到这类文献的数量及其迅速增加的态势，我们不打算全面涉及。同样，在描述不同的储蓄模型时，我们关注的是基本的阐述，忽略了由于流动性约束、跨期互补性以及寿命长短和市场参数导致的不确定性等引发的难题。

### 2.3.1 政策问题

在过去几十年里,许多发达国家经历了储蓄率的急剧下降。例如,根据国民收入和产出账户(National Income and Product Accounts,NIPA)的统计,美国的国民净储蓄率从1980年国民生产净值的8.3%下降为2003年的1.8%。低储蓄率导致了对投资、增长、国际收支平衡以及个体家庭财务安全的广泛关注。因此,世界范围的政策制定者们对鼓励节俭的发展战略越来越感兴趣。

对影响私人储蓄的公共政策是存在高度争议的。在美国,政策制定者们现在仍在争论很多关键问题。美国要不要用个人储蓄账户部分替代传统的社会保障体制?如果这样,应如何建构新的体制?政府是否应该对固定缴费退休金计划执行更严格的控制(该计划看似正在逐渐代替固定收益计划)?出于特定的需要,比如医疗和教育,我们是否应该创建和扩展税收递延储蓄账户?是否应该考虑实行更基本的全面减少或取消资本收入税负的税制改革?

要回答这些以及其他关键问题,公共经济学家需要一套能够解释观测到的行为并且产生可信的样本外预测结果的个人财务决策理论。它还必须对规范性问题——比如,人们是否为退休储蓄了足够的数量、是否将储蓄进行了明智的投资等——提供清晰的答案。

### 2.3.2 储蓄的新古典视角

我们以回顾标准模型的一个简单形式作为开始。假设个体存活$T+1$个时期。在每一期,$t=0,\cdots,T$,他消费$c_t$单位的消费品。他的偏好定义在形式为$c=(c_0,\cdots,c_T)$的消费束上。我们假定可以用一个形式为

$$U(c_1,\cdots,c_T) = \sum_{t=0}^{T}\delta^t u(c_t)$$

的可分效用函数来表示这些偏好,其中$\delta$为固定的时间偏好因子。个体从反映收入的时间分布、利率、流动性约束等的某个可行集中选择一个消费束。实际上,个体会按顺序选择$c$中的每一个元素,而非在时间0选择整个消费束。然而,随着时间的推移,他会持续应用相同的一生偏好。这意味着,在时间$s$,他是根据效用函数

$$U_s(c_s,\cdots,c_T) = A\sum_{t=s}^{T}\delta^{t-s}u(c_t)+B$$

对连续束 $(c_s,\cdots,c_T)$ 进行评价,其中 $A=\delta^s$;$B=\sum_{t=0}^{s-1}\delta^t u(c_t)$。

在书写这一模型时,经济学家往往会遵循重新标准化效用的传统,因此,在每一期,$A=1$,$B=0$。这种标准化掩盖了个体在每一时刻都具有相同的一生偏好这一事实。由于一生偏好是固定的,所以正确的福利标准是明确的。从这个意义上说,偏好是动态一致的,即固定 $(c_0,\cdots,c_{t-1})$,个体会选择相同的连续束 $(c_t,\cdots,c_T)$ 而不管其是在 $t$ 期还是在之前的某个时期决策。因此,个体的行为如同他在时间 0 会选择整个消费束,这排除了任何事前自我约束的需要。

有关标准模型的文献浩如烟海,这里我们不打算对其进行回顾。然而,与我们的目标相一致,有必要对公共政策的某些关键含义进行总结。如果给予足够的信息,新古典方法假定人们会作出正确的决策。与私人市场相比,如果政府能够提供更切实有效的相关信息,那么对消费者进行教育的政策可能就是有益的。如果信息不存在问题且以前不存在扭曲,则没有必要进行政府干预。为了保证金融市场充分的竞争、减少欺诈行为、缓解逆向选择问题,作为次优政策的一部分,政府或许应该对资本收入进行征税或补贴以获取收入。不管怎样,在标准观点看来,给定面临的约束,人们作出的选择不存在错误。政府介入的理由涉及市场失灵,而非个体决策失误。

实际上,政策制定者们会担心人们没有为自身安全保障和未来福利储蓄足够的数量。这是提出对储蓄进行补贴和/或强制积累等建议的部分原因。然而,标准模型没有认识到这种忧虑的合理性(除非其起源于市场失灵)。在其看来,说某人储蓄得太少就如同声称某人没有欣赏足够数量的古典音乐一样:勤俭仅是一种嗜好(Lazear,1994)。相反,如果家庭可能犯系统性错误,储蓄是否充足就会成为一个恰当且重要的实证问题。

在接下来的章节中,我们将回顾某些质疑标准方法合理性的证据,并且探究新出现的一些替代方法的含义。

### 2.3.3 一些有问题的观测

在某些方面,储蓄行为与生命周期假说的预测一致性程度较好。例如,大部分人在工作时期会积累财富(其广义的定义包括养老金以及社会保障金等），并将其部分或全部作为退休后的消费资金。然而也存在合理的质疑该模型的普遍适用性并考察替代模型的原因。这里我们列举在文献中发现的一些有问题的模式。虽然其中的某些模式可能可以在生命周期体系背景下进行解释，但总体上它们对这种方法提出了严峻的挑战。

**临近退休时消费的变化。** 标准的体系表明人们应该平滑消费，避免生活水平的突然和可预知的变化。然而很多研究发现，在退休时——当家庭经历可预见的可支配收入下降时，其消费也会急剧下降（Hammermesh，1984；Mariger，1987；Hausman and Paquette，1987；Robb and Burbidge，1989；Banks et al.，1998；Bernheim et al.，2001a）。这种消费下降与积累的财富高度相关；财富积累越少，消费下降越大（Bernheim et al.，2001b）。

在标准模型中，我们可以努力用几种方式来解释这种模式。第一，退休可能与工作相关支出和/或作为闲暇替代品的消费品支出的下降相关。如果这些效应被预期到，并且效应的大小因人而异，则那些在退休后计划大幅削减支出的人会有意识地少积累财富。然而，相关证据不支持这一解释，因为对于闲暇的互补品以及与工作无关的支出类别而言，该效应强度是相同的（Bernheim et al.，2001b）。第二，对于那些比预期提前退休的人来说（例如，由于残疾），退休意味着"坏消息"，消费必须进行相应的调整。更为重要的是，这些个体发现，他们在退休时的财富低于平均水平。然而，即使通过统计程序剔除意外退休的效应，仍旧发现，退休时消费会下降并且该效应大小与积累的财富高度相关。

值得注意的是，对社会保障金和养老金领取水平占退休前工资收入水平的比率（收入折合率）较低的家庭而言，退休时消费的急剧下降同样较大（Bernheim et al.，2001a）。当意外退休的效应被剔除后，这一模式再次被发现。由于收入折合率很容易被预期，并且由于该变量不太可能与工作相关支出或闲暇替代品偏好高度相关，标准理论不太可能解释这些证据。

这类证据似乎表明，人们在退休时之所以减少消费，是由于他们惊异于可支配收入的下降或积累财富的不足。然而也有其他证据表明，退休时消费的下降是可以预期的（Hurd and Rohwedder，2003）。对该谜团的解释仍然是一个未决问题。

**自陈错误。** 一些研究证实了自陈行为与自陈计划和/或偏好之间的

## 第 2 章　行为公共经济学：非标准决策者条件下的福利与政策分析

巨大差异。大部分人说自己为退休储蓄太少（即比计划要少很多或比合理的数量要少）（Bernheim，1995；Farkas and Johnson，1997；Choi et al.，2004，2006）。陈述的差距是非常大的，并且没有多少人说自己储蓄太多。在那些表示希望增加储蓄的人中，仅有一小部分会这样做（Choi et al.，2004，2006）。仅从字面理解这些自我陈述，就会得出鼓励储蓄的政策是可以改善福利的结论。

怀疑者们反驳说，人们在回答关于计划或偏好方面的问题时，倾向于报告"理想的"或"道德的"行为；他们很可能还表示他们电视看得太多。这是一个重要的问题。然而，这一发现在不同样本、不同环境和相关问题不同的表述情况下都是很稳定的。虽然这种证据并不完美，但在我们看来不应该被忽视。

有人认为，自陈储蓄差距存在与否并不重要，其理由是，经过仔细调整的生命周期模型能够重现财富积累数据（例如，参见 Scholz et al.，2004）。我们认为，这类论据是没有说服力的。这至多不过是对生命周期模型的一种"如果—就会"（as-if）的解释。这并未排除人们实际上确实会犯错误的可能性。在标准体系中，我们可以用"缺乏耐心或急躁"将消费过多的系统倾向理性化，即赋予 $\delta$ 较低的值。然而，如果过度消费确实是一种错误，则 $\delta$ 的真实值要比"如果—就会"值（as-if value）高，这种理性化会导致错误的福利标准。另外，用来"解释"财富水平及其分配的模型还有其他一些与事实不符的含义（例如，它们显示，退休时消费不会下降）。*

**有限的规划技能**。在没有协助的情况下，大部分人没有足够的能力进行生命周期规划。总体而言，现存的研究描绘了一种相当凄凉的经济和财务素养画面（例如，参见 Walstad and Soper，1988；Walstad and Larsen，1992；O'Neill，1993；Consumer Federation of America and the American Express Company，1991；Bernheim，1998）。例如，仅有 20% 的成年人能够正确地测定菜单上价格的变动，并且很多人在确定 8.6% 与 $8\frac{3}{4}$% 的抵押贷款利率孰好孰坏方面感到困难。人们倾向于低估复利的作用，并且很多人不太了解一般的金融工具。

原则上，对财务一窍不通的个体可以求助于专家。实际上几乎在每

---

\* 我们认为可以这样理解"如果—就会"的意思——如果假定消费者缺乏耐心或急躁，即赋予 $\delta$ 较低的值，则使用经过仔细调整的生命周期模型就会重现财富积累数据。但如果过度消费是一种错误决策，则真实的 $\delta$ 值要比赋予的"如果—就会" $\delta$ 值高。——译者注

个子群体中，大约有 60% 的人主要依靠父母、亲戚、朋友和个人判断。受教育较少的人实际上更倾向于依靠自己的判断。仅有一小部分人向财务专业人士咨询或查阅平面媒体（Bernheim，1998）。此外，在某些情况下，财务专业人士依赖的是简单的经验法则（Doyle and Johnson，1991），并且即使他们的相对复杂的工具在某些方面也与可靠的生命周期计划原则相冲突（Bernheim et al.，2002）。

财务素养与行为高度相关。财务素养较差的人同样倾向于储蓄较少的数量（Bernheim，1998）。此外，旨在解决财务知识欠缺的措施似乎对选择会产生重要的影响。对高中学生进行理财教育的强制政策可以使得接受此类教育的学生成年后积累更多的资产（Bernheim et al.，2001a）。同样，在工作场所进行的理财教育不仅提高了雇员导向型养老金计划的参与度，而且刺激了储蓄（参见 Bernheim and Garrett，2003；Bayer et al.，1996；Duflo and Saez，2003）。

**不能制订复杂的计划**。在"如果—就会"解释下，标准模型不能说明个体作出消费和储蓄决策的过程。然而，很难弄清楚人们在没有大量的和深思熟虑的筹划条件下是如何构想出一致的生命周期选择的。实际上，很多人声称制定长期财务计划的时间很少；此外，那些不能制订计划的人储蓄较少（参见 Bernheim，1994；Lusardi，2000，2003；Ameriks et al.，2003）。

即使财务计划存在，往往也相对简单。很多人会设立储蓄目标，并且在大部分情况下这些目标为收入的一定百分比。然而，这些目标似乎反映了粗略的经验法则；在大部分情况下，它们是 5% 的整数倍，并且既不会随着陈述的收入增长预期，也不会随着年龄变化而变化（Bernheim，1994）。

另外，重要的财务决策似乎经常涉及明显不相关的考虑。如果人们在纳税年度末拖欠国税局（Internal Revenue Service）税款的话，他们更倾向于向个人退休金账户（Individual Retirement Arrangement，IRA）缴纳可减免税的资金（Feenberg and Skinner，1989）。[①] 即使当他们有资格缴纳更多，家庭也有明显的趋势向 IRA 缴纳与单人最低限额相等的资金（Feenberg and Skinner，1989；Engen et al.，1994）。并且当 1982 年 IRA 制度扩大后，其参加率明显上升，即使对于那些扩

---

① Gravelle（1991）将其归因为与收入、税务申报状况和/或资产持有量的虚假相关，但即使当 Feenberg 和 Skinner 对这些因素进行合理的控制后，这种模式还是很明显。

大前就有资格参加的群体而言也是如此。1986 年，当该制度缩减后参加率急剧下降，即使对仍然有资格的群体而言也同样如此（Long，1990；Venti and Wise，1992）。

**默认选择的重要性**。我们使用"默认选择"这个词语来表示由于不作为而产生的结果。对于新古典消费者而言，选择仅依赖于偏好和约束。因此，在不存在可观的交易成本条件下，默认选择是无足轻重的。然而在关于储蓄和投资决策环境下，它们就显得格外重要了。

就 401（k）计划而言，有相当多的证据表明，默认选择会影响参与率、缴费率以及投资组合（Madrian and Shea，2001；Choi et al.，2004）。另外，向存款余额较少的退休员工自动发放现金会减少退休金账户余额，即使这些雇员可以自由地将其资金存入 IRA（Choi et al.，2004）。① 近来，瑞典社会保障私人化过程证明了默认对投资组合配置的影响。而且，关于投资选择信息的传播似乎会减小这种影响（Cronqvist and Thaler，2004）。

在标准体系下，如果其他选择涉及可观的交易成本，则默认可能关系重大。然而在上述背景下，交易成本可能很低。此外，默认选择的影响可能与决策成本相关。在坚持这种解释时，必须解释清楚为什么这些成本有利于默认选择而非其他选择（例如，最简单或最明显的选择）。一种可能是，人们认为默认传达了特定选择很明智的信息。在 401（k）计划中的投资组合配置背景下（在该计划中，雇主作为该计划的资助者对其雇员有受托者责任），这或许是一种合理的假设。在任何情况下，即使认为默认选择具有信息提供能力，其高强度的影响告诉我们，人们经常是在信息极少的基础上作关于储蓄的重大决策的。

**无效率选择**。在标准体系中，消费者总是在其约束集的有效边界进行选择。当对与此含义相关的证据进行评价时，望文生义的解释有失公允。在某些情况下（例如，不能进行复杂的税收套利），挤出最后一分钱涉及复杂的安排和非常高的交易成本，因此，出现无效率可能是不现实的。然而在某些情况下人们会在远离选择集的有效边界进行选择，并且在此情况下，更优的替代选择是明显有效的。例子包括未能利用通过寿险保单得到的低息信贷（Warshawsky，1987）、幼稚的多样化策略（Bernartzi and Thaler，2001）、将 401（k）余额大量投资于受雇公司股票的倾向（Holden et al.，2000；Bernartzi，2001）、在高息信用卡上保留大

---

① Choi et al.（2004）还讨论了"最优默认"。

量余额的倾向（Laibson et al.，2003，2006；Gross and Souleles，2002），以及延迟缴纳 IRA 资金直到纳税年度末的倾向（Summers，1986）。

### 2.3.4 心理学的启示

我们在前面的章节中论述的很多实证上的谜团或许与自我控制问题相关。心理学和神经科学中关于自我控制过程的特性、发展和局限性的文献数量庞大，并且还在迅速增加。在本节中我们通过总结某些与储蓄密切相关的证据，对这些文献进行一个简要的介绍。更全面的相关文献可参见 Frederick et al.（2002）以及 Loewenstein et al.（2003b）。

**动态不一致选择的证据**。储蓄反映了在某期接受较低水平的消费以换取另一时期较高水平的消费的决策。标准模型假定，个体在每个时刻 $r$ 对涉及两个未来固定时点，比如 $s$ 与 $t$ （$s<t$）的消费取舍进行评价时，都刻板地采用相同的标准。然而大量的证据发现，这种评价实际上依赖于 $r$ 与 $s$ 的临近程度。特别地，当 $s$ 足够近时，人们倾向于偏好在更近的时期 $s$ 消费。

此论点的直接证据建立在实验基础上。典型的实验包括两个处理组。第一组中，$s$ 天后给予被试者小额的奖金，或 $t$ 天后给予他们大额的奖金；第二组中，$s+d$ 天后给予被试者同样数量的小额奖金，或 $t+d$ 天后给予同样数量的大额奖金，其中 $d>0$（这里我们将 $d$ 解释为"延迟"）。当 $s=0$ 时（也就是说，第一组中的被试者在即时收益和延期收益之间做决定），与第二组相比，在第一组中有更多的被试者会选择小额奖金（参见 Ainslie and Haendel（1983）和 Frederick et al.（2002）近期的一个证据回顾）。对于相对较小的 $s$ 值（大约 7 天），这种差异便会消失（Coller et al.，2003）。

上述简单实验存在很多令人迷惑之处。即时收益往往并非仅由于其即时性而引人注目。有人可能认为，即时收益的风险较小（也就是说，不容易被被试者遗忘，或被实验者忽略），并且涉及的交易成本较低。然而，即使采取合理的方式剔除这些因素后，两个处理组选择之间的差异仍然存在。另外一个问题是，在状态依存效用条件下，对替代选择的评价依赖于"情绪"。对即时收益而言，情绪是已知的，而对未来收益而言是未知的。在适当（虽然有些特殊）的假设下，这可以解释观察到的模式（Fernandez-Villaverde and Mukherji，2002）。

特别地，不论奖金是由货币还是消费品构成，得到的结果都相同。这令人惊奇，因为对于各种标准和非标准的行为理论而言，货币收益形式的最优选择涉及现期折现值的最大化（至少在束紧的流动性约束不存在的条件下如此），这意味着，它应该不随 $d$ 变动。

**事前自我约束**。知道自己的行为是动态不一致的人或许希望利用事前自我约束策略进行自我控制。有证据表明，这在实际中会出现。例如，Ariely and Wertenbroch（2002）对一个现场实验进行了研究，在该实验中，允许学生自己设定作业的最后期限。他们发现，许多被试者会选择进行自我约束。Wertenbroch（1998）探讨了具有启发性的证据，即人们会通过购买小包装来尝试控制"诱惑性"食品的消费，虽然大包装的单位价格较低。

**暗示与认知过程在自我控制中的作用**。在一个有影响力的研究中，Shiv and Fedorikhin（1999）证明了认知负荷会影响自我控制。在实验中，让被试者记忆一个数字，然后在另外一个房间说出该数字。一些情况下，数字为两位；一些情况下，数字为七位。在说出该数字之前，让他们在两种以实物形式展示的甜点——巧克力蛋糕和水果沙拉之间进行选择。七位数字处理组中选择巧克力蛋糕的个体比两位数字处理组高出大约50%。这表明自我控制需要认知努力，并且当认知从事其他任务时，自我控制会变得更加困难。

Shiv and Fedorikhin（1999）还考虑了一种该实验的变型，实验中甜点不是以实物形式呈现，而是向被试者出示照片。于是，两个处理组之间选择的差异消失了。这表明暗示能够削弱自我控制。该结果可以解释为，心理学家假定当个体进入强烈的"本能状态"时，自我控制是很困难的，并且与照片相比，实物更容易触发这种状态。

该发现与 Mischel 及其合作者的成果一致，即自我控制会受注意力分散程度以及暗示的影响（参见 Mischel，1974；Mischel and Moore，1973；Mischel et al.，1992；Metcalfe and Mischel，1999）。在一个典型的实验中，被试者（往往是孩子）被放在一个房间里并且让其在较次和较优奖励中进行选择（一粒或两粒糖果）。被试者在任何时候呼喊实验者都可以得到较次奖励，但必须等到实验者返回才能获得较优奖励。实际上，孩子能否等待主要依赖于较次奖励是否可见。仅仅覆盖目标就可以显著地加强自我控制。

更一般地，在 Mischel 的实验中，注意力的分散程度成为一个自我控制的关键决定因素。任何使注意力集中于较次奖励的"诱惑性"特征上的刺激都会增加孩子选择它的可能性。如果建议孩子通过想象其他东西分散其注意力，或是给他们一个玩具（即使孩子在控制组中对玩具没有兴趣），他们就越有可能等待。

**讨论。**相关证据表明，进行自我控制有时候是困难的。进行自我控制的费力程度大小看似依赖于各种与真实偏好明显不相关的环境和情境因素。因此，自我控制失误可能与选择和真实偏好之间的背离（例如，错误）相关。此外，当个体不能控制遇到暗示和刺激的可能性时，我们预期此类失误的概率会上升。

我们在随后的两小节中论述决策模型时，将尝试用不同的方式反映这些理念。模型对造成错误（这些错误与自我控制失误相关）的过程的本质进行了不同的假设，并且采用不同的简约形式表示这些过程。

### 2.3.5 准双曲线折现储蓄模型

Laibson（1997）在 Strotz（1955/1956）、Phelps and Pollack（1968）以及 Akerlof（1991）的前期工作的基础上，提出了一个试图反映 2.4.3 小节和 2.3.5 小节描述的自我控制问题的储蓄模型。该体系一般被称为"准双曲线"或"$(\beta, \delta)$"折现。[①] 从实证角度看，个体会在随着时间推移的一生偏好约束下进行优化。特别地，在每个时期 $t$，决策者的行动都如同在选择可行的消费路径以使 $u(c_t) + \beta \left[ \sum_{k=t+1}^{T} \delta^{k-t} u(c_k) \right]$ 形式的效用函数最大化。

这种构建仅在一个方面不同于标准模型：它包括一个额外的折现因子 $\beta > 0$，其被用在与所有未来消费相联系的效用上。参数 $\beta$ 表示偏好现期或短视的程度。标准模型与 $\beta = 1$ 的特殊情况相一致。当 $\beta < 1$ 时，相对于所有其他时期，现期被赋予特殊地位，并且这引发了立即消费的强烈倾向。

只要 $\beta \neq 1$，该模型就会产生动态不一致行为。在 $\beta < 1$ 的情况下，相对于过去的任意时点其为自己选择的数量，个体总是希望现期消费更多。这使得实证分析变得复杂，以致我们不再能够通过求解一个简单的优化问题来描述个体的行为。相反，模型产生了在"多个自我"之间进行的一种博弈。相关文献在三类不同的假设下对该博弈进行了分析，而这些假设与决策者对自身未来行为预期的准确性相关。

一个幼稚的个体会认为，未来的自己会遵循现期自己的计划。在这

---

[①] 参见 O'Donoghue 和 Rabin（1999a，b）对其他早期有影响的 $(\beta, \delta)$ 模型变型的阐述。

种情况下,个体会通过求解一系列的优化问题决定其行为。在每一期,幼稚的自我在现期消费和储蓄之间分配资源,预期他会使用其财富来为其余生的期望消费路径提供资金。但他不会真正地遵循这一计划,因为在下一期,他会再次赋予现期不正确的权重。因为幼稚个体不了解自己的自我控制问题,并且也不尝试解决它。

一个老练的决策者能够完全正确地预期自己未来的行为。特别地,他知道若给定在任一未来时期的机会,与其愿意消费的数量相比,他会消费其资源的更大部分。在这一假设下,他会通过求解在多个自我之间进行动态博弈的子博弈完美均衡来决定行为。通常,这一设定会产生多个均衡,这意味着除非采用一个选择标准或进行精炼,否则行为是无法确定的(Laibson,1994;Krusell and Smith,2003;Bernheim et al.,1999)。与幼稚决策者相比,老练决策者完全了解其自我控制问题,并且会尝试通过限制未来选择以解决预期到的自我控制失误。

最后,一个不完全老练的决策者了解他在未来会出现自我控制问题,但会低估其大小。O'Donoghue 和 Rabin(1999b,2001)将老练程度参数化,产生了一个介于完全幼稚和完全老练两种极端情况的闭联集(详情以及对这些假设之间关系的进一步讨论参见他们的文章)。

在解释 $(\beta,\delta)$ 模型的相关文献中,存在很多令人困惑之处。这种困惑反映在上述实证模型至少与两种不同的规范模型的建构方法一致这一事实上。一种方法遵循 2.2.3 小节中所描述的日程安排:将时间 $t$ 的个体 A 作为其在时间 $t-1$ 的"子女",然后应用标准的多个体福利原则。第二种方法遵循 2.2.4 小节中所描述的日程安排:假定个体具有稳定的一生偏好,并且将简约形式参数 $\beta$ 解释为犯偏好现期错误的倾向。除了少数例外情况,$(\beta,\delta)$ 模型的主要提倡者赞同第二种方法。① 典型地,他们假设真实偏好与按 $\delta$ 速率进行指数折现的标准跨期效用函数(长期偏好)相一致。② 然而很多专家继续将 $(\beta,\delta)$ 模型简单地看做是一个具有"多个自我"的模型,这与第一种方法一致,但与第二种方法不一致。

一些论文曾经使用消费和储蓄数据估计(或校正)过 $(\beta,\delta)$ 模型。原则上,这允许我们检验 $\beta=1$ 这一假设。在前一段落描述的规范分析的第二种方法中,同样允许我们复原真实偏好并进行福利分析。

---

① 该论断很大程度上基于个人交谈。大部分文献在这点上并不明确。
② 正如我们在 2.2.3 小节中所论述的,在第一种方法中可以证明同样的福利标准。

Angeletos et al.（2001）模拟了一个 90 期生命周期模型，并在该模型中加入了不确定的劳动收入、死亡概率、常折现因子、加式可分偏好（additively separable preferences）以及三种资产：无风险债券、信用卡借贷以及类似房产财富的非流动性资产。他们首先在 $\beta=1$，然后在 $\beta=0.7$ 假定下校正了该模型以匹配临近退休时的财富中位数水平，进而比较了在两种不同假设条件下模型拟合"收入动态追踪研究"（Panel Study of Income Dynamics，PSID）数据的能力。除了在准双曲线折现模型中借贷在生命早期阶段以及消费在生命后期阶段较高外，两个模型的消费模式相同。但在 $\beta=0.7$ 的条件下，模型在拟合信用卡余额、以流动形式持有的财富份额、预期收入边际消费倾向以及退休时消费的不连续方面表现更好。

Laibson et al.（即将发表）建立并估计了一个相似模型，该模型考虑了随机劳动收入、流动性约束、孩子以及成年受赡养者、流动性和非流动性资产以及循环信贷等因素。他们基于消费者财务调查数据使用"模拟矩法"对模型的许多参数进行了估计。他们正式拒绝了标准指数模型而支持准双曲线折现模型。根据他们的估计，短期年折现率为 40%，而长期年折现率仅为 4%。观察到的高额信用卡借贷与大量的财富积累共存是促使拒绝指数折现的原因。Paserman（2002）使用关于失业持续期和市场工资的劳动力市场数据估计了相关模型。他发现，长期折现率为 0.1%，短期折现率为 10%～60%。Fang and Silverman（2002）使用福利参与数据进行了同样的研究。

这些研究举例说明了 2.2.4 小节所论述的实证行为公共经济学的研究方法。它们表明了这种方法的可行性并且为储蓄政策的行为研究方法提供了重要的证据支持。然而，还需要很多额外的实证工作来证实这些发现的稳定性、稳健性以及适用范围。

应该强调的是，虽然这些实证研究论文提供了驳斥标准模型的证据，但并不能得出（$\beta, \delta$）模型优于其他行为模型（比如我们在接下来的章节中将讨论的模型）的结论。数据中产生估计值 $\beta<1$ 的行为模式可以起源于其他产生过度消费的过程。就我们所知，还没有人对不同的行为模型进行过实证比较。

（$\beta, \delta$）模型的政策含义与标准模型明显不同。由于许多个体选择的是次优的低水平储蓄，所以即使在不存在资本市场失灵的情况下，也有可能存在改善福利的政策干预。首先，强制储蓄计划可以提高福利水平，只要它们的力度在生命周期的某些时刻大到足以挤出私人储蓄（以流动性资产的形式)(Imrohoroglu et al. 2003)。这可参见费尔德斯坦(Feldstein, 1985)在具有两期寿命和异质自我控制问题的世代重叠经济中对社会保障金最优水平的阐述,以及戴蒙德和科斯泽基(Diamond and Koszegi, 2003)在准双曲线折现和退休内生条件下对社会保障的分析。① 其次,只要总体包括某些存在自我控制问题的个体,并且假定社会福利函数是连续且凹的,用定额税融资来对储蓄进行小额补贴就可以改善福利。直觉上,由于存在自我控制问题的个体储蓄太少,补贴会产生其福利的一阶改善,且对那些没有自我控制问题的个体的福利仅具有二阶影响(参见 O'Donoghue and Rabin(2005)以及 Krusell et al.(2000, 2002)在 $(\beta, \delta)$ 模型中对最优课税的讨论)。最后,引入贷款可得性限制——例如,通过控制循环信贷额度的分配以及施行贷款最高限额——可以显著提高存在自我控制问题的个体的福利。

### 2.3.6 基于暗示触发错误的储蓄模型

伯恩海姆和兰格尔(Bernheim and Rangel, 2005b)提出了一个替代储蓄模型,在该模型中,个体会犯随机错误。与在标准模型中一样,真实偏好与指数折现的加式可分函数相对应。个体在两种不同模式下决策。决策过程正常运作且个体在标准模型中进行优化的概率为 $p_t$;决策过程出错(隐含着由于环境暗示触发自我控制失误),个体过度消费的概率为 $1-p_t$。个体通过活动选择(比如,是否到昂贵商店购物)会影响遇到触发错误决策模式的暗示的概率。

在正常运作模式下,决策者在自我控制问题上是老练的:他清楚未来进入错误模式的概率和后果,清楚其行动会如何影响未来决策模式的分布,在此基础上,他会选择最优的现期消费水平。在错误模式中,他"行为无节制"。这种反应是机械性的,反映了简单的冲动。在该模型最简单的版本中,行为无节制的程度与预期的消费(例如,由于决定到昂贵商店购物)或者剩余一生资源成比例(其中,比例因子大到能够保证无节制行为超过预期的消费)。在以上两种情况下,无节制的程度都会受到可用的流动性资源的约束。

该模型有两个直接含义。第一,事前自我约束非常有价值,因为它们能够减少错误模式被触发时错误的大小。第二,消费者可以主动地处理其自我控制问题,例如,通过活动选择减少遇到触发行为无节制的暗

---

① 费尔德斯坦没有使用 $(\beta, \delta)$ 这一术语,但他的模型是该体系的一个特例。

示的可能性。如果无节制程度与预期的消费相联系，他也可以通过计划少量消费来减少错误出现时错误的大小（例如，如果他在稍微便宜一些的商店购物，失误的成本较低）。

该模型的其他含义不那么直接。虽然行为无节制的概率或程度的增加总是会减少福利，但它既可以提高也可以降低储蓄水平（依赖于参数值）。额外的储蓄可能会变得更具吸引力，因为它使得个体可以自我防范未来错误。然而，它可能也会变得缺乏吸引力，因为它会导致更大的浪费。对储蓄的净效应依赖于这两种力量之间的平衡。

该模型也预测到了存在低资产陷阱。对于资产较少的个体而言，行为无节制的程度会受流动性资源的约束。如果他多储蓄 1 美元，然后经历了行为无节制，这 1 美元就全部浪费掉了。对于拥有大量财富的个体而言，行为无节制的程度往往不受流动性资源约束，如果他多储蓄 1 美元，然后经历了行为无节制，这 1 美元中仅有部分被浪费掉。最终，当财富水平较低时，储蓄相对就缺乏吸引力。

对耐用消费品而言，该模型的含义可能与 $(\beta,\delta)$ 模型不同。对消费流量而言，$(\beta,\delta)$ 模型假定偏好现期。因此，它不能解释使用寿命较长的耐用品的过度消费，对耐用品而言，消费的大部分出现在未来。相反，由于个体对现期和未来消费都可能行为冲动，依赖随机暗示的决策模式模型很容易引发对耐用消费品的过度消费。因此，这一模型可以证明冷静时购置汽车的正确性，而 $(\beta,\delta)$ 模型不能。

该模型的很多政策含义与 $(\beta,\delta)$ 体系类似。即使不存在资本市场不完善，政府的介入也可能会改善福利。强制性储蓄可以提高那些存在自我控制问题的个体的福利，但仅当该计划的力度足够大以至于能够在某种自然状态下，在生命周期的某一时刻挤出所有的流动性资产时。限制贷款可得性的规定可能也是有益的。

然而，这两个模型之间也存在重要的差别。最明显的是，$(\beta,\delta)$ 模型中的最优政策包括储蓄补贴，而在该模型中，对储蓄课税或补贴可能都是最优的。要理解其原因，需要注意到两类模型之间存在两个关键差异。第一，在 $(\beta,\delta)$ 模型中，消费者总会犯偏好现期错误，而在该模型中，错误是随机的。这意味着，可以开始考虑社会保险的作用。对消费者遇到的较差结果进行部分保险，当随机事件减少其财富时政府应该给予个体资金；当随机事件增加其财富时，拿走资金。在本节背景下，可能会减少其财富的随机事件是，某次暗示触发的行为无节制。资本所得税（配合一次性补贴）会在个体经历行为无节制时增加其财富

（因为其储蓄很少），而在行为节制时减少其财富（因为其储蓄很高）。其次，在（$\beta$，$\delta$）模型中，即使犯错误时，决策者对未来经济刺激也会产生反应；而该模型假定错误起源于一种机械的且非常不灵活的冲动。因此，在（$\beta$，$\delta$）体系中，课税可以减少决策错误，但该模型对行为无节制的影响有限。①

在暗示触发行为无节制模型中，认知政策——比如对广告和营销进行规制也会发挥作用。如果广告通过暗示宣传增加了犯错的可能性和错误的大小，对广告宣传的限制就可以改善福利，尤其是在它们的信息内容很少的条件下。然而出于上面讨论的原因，这些规制对储蓄水平的影响是模糊的。通过假定广告宣传会降低 $\beta$ 值，在（$\beta$，$\delta$）模型中也可以融入同样的影响力量。与本节模型不同，这必然会减少储蓄（如果消费者的寿命是有限期的）。

另外，通过假定进入错误模式的概率依赖于决策问题表述过程中包含的暗示，在本模型中也可以将措辞效应理性化。那么，正如 Thaler and Shefrin（1981）所言，在不提供新信息或改变预算约束的条件下，就有可能设计出储蓄计划以增进节约。

我们在本节中论述的储蓄模型与在 2.4.5 小节中讨论的成瘾的进程—失灵理论密切相关。因为我们提倡使用被潜在的心理和神经进程证据证实的简约形式决策模型，所以我们以一个声明结束本节。在成瘾背景下，人们会犯暗示触发错误的假设在神经科学中有坚实的基础。但在储蓄背景下，该基础并非那么坚实。正如我们在 2.2.4 小节中所强调的，我们知道自我控制在决定储蓄方面扮演着非常重要的角色，并且大量证据表明，暗示会影响人们进行自我控制的能力。然而很难明确地区分自我控制失误以及临时的（并且有可能是暗示触发的）急躁状态。在自我控制的神经生物学以及它是如何与跨期选择相关联方面，我们的理解仍然是初级的。

### 2.3.7 非标准偏好储蓄模型

Gul and Pesendorfer（2004a，b）提出了一个替代模型来解释自我控制在决定储蓄方面的作用。与我们在前几节中所讨论的方法不同，他

---

① 值得指出的是，（$\beta$，$\delta$）模型也不能解释一个重要的关于偏好现期的一般事实：即使在实验中用现金而非实物来奖励参与者，这种偏好现期的现象仍然存在。然而，即使（$\beta$，$\delta$）折现也应该总是会最大化资源的现期折现值。

们坚持显示性偏好原则，因此排除了自我控制失误导致错误的可能性。根据他们的模型，消费者的行为与他最大化如下形式的跨期效用函数一致，即

$$U(c_1,\cdots,c_T;B_1,\cdots,B_T)=\sum_{t=0}^{T}\delta^t u(c_t,B_t)$$

式中，$B_t$ 表示在 $t$ 期的预算集。将 $B_t$ 作为 $u$ 的一个参数就可以将该体系与标准方法区分开。预算约束是以特定的方式进入偏好的，即

$$u(c_t,B_t)=v(c_t)-\left[\max_{c\in B_t}\tau(c)-\tau(c_t)\right]$$

式中，$v(\cdot)$ 为消费效用的流量；$\tau(\cdot)$ 为与给定选择相联系的诱惑水平，两者都是递增的凹函数，满足一般性质。第二项（方括号中）反映了当不能选择其预算集中最具有吸引力的选择时，消费者体验到的对诱惑的不愉快感。

要了解该模型如何起作用，考虑一个简单的两期无折现和零利率的消费—储蓄问题是有帮助的。我们用 $R$ 表示个体在第 1 期可用的资源数量，用 $s=R-c_1$ 表示储蓄水平，则在第 2 期的价值函数为

$$V_2(s)=v(s)-\left[\max_{c\in[0,s]}\tau(c)-\tau(s)\right]=v(s)$$

也就是说，由于个体在第二期会用掉其所有资源，它不会经历令人不悦的诱惑。使用此表达式，我们可以将一生效用写成第一期储蓄的函数，即

$$V_1(s)=v(R-s)-\left[\max_{t\in[0,R]}\tau(R-t)-\tau(R-s)\right]+V_2(s)$$
$$=v(R-s)-[\tau(R)-\tau(R-s)]+v(s)$$

在不存在诱惑的情况下，个体会简单地最大化 $v(R-s)+v(s)$。若存在内点解，则要求 $v'(R-s)=v'(s)$。诱惑的引入使储蓄成本增加了 $\tau'(R-s)$，这会使得储蓄下降。

该模型的几个性质值得强调。第一，诱惑的出现即使不影响行为也会降低福利。在这个意义上，自我控制是成本高昂的。第二，当计划者排除所有的选择自由，强迫个体消费不存在诱惑条件下的最优配置时，个体的状况总是（稍微）好转。第三，个体经历与现期选择有关但与未来选择无关的诱惑（例如，没有人能诱惑他购买一辆延期交付的运动跑车）。因此，在不存在不确定性的条件下，有能力提前一期固定其选择的个体能够达到最优（第一期除外）。第四，与标准模型一样，选择是

## 第2章 行为公共经济学：非标准决策者条件下的福利与政策分析

动态一致的。

Gul 和 Pesendorfer 的模型可以被解释为对某种成本产生过程的简约形式，而这些成本与诱惑以及自我控制相联系。Thaler and Shefrin（1981）提出的一个与之密切相关的模型，最近被 Fudenberg and Levine（2005）重新使用，使得这些成本的来源更加明确。偏好可以表示为以下形式的跨期效用函数，即

$$U(c_1,\cdots,c_T;a_1,\cdots,a_T) = \sum_{t=0}^{T}\delta u(c_t,a_t)$$

式中，$a_t$ 为个体在 $t$ 期进行自我控制的强度。消费者在每期期初会选择 $a_t$，目的是为了最大化跨期效用；然后，基于即时利益非常短视地选择 $c_t$。由于 $\partial u/\partial a<0$，所以强行进行自我控制的成本高昂，但它导致的消费较低。

与 Benabou and Pycia（2002）、Loewenstein and O'Donoghue（2004）以及 Fudenberg and Levine（2005）显示的那样，该体系在消费—储蓄选择方面与 Gul 和 Pesendorfer 的诱惑理论是等同的。也可参见 Loewenstein and O'Donoghue（2004）对这类模型与（$\beta$，$\delta$）体系关系的富有洞察力的讨论。

Gul and Pesendorfer（2004a，b）强调，他们的方法在概念上与显示性偏好方法是一致的。因此，这排除了对非选择数据的需要，且可以阻止政策分析者在福利评价时强加他自己的判断。但我们不赞同这种观点。显示性偏好方法的实际应用过程要求分析者对数据产生过程进行假设（例如，对函数形式或个体间的相似性等）。总是存在一些未被验证的假设，分析者需要基于其他信息、直觉、内省或模糊的"合理性"概念对这些假设进行选择。我们认为，公平地说，这些假设选择并非完全基于选择数据。此外，正如所有在实证政策讨论中经验丰富的人所注意到的那样，分析者对未被检验的假设的判断会直接转化为对福利的判断。还有一些理论上的考虑，我们在伯恩海姆和兰格尔（Bernheim and Rangel，2005b）的文章中进行了详细讨论。如果将注意力局限在关于配置和约束集的选择数据上，则在观测上，标准理论以及 Gul 和 Pesendorfer 的模型与其他具有不同福利含义的模型是等同的。因此，分析者的判断，以定理和假设的形式表述，是不可避免的。

诱惑模型的新颖的政策含义是什么？首先，强制储蓄计划即使不会

增加储蓄也可以改善福利，这是由于基于任何对消费的限制都会减少诱惑这一事实。与 ($\beta$, $\delta$) 折现以及暗示触发错误的模型相比，较小的强制储蓄计划也可以提高福利，即使人们在所有时期中和各种心理状态下仍持有正的流动性资产。第二，与 ($\beta$, $\delta$) 折现以及暗示触发错误的模型不同，矫正税不起作用（更深入的结果和讨论，参见 Krusell et al.，2001）。

### 2.3.8 讨论

经济学家只是最近才开始使用行为经济学工具研究储蓄。即使如此，本节所论述的模型也提供了有价值的启示。我们现在通过简短地描述某些重要的开放性问题结束本节。

我们在本小节中论述的模型对 2.3 节和 2.4 节描述的某些模式提供了解释，这些模式包括时间非一致性、自陈错误和某些类型的无效率财务选择。然而，我们不清楚它们是否能够足以解释其他模式，比如临近退休时消费的不连续性、默认选择的作用、不能进行计划以及使用粗略的经验法则。没有任何一个模型能够对 Thaler and Benartzi（2004）设计的"为明天而储蓄"储蓄计划的成功提供一个令人完全满意的解释，该计划依赖于措辞效应而非预算约束的改变。这些模型也没有考虑财务技能限制。在集中研究自我控制问题的过程中，他们忽略了与财务决策过程复杂性相关的问题。

同样，我们在前几节描述的理论成果仅形成了少量公共政策影响选择和福利的行为渠道。应该按照同样严格的标准研究其他行为机制。令人感兴趣的可能性包括以下几个方面。

**财务专业人士的作用**。许多人依靠财务专业人士的建议。因此，有可能通过研究这些建议的产生方法来了解行为（例如，可参见 Bernheim et al.，2002）。例如，最普通的退休规划技术包括为退休设定某个固定目标（往往由一个主观的收入折合率得出），并且计算一个足以达到该目标的经过通胀调整的年储蓄数额（参见 Doyle and Johnson，1991）。这会产生一个负的储蓄利率弹性，因为更高的收益率使得积累资源以达到目标要求更加容易。

**社会影响**。当存在储蓄激励时，有限理性的个体更有可能知道，其他人很看重储蓄的好处。例如，在工作期间能够参加 401（k）计划可以促进关于缴费和投资的交谈，进而产生涉及示范和竞争的"同龄群体"效应（例如，参见 Duflo and Saez，2002，2003）。鼓励储蓄政策的存在表明"政府当局"认为需要厉行节约，或认同某个特定的储蓄水平（例如缴费限额）。

**公布储蓄信息**。由于某些类型的税收优惠账户可以将养老储蓄与其他形式的储蓄区分开来,这使得监控自己的积累是否达到长期目标变得更容易。因为关于积累总额的信息往往是被自动提供的,或是随时可得,这就给予个体一个方便的衡量节俭程度是否足够的尺度。这会起到使短视成本更加明显的效果。它也能够帮助人们制定目标和简单的行为规则。Thaler and Shefrin(1981)认为:"对计划者认为是反常的行为而言,简单的定期发布储蓄信息似乎起到了对其征税的作用。"

**内在动机**。Scitovsky(1976)提出了一种可能性,即某些个体会将储蓄看做一种"美德"而未明确考虑未来结果(也可参见 Katona,1975)。鼓励储蓄政策可以宣传并强化这种观点,即就像其他某些值得鼓励的东西一样,储蓄在本质上也是有益的并且是立刻令人满足的。

**从避税中获得内在满足**。我们已经注意到,如果人们在纳税年度末拖欠税款的话,他们更愿意向 IRAs 缴费。这表明,直接避税可以让人获得内在满足。如果真是这样,与交纳数额不可扣除而本金取现不征税的"后期收费"计划相比,交纳数额可扣除并且取现全额征税的"提前收费"计划,在刺激储蓄方面的效果更好。

**心理会计**。Thaler and Shefrin(1981)以及 Prelec and Loewenstein(1998)认为,人们会通过将资源分为不同的"心理账户"(其中每个账户与不同的目标相联系)来实行自我控制。通过指定某些资源用于退休,尤其是在对提前取现进行惩罚的条件下,IRAs 与 401(k)会强化心理会计法则。

**教育与宣传**。税收递延储蓄账户的存在可以鼓励金融服务公司的促销活动和广告宣传。有利于雇员导向的养老金计划(像 401(k))发展的政策可以鼓励雇主提供退休方面的教育。虽然广告宣传和教育看似会影响财务决策,但对其精确的机制却知之甚少。

这些考虑——比如,是选择泛泛的促进储蓄的政策(例如,消费税)还是更具有针对性的策略(例如,IRAs)——对关键的政策问题可能具有重要的意义。从行为角度而言,更具针对性的措施不仅可以将注意力集中在单个问题上(比如是否为退休进行了足够的储蓄),而且可以使个体接触到关于储蓄重要性的信息,还可以为私人规则的发展和强化提供一个自然的环境,更可以促进鼓励储蓄的制度的发展。如果设立最低缴费限额能够使得公众接受具体目标,促进私人规则的形成,或使得监测是否遵从这些规则更加容易,则它们确实可以刺激储蓄。

## 2.4 成瘾

虽然迄今为止编入目录的化合物超过了400万种，但仅有几十种化合物被临床共识认为具有致瘾性（Gardner and David，1990）。这包括白酒、巴比妥酸、安非他明、可卡因、咖啡因和相关的甲基黄嘌呤兴奋剂、大麻、致幻剂、尼古丁、类鸦片药物、解离型麻醉剂和挥发性溶剂。对于其他物质，例如脂肪和糖，或活动——比如购物、入店行窃、看电视和上网，在临床上是否具有成瘾性还存在争论。这些物质和活动对公共政策以及标准经济分析都提出了挑战。

我们在本节中将回顾与致瘾性物品消费相联系的不同的行为模式，描述成瘾的神经科学基础，总结不同的一些经济模型，并且对其政策含义进行评论。

### 2.4.1 政策问题

致瘾性物品的消费引发了严重的社会问题，这些问题影响到了几乎所有国家的所有社会经济阶层成员。美国已有统计数据显示了该现象的涉及范围。[①] 1999年，用于烟草制品、酒精饮料、可卡因、海洛因、大麻和甲基苯丙胺的总支出估计超过了1 500亿美元。1999年的一个单月，超过5 700万人抽了至少一根烟，超过4 100万人酗酒豪饮（每次喝酒五杯或五杯以上），大约1 200万人使用大麻。1998年，美国大约有500万人被称为"铁杆儿"长期毒品使用者；大约460万工作人口符合药物依赖诊断标准；2 450万人有临床酒精依赖史。1998年，由于健康医疗支出、死亡、生产率损失、车祸、犯罪、执法，以及福利而产生的附加社会成本总计，酗酒为1 850亿美元，其他致瘾性物品为1 430亿美元。1990年，吸烟大约导致418 000人死亡；1992年，酗酒导致107 400人死亡；1998年，毒品使用导致19 277人死亡。由于酗酒导致的暴力犯罪占总量的25%～30%。

---

[①] 此段落的统计数据通过以下来源获得：国家药品控制政策办公室（Office of National Drug Control Policy，2001a，b）、美国人口普查局（U. S. Census Bureau，2001）、国家药物滥用研究所（National Institute on Drug Abuse，1998）、国家酗酒及酒精中毒研究所（National Institute on Alcohol Abuse and Alcoholism，2001）和疾病控制中心（Center for Disease Control，1993）。当然，报道的很多数据可能存在出入。

尽管共同的临床分类表明了它们的共性，但在司法中，针对不同致瘾性物品的公共政策大相径庭。政策从自由放任到征税、补贴（例如康复计划）、监管赦免、定罪、产品责任以及公共健康运动，形式不一而足。每一种政策方法都有热情的拥护者和批评者。

尽管对致瘾性物品的理想政策存在非常大的争论，然而人们却相当广泛地认同大部分现存政策没什么作用。例如，美国的"对毒品之战"往往被贴上"失败政策"的标签。禁用物品的使用仍然广泛，并且导致的健康成本巨大。对某些物品比如大麻的禁令，在美国青年人群中缺乏可信性，他们不明白为什么单单将白酒挑出来作为社会可以接受的东西。虽然吸毒者中的犯罪活动发生率相对较高，但应该承认在很大程度上，与毒品相关的犯罪是现行政策的结果而非原因。对毒品交易进行法律制裁推动了黑市，促进了有组织犯罪，使罪犯暴富，促成了暴力文化。结果，1999 年，625 000 多人因为与毒品相关的违法行为而被监禁。这些人异常贫困、多为黑人，属于社会中在经济上最脆弱的成员。

虽然现存的政策存在重大缺陷，但替代政策同样可能存在问题。例如，酗酒和吸烟的高发生率，以及随之而来的社会成本，至少引起了人们对烟酒全面合法化潜在后果的普遍关注。与成瘾相关的社会问题如此棘手，这凸显了富有创造性和开放性地重新思考相关政策战略的重要性。

### 2.4.2　成瘾问题的新古典视角

20 世纪 90 年代以前，关于成瘾的神经病学理论基于"享乐原则"。广泛认为，人们开始使用毒品是为了获得一种令人愉悦的"快感"，尽管持续使用毒品会降低这种快感（一种被称为"耐受性"的现象），但是为了避免强烈的欲望与停用造成的不愉快感，仍然不得不继续使用。这些享乐属性很容易融合到消费者选择的标准模型中。按照这种传统进行的早期研究成果包括 Stigler and Becker（1977），Iannacone（1986）以及 Becker and Murphy（1988）的论文。其中，人们普遍认为，最后一篇文章是对成瘾行为新古典视角的权威阐述，也称之为"理性成瘾"理论。

在 Becker 和 Murphy 的模型中，个体的福利依赖于致瘾性商品的消费、非致瘾性商品的消费，以及汇总过去致瘾性商品消费的一个状态变量。这种成瘾状态会随着致瘾性物品的使用而升高，节制而降低。为了用模型表示耐受性，我们假定效用会随着成瘾状态上升而下降；为了用模型表示强烈欲望与停用的痛苦对致瘾性物品使用倾向的影响，我们假定致瘾性物品的边际效用会随着成瘾状态而上升。这种假设对产生一种被称为"相邻互补性"的属性是必要的（但不充分），相邻互补性意味着更大的现期消费会导致未来更大的消费。根据 Becker 和 Murphy 的观点，这是致瘾性物品的明显特征。

Becker 和 Murphy 的模型引发了很多有趣的与致瘾性物品使用相关的实证结果。例如，给定合理的参数，模型既会产生周期性沉溺行为，也会产生突然戒除行为。模型区分了产生与不产生成瘾行为的条件，预测了预期未来致瘾性物品价格的上升会导致毒品使用的立即下降（参见 Gruber and Koszegi（2001）以及 Chaloupka and Warner（2001）对支持证据的回顾）。

从规范角度看，理性成瘾理论没有区分致瘾性物品与其他商品。因此，标准的福利定理是适用的。由此可见，仅当致瘾性物品市场运作不良时，政府干预才是正当的。在这方面存在两个主要问题。第一，如果人们对致瘾性物品的影响知之甚少或信息错误，他们可能就会作出糟糕的决定。只要政府能够比私人市场更切实有效地提供相关信息，对消费者进行教育的政策（例如公共健康运动）可能就是有益的。第二，致瘾性物品的消费会产生外部性。例如，醉酒驾车导致车祸，瘾君子以犯罪来支持其恶习，并且其成瘾对其家庭成员会造成极大的伤害。标准的针对外部性的政策处方包括对每单位的致瘾性物品征收庇古税，税负的大小等于其对他人造成的边际外部损失。

自从 Becker 和 Murphy 的论文发表后，其他学者从多个方面对理性成瘾理论进行了扩展，主要是为了解释观测到的成瘾行为的其他特征。例如，Orphanides and Zervos（1995，1998）通过实验发现，不同人的易成瘾程度是不同的。该论文表明，极易受成瘾影响的个体如果很快发现其易成瘾程度，就会控制他的成瘾倾向；如果发现较慢则不会控制。作者简要地讨论了一些政策含义。显然，消费者可以从准确的关于易成瘾程度分布的信息中受益。此外，由于人们不能确定自己的易成瘾程度，私人市场在康复保险方面的不完善会造成残差风险，这就为政府创造了一个社会保险提供者的角色。其他的贡献包括（但并不局限于）Dockner and Feichtinger（1993），他们展示了理性成瘾理论是如何解释周期消费模式的；Orphanides and Zervos（1998），他们通过允许消费者的折现率（以时间一致的方式）依赖于使用程度在其模型中引入了冲动。

### 2.4.3 一些有问题的经验观测

在某些方面，致瘾性物品的消费模式与其他商品没有什么不同。许

## 第2章 行为公共经济学：非标准决策者条件下的福利与政策分析

多研究都表明，毒品使用总量对价格和关于致瘾性物品影响的信息都会产生反应。例如，美国强有力的公共健康运动在减少吸烟率方面受到广泛赞扬。也有证据显示，使用者会进行复杂的前瞻性考虑，面对预期的价格上涨会减少现期消费。[①] 那么，是什么使得成瘾成为一种与众不同的现象呢？伯恩海姆和兰格尔（Bernheim and Rangel，2004）列举了五种重要的行为模式，这些模式是从神经科学、心理学和临床实践对成瘾的广泛研究中提取出的。

**不成功的戒除尝试**。成瘾者经常表示，愿意永久性地和无条件地停止使用某致瘾性物品，但却无法坚持到底。短期的戒除很普遍，但长期复吸率很高。例如，2000年，70%的现行吸烟者表示，愿意完全戒烟，并且在戒烟过程中有41%尝试停止吸烟至少一天，但仅4.7%成功戒烟超过3个月（参见 Trosclair et al.，2002；Goldstein，2001；Hser et al.，1993；Harris，1993；O'Brien，1997）。这一模式尤其引人注目，因为经常使用者在第一次尝试戒除时，会经历痛苦的停用症状，且这些症状会随着时间的推移和成功戒除而逐渐消失。因此，复吸往往在使用者承受最大戒除成本后出现，有时在坚决戒除几年后出现。

**暗示触发的复吸行为**。当成瘾者接触到与过去毒品消费相关的暗示时，复吸率尤其高。在经历重大环境改变的人群中，长期使用毒品的比例明显较低（参见 Goldstein，2001；Goldstein and Kalant，1990；O'Brien，1976，1997；Hser et al.，1993，2001）。[②] 治疗计划往往建议正在康复中的成瘾者搬到一个新地方并且回避前期消费发生的地方。研究也表明，压力和"引发物"（接触吸食少量该物品）会导致复吸。

**自我描述错误**。成瘾者往往有一种非常强烈的将过去的使用描述为一种错误的意识：他们认为，如果自己当时采取不同的行为，那么他们在过去和现在会更好。他们也意识到，他们在未来可能会犯同样的错误，并且这会削弱他们戒除的愿望。当他们屈服于强烈的欲望时（即使当他们正在吸毒时），他们大多会将选择描述为错误。匿名戒酒协会（Alcoholics Anonymous）的12步计划开始于"我们承认我们在白酒面前软弱无力——我们的生活已经变得无法驾驭"，这是具有启发意义的。

---

[①] 参见 Chaloupka and Warner（2001），MacCoun and Reuter（2001）以及 Gruber and Koszegi（2001）对相关证据的回顾。

[②] Robins（1993）和 Robins et al.（1974）发现，与其他同时期的青年男性成瘾者相比，在战争结束时沉溺于海洛因和/或鸦片的越战老兵经历的复吸率更低。一个可信的解释是，这些老兵在回到美国后遇到的环境触发（与毒品使用相联系的熟悉的环境）较少。

Goldstein（2001，p. 249）举例描述了一个瘾君子：

他……突然被一种无法抗拒的欲望所征服，于是急忙奔出房间去寻找海洛因……这如同他被某些其无力抗拒的外部力量所驱使，即使他知道当这发生时，对他而言这是一种灾难性的做法。

**通过事前自我约束进行自我控制**。康复中的成瘾者经常会通过自愿剔除或减少未来选择来控制他们犯错误的倾向。他们自愿将自己送进"封闭的"的康复设施，往往不是为了逃避欲望，而是因为他们期待体验欲望并希望控制他们的行为。他们也服用某些药物，服用之后如果紧接着再使用致瘾性物品，就会产生令人不悦的副作用或减少愉悦感。① 严重的成瘾者有时也会争取他人的协助对其进行物理隔离以保证通过停用过程戒除成瘾。

**通过行为和认知治疗进行自我控制**。康复中的成瘾者尝试通过行为和认知治疗以使复发的可能性最小化。成功的行为治疗经常是鼓励采取新的生活方式以及培养新的兴趣来教授暗示规避。成功的认知治疗教授暗示管理方法，这需要将注意力重新集中于替代结果和目标，并经常在指导者或信任的朋友协助下或是通过祈祷等冥想活动来实现。显然这些治疗策略在不提供新信息条件下可以影响成瘾者的选择。②

成瘾的临床定义提到了其中的一些模式。物质成瘾是指，当大量接触该物质后，尽管明知它们有害并且常常有强烈的愿望无条件戒除，但使用者却发现自己在进行强迫性的、反复的和本不希望的使用（参见DSM-IV，1994）。

从传统的经济学分析角度看，以上列举的每一个模式都会在某种程度上令人迷惑。经济学教科书中的理性消费者在坚持计划方面没有困难，因此，应该明显不存在前两种模式。与第三种模式相反，理性消费者总是选择他们想要的，因此，在具备良好信息条件下，他们不会犯系统性错误。某人或许在某个消费品面前软弱无力这一概念对新古典经济

---

① 戒酒硫会干扰肝脏对酒精的代谢能力；因此，摄入酒精会在一段时间内产生高度令人不悦的身体反应。美沙酮，一种兴奋剂，与海洛因一样可以激活相同的类鸦片受体，因此会产生一种轻微的快感，但起效温和且持续时间较长，可降低由海洛因产生的快感。环丙甲羟二羟吗啡酮，一种拮抗药，堵塞特定的大脑受体，因此可降低由类鸦片药物产生的快感。所有这些治疗方法减少了复发的频率（参见 O'Brien，1997；Goldstein，2001）。

② Goldstein（2001）指出，在专业群体中有一种共同的印象，匿名戒酒协会等的 12 步计划（p. 149）"对很多酗酒者（如果不是大部分）是有效的"。然而由于这些计划的性质，无法对其进行客观的效果测试。匿名戒酒协会的治疗哲学基于"简单地通过将注意力放在不喝酒，而放在参加会议以及向其他酗酒者施以援手上"。

学家而言是极其令人讨厌的。与第四种模式相反，标准消费者行为理论的原则之一是"扩展和改善有效选择集必然会使得个体境况更好"，因此事前自我约束可能仅仅是事与愿违的。而且，由于在标准模型中个体从不犯错误，因此，为自我控制而支付费用是没有必要的。

对基本模型进行有创新性的扩展可以在不推翻基本范式的条件下对其中的某些模式提供理性的解释。例如，Laibson（2001）提出了Becker-Murphy体系的一个变型，在该体系中，偏好会随着经验而变成依状态而定的，且该体系原则上可以解释暗示管理与规避。综上所述，上述五个模式对新古典视角提出了重大的挑战，并且为经济学家"跳出窠臼"思考提供了动力。

### 2.4.4 神经科学对成瘾的最新启示

在过去的10年中，新的关于成瘾的性质的科学共识开始出现。现在看来，成瘾似乎不是主要源于物质对感官系统的愉悦效果。相反，对成瘾的新观点认为，是某些物质妨碍了在学习方面扮演重要角色的神经系统的正常运作。这并不是说愉悦不重要。然而，成瘾的关键特征似乎是致瘾性物品会导致特定的学习过程失灵这一事实。

图2.1以高度抽象的方式表明，大脑通常是如何进行关于标准消费品的决策的。我们的感官为我们提供关于环境条件的信息。我们处理这些信息以及关于我们的内心状态的信息——比如饥饿、疲惫等——这导致了决策。体验——包括收益是在决策之后产生的。体验到的环境条件、决策以及收益之间的关系会诱发学习，学习通常会改善未来决策的质量。

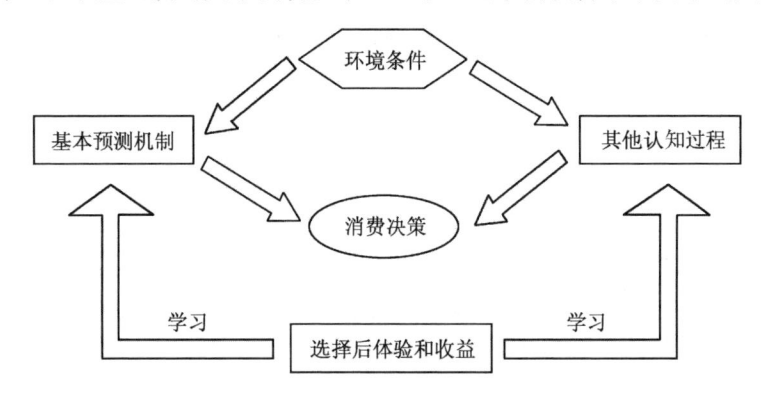

**图2.1 标准消费品的决策过程**

在图2.1的左侧，我们展示了决策系统的一个重要部分，我们将其称为"基本预测机制"。这是一种测量环境条件、决策与短期收益之间相关关系的硬件系统。它不涉及较高层次的推理；实际上，它为较低级的生命形式和人类所共有。对于非致瘾性物品而言，基本的预测机制会随着经验的增加学会对接下来的快乐体验进行准确的预测。

值得强调的是，大脑好像拥有多种预测决策可能后果的机制。某些机制涉及较高级的认知（如图2.1右侧所示）；例如，我们有时建立关于世界的因果模型并据此推测出我们的行动可能引发的后果。而另外一些机制，比如基本的预测机制，更具机械性。

两类预测机制在决策中都起作用。有时，我们会基于由基本预测机制产生的"本能反应"行事。有时，更高级的认知会压倒本能反应。这是大脑工作的原理。每一个过程都拥有自己的优势和劣势。基本预测机制的反应很快，但不够灵活和复杂。高级认知灵活且复杂，但相对较慢。当我们不得不快速决策时，我们依靠本能反应。当没有时间压力，我们就会花时间仔细思考。这些系统间的均衡会随着自然的折中进化而出现。因此，在某些情况下，我们会依靠冲动和本能反应而不是理性的思考，但这一事实本身并不意味着我们的选择是非理性或机能失常的。对于非致瘾性物品而言，这些平行运行的机制，一般会产生合理的决策。

图2.2表明了致瘾性物品是如何干扰这些决策过程的正常运作的。简言之，致瘾性物品存在的问题是，它们会直接影响构成基本预测机制基础的学习过程，使得此机制发现环境条件、决策和收益之间相关关系的神经学过程无法正常运行。最终，此机制会过度高估毒品使用与实际体验到的愉悦之间的相关关系。笼统地说，毒品愚弄了下意识的、硬件大脑进程，使其预期一种被夸大的愉悦水平。虽然一个瘾君子会努力通过实行认知控制来抵消这种影响，但他不能对基本预测机制的失灵进行有意识的矫正。

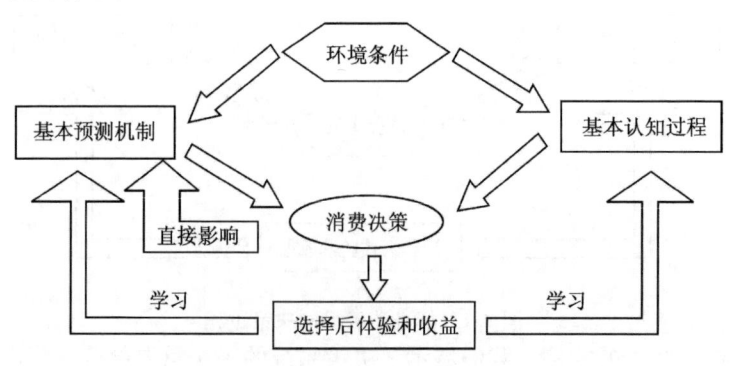

**图2.2 致瘾性物品的决策过程**

## 第2章 行为公共经济学：非标准决策者条件下的福利与政策分析

更具体地说，现有神经病学证据支持四个具体假设，这些假设证明了关于致瘾性物品的新观点的合理性（更详细的讨论参见 Bernheim and Rangel，2004）。

第一，中脑边缘多巴胺系统（MDS）至少部分起到了基本预测机制的作用，其会随着经验的增加而学会对环境和机会产生反应，反应程度大小构成对近期愉悦感的一种预测（参见 Schultz et al.，1997；Schultz，1998，2000）。

第二，MDS 预测看似不会直接产生或反映愉悦体验。实际上，人的大脑好像包含一个独立的负责产生对"福利"的感觉的感官系统（参见 Berridge，1996，1999；Berridge and Robinson，1998，2003；Robinson and Berridge，1993，2000，2003）。

第三，MDS 产生的预测直接影响选择（参见 Berridge and Robinson，1998，2003；Robinson and Berridge，1993，2000，2003）。在一个额叶皮层充分发育的有机组织中，较高级的认知机制可以压倒 MDS 预测产生的冲动，例如，通过确定备选行动方案或预测选择的未来后果等方式。但最终结果还是取决于 MDS 预测的强度以及额叶皮层进行必要的认知运作的能力。强 MDS 预测可以影响对刺激物的注意力，认知的关键环节和记忆力进而削弱高级认知机制。因此 MDS 产生的预测越具有吸引力，高级认知机制凌驾于低级机制的可能性就越小。

我们强调基本预测机制和高级认知过程不是两种不同的为控制决策而相互竞争的"偏好"或"自我"集合。快乐体验是独立产生的，并且个体可以通过恰当地使用两种预测过程对结果进行预测，进而最大化这些体验。

第四，致瘾性物品直接影响基本预测机制，扰乱其形成准确的感官预测的能力并且夸大消费的预期感官收益。虽然致瘾性物品在化学和心理属性方面存在显著不同，但在神经科学领域，越来越多的共识认为，与其他物质相比，它们共同具有激活多巴胺对伏隔核进行更高强度和更持久攻击的能力。它们要么是通过直接激活 MDS，要么是通过激活其他具有相同功能的系统做到这一点（参见 Nestler and Malenka，2004；Hyman and Malenka，2001；Nestler，2001；Wickelgren，1997；Robinson and Berridge，2003）。对于非致瘾性物品而言，MDS 可以学会分配一种与随后的快乐体验相符的感官预测。对于致瘾性物品而言，其使用直接激活多巴胺的作用，因此 MDS 可以学会分配一种与随后的快乐体验不相称的感官预测。这不仅会产生一种强烈地（并且有误导性的）

寻求和使用该物质的冲动，而且还会破坏高级认知凌驾的潜力。虽然认知凌驾仍然会出现，但仅在有限的环境范围内才会发生。

前面的讨论表明，在某些情况下，毒品使用表面上可能是一种错误，因为大脑在进行选择时受到了欺骗。然而这并未表明，毒品使用总是一种错误。即使在基本预测机制的诚实性方面作出让步，高级认知仍可以与之一致或凌驾于它。对于不同的人，大脑化学物质好像会形成这些机制之间不同的均衡。这或许解释了为什么某些人会成为瘾君子，而其他人反复使用却并未沉溺其中。在某些情况下，毒品使用是理性的，而在其他情况下是非理性的。当对不同的公共政策进行评价时，应该牢记这一点。

在强调致瘾性物品对决策过程的影响时，我们不打算低估其感官效应的重要性。典型的使用者最初被致瘾性物品吸引是由于它会引发一种感官"兴奋"。随着时间的推移，经常使用就会导致感官和身体的耐受性。也就是说，除非使用者戒除一段时间，否则毒品会失去其产生快感的能力，此外，任何停止吸毒的尝试都会产生令人不悦的副作用（脱瘾性脑综合征）。以暗示为条件的"欲望"同时具有感官影响和非感官原因。很明显，所有这些效应都是重要的。然而，神经科学和心理学领域正在形成一种共识，认为决策过程效应，而非感官效应，是理解成瘾行为的关键（参见 Wise，1989；Robbins and Everitt，1999；Di Chiara，1999；Kelley，1999；Nestler and Malenka，2004；Hyman and Malenka，2001；Berridge and Robinson，2003；Robinson and Berridge，2000；Redish，2004）。

### 2.4.5 将成瘾作为一种决策过程失灵来构建模型

伯恩海姆和兰格尔（Bernheim and Rangel，2004）提出了一种成瘾理论，该理论背离了我们在 2.2 节中所讨论的假设 2.4（也就是说，选择总是与偏好一致）。该理论基于下面三个主要前提：

（1）成瘾者的使用有时是一种错误，由于行为背离了偏好，以至于有时是理性的；

（2）使用致瘾性物品的经历会使得个体对触发错误使用的环境暗示很敏感；

（3）成瘾者明白他们容易受到暗示触发错误的影响，并且会尝试较老练地控制这一过程。

前两个前提条件被 2.3.4 小节所论述的一系列研究证实，该节表明，反复接触致瘾性物品后，大脑倾向于对所遇到的与过去的物质使用相联系的环境暗示进行有偏的感官预测。有些行为证据表明，使用者往往异常老练和有远见，而这些证据证实了第三个前提条件。例如，他们对预期未来价格上涨的反应是减少现期消费（Gruber and Koszegi，2001）。某些人也会进入戒瘾诊所，这不是因为他们打算节制，而是因为他们希望增加下一次快感的强度。

**模型的总结**。伯恩海姆和兰格尔（Bernheim and Rangel，2004）的正式模型假设个体正在进行一系列的关于生活方式、致瘾性物品使用以及非致瘾性物品消费的决策。它假定，在任意时刻，个体都处于两种模式之一：一种模式是"冷静"模式。在该模式中，正常起作用的决策过程会导致其选择最偏好的方案。一种模式是功能失常的"疯狂"模式。在该模式中，决策和偏好会背离（因为他对由 MDS 产生的被扭曲的预测产生反应）。① 疯狂模式是暂时的，但总是会导致成瘾物质的使用。在任一时刻进入疯狂模式的可能性依赖于个体的成瘾物质使用史、选择的生活方式（比如，聚会会使得个体遭遇更强的与成瘾物质相关的暗示），以及随机事件（例如，近期遇到环境暗示的频率和强度，而前期的使用使得其对这些暗示很敏感）。

我们用成瘾状态概念概括成瘾物质的使用史。使用成瘾物质会导致个体进入更高的成瘾状态；戒除成瘾物质会使其进入较低的成瘾状态。成瘾状态的提高会增加在任意时刻进入疯狂模式的可能性（例如，因为它意味着对随机出现的环境暗示的敏感性增加了）。较高的成瘾状态也与较低基准的福利水平（例如，由于健康恶化）、较少的财务资源（由于生产率下降、旷工以及未列入预算的医疗费用），以及可能的消费致瘾性物品的大量"提高"相关。

通过改变与成瘾物质属性相关的假设，该模型可以重现各种各样的观测行为。特别地，它可以解释 2.4.3 小节讨论的各种模式（细节参见 Bernheim and Rangel（2004）；对模型的模拟参见 Bernheim and Rangel（即将发表））。

**政策含义**。该理论认为，政府干预的合理性有两个依据。第一，如

---

① 我们的分析与 Loewenstein（1996，1999）的成果有联系，他考虑了个体既可以处于疯狂决策模式，也可以处于冷静决策模式的简单模型。明显地，Loewenstein 的方法放松了固定的一生偏好的假设。他假定行为在疯狂模式中会反映"错误"的效用函数的应用，而非效用函数最大化过程的失败。与我们的发现相反，他还认为，不完全了解自己是成瘾行为的必要条件。

同理性成瘾理论，干预的合理性在于可以纠正致瘾性物品的市场失灵（例如，政府可以处理外部性、信息错误和无知）。第二，政策也可以影响犯错的频率和后果。这一考虑产生了很多非标准的政策含义。

**信息政策的局限性**。特别地，公共教育运动（比如美国的反吸烟和反毒品倡议）的结果是好坏参半的。成瘾的进程—失灵理论强调了信息政策的一个根本局限：与标准理论不同，不能假定一个具有完全信息的成瘾者总是会作出明智的选择。关于药物滥用后果的信息可以影响对毒品的最初使用，但不能改变神经病学机制，通过该机制致瘾性物品会影响审慎的决策。

**适得其反的遏制措施**。类似"罪恶税"以及法律制裁这样的政策努力是通过提高使用成瘾物质的代价来阻止其使用的。正如我们所指出的那样，这在使用成瘾物质会产生负的外部性的基础上可能是合理的。在本节讨论的理论背景下，如果它们能减少在"疯狂"决策状态下的过度使用，即使再高的税负（不管是明税还是暗税）也可能是正当的。遗憾的是，与审慎的使用相比，致瘾性物品的强迫性使用特征可能会导致对成本和后果极度不敏感。因此，附加超出外部不经济的成本会对冷静状态选择产生不利的扭曲，同时未能显著减少有问题的疯狂状态的使用。实际上，由于与致瘾性物品使用相关的风险增加了，对使用致瘾性物品施加高额成本的政策会阻挠社会保障目标的实现。① 因此，致瘾性物品的最优税率或许比外部性显示的最优税率低很多（参见伯恩海姆和兰格尔（Bernheim and Rangel，即将发表）对模型的模拟）。②

**供给中断**。标准的推理表明，征税优于法律制裁。虽然两者都会增加成本，但征税可以产生收入，而法律制裁会浪费社会资源。但在本节讨论的理论背景下，法律制裁会产生一种额外好处：它可以中断供给，使得短时间内使用者很难获取违禁物质。在疯狂状态下（当人行为冲动时）其对致瘾性物品使用的影响要大于冷静状态（当人审慎计划时）下。这恰恰是人们希望达到的，并且与税收的效果恰好相反。也就是说，法律制裁可以帮助成瘾者进行自我控制，且不会阻止审慎使用（实际来看）。然而存在一个与之相联系的缺陷：当处于疯狂状态时，成瘾者或许会进行代价高昂的且可能非常危险的搜寻活动。

---

① 实际上，成瘾者在经济上往往非常拮据，最终会通过犯罪和卖淫以获得购买毒品的资金。成瘾物质的高昂价格加重了这些后果。

② 正如伯恩海姆和兰格尔（Bernheim and Rangel，2004）所示，这种结果依赖于使用模式。

## 第2章 行为公共经济学：非标准决策者条件下的福利与政策分析

**减少伤害**。如果成瘾大部分是由于随机出现的错误导致，则通过缓解其某些恶性后果，各种干预方式可以起到社会保险的作用。例如对康复中心和治疗计划进行补贴（尤其是对贫困的人）可以缓和成瘾对财务的影响并促进康复。同样，免费发放消毒针头可以降低瘾君子中的疾病发生率。在某些情况下，以低成本方式让严重成瘾者获得成瘾物质甚至是有益的。① 通常是这样，人们不得不在每项政策的得失中进行抉择：减少危害的政策在缓和后果的同时，原则上会鼓励偶然的使用和尝试。

**影响暗示的政策**。由于环境暗示经常会触发对致瘾性物质的使用，所以公共政策也可以通过改变人们通常遇到的暗示来影响其使用。一种方法是，消除会引发问题的暗示。例如，对烟酒销售商施行的各种广告和营销限制阻止了人为触发的强迫性使用。由于一个人吸烟会引发其他人吸烟，所以将吸烟局限于指定的区域可以减少无意识的吸烟行为。第二种方法是，创造反暗示。例如，巴西和加拿大要求每包香烟上必须标示一个醒目的内脏电荷图像以描述吸烟导致的某些有害后果，比如肺部疾病和新生儿不健全。足够强的反暗示原则上可以触发使用者的思考过程以抵制欲望，虽然同样的信息以较少刺激性的形式出现时是无效的。对有问题的暗示和宣传反暗示的消除政策可能是有益的，因为它们可以减少强迫性使用成瘾物质，而且对审慎的理性使用者施加的不便和限制最小。

**简化自我控制**。成瘾的进程—失灵理论关注的是为自我调节提供更好机会而未使特定选择具有强制性的政策。在不侵犯审慎使用成瘾物质的人的自由条件下，这有可能帮助那些易受强迫性影响使用成瘾物质的人。限制某致瘾性物品在特定时间、地点和环境销售的法律往往是按照这些原则提供有限的机会的（例如，参见 Ornstein and Hanssens，1985；Norstrom and Skog，2005；Tigerstedt and Sutton，2000）。设计良好的政策原则上可以更有效地完成这一目标。例如，美国很多州已经立法，允许问题赌徒自愿提出申请，让政府限制自己进入赌场（Yerak，2001）。此外，如果某物质仅能通过处方获得，并且处方单仅以"下一天"为基础填写，则审慎的前瞻性计划就会成为获得药品的先决条件。康复中的瘾君子可以通过选择何时要求重新填写处方单对有问题的强迫性使用成瘾物质进行自我调节。

---

① 例如，瑞士的政策使得严重的成瘾者可以低成本地获得海洛因。

### 2.4.6 采用准双曲线折现构建成瘾模型

一个重要的研究路线是，可以通过增加准双曲线（$\beta, \delta$）折现修改 Becker 和 Murphy 的"理性成瘾"模型（参见 Gruber and Koszegi，2001，2004；O'Donoghue and Rabin，2001）。[①] 与理性成瘾理论相反，消费者的行为与其在进行现期消费决策时一样，会赋予现期福利不相称的重要性（$1/\beta$）。[*]

格鲁伯和科斯泽基（Gruber and Koszegi）使用这一模型计算了最优烟草税。当评价个体福利时，他们假定真实偏好与标准指数折现一致。他们暗中采用了 2.4.4 小节对准双曲线折现的解释：真实偏好是标准的，但决策过程会导致个体犯（$\beta, \delta$）模型简约形式中体现的偏好现期错误。

原则上，我们可以根据 2.4 节描述的证据对这种解释进行辩护。遗憾的是，该模型在两个重要的方面与这些事实不符。第一，证据表明，错误是特定领域的。相反，在（$\beta, \delta$）模型中犯偏好现期错误的倾向会影响所有领域。第二，证据表明，错误是由不连续的环境暗示引发的。相反，在格鲁伯和科斯泽基的体系中，决策者总是偏好现期。

当然，可以对格鲁伯和科斯泽基模型进行修订，假定偏好现期错误发生在特定领域且由暗示触发。由此产生的模型会与我们在前面的章节中讨论的成瘾的进程—失灵理论非常接近。然而，仍然存在一个重要的不同。在经过上述建议修改的（$\beta, \delta$）模型中，决策者会保持老练、前瞻并且即使偏好现期，其对经济刺激也会产生反应。相反，进程—失灵理论认为，错误起源于由硬件过程产生的简单的冲动，包括范围有限的后果。

在某些方面，这种方法的政策含义与我们在前面的章节中的讨论相似。仅靠信息政策是有局限性的，因为它不能消除导致偏好现期的根源。供给中断可能是有益的，可以使得自我控制更容易的政策也是如此。

在其他方面，格鲁伯和科斯泽基描述的政策含义与我们在前面的章节中讨论的存在显著不同。最明显地，（$\beta, \delta$）体系对"罪恶税"提供

---

[①] 在更早的相关文献中，Winston（1980）通过假定一生偏好会随心理状态变化而变化来构建成瘾模型。

[*] 应为 $\beta<1$，疑为印刷错误。——译者注

了理论依据（又见 O'Donoghue and Rabin，2005）。当进行决策时，消费者总是会过度轻视未来结果，包括那些源于相邻互补性的后果。政府可以通过对现期消费强征庇古税以对这些"内部性"（施加于未来自己的外部性）问题进行处理。因此，对致瘾性物品征收的税率应该比由边际外部性确定的税率要高。例如，根据格鲁伯和科斯泽基的模拟，对每盒香烟的最优税负至少比仅由外部性确定的高1美元。

对致瘾性物品征税，为什么伯恩海姆-兰格尔和格鲁伯-科斯泽基模型会产生截然不同的结论？答案包括在上面讨论的两个问题之中。第一，格鲁伯和科斯泽基假定消费者总是会犯偏好现期错误，而伯恩海姆和兰格尔假定错误仅在不连续的环境暗示出现时发生。因此，社会保险在伯恩海姆和兰格尔模型中可以提高消费者福利，但在格鲁伯和科斯泽基模型中不能。也就是说，格鲁伯和科斯泽基模型的假设排除了伯恩海姆和兰格尔模型中反对高额税负的一些因素。第二，格鲁伯和科斯泽基假定，决策者保持老练和前瞻并且即使犯错时也会对经济刺激产生反应，而伯恩海姆和兰格尔假定，错误起源于一种机械和非常不灵活的过程。因此，征税在格鲁伯和科斯泽基模型中可以减少决策错误，但在伯恩海姆和兰格尔模型中，征税在这些方面的影响有限。

### 2.4.7 使用包含诱惑的偏好构建成瘾模型

Gul and Pesendorfer（即将发表）提出了一个基于2.3.5小节讨论的包含诱惑的偏好的成瘾模型。根据他们对诱惑的早期研究成果（Gul and Pesendorfer，2001），他们假定消费者的偏好既定义在消费束上，也定义在选择这些消费束的集合上。在生命的每一期，消费者都会在两类商品之间分配其资源，其中一种具有致瘾性，目的是最大化跨期效用函数。该函数在所有方面都是标准的，除了其经过修改使得每期包括一个惩罚，其表示选择集中最具吸引力的未选方案引发的净诱惑。即使消费者在每一时刻应用同样的一生偏好并且不犯错误，事前自我约束仍然可能是有价值的，因为他们减少了与消费致瘾性物品的诱惑相关的不愉悦感。

Gul和Pesendorfer的模型使用了许多重要假设。下面三个假设值得强调。第一，替代方案的诱惑水平仅依赖于致瘾性物品的消费水平，完全不依赖非致瘾性物品的水平。第二，致瘾性物品的近期消费会增加赋予诱惑的权重，但未进入效用函数的"标准"部分。根据这一假设，只要强迫个体戒除致瘾性物品，他体验到的福利就与其过去的消费无关。因此，该假设与欲望和戒除方面的证据明显冲突。第三，消费者仅经历与现期选择相关的诱惑。例如，在决定下期是否进入康复中心时，他不受未来毒品使用的预期诱惑。

在 Gul 和 Pesendorfer 模型中，相对于最优而言，私人市场倾向于运作不良。市场给人们提供选择，并且选择会引发代价高昂的诱惑。除非有可能明确地提前锁定所有的选择，否则与自己"实时"选择的最优消费轨迹相比，消费者往往对他人给自己选择的最优消费轨迹更满意（后者是最优的，但前者不是）。

尽管自由放任的解决方案无效率，但其对致瘾性物品的最优税率或补贴是零。由于基本相同的理由，在商品税负的标准模型中也会产生同样的结果（当政府没有收入要求时）。然而，我们推测这是由上述的第一个假设得出的一种刀锋状况。如果与该假设相反，（除致瘾性物品消费之外）诱惑在某种程度上至少依赖于从非致瘾性物品获得的即时收益，那么最优罪恶税税率似乎是严格为正的。①

其他政策含义与我们在前面的章节中的论述相似。仅靠信息政策是有局限性的，因为它不能消除导致诱惑的根源。供给中断可能是有益的，因为它会剔除具有诱惑性的替代方案。通过允许消费者剔除在未来具有诱惑性的替代方案，可以使自我控制更加容易的政策可能也可以提高福利。

### 2.4.8 展望

成瘾案例证明了通过心理学、神经科学和经济学的融合可以改善政策分析的可能性。虽然这方面的进步很明显，但还有很多工作要做。我们现在对某些重要的开放性问题进行简短的讨论以结束本节。

**估计和检验不同的行为模型**。几乎所有现存的对成瘾行为的实证工作要么与理论无关（例如，记录事实模式），要么基于理性成瘾体系。迄今为止，关于行为选择的研究几乎完全是理论化的。研究人员应该使用选择数据以及综合使用选择与非选择数据，尝试探索估计各类行为模型的俭省结构形式；应该利用神经科学领域的进展，开发程序以获取和

---

① 在保持致瘾性物品消费水平固定的情况下（Winston，1980），罪恶税税率的增加减少了非致瘾性物品的消费水平，致使替代方案的吸引力下降。由于这种效应的大小与致瘾性物品的数量成比例，税负可能会缩小低水平与高水平致瘾性消费选择方案之间的"诱惑差距"。此外，这是一阶效应。因此，直觉上猜想，小额正税负是福利改善的。我们还没有尝试正式地证明这一推测。

## 第2章 行为公共经济学：非标准决策者条件下的福利与政策分析

使用新型的非选择数据（例如，关于身体状态的数据）。在解释观测行为以及检验区分它们的可验证的含义方面，未来的研究应该比较各模型的表现。对于在这些模型中起作用的不同力量的相对重要性，实证研究可能可以提供启示。

**非完美预见。**关于成瘾的大部分经济学文献假定人们完全了解物品使用的收益和成本，包括其对未来嗜好和决策过程的影响。证据表明，这种极端假设是不符合现实的。例如，在对吸烟的高中高年级学生的一个研究中，预测他们五年后不会再吸烟的概率为56%，但实际上仅31%的人能够戒烟（United States Department of Health and Human Services，1994）。

在决策者完全或部分幼稚的假定下，准双曲线折现模型融入了对自我理解的不完善。虽然这意味着在正确方向上迈进了一步，但明显需要做进一步的工作。幼稚行为模型应该利用新的和现存的关于非老练决策性质的实证研究。它们不仅应该允许人们不仅对自己的未来嗜好和选择，并且对其他后果——例如健康影响，缺乏完美预见的可能性，还应该引入人们随着经验的增多会了解其自我控制问题的可能性。

关于"预测偏差"的文献（例如，参见 Loewenstein et al.，2003a）阐明了可以通过实证研究发现重要的关于幼稚决策结构规律的可能性。该词组指的是与实际情况相比，人们假定其未来的好恶与现在的好恶更相似的倾向。[①] Loewenstein et al.（2003a）简要并非正式地讨论了几个对成瘾有促进性的含义。预测偏差的受害人更有可能因成瘾而违反其利益，因为他们低估了习惯形成的影响和现期使用对未来健康的负面后果。一旦成瘾，当他们的欲望不再强烈时，他们更有可能努力戒除，因为他们会低估未来的欲望。在尝试戒除条件下，他们也更可能"旧瘾复发"，因为当欲望强烈时，他们会高估未来继续戒除的困难。

**不同药品和不同人之间的差异。**应该强调的是，没有简单的政策组合对所有致瘾性物品都是理想的。例如，虽然白酒和强效纯可卡因都具有成瘾性，但公共政策应该（并且确实）分别对待它们。一些因素会影响不同政策方案的相对合意性，这些因素包括（但不局限于）典型个体对致瘾性物品的易上瘾程度、强迫性使用和审慎使用对价格和其他刺激

---

[①] 预测偏差并不意味着一生偏好会随着时间的推移而变化。相反，一个存在预测偏差而其他方面标准的消费者希望未来嗜好可以控制未来选择。然而，他会基于对未来嗜好的有偏预测进行决策。

的反应，以及成瘾对第三方产生的外部性大小。也应该强调对任何特定致瘾性物品的理想的政策制度会随着时间的推移，随着我们治疗、控制和/或预测成瘾的能力的发展而变化。理想的情形是，经济学家应该尝试建立对各种不同的物质和人群估计参数化的行为模型，并且使用这些估计作为确定对每种物质的最优政策的基础。

## 2.5　公共产品

在本节中，我们回顾行为公共经济学对我们理解公共产品的贡献。与前面的章节一样，我们确定关键的政策问题，总结标准方法，并且讨论质疑这些方法的实证证据。然后，我们回顾主要的行为替代方法及其含义。

### 2.5.1　政策问题

大量和多种多样的公共政策问题——从环境到学校财政，从扶贫计划到资助基础研究——都涉及公共产品的提供。这些产品的资金来源于公共和私人部门。在社区层次，美国的慈善活动致力于多种有社会价值的活动，从帮助穷人到资助文化活动。Andreoni（2006）称，2003年，美国对慈善部门的捐赠总计2 403亿美元，此外，1997年，政府登记的慈善、宗教和其他非营利性组织约45 000个。① 自愿提供的公共产品在更小的组织中，比如家庭，也扮演着重要的角色。

在每一个领域，公共产品都引发了一些普遍的问题：社会如何最好地解决搭便车的问题？如何在合理的水平上提供资金？社会是否应该为其成员提供捐赠的激励（例如，减税）？是否需要强制性捐赠（例如，通过税收）？同时利用公共和私人捐赠的混合体制是不是最好的？

回答这些问题，经济学家需要可以解释观测到的自愿捐赠模式的公共产品理论。该理论必须解释人们为什么捐赠；他们是如何选择其捐助的事业的；他们的捐赠对经济变量、政府政策以及其他人的行为是如何反应的。它也应该解释慈善组织存在的原因，并且解释这些团体的活动是如何对政府政策作出反应的。

---

① 这些资金的来源如下：个人76.3%，基金会11.2%，遗赠7.5%，剩下的5.1%来源于公司；数字经过四舍五入。

## 2.5.2 公共产品的新古典视角

公共产品的标准模型假定一个拥有 $N$ 个个体的小组，其中每个成员对私人产品（用 $x^i$ 表示）和公共产品（用 $G$ 表示）的消费具有真实偏好。这些偏好我们用效用函数 $U^i(x^i, G)$ 表示。为简单起见，我们这里将重点放在仅有一个私人产品和一个公共产品的简单模型中，其中生产 1 单位的公共产品需要 1 单位的私人产品，并且每个个体 $i$ 被赋予 $w^i$ 单位的私人产品。下面描述的所有结果可以推广到更复杂的设定。每个个体捐赠数量 $g^i$ 给公共产品；个体 $i$ 缴纳定额税 $T^i$；政府将所有的收入捐赠给公共产品。因此，$G=(g^1+T^1)+\cdots+(g^N+T^N)$。个体在得知定额税税值之后会立即选择他们的捐赠额。其行为受控于纳什均衡。我们用 $g^{i*}$ 表示捐赠的均衡水平；$G^*=g^{1*}+\cdots+g^{N*}$ 表示公共产品的均衡水平。

强调此体系中内含的关键假设是有益的。第一，个体仅关心他们对私人和公共产品的消费。他们不能直接从捐赠中获益，他们也不会关心其他人的消费或福利。第二，个体不关心确定资源配置的过程。例如，只要在两种情况下私人消费和公共产品提供水平相同，他们就认为公共和私人提供是无差异的。也要注意到，在该简单模型中，慈善募捐没有明显的作用。例如，由于人们充分了解公共产品，因此没有理由让慈善机构传播信息。

在文献的几个重要分支中——包括存在外部性条件下最优的税率和调控政策、公共产品问题有效机制的设计、公共产品提供的政治经济学模型等方面的成果——该模型显得格外突出。从实证角度看，该模型具有很多鲜明的、可检验的含义，主要包括以下五个（详情参见 Bergstrom et al., 1986; Andreoni, 1988）。

**极端收入弹性**。如果个体的偏好相同，则存在一个禀赋水平 $w^*$，使得仅禀赋大于 $w^*$ 的人捐赠，且 $g^{i*}=w^i-w^*$。只要整个收入分布中可以表现出各个嗜好类别，则此结论可以扩展到异质嗜好情形。由此可以推导出，对于资源足够多的人来说，其对公共产品的边际捐赠倾向恰为 1（使用截面数据来测度，控制了个体特征）[①]；而其他人的边际捐赠倾向恰为 0。也可以推导出所有的（相同类型的）捐赠者消费同样数量

---

① 对资源的外生增加（相对于截面变动），捐赠者会增加私人消费。然而，如果捐赠者的数量很大，接受者消费私人产品的边际倾向约为零。

的私人产品。

**仅富人捐赠**。在大规模的组群中，仅收入分布的高尾部分对公共产品捐赠。此外，随着人口增长（固定财富分布），捐赠者占总人口的比例会下降。因此，对于足够多的人口数量，人口规模对总捐赠的影响趋近于零。除非群组很小，否则公共产品的水平仅依赖于非常富裕人群的财富，而其他人的财富变动对总提供量没有影响。

**公共提供中性**。只要缴纳的定额税不超过没有政府干预条件下其会捐赠的数额，则通过定额征税融资的公共产品的公共提供就是中性的。在此情况下，公共捐赠会完全挤出私人捐赠。虽然中性要求的条件看似严格，但该结论可以推广到其他环境。例如伯恩海姆（Bernheim，1986）和 Andreoni（1988）已经表明，就通过扭曲性税收为公共提供融资以及对捐赠进行补贴而言，其对公共产品的总提供水平是无影响的，或影响很小。这些结论建立在 Warr（1982）和 Roberts（1984）早期成果的基础之上。

**外来资金的捐赠（几乎）完全挤出内部资金**。在一个规模很大的经济体中，对公共产品的外生捐赠（由群组之外的某些人捐赠，也就是说，更高级别的政府）对提供水平的影响可以忽略不计。也就是说，外部资金几乎全部挤出私人捐赠。例如，可以推导出，在假定捐赠者的数量比较大的情况下，高级别政府对地方慈善机构的捐赠不能显著地增加资金总量。

**再分配中性**。在捐赠者中间，再分配财富对总捐赠水平无影响。相反，将财富从捐赠组再分配到非捐赠组会降低公共产品的总水平。

这些结论非常有价值，因为它们提供了标准模型的严格的和稳健的可检验含义。它们在拟合数据方面表现如何呢？

### 2.5.3 有问题的一些观测

Kingma（1989）对标准模型进行了最有影响力的实证检验。与之前的大量文献不同，其研究的是对某个特定公共产品——公共广播电台运营——的捐赠，而非总捐赠。研究对象较小对分析是有利的，因为当分析总量时，很难调和关于公共和私人捐赠的数据的范围。另外，总量中的高捐赠率会掩盖对个体事业的低捐赠率。该论文使用独特的截面数据集，即全美国 66 个公共广播电台的资金来源以及会员捐赠的数据集，并且这些电台服务于不重叠的市场。Kingma 的两个主要发现是，第一，样本中大约有一半的被试者（招募这些人进行收听习惯的研究）捐

第 2 章 行为公共经济学：非标准决策者条件下的福利与政策分析

赠正的数量。平均捐赠额为 45 美元。捐赠者的财富和受教育水平较高，但高出平均水平的程度不是很大。该发现与 2.5.2 小节的前两个含义形成了鲜明对比。第二，对于一个拥有 9 000 名听众的典型电台来说，对电台的"外生"公共捐献增加 10 000 美元（也就是由联邦税而非对地方成员的税收提供资金的捐赠）会使得私人捐赠减少 1 350 美元。这与第四个含义相反。

Kingma 的第一个发现与总量数据中观测到的模式相一致。例如，Andreoni（2006）报告称，1995 年，有 68.5% 的家庭向慈善机构捐赠，平均捐赠金额约 1 081 美元。即使相对贫困的家庭平均也向慈善机构捐赠了他们收入的几乎 5%；就捐赠占收入的比例而言，较高收入阶层的家庭实际上捐赠的较少。

Kingma 的第二个发现大体上也与其他基于总量数据的研究相一致。例如 Abrams and Schmitz（1978a，b）以及 Clotfelter（1985）发现，对非营利部门的公共转移支付会以每美元 5~28 美分的比率挤出私人捐赠。

对 2.5.2 小节列举的前四个含义也在实验室进行过检验。Isaac and Walker（1988）在线性公共产品实验中研究了组群规模效应。被试者反复与其他三个或九个参加者进行游戏。每一轮实验他们都会收到筹码形式的禀赋，并且决定向公共产品捐赠多少筹码。筹码是有价值的，因为实验结束后可以兑换成现金。对公共产品的捐赠每增加一个筹码，小组中的每一个人，包括捐赠者本人可以多获得 0.3 或 0.7 个筹码。由于每捐赠一个筹码都会蒙受净损失，标准模型预测，占优策略是每个被试者不进行任何捐赠。与本章中的许多其他实验相同，被试者最初会捐赠大约 50% 的筹码，但该数值会随着实验的重复而下降。个人平均捐赠额和捐赠正数量的被试者的比例不会随着群组规模扩大而下降。这些发现与第二个含义相反。

Andreoni（1993）研究了上述实验的一个变型——假设在该实验中，收益会随着筹码数量的变化呈非线性变动。这在捐赠严格为正的条件下会产生纳什均衡。他通过比较在两个紧密相关的处理组中的行为检验了公共提供中性（第三个含义）。在每一种情况下，向被试者展示一个二维表格，该表描述他们的收益作为他们的捐赠额以及其他人的总捐赠额的函数是如何变化的，然后让他们选择捐赠多少筹码。在一个处理组中，实际上要求他们至少捐赠 2 个筹码；在另一个处理组中，不要求他们捐赠任何筹码。① Andreoni 的结果表明，公共捐赠会以每美元 71 美分的比率挤出私人捐赠。虽然这一挤出比率与文献中的其他估计相比较高，但仍然与第三个含义不一致。

这些论文，以及越来越多的相关证据（回顾参见 Ledyard，1995；Camerer，2003），已经使得很多经济学家拒绝了标准模型，开始寻找更好的替代模型。我们接下来将对文献状况进行回顾并且总结其对公共经济学的含义。

### 2.5.4 涉及"温情"的模型

为了解释前节描述的证据，Andreoni（1989，1990）提出了公共产品捐赠的温情模型，该模型建立在 Blinder（1974）、Becker（1974）、Cornes and Sandler（1984）以及 Steinberg（1987）论文的思想基础之上。他的方法需要对标准模型进行直接修正——即假定个体的行为如同他们最大化 $U^i(x^i, g^i, G)$ 而非 $U^i(x^i, G)$ 形式的效用函数。在这种构架下，每个个体除了关注其私人和公共产品的消费以外，还直接关注其对公共产品捐赠的数量。

该修正推翻了 2.5.2 小节中讨论的五个含义，并且导致了更切合实际的政策含义。例如，随着人口规模的增加，选择捐赠水平会变得越来越像选择任一传统商品的消费水平。在极端情况下，捐赠者仅会衡量将金钱花费于两种不同私人产品 $x^i$ 和 $g^i$ 上的相对价值；通过 $G$ 对其福利的影响变得可以忽略。因此，模型会产生合理的收入弹性和整个收入分布中较高的慈善捐赠率。公共产品的水平对收入分布的变化会产生反应，不论是通过对组群成员征税还是通过外来资金融资，公共提供都会增加资金水平，并且在捐赠者中间的再分配并非中性。在温情模型中，对慈善捐赠的最优征税方式在性质上与美国税法的规定相似（Diamond，2006）。简言之，与标准体系相比，温情模型的含义与前节描述的实证发现更加吻合，从政策制定者角度看更具有一致性。

与前两节论述的关于成瘾或储蓄的某些成果不同，有关温情捐赠的文献对导致背离标准体系的机制的阐述并不多。虽然明显适于将该模型看做一个更加复杂的基础过程的简约形式，但该过程的性质在很大程度上还难以解释。

---

① 值得注意的是，考虑到社会交换实验中措辞效应的重要性，最低捐赠水平是由反复重申与给定捐赠概况相关的收益而决定的，而非通过保持相同的收益映射和限制选择的方法。

## 第2章 行为公共经济学：非标准决策者条件下的福利与政策分析

温情机制包括以下三个方面。第一，当人们的行为达到或超过某个"道德"标准时，他们可能可以体验正面情绪（例如自豪）；当人们的行为达不到这些标准时，体验负面情绪（例如负罪感）。第二，人们或许关心其他人从他们的行为中作出的推断（例如，他们是否慷慨或有公益精神），这可以提高他们捐赠的意愿（Harbaugh，1998；Shang and Croson，2005）。第三，在形成团体方面，人们通过捐赠可以建立一个互惠互利（正互惠）的标准，进而促进未来合作。第四，当组员有可能相互加害时，对明枪暗箭威胁（负互惠）的反应可能就是增加捐赠，这些威胁作为情感反应的结果，例如愤怒，很可能就会成为现实（Fehr and Gächter，2000，2002；Fehr and Fischbacher，2003，2004；Sefton et al.，2002；Masclet et al.，2003）。

本章的一个主要观点是，在构建能够忠实再现观测到的模式以及能够可靠预测样本外行为的简约模型方面、在证明特定规范标准的正确性方面，较好理解相关心理和神经过程往往是有帮助的。遗憾的是，在温情捐赠和公共产品背景下，这些过程仍然未被充分理解。温情模型仍然是一个"黑箱"，并且可以将其解释为多种机制的简约形式，而这些机制的福利含义完全不同。戴蒙德（Diamond，2006）认为，考虑到对这些过程的了解十分有限，社会福利测度不应该包括从温情中获得的明显的利益。他主张，出于实证目的（也就是描述行为）应该使用温情模型，但对福利评价他支持标准模型。Andreoni（2006）表达了同样的观点，此外，他认为，经济学家不太可能对产生温情行为的真实偏好提供太多的启示。虽然我们对取得重大意义的进步的前景更加乐观，但我们认为，经济学家仍然没有足够充分地理解温情机制，以至于不能解决实证和规范分析方面的重要问题。

第一个担心是，明显的温情行为有时可能反映的是选择和真实偏好之间的背离。在某些情况下，人们可能会由于他们能从捐赠中获得愉悦而捐赠。例如，向某个有价值的事业捐赠会使其由于采取了有建设意义的行动而感到自豪，或这可以减轻负罪感。在这些情况下，显示性偏好为福利评价提供了合理的基础（受我们接下来将论述的更多条件的约束）。然而在其他情况下，接触会影响情感的信息也可以通过触发短期情感反应，比如羞愧，促成捐赠，并且此后人们很快就会懊悔不已（其他此类现象的有趣例子参见 Loewenstein，1996；Loewenstein and O'Donoghue，2004）。由此得出的不同的福利含义依赖于个体处于平常心态时，是否希望限制其在遇到情感触发时捐赠的能力。如果行为是动态一致的，采用状态依存型的温情模型进行实证和规范分析就是正确的。然而，如果行为是动态不一致的，对"显示出的"捐赠对福利暂时感知的影响进行折现就是恰当的（例如源于 2.3 节末讨论的原因）。

第二个担心是，温情效应看似依赖于情境，但实验表明，捐赠的数量依赖于理性选择问题的表述方式、群组的特征、被试者的情感状态以及捐赠史。这里我们列举两个例子。第一个例子是，Andreoni（1995）发现，即使策略集以及收益不变，指令措辞的变化也会对捐赠产生很大的影响；第二个例子是，Isaac and Walker（1988）以及大量的后续研究发现，捐赠水平在小组和大组中会随着实验的重复而下降。① 更进一步地，下降速度依赖于其他人的行为：如果他人行为自私，被试者更有可能停止合作行为（参见 Ledyard（1995）以及 Camerer（2003）对相关文献的概述）。

此种担心与政策分析相联系。恰当的温情捐赠模型的简约形式会随着政策和制度集合的不同而变化。因此，基于固定的温情参数预测政策变化对行为的影响很容易招致卢卡斯批判（Lucas critique）。例如，在存在经济刺激的条件下，如果人们进行捐赠时体验到的自豪感较少，则对捐赠进行补贴从而增加捐赠水平的效果会小于预期，甚至有可能减少捐赠。另外，如果定期给捐赠者提供具体的且可视的证据，表明他们从公共支出中获得了好处，人们会减少对征税的抵制。实际上，表明"你的税金在工作"的公共关系运动的目的是为了培养温情。

当然，通过恰到好处的方式将捐赠嗜好和环境特征相联系，就可以对温情模型进行修订以解释情境依赖。然而，这种解决方法在概念上却不令人满意。利用可以使得事后选择理性化的特定偏好，我们不能有效地解释某些现象（Stigler and Becker，1977）。如果每种情境都可以与不同的行为模式相联系，那么样本外预测就是不可能的。预测政策改变的实证效果，需要一种解释情境相关性的宽泛的理论。这需要我们打开黑箱。

由于温情机制会随着情境不同而不同，因此，进行福利分析时必须深刻地理解情境依赖。要说明这个问题，考虑以下假想的例子。在既不改变每个个体的捐赠额也不改变资金总量的情况下，如果用税收作为公

---

① Palfrey and Prisbrey（1997）认为，隐含的温情嗜好参数的降低可以部分反映决策失误的下降速率。就我们所知，随着重复次数的增加，是嗜好发生了变化还是失误率有所下降，还没有证据能将这两者区分开来。然而失误看似不能解释该文中许多其他的发现。

共产品融资的政策来替代对公共产品的私人捐赠，我们应该怎样评价这种政策转变呢？人们是否会由于丧失了与捐赠相联系的对其有益的温情而变得更糟糕？是否会由于公共资金缓解了他们的负罪感而变得更好？是否由于从自愿捐赠或纳税中体验到了同样的温情而境况相同？尽管很难解决这些问题，但通过进一步研究，融合心理学、神经科学和实验经济学，我们对前景很乐观。

虽然存在这些担心，但关于温情捐赠的理论和实证文献已经对我们理解公共产品作出了重大贡献，并且已经改变了许多公共经济学家考虑相关政策的方式。现在可以自信地说，人们不仅关心他们自己的捐赠水平，而且会按此原则行事。我们还知道这种效应的强度依赖于情境。虽然我们缺乏一个良好的情景依赖理论，但我们有一套很好的经验规律作为构建的基础。我们有很好的理由相信，人们对公共和私人捐赠的感觉是不同的。有直接和间接的证据都表明，公共捐赠会以显著小于 1∶1 的比率挤出私人捐赠。因此，即使低水平的公共捐赠，也可以显著提高资金总量。一个有力的证据表明，当制度激活在捐赠中扮演中心角色的心理机制时（例如对互惠和公平的关注），人们会施与更多。从政策角度看，这表明包括广告宣传和加强社会引导在内的相对廉价的策略更加值得重视。

### 2.5.5 展望

考虑到公共产品和外部性在很多重要的政策问题中扮演的关键角色，未来对公共经济学的一个主要的挑战是，必须建立和检验更好的公共产品模型，并且将之应用到公共财政、政治经济和机制设计领域的基本问题中。我们希望建立一个令人满意的可以在经济学各领域广泛应用并且发挥重要作用的公共产品模型，但目前我们离这个目标还很远。然而基于起影响作用的心理和神经进程证据（包括对移情、惩罚和合作的神经基础的研究成果）的迅速增加（参见 de Quervain et al., 2004; McCabe et al., 2001; Singer et al., 2004; Rilling et al., 2002, 2004），我们对该体系的出现保持乐观。考虑到起影响作用的因素较多（互惠、社会规范、社会情感、社会信号等等），看上去可能需要一个相对复杂和多方面考虑问题的方法。然而，也有发现新的组织原则的可能性，这允许进行有益的简化，使得问题更容易处理。

我们在本章中主要关注个体行为，且几乎忽略了慈善组织的作用。Andreoni（2006）令人信服地指出，有必要理解慈善部门的行为。越来越多的证据显示，慈善机构可以显著地刺激捐赠，并且它们的活动既会对政府政策也会对其他非营利机构的行为产生反应。例如，Andreoni and Payne（2003）的研究显示，政府对慈善机构的拨款会减少资金筹集活动；Andreoni and Petrie（2004）描述了慈善团体在传播信息方面的作用；Harbaugh（1998）提供了慈善团体在其资金筹集活动中利用社会信号的证据。如果想更详细地了解慈善事业经济学，可以参见 Andreoni（2006）和 Rose-Ackerman（1996）。

## 2.6 未来之路

我们认为，行为公共经济学的潜力巨大，并且已经通过其在关键政策讨论方面所作出的重要贡献展示了它的价值。我们强调过行为视角不会妨碍一致的规范分析。实际上，在很多情况下，在不放弃熟悉的方法论原则的前提下，有可能修订和扩展实证福利分析工具。我们也对最近的关于储蓄、成瘾和公共产品政策的行为研究成果进行了回顾。其中每一篇文献都提供了新颖且重要的启示，提供了进行突破性创新的可能性。

我们在本节中的目的是简要地强调未来研究的一些关键方向。

**更优的模型**。虽然现阶段的行为模型改善了经济理论的解释能力，但仍然无法解释很多行为模式。特别值得一提的是，最近的研究不再重点考虑措辞效应、采用经验法则以及对环境复杂性的其他反应等问题，而这些问题仍然没有令人满意的和易处理的正式模型。研究这些现象的政策含义，需要更优的模型。例如，我们需要理论来解释人们是如何采用经验法则，以及他们是如何使这些法则适用于新环境的。

**新的数据类型和来源**。在足够多的限制性结构化假设下，有可能仅使用选择数据就可以估计实证和规范行为模型。使用非选择数据可能能够使经济学家更可靠地估计这些模型，并且对各类模型构建更具有鉴别能力和更稳健的检验方法。

未来研究应该考虑直接测量偏好的可能性，而非从选择中推断它们。自陈是一个自然的关于嗜好的信息来源。实践中，自陈偏好存在几个问题。第一，当不涉及选择时，关于偏好的问题在本质上是假想的。有某些理由相信人们对假想的问题不会给出可靠的答案（例如，可以参见 List（2001）以及其中的参考文献）。例如，除非有些东西利害攸

## 第2章 行为公共经济学：非标准决策者条件下的福利与政策分析

关，否则他们或许不会认真对待这些问题。第二，真实偏好或许会与社会和道德规范相冲突，导致被试者要么文过饰非，要么报告错误的偏好。第三，人们在评价自身偏好时会犯错误。例如，大量的文献记录了情绪预测中的系统性错误（回顾参见 Loewenstein and Schkade, 1999）。第四，情境会影响个体认知其真实偏好的能力。

虽然相当多的证据都表明，自陈易受上述问题影响（参见 Schwartz and Strack（1999）的回顾），但也有乐观的理由。对于这些成果的大部分而言，目标是确定导致荒谬自陈结果的实验操作。虽然这表明在直接揭示偏好方面存在重大缺陷，但它不能证明这种方法是无价值的。就我们所知，在设计稳定的和不受实验操作影响的揭示规则方面，还没有系统性的尝试。

其他类型的数据也值得考虑。即使我们没有揭示完整的偏好，也有可能得知个体是否会将特定选择看做是一种错误，他的选择是否与其意图一致，或者，他在坚持计划方面是否会犯系统性的错误（例如，参见 Choi et al., 2004, 2006; Bernheim, 1995）。也可以推导出关于预期的信息并与现实进行比较（例如，参见 Bernheim, 1988, 1989; Hurd and McGarry, 2002; Loewenstein et al., 2003a）。明显地，这些方面的信息提出了许多与自陈偏好相同的问题。最后，经济学家仅刚刚开始利用关于身体状况、大脑活动等的数据。虽然神经经济学数据的价值在很大程度上仍然未被证明，但潜在的收益是巨大的，值得探索这些可能性。

**福利经济学中的难题。**"行为福利经济学"这一新生领域仍远未确立，仍然存在很多棘手的问题。下面假想的问题阐明了富有挑战性的一个问题。让个体在两个选项（A 和 B）之间进行选择，两者对其来说是无差异的。然而他的偏好会随着选择的结果发生改变。如果他选 A，他会更偏爱 B（称此为"A 自我"）；如果他选 B，则他会更偏爱 A（称此为"B 自我"）。假定他选 A。由于仅最初的自我和 A 自我真实存在，认为 B 自我的偏好不重要似乎很自然。但如果我们对 A 自我赋予任意的权重，则 B 就是福利最优的。当然，如果我们通过公共政策实施这种选择，则 A 自我会消失而 B 自我会实现，在此情况下，A 是福利最优。有无解决这种不明确性的一致的方式？可参见伯恩海姆和兰格尔（Bernheim and Rangel, 2005a）对行为环境下福利经济学更为系统的处理。

**非标准政策。**在标准模型中，公共政策仅通过它对信息和预算约束的影响来影响行为。越来越多的文献（我们在前述三节中进行了回顾）表明，通过其他渠道政策对行为也会产生强有力的影响。例如，它可以提供或抑制暗示，且可以改变决策问题表述的方式。如果经济学家可以开发反映这些效应的可靠的正式模型，就有可能像传统税收和支出政策那样严格地研究非传统经济政策的最优设计（例如，限制广告宣传、警告标签，以及像 Thaler and Benartzi（2004）《为明天而储蓄的储蓄计划》（Saving for Tomorrow Savings Plan）中对措辞效应的巧妙处理）。

**新应用**。本章搜集的很多有趣的论文表明，随着时间的推移，经济学家正运用行为经济学处理越来越广泛的经济问题。毫无疑问，这种趋势在公共经济学领域仍将持续。本章描述的许多工具在理解与贫穷、犯罪、腐败和其他重要议题相关的议题方面被证明是有益的。

# 参考文献

Abrams, B. A., and M. A. Schmitz. 1978a. The "crowding-out" effect of government transfers on private charitable contributions. *Public Choice* 33: 29 – 39.

——. 1978b. The "crowding-out" effect of government transfers on private charitable contributions: cross-sectional evidence. *National Tax Journal* 37: 563 – 568.

Ainslie, G., and V. Haendel. 1983. The motives of the will. In *Etiologic Aspects of Alcohol and Drug Abuse* (ed. E. Gotteheil et al.). Springfield, IL: Thomas.

Akerlof, G. 1991. Procrastination and obedience. *American Economic Review* 81: 1 – 19.

Ameriks, J., A. Caplin, and J. Leahy. 2003. Wealth accumulation and the propensity to plan. *Quarterly Journal of Economics* 118: 1007 – 1047.

Andreoni, J. 1988. Privately provided public goods in a large economy: the limits of altruism. *Journal of Public Economics* 35: 57 – 73.

——. 1989. Giving with impure altruism: applications to charity and Ricardian equivalence. *Journal of Political Economy* 97: 1147 – 1158.

——. 1990. Impure altruism and donations to public goods: a theory of warm glow giving. *Economic Journal* 100: 464 – 477.

——. 1993. An experimental test of the public-goods crowding-out hypothesis. *American Economic Review* 83: 1317 – 1327.

——. 1995. Warm-glow versus cold-pickle: the effects of positive and negative framing on cooperation experiments. *Quarterly Journal of Economics* 110: 2 – 21.

# 第 2 章　行为公共经济学：非标准决策者条件下的福利与政策分析

Andreoni, J. 1998. Towards a theory of charitable fund-raising. *Journal of Political Economy* 106: 1186–1213.

——. 2006. Philanthropy. In *Handbook of the Economics of Giving, Altruism, and Reciprocity* (ed. L. A. Gerard-Vared, S.-C. Kolm, and J. M. Ythier), Volume 2, Chapter 18. Elsevier.

Andreoni, J., and A. Payne. 2003. Do government grants to private charities crowd out giving or fund-raising? *American Economic Review* 93: 792–812.

Andreoni, J., and R. Petrie. 2004. Public goods experiments without confidentiality: a glimpse into fund-raising. *Journal of Public Economics* 88: 1605–1623.

Angeletos, G.-M., D. Laibson, A. Repetto, J. Tobacman, and S. Weinberg. 2001. The hyperbolic consumption model: calibration, simulation, and empirical evaluation. *Journal of Econo-mic Perspectives* 15 (3): 47–68.

Ariely, D., and K. Wertenbroch. 2002. Procrastination, deadlines and performance: self-control by precommitment. *Psychological Science* 13 (3): 219–224.

Banks, J., R. Blundell, and S. Tanner. 1998. Is there a retirement-savings puzzle? *American Economic Review* 88: 769–788.

Bayer, P. J., B. D. Bernheim, and J. K. Scholz. 1996. The effects of financial education in the workplace: evidence from a survey of employers. Mimeo, Stanford University.

Becker, G. 1974. A theory of social interactions. *Journal of Political Economy* 82: 1063–1093.

Becker, G., and K. Murphy. 1988. A theory of rational addiction. *Journal of Political Economy* 96: 675–700.

Benabou, R., and M. Pycia. 2002. Dynamic inconsistency and self-control. *Economics Letters* 77: 419–424.

Bergstrom, T., L. Blume, and H. Varian. 1986. On the private provision of public goods. *Journal of Public Economics* 29: 25–49.

Bernartzi, S. 2001. Excessive extrapolation and the allocation of 401 (k) accounts to company stock. *Journal of Finance* 56: 1747–1764.

Bernartzi, S., and R. H. Thaler. 2001. Naïve diversification strategies in defined contribution savings plans. *American Economic Review* 91: 71–98.

Bernheim, B. D. 1986. On the voluntary and involuntary provision of public goods. *American Economic Review* 76: 789–793.

——. 1988. Social security benefits: an empirical study of expectations and realizations. In *Issues in Contemporary Retirement* (ed. E. Lazear and R. Ricardo-Campbell), pp. 312–345. Stanford, CA: Hoover Institution Press.

——. 1989. The timing of retirement: a comparison of expectations and realizations.

In *The Economics of Aging* (ed. D. Wise), pp. 335 - 355. NBER and University of Chicago Press.

——. 1994. Personal saving, information, and economic literacy: new directions for public policy. In *Tax Policy for Economic Growth in the 1990s*, pp. 53-78. Washington, DC: American Council for Capital Formation.

——. 1995. Do households appreciate their financial vulnerabilities? An analysis of actions, perceptions, and public policy. In *Tax Policy for Economic Growth in the 1990s*, pp. 1-30. Washington, DC: American Council for Capital Formation.

——. 1998. Financial illiteracy, education, and retirement saving. In *Living with Defined Contribution Pensions* (ed. O. S. Mitchell and S. J. Schieber), pp. 38-68. University of Pennsylvania Press.

Bernheim, B. D., and D. M. Garrett. 2003. The effects of financial education in the workplace: evidence from a survey of households. *Journal of Public Economics* 87: 1487 - 1519.

Bernheim, B. D., and A. Rangel. 2004. Addiction and cue-triggered decision processes. *American Economic Review* 94: 1558 - 1590.

——. 2005a. Behavioral welfare economics. Manuscript.

——. 2005b. Savings and cue-triggered decision processes. Manuscript.

——. Forthcoming. From neuroscience to public policy: a new economic view of addiction. *Swedish Economic Policy Review*.

Bernheim, B. D., D. Ray, and S. Yeltekin. 1999. Self-control, saving, and the low asset trap. Mimeo, Stanford University.

Bernheim, B. D., D. M. Garrett, and D. Maki. 2001a. Education and saving: the long-term effects of high school financial curriculum mandates. *Journal of Public Economics* 80: 435 - 465.

Bernheim, B. D., J. Skinner, and S. Weinberg. 2001b. What accounts for the variation in retirement wealth among U. S. households? *American Economic Review* 91: 832 - 857.

Bernheim, B. D., L. Forni, J. Gokhale, and L. Kotlikoff. 2002. An economic approach to setting retirement saving goals. In *Innovations in Financing Retirement* (ed. O. Mitchell, Z. Bodie, B. Hammond, and S. Zeldes), pp. 77 - 105. University of Pennsylvania Press.

Berridge, K. 1996. Food reward: brain substrates of wanting and liking. *Neuroscience and Biobehavioral Reviews* 20: 1 - 25.

——. 1999. Pleasure, pain, desire, and dread: hidden core processes of emotion. In *Well Being: The Foundations of Hedonic Psychology* (ed. D. Kaheman, E. Diener, and N. Schwarz), pp. 525 - 557. New York: Russell Sage Foundation.

## 第 2 章 行为公共经济学：非标准决策者条件下的福利与政策分析

Berridge, K., and T. Robinson. 1998. What is the role of dopamine in reward: hedonic impact, reward learning, or incentive salience? *Brain Research Review* 28: 309–369.

———. 2003. Parsing reward. *Trends in Neuroscience* 26: 507–513.

Bhattacharya, J., and D. Lakdawalla. 2004. Time-inconsistency and welfare. Mimeo, Stanford University.

Blinder, A. S. 1974. *Toward an Economic Theory of Income Distribution*. MIT Press.

Bolton, G. E., and A. Ockenfels. 2000. ERC: a theory of equity, reciprocity, and competition. *American Economic Review* 20: 166–193.

Camerer, C. F. 2003. *Behavioral Game Theory: Experiments in Strategic Interaction*. Princeton University Press.

Center for Disease Control. 1993. Smoking-attributable mortality and years of potential life lost: United States, 1990. *Morbidity and Mortality Weekly Report* 42: 645–648.

Chaloupka, E, and K. Warner. 2001. The economics of smoking. In *Handbook of Health Economics* (ed. J. Newhouse and D. Cutler). Amsterdam: North-Holland.

Choi, J. J., D. Laibson, B. C. Madrian, and A. Metrick. 2004. Optimal defaults and active decisions. Manuscript.

———2006. Saving for retirement on the path of least resistance. In *Behavioral Public Finance: Toward a New Agenda* (ed. E. J. McCaffrey and J. Slemrod). New York: Russell Sage Foundation.

Clotfelter, C. 1985. *Federal Tax Policy and Charitable Giving*. University of Chicago Press.

Cohen, G. A. 1989. On the currency of egalitarianism justice. *Ethics* 99: 906–944.

Coller, M., G. W. Harrison, and E. E. Rutström. 2003. Are discount rates constant? Reconciling theory and observation, Working Paper 3-31, Department of Economics, College of Business Administration, University of Central Florida.

Consumer Federation of America and the American Express Company. 1991. High School Competency Test: Report of Findings, Washington, DC.

Comes, R., and T. Sandler. 1984. Easy riders, joint production and public goods. *Economic Journal* 94: 580–598.

Cronqvist, H., and R. H. Thaler. 2004. Design choices in privatized social security systems: learning from the Swedish experience. *American Economic Review* 94: 424–428.

de Quervain, D., U. Fischbacher, V. Treyer, M. Schellhammer, U. Schnyder, A.

Buck, and E. Fehr. 2004. The neural basis of altruistic punishment. *Science* 305: 1254–1258.

Diamond, P. 2006. Optimal tax treatment of private contributions for public goods with and without warm-glow preferences. *Journal of Public Economics* 90: 897–919.

Diamond, P., and J. Hausman. 1994. Contingent valuation: is some number better than no number? *Journal of Economic Perspectives* 8: 45–64.

Diamond, P., and B. Koszegi. 2003. Quasi-hyperbolic discounting and retirement. *Journal of Public Economics* 87: 1839–1872.

Di Chiara, G. 1999. Drug addiction as dopamine-dependent associative learning disorder. *European Journal of Pharmacology* 375: 13–30.

Dockner, E. J., and G. Feichtinger. 1993. Cyclical consumption patterns and rational addiction. *American Economic Review* 83: 256–263.

Doyle Jr., R. J., and E. T. Johnson. 1991. *Readings in Wealth Accumulation Planning*, 4th edn. Bryn Mawr, PA: The American College.

DSM-IV. 1994. *Diagnostic and Statistical Manual of Mental Disorders*, 4th edn. Washington, DC: American Psychiatric Association.

Duflo, E., and E. Saez. 2002. Participation and investment decisions in a retirement plan: the influence of colleagues' choices. *Journal of Public Economics* 85: 121–148.

——. 2003. The role of information and social interactions in retirement plans decisions: evidence from a randomized experiment. *Quarterly Journal of Economics* 118: 815–842.

Engen, E. M., W. G. Gale, and J. K. Scholz. 1994. Do saving incentives work? *Brookings Papers on Economic Activity* 1: 85–151.

Fang, H., and D. Silverman. 2002. Time-inconsistency and welfare program participation: evidence from the NLSY. Cowles Foundation Discussion Paper 1465, Yale University.

Farkas, S., and J. Johnson. 1997. *Miles to Go: A Status Report on Americans' Plans for Retirement*. New York: Public Agenda.

Feenberg, D. R., and J. Skinner. 1989. Sources of IRA Saving. Tax Policy and the Economy, Volume 17, pp. 25–46. MIT Press.

Fehr, E., and S. Gächter. 2000. Cooperation and punishment in public good experiments. *American Economic Review* 90: 980–994.

——. 2002. Altruistic punishment in humans. *Nature* 415: 137–140.

Fehr, E., and U. Fischbacher. 2003. The nature of human altruism. *Nature* 425: 785–789.

## 第 2 章 行为公共经济学：非标准决策者条件下的福利与政策分析

——. 2004. Social norms and human cooperation. *Trends in Cognitive Sciences* 8: 185–190.

Fehr, E., and K. M. Schmidt. 1999. A theory of fairness, competition, and cooperation. *Quarterly Journal of Economics* 114: 817–868.

Feldstein, M. 1985. The optimal level of social security benefits. *Quarterly Journal of Economics* 100: 303–320.

Fernandez-Villaverde, J., and A. Mukherji. 2002. Can we really observe hyperbolic discounting? Mimeo, University of Pennsylvania.

Fisher, 1. 1930. *The Theory of Interest*. London: Macmillan.

Frederick, S., G. Loewenstein, and T. O'Donoghue. 2002. Time discounting and time preference: a critical review. *Journal of Economic Literature* 40: 351–401.

Fudenberg, D., and D. K. Levine. 2005. A dual self-model of impulse control. UCLA Department of Economics Working Paper.

Gardner, E., and J. David. 1999. The neurobiology of chemical addiction. In *Getting Hooked: Rationality and Addiction* (ed. J. Elster and O.-J. Skog). Cambridge University Press.

Goldstein, A. 2001. *Addiction: From Biology to Drug Policy*, 2nd edn. Oxford University Press.

Goldstein, A., and H. Kalant. 1990. Drug policy: striking the right balance. *Science* 249: 1513–1521.

Gravelle, J. 1991. Do individual retirement accounts increase savings? *Journal of Economic Perspectives* 5: 133–148.

Gross, D., and N. Souleles. 2002. Do liquidity constraints and interest rates matter for consumer behaviors? Evidence from credit card data. *Quarterly Journal of Economics* 117: 149–186.

Gruber, J., and B. Koszegi. 2001. Is addiction "rational"? Theory and evidence. *Quarterly Journal of Economics* 116: 1261–1303.

——. 2004. A theory of government regulation of addictive bads: tax levels and tax incidence for cigarette excise taxation. *Journal of Public Economics* 88: 1959–1987.

Gul, F., and W. Pesendorfer. 2001. Temptation and self-control. *Econometrica* 69: 1403–1435.

——. 2004a. Self-control, revealed preference and consumption choice. *Review of Economic Dynamics* 7: 243–264.

——. 2004b. Self-control and the theory of consumption. *Econometrica* 72: 119–158.

——. Forthcoming. Harmful addiction. *Review of Economic Studies*.

Hammermesh, D. S. 1984. Consumption during retirement: the missing link in the life cycle. *Review of Economics and Statistics* 66: 1–7.

Harbaugh, W. 1998. What do donations buy? A model of philanthropy based on prestige and warm-glow. *Journal of Public Economics* 67: 269–284.

Harris, J. E. 1993. *Deadly Choices: Coping with Health Risks in Everyday Life*. New York: Basic Books.

Hausman, J. A., and L. Paquette. 1987. Involuntary early retirement and consumption. In *Work, Health, and Income Among the Elderly* (ed. G. Burtless), pp. 151–175. Washington, DC: Brookings Institution Press.

Holden, S., J. VanDerhei, and C. Quick. 2001. 401 (k) plan asset allocation, account balances, and loan activity in 1998. *Perspective* 6 (1): 1–23.

Hser, Y. I., D. Anglin, and K. Powers. 1993. A 24-year follow-up study of California narcotics addicts. *Archives of General Psychiatry* 50: 577–584.

Hser, Y. I., V. Hollman, C. Grella, and M. D. Anglin. 2001. A 33-year follow-up of narcotics addicts. *Archives of General Psychiatry* 58: 503–508.

Hurd, M., and K. McGarry. 2002. The predictive validity of subjective probabilities of survival. *Economic Journal* 112: 966–985.

Hurd, M., and S. Rohwedder. 2003. The retirement-consumption puzzle: anticipated and actual declines in spending at retirement. NBER Working Paper 9586.

Hyman, S., and R. Malenka. 2001. Addiction and the brain: the neurobiology of compulsion and its persistence. *Nature Reviews Neuroscience* 2: 695–703.

Iannacone, L. R. 1986. Addiction and satiation. *Economic Letters* 21: 95–99.

Imrohoroglu, S., A. Imrohoroglu, and D. Joines. 2003. Time inconsistent preferences and social security. *Quarterly Journal of Economics* 118: 745–784.

Isaac, M., and J. Walker. 1988. Group size effects in public goods provision: the voluntary contributions mechanism. *Quarterly Journal of Economics* 103: 179–199.

Jones, S. R. G. 1984. *The Economics of Conformism*. Oxford: Basil Blackwell.

Katona, G. 1975. *Psychological Economics*. Elsevier.

Kelley, A. E. 1999. Neural integrative activities of nucleus accumbens subregions in relation to motivation and learning. *Psychobiology* 27: 198–213.

Kingma, R. 1989. An accurate measurement of the crowd-out effect, income effect, and price effect for charitable contributions. *Journal of Political Economy* 97: 1197–1207.

Koszegi. 2002. Note: any model features an untestable assumption about preferences. Manuscript, University of California, Berkeley.

Krusell, P., and A. Smith. 2003. Consumption-saving decisions with quasi-geometric discounting. *Econometrica* 71: 365–375.

Krusell, P., B. Kuruscu, and A. Smith. 2000. Tax policy with quasi-geometric dis-

## 第 2 章 行为公共经济学：非标准决策者条件下的福利与政策分析

counting. *International Economic Journal* 14: 1-40.

———. 2001. Temptation and taxation. Mimeo, Princeton University.

———. 2002. Equilibrium welfare and government policy with quasi-geometric discounting. *Journal of Economic Theory* 105: 42-72.

Laibson, D. 1994. Self-control and saving. Mimeo, MIT.

———. 1997. Golden eggs and hyperbolic discounting. *Quarterly Journal of Economics* 112: 443-477.

———. 2001. A cue-theory of consumption. *Quarterly Journal of Economics* 116: 81-120.

Laibson, D., A. Repetto, and J. Tobacman. 2003. A debt puzzle. In *Knowledge, Information, and Expectations in Modern Economics: In Honor of Edmund Phelps* (ed. P. Aghion, R. Frydman, J. Stiglitz, and M. Woodford). Princeton University Press.

———. Forthcoming. Estimating discount functions from lifecycle consumption choices. NBER Working Paper.

Lazear, E. P. 1994. Some thoughts on saving. In *Studies in the Economics of Aging* (ed. D. A. Wise), pp. 143-169. University of Chicago Press and NBER.

Ledyard, J. 1995. Public goods: a survey of experimental research. In *Handbook of Experimental Economics* (ed. J. Kagel and A. Roth), pp. 111-194. Princeton University Press.

List, J. A. 2001. Do explicit warnings eliminate the hypothetical bias in elicitation procedures? Evidence from field auctions for sportscards. *American Economic Review* 91: 1498-1507.

Loewenstein, G. 1996. Out of control: visceral influences on behavior. *Organizational Behavior and Human Decision Processes* 65: 272-292.

———. 1999. A visceral account of addiction. In *Rationality and Addiction* (ed. J. Elster and O.-J. Skog). Cambridge University Press.

Loewenstein, G., and T. O'Donoghue. 2004. Animal spirits: affective and deliberative processes in economic behavior. Manuscript.

Loewenstein, G., and D. Schkade. 1999. Wouldn't it be nice? Predicting future feelings. In *Well-Being: The Foundations of Hedonic Psychology* (ed. D. Kahneman, E. Diener, and N. Schwarz), pp. 85-104. New York: Russell Sage Foundation.

Loewenstein, G., T. O'Donoghue, and M. Rabin. 2003a. Projection bias in predicting future utility. *Quarterly Journal of Economics* 118: 1209-1248.

Loewenstein, G., D. Read, and R. Baumister (eds). 2003b. *Time and Decision: Economic and Psychological Perspectives on Intertemporal Choice*. New York:

Russell Sage Foundation.

Long, J. E. 1990. Marginal tax rates and IRA contributions. *National Tax Journal* 43: 143–153.

Lusardi, A. 2000. Saving for retirement: the importance of planning. *Research Dialogue*, No. 66. TIAA-CREF Institute.

——. 2003. Planning and savings for retirement. Mimeo, Dartmouth College.

MacCoun, R., and P. Reuter. 2001. *Drug War Heresies: Learning from Other Vices, Times, and Places*. Cambridge University Press.

Madrian, B., and D. Shea. 2001. The power of suggestion: inertian in 401 (k) participation and savings behavior. *Quarterly Journal of Economics* 116: 1149–1187.

Mariger, R. P. 1987. A life-cycle consumption model with liquidity constraints: theory and empirical results. *Econometrica* 55: 533–557.

Masclet, D., C. Noussair, S. Tucker, and M.-C. Villeval. 2003. Monetary and non-monetary punishment in the voluntary contributions mechanisms. *American Economic Review* 93: 366–380.

McCabe, K., D. Houser, L. Ryan, V. Smith, and T. Trouard. 2001. A functional imaging study of cooperation in two-person reciprocal exchange. *Proceedings of the National Academy of Sciences* 98: 11 832–11 835.

McCaffrey, E., and J. Slemrod. 2006. Toward an agenda for behavioral public finance. In *Behavioral Public Finance: Toward a New Agenda* (ed. E. J. McCaffrey and J. Slemrod), pp. 304-51. New York: Russell Sage Foundation.

McClure, S., D. I. Laibson, G. Loewenstein, and J. D. Cohen. 2004. Separate neural systems value immediate and delayed monetary rewards. *Science* 306: 503–507.

Metcalfe, J., and W. Mischel. 1999. A hot/cool-system analysis of delay of gratification: dynamics of willpower. *Psychological Review* 106: 3–19.

Mischel, W. 1974. Processes in delay of gratification. In *Advances in Experimental Social Psychology* (ed. D. Berkowitz), Volume 7, pp. 249–272. Academic Press.

Mischel, W., and B. Moore. 1973. Cognitive appraisals and transformations in delay of gratification. *Journal of Personality and Social Psychology* 28: 172–179.

Mischel, W., Y. Shoda, and M. Rodriguez. 1992. Delay of gratification in children. In *Choice Over Time* (ed. G. Loewenstein and J. Elster). New York: Russell Sage Foundation.

Modigliani, F., and R. Brumberg. 1954. Utility analysis and the consumption function: an interpretation of cross-section data. In *Post Keynsian Economics* (ed. K. K. Kurihara). Rutgers University Press.

## 第2章 行为公共经济学:非标准决策者条件下的福利与政策分析

National Institute on Alcohol Abuse and Alcoholism. 2001. Economic perspectives in alcoholism research. *Alcohol Alert Magazine* No. 51. Bethesda, MD: National Institutes of Health.

National Institute on Drug Abuse. 1998. *The Economic Costs of Alcohol and Drug Abuse in the United States*, 1992. Bethesda, MD: National Institutes of Health.

Nestler, E. J. 2001. Molecular basis of long-term plasticity underlying addiction. *Nature Reviews Neuroscience* 2: 119–128.

Nestler, E. J., and R. C. Malenka. 2004. The addicted brain. *Scientific American* 290: 78–85.

Norstrom, Th., and O. -J. Skog. 2005. Saturday opening and alcohol retail shops in Sweden: an experiment in two phases. *Addiction* 100: 767–776.

O'Brien, C. 1976. Experimental analysis of conditioning factors in human narcotic addiction. *Pharmacological Review* 25: 533–543.

——. 1997. A range of research-based pharmacotherapies for addiction. *Science* 278: 66–70.

O'Donoghue, T., and M. Rabin. 1999a. Procrastination in preparing for retirement. In *Behavioral Dimensions of Retirement Economics* (ed. H. J. Aaron), pp. 125–156. Washington, DC: Brookings Institution Press.

——. 1999b. Doing it now or later. *American Economic Review* 89: 103–124.

——. 2001. Choice and procrastination. *Quarterly Journal of Economics* 116: 121–160.

——. 2005. Optimal sin taxes. Manuscript. UCLA Department of Economics. Office of National Drug Control Policy. 2001a. What American users spend on illegal drugs. Publication No. NC J-192334. Washington, DC: Executive Office of the President.

——. 2001b. The economic costs of drug abuse in the United States, 1992–1998. Publication No. NC J-190636. Washington, DC: Executive Office of the President.

O'Neill, B. 1993. Assessing America's financial IQ: realities, consequences, and potential for change. Mimeo, Rutgers Cooperative Extension.

Ornstein, S. I., and D. M. Hanssens. 1985. Alcohol control laws and the consumption of distilled spirits and beer. *Journal of Consumer Research* 12: 200–212.

Orphanides, A., and D. Zervos. 1995. Rational addiction with learning and regret. *Journal of Political Economy* 103: 739–758.

——. 1998. Myopia and addictive behavior. *Economic Journal* 108: 75–91.

Palfrey, T., and J. Prisbrey. 1997. Anomalous behavior in public goods experiments: how much and why? *American Economic Review* 87: 829–846.

Paserman, D. 2002. Job search and hyperbolic discounting: structural estimation and policy evaluation. CEPR Discussion Paper 4396.

Phelps, E., and R. Pollack. 1968. On second-best national savings and game equilibrium growth. *Review of Economic Studies* 35: 185–199.

Prelec, D., and G. Loewenstein. 1998. The red and the black: mental accounting of savings and debt. *Marketing Science* 17: 4–28.

Rabin, M. 2002. A perspective on psychology and economics. *European Economic Review* 46: 657–685.

Redish, A. D. 2004. Addiction as a computational process gone awry. *Science* 306: 1944–1947.

Rilling, J., D. Gutman, T. Zeh, G. Pagnoni, G. Berns, and C. Kilts. 2002. A neural basis for social cooperation. *Neuron* 35: 395–405.

Rilling, J. K., A. G. Sanfey, J. A. Aronson, L. E. Nystrom, and J. D. Cohen. 2004. Opposing BOLD responses to reciprocated and unreciprocated altruism in putative reward pathways. *Neuroreport* 15: 2539–2543.

Robb, A. L., and J. B. Burbidge. 1989. Consumption, income, and retirement. *Canadian Journal of Economics* 22: 522–542.

Robbins, T W., and Everitt, B. J. 1999. Interaction of depaminergic system with mechanisms of associative learning and cognition: implications for drug abuse. *Psychological Science* 10: 199–202.

Roberts, R. 1984. A positive model of private charity and public transfers. *Journal of Political Economy* 92: 136–148.

Robins, L. 1993. Vietnam veterans' rapid recovery from heroin addiction: a fluke or normal expectation. *Addiction* 88: 1041–1054.

Robins, L., D. Davis, and D. Goodwin. 1974. Drug use by U. S. Army enlisted men in Vietnam: a follow-up on their return home. *American Journal of Epidemiology* 99: 235–249.

Robinson, T., and K. Berridge. 1993. The neural basis of drug craving: an incentive-sensitization theory of addiction. *Brain Research Reviews* 18: 247–291.

——. 2000. The psychology and neurobiology of addiction: an incentive sensitization view. *Addiction* (Suppl.) 2: 91–117.

——. 2003. Addiction. *Annual Reviews of Psychology* 54: 25–53.

Roemer, J. E. 1998. *Equality of Opportunity*. Harvard University Press.

Rose-Ackerman, S. 1996. Altruism, nonprofits, and economic theory. *Journal of Economic Literature* 34: 701–728.

Scholz, J. K., A. Seshadri, and S. Khitatrakun. 2004. Are Americans saving adequately for retirement? Mimeo, University of Wisconsin, Madison.

## 第2章 行为公共经济学：非标准决策者条件下的福利与政策分析

Schultz, W. 1998. Predictive reward signal of dopamine neurons. *Journal of Neurophysiology* 80: 1 – 27.

Schultz, W. 2000. Multiple reward signals in the brain. *Nature Reviews Neuroscience* 1: 199 – 207.

Schultz, W. , P. Dayan, and P. R. Montague. 1997. A neural substrate of prediction and reward. 275: 1593 – 1599.

Schwarz, N. , and F. Strack. 1999. Reports of subjective well-being: judgmental processes and their methodological implications. In *Well-Being: The Foundations of Hedonic Psychology* (ed. D. Kahneman, E. Diener, and N. Schwarz), pp. 61 – 84. New York: Russell Sage Foundation.

Scitovsky, T. 1976. *The Joyless Economy*. Oxford University Press.

Sefton, M. , R. Shupp, and J. Walker. 2002. The effect of rewards and sanctions in the provision of public goods. CEDEX Research Paper, University of Nottingham.

Sen, A. 1992. *Inequality Reexamined*. Harvard University Press.

Shang, J. , and R. Croson. 2005. Field experiments in charitable contributions: the impact of social influence on the voluntary provision of public goods. Manuscript, University of Pennsylvania.

Shiv, B. , and A. Fedorikhin. 1999. Heart and mind in conflict: the interplay of affect and cognition in consumer decision making. *Journal of Consumer Research* 26: 72 – 89.

Singer, T, S. J. Kiebel, J. S. Winston, R. J. Dolan, and C. D. Frith. 2004. Brain responses to the acquired moral status of faces. *Neuron* 41: 653 – 662.

Steinberg, R. 1987. Voluntary donations and public expenditures in a federalist system. *American Economic Review* 77: 24 – 36.

Stigler, G. , and G. Becker. 1977. De gustibus non est disputandum. *American Economic Review* 67: 76 – 90.

Strotz, R. H. 1955/56. Myopia and inconsistency in dynamic utility maximization. *Review of Economic Studies* 23: 165 – 180.

Sugden, R. 2004. The opportunity criterion: consumer sovereignty without the assumption of coherent preferences. *American Economic Review* 94: 1014 – 1033.

Summers, L. H. 1986. Summers replies to Galper and Byce on IRAs. *Tax Notes* 31: 1014 – 1016.

Sunstein, C. , and Thaler, R. 2003. Libertarian paternalism. *American Economic Review* 93: 175 – 179.

Thaler, R. , and S. Benartzi. 2004. Save More Tomorrow™: using behavioral economics to increase employee saving. *Journal of Political Economy* 112 (S 1): 164 – 187.

Thaler, R., and H. M. Shefrin. 1981. An economic theory of self-control. *Journal of Political Economy* 89: 392–406.

Tigerstedt, C., and C. Sutton. 2000. Exclusion and inclusion: Saturday closings and self-service stores. In *Broken Spirits: Power and Ideas in Nordic Alcohol Control* (ed. P. Sulkunen, C. Sutton, C. Tigerstedt, and K. Warpenius), pp. 185–201. Helsinki: Nordic Council for Alcohol and Drug Research.

Trosclair, A., C. Huston, L. Pederson, and I. Dillon. 2002. Cigarette smoking among adults: United States, 2000. *Morbidity and Mortality Weekly Report* 51: 642–645.

Tversky, A., and D. Kahneman. 1986. Rational choice and the framing of decisions. *Journal of Business* 59: 5251–5278.

United States Census Bureau. 2001. *Statistical Abstract of the United States*. Washington, DC: U. S. Government Printing Office.

United States Department of Health and Human Services. 1994. Preventing tobacco use among young people: a report of the Surgeon General. Atlanta, GA: National Center for Chronic Disease Prevention and Health Promotion, Office of Smoking and Health.

Venti, S. F., and D. A. Wise. 1992. *Government Policy and Personal Retirement Saving*. Tax Policy and the Economy, Volume 6, pp. 1–41. MIT Press.

Walstad, W. B., and M. Larsen. 1992. A national survey of American economic literacy. National Council on Economics Education.

Walstad, W. B., and J. C. Soper. 1988. A report card on the economic literacy of U. S. high school students. *American Economic Review* 78: 251–256.

Warshawsky, M. 1987. Sensitivity to market incentives: the case of policy loans. *Review of Economics and Statistics* 69: 286–295.

Warr, P. 1982. Pareto optimal redistribution and private charity. *Journal of Public Economics* 19: 131–138.

Wertenbroch, K. 1998. Consumption and self-control for rationing purchase quantities of virtue and vice. *Marketing Science* 17: 317–337.

Wickelgren, I. 1997. Getting the brain's attention. *Science* 278: 35–37.

Winston, G. C. 1980. Addiction and backsliding: a theory of compulsive consumption. *Journal of Economic Behavior and Organization* 1: 295–324.

Wise, R. 1989. The brain and reward. In *The Neuropharmacological Basis of Reward* (ed. J. M. Liebman and S. J. Cooper), pp. 377–424. Oxford University Press.

Yerak, B. 2001. Program helps gamblers quit. *Detroit News*, December 2, 2001.

第 2 章　行为公共经济学：非标准决策者条件下的福利与政策分析

# 尼古拉斯·斯特恩的评论

伯恩海姆和兰格尔在本章中所提出的问题是一个更一般化问题的特例。关注的是，如果某些偏好确实与政策或福利分析相关，那么当个体或家庭采取的行动与这些偏好不一致时，我们如何进行公共经济学研究。此问题在实际公共政策中经常出现，其也以异常强烈的形式出现在发展经济学的很多领域，而发展经济学，与公共经济学一起，是我主要研究的学科。在发达和发展中经济中，公共政策面临着偏好内生的挑战，因为它们依赖于个体或家庭的经历，并且偏好自身受到或应该受到公共行为的影响。

标准福利经济学构成了我们大部分公共政策的理论基础，并且实际上孕育了经济学家思考政策的方式。在标准福利经济学中，个体行为与他们的偏好是一致的。另外，出于在多个体社会构建社会偏好的目的，这些偏好为评价个体福利变化提供了基础。很明显，可以从两个方面斩断从行为到社会偏好之间的联系。第一个方面，可以从个体行为和个体偏好之间；第二个方面，可以从个体偏好和社会福利之间。这里作者仅将焦点集中于一个方面：个体具有"真实"偏好，但他们会犯错误，因此他们的行为不会确切地反映那些偏好。为了提出可以改善福利的政策，挑战意味着找到发现偏好的方式。正如很多研究所研究的，为了确定思想和获得清晰的结果，将焦点集中在问题的某个特定方面往往是非常有价值的。我会鼓励作者尽力在其为自己规定的任务方面走得更远一些。实际上，他们已经聚焦在一个重要的问题上并且沿着应该可以获得有益结果的道路走了下去。

然而我认为，着眼于更一般的问题集合也非常有价值。第一，如果我们这样做，我们会充分意识到这些问题如何一般和普遍，认识到经济学专业人士已经在很大程度上忽略了它们。第二，我们会看到，当着眼于特定类型的问题时不会突然出现的未来之路。我应该强调，正如作者所指出的，虽然这会将我们带入哲学、心理学和生物学等许多经济学家不熟悉的领域，但我认为经济学家所拥有的方方面面的训练、工具集和方法，可以帮助经济学家清晰考虑如何在内生、混乱和错误偏好环境下分析政策。

作者的论述并不仅仅局限于出现在我们的主题边缘上的在分析上令

人不悦的一些问题，还强调了与此类偏好相关的一些领域，包括毒品、肥胖症、储蓄和性行为。应该清楚这对经济和其他方面的政策制定是非常重要的。还有来自发展的更多例子（并非仅限于发展），与对不同生活方式的态度相关，这些例子涉及教育、性别、肤色、社会等级、种族或语言等的歧视问题。并且我们应该认识到偏好的内生性起源于与主要生活转变相关的经历，例如迁移、教育或就业。

我现在列举一个观察到的工业化和城市化的事实。经济史学家理查德·托尼（Richard Tawney）在他的名著《中国的土地和劳动力》（*Land and Labor in China*）中，将内生偏好问题置于中心地位，该书是其在1930年造访中国后所写的：

工业化运动是一种不断增长的力量。在此过程中它会直接影响——或好或坏——一个人的生活，它间接改变了十个人的习惯。它对思想的影响……比在工厂和矿山中可见的具体设备要重要的多得多。

（Tawney 1966，p. 17）

这个例子表明，"真实"偏好的概念和相关的错误，或许不是表达以下忧虑的正确方式，即个体选择是否揭示了与社会选择相关的偏好。考虑相关政策问题的不同方式包括：

(1) 偏好是社会不能接受的；

(2) 个体审慎地着手转变偏好，不知道会发生什么（例如，教育）；

(3) 个体在改变自身的过程中寻求帮助；

(4) 我们知道偏好会受发展过程影响，并且询问如何考虑这些问题。

实际上，大部分关于发展的分析是，或应该是，关于此类改变的过程。

我现在列举巴基斯坦一个不愿意送女儿上学的父亲的例子来论述一些相关问题。我们应该基于什么与他交流？我们应该如何（实际上，是否应该）尽力劝服他？我们或许认为他有信息问题，因为他不知道教育对他的女儿、女儿的孩子以及家庭的回报有多高。他或许没有考虑到对社会中其他人的外部性。信息和外部性是经济政策理论的一个标准部分，并且很可能两者都与我们（这里"我们"一般指社会或政策制定者）希望在这个问题上与他交流相关。但我认为，我们的讨论应该超越这些。我们会尽力影响他的看法，即美好生活对其子女具有重要意义。我们会积极地尝试改变他的偏好。并且我们中的很多人会进一步认为，

第2章　行为公共经济学：非标准决策者条件下的福利与政策分析

此类交流和说服是良好的民主过程的一个部分。

如果我们确实想影响他的偏好，那么我们应该问自己拥有什么道德权威？这个问题没有简单的答案，但我们必须意识到我们始终在做这些，例如，关于教育、锻炼、储蓄或歧视的问题。部分答案具有家长式作风，基于对该父亲的偏好是非曲直的判断；部分答案基于对他女儿的权利的理解；部分基于对偏好如何且应该如何形成的理解，也就是对偏好形成过程及其与民主关系的理解。约翰·斯图亚特·穆勒（参见Mill，1861）清楚地看到了这个问题——民主是通过参与和讨论（以讨论为主）发展思想和转变态度的过程。更近一些，Jon Elster 认为（Elster，1984）民主和政策制定较少涉及加总偏好的阿罗类型理论（Arrow-type theories），更多地涉及通过相互影响形成和改变偏好。因此，这种观点认为，政策制定是关于过程而非算法的。

但是，存在一种非常不同的理解福利以及不通过偏好制定的政策的途径。正如阿马蒂亚·森（Sen，1992）认为的那样，如果我们接受能力（这里我也会建议使用授权这个词）观念，那么我们就可以避免错误的和/或内生的偏好难题。这种能力或授权途径仅给予我们局部排序，因为能力或授权是否会被扩大或许是不明确的。但在这样的背景下，对基于偏好的方法而言，同样的不明确也会出现。

因此，我鼓励兰格尔和伯恩海姆不懈地继续沿其思路进行研究。它当然是一种重要方法并且是有可能取得成功的一种方法。而且，我们确实需要具体的案例，这些案例使得我们能够直接和正式地对其进行分析，进而提出和确定与这些重要的难题相关的思想。但我们也必须更广泛地关注内生偏好；并且作为一个政策问题，在追求更好的经济和社会过程中，关注应该如何行动以影响偏好。

# 参考文献

Elster, J. 1984. *Ulysses and Sirens: Studies in Rationality and Irrationality*, revised edn. Cambridge University Press.

Mill, J. S. 1861. Considerations of representative government. In *John Stuart Mill. Utilitarianism: On Liberty and Considerations on Representative Government* (ed. H. B. Acton, 1972). London: J. M. Dent & Sons.

Sen, A. 1992. Minimal liberty. *Economica* 59: 139–159.

Tawney, R. H. 1966. *Land and Labor in China* (reprint of 1932 edn). Boston, MA: Beacon Press.

# 伊曼纽尔·赛斯的评论

本章论述了福利测量以及在非标准决策者的模型中规范政策分析的一般问题。最近几年，开发此类非标准模型的研究很多，此类模型融合了心理学的启示。这些"行为经济学"研究的大部分集中于实证分析，即揭示行为明显背离经典理性模型的实证环境，进而发展可以解释这类行为的模型。

由于在这些环境下，并未假定自由市场均衡是有效率的，以致此类非标准模型可能为规范分析提供了肥沃的土壤。然而，在行为模型中规范分析已经滞后于实证分析。滞后的主要原因是规范分析需要测量福利，且大部分非标准模型提出了福利评价中存在的难题。

伯恩海姆和兰格尔对非标准模型福利测量过程中出现的困难进行了回顾，就我所知，这是首次全面且系统的分析尝试。他们首先综述了福利的测量问题，进而详细分析了储蓄、成瘾和公共产品这三个主题，这些主题已经引起了行为经济学家的大量关注。每一个特定主题几乎都可以独立阅读，并且由对福利测量以及相应情境下最优政策问题的一些有趣讨论组成。因此，论文的结构表明，要在一个一般化的模型上取得进步是很困难的，且最富成效的路线可能是每次推进一个模型。

在这个讨论中，我想对以下问题进行简单的评述，即某些实证行为经济学最基本的发现是如何使应用公共财政经济学家重新对实证公共经济学发现进行解释的，以及应该如何使用这些重新解释的实证发现进行更有意义的规范分析。

行为经济学中的实证文献已经揭示很多情形，在这些情形下，那些在标准模型中与决策无关的因素实际上对经济行为的影响极大。最有名的例子莫过于默认条款对 401（k）养老金缴纳决策的影响（Madrian and Shea，2001）。政府政策可能会影响这些因素。例如，在 401（k）养老金计划的例子中，颁布法规要求雇主在一个合理的默认缴纳水平和投资分配条件下，按该默认值招收员工是可行的（参见 Orszag（2005）最近在美国国会提出的建议沿此方向改革的证据）。如果政策制定者的目标是，在不强制任何人储蓄的条件下增加储蓄，使用默认规则显然比

## 第2章 行为公共经济学：非标准决策者条件下的福利与政策分析

使用诸如储蓄收益免税等传统的经济刺激的成本更低。因此，行为经济学已经成功地扩展了政策制定者可以用以影响经济决策的工具集合。

对传统公共经济学来说，更微妙和更令人不安的是，非标准行为效应不仅会影响经济决策的水平，而且会影响经济决策对传统价格刺激的敏感性。例如，Duflo et al.（2005）证明了，在现场实验环境下，与"储蓄者信用"联邦收入税计划所产生的刺激效果相比，在缴税准备期间对IRA缴费提供相应的激励，对接受率和缴纳额的影响更大。相对于联邦计划的复杂性，对此种配套措施的更大反应似乎是由于其显著性和简单性。在慈善捐赠环境下，在一个实验室实验中，Eckel and Grossman（2003）已经表明，与一个大小相等的退税补贴相比，配套补贴会产生更多的慈善施与；与同等的对自愿捐赠的50%的退税相比，对于自愿捐赠的100%的配套会产生更高的总捐赠（包括配套）。可以想象，这种措辞效应也能部分解释在劳动供给对税负和转移支付的弹性研究中发现的显著的异质性。例如，劳动收入所得税抵免制度产生了显著的劳动力供给参与效应，因为接受者了解正收入对从抵免中获益是必要的。劳动收入所得税抵免制度不会对工作时间产生负效应，因为个体或许不了解逐步取消抵免是如何减少超过某个收入水平的净工资水平的。

标准规范模型在最优慈善捐赠补贴或最优税赋以及再分配方面的结果主要依赖于行为反应参数。例如，如果劳动供给对税率很敏感，则更少的再分配就是合意的。如果这些参数真的对措辞效应敏感，则以下两个新的研究领域就会出现。

第一，在实证方面，我们需要理解措辞效应是如何影响这些行为参数的。如上所述，实证研究已经开始揭示措辞效应的存在。理解该效应并在实证上将其分为微妙且重叠的信息、注意力、建议、说服或诱惑等类别的任务是庞大的。系统的实验室实验或现场实验似乎是在这方面最有希望取得进展的方式。

第二，在规范方面，理性问题的最优表述方式有必要成为分析的一个有机部分。当然，规范分析提出了额外的难题。正如伯恩海姆和兰格尔详细指出的那样，他们在其结论部分展示的简单例子表明，对福利概念的定义还远不够完善，并且这很容易导致无法解决的悖论。

我这里提出一个解决这些问题的捷径。在概念上这个捷径肯定不令人满意，但在实践中的很多情况下是可以被接受的。有很多"规范的"应用，政策决策者对之很感兴趣，并且不需要与正确定义的福利概念相联系。例如，在为退休而储蓄的例子中，政府可能对促进退休储蓄的政策设计感兴趣，并且会根据折合率（退休期间平均净收入与工作期间平均净收入的比率）的分布评价是否成功。在慈善捐赠案例中，考虑到为此目的而分配的外生预算，政府的目标可能是，设计计划或补贴最大化净慈善捐赠额。概念上，与标准模型的统一的福利和实证理论相比，这是一种很大的退步。对实践目的而言，政策争议倾向于在这些具体的规范标准而非社会福利函数（其可以加总具有不同嗜好和能力的个体的偏好）的选择上产生。因此，政策制定者有可能更容易相信行为经济学的优点而非传统经济学家。

因此，我希望以相对乐观的评论结束该讨论。在中期，行为经济学应该被看做一个重大机遇，可以用其调和标准实证公共财政研究的很多领域中获得的迥然不同（因此不是很有教益）的结果。通过聚焦于具体的和非福利主义目标，可以相对容易地利用这些发现来进行政策推荐。从长期看，正如伯恩海姆和兰格尔所主张的，经济学家可能会在非标准情况下定义一个福利概念，这个概念会被专家广泛接受，并且允许我们再次使用一个新的且统一的决策和福利测量理论。

# 参考文献

Duflo, E., W. Gale, J. Liebman, P. Orszag, and E. Saez. 2005. Saving incentives for low and middle-income families: evidence from a field experiment with H&R block. NBER Working Paper 11680.

Eckel, C., and P. J. Grossman. 2003. Rebate versus matching: does how we subsidize charitable contributions matter? *Journal of Public Economics* 87: 681–701.

Madrian, B., and D. Shea. 2001. The power of suggestion: inertia in 401 (k) participation and savings behavior. *Quarterly Journal of Economics* 116: 1149–1187.

Orszag, P. R. 2005. Improving retirement security. Testimony to the Committee on Ways and Means, U. S. House of Representatives, May 19, 2005.

# 第3章 心理学与发展经济学

森德希尔·穆来纳森

## 3.1 引言

经济学家常常研究稀缺性，但他们在对决策的理解中却认定人们拥有丰富的心理资源。标准经济学模型假设人们充分思考问题的能力是无限的。在不考虑复杂情况的情形下，人们可以不费成本地计算出最优选择。同时，他们拥有无限的自我控制力，能够毫无成本地贯彻实施为自己制订的任意计划。不管他们是打算每年储蓄一定量的钱，还是要按时完成一篇论文，在达成这些目标的过程中，都不会面临任何内在障碍。更进一步地，他们的精力同样无限。他们可以弄懂遇到的每一个难题，且针对每一个问题都可以作出审慎的决定。正是以这种以及其他方式，人类行为的经济模型忽视了决策中实际存在的各种限制（Mullainathan and Thaler，2001）。每个决策都经过了深思熟虑，精心计算，且都易于执行。

与传统模型不同，越来越多的研究正以对人类行为更为客观的观点解释经济现象。在这种不一样的理解中，个人能力在我们前面提及的所有变量（还有更多的变量）中都是有限的。实际上，这种认识建立在心理学家在实验室（以及一些实地）实验获得的对人类行为的充分理解之上。这种观点强调稀缺性环境中行为的多样性，关注人们的认知能力、自我控制力、精力和自利的有限性。一些理论模型正处于构建中以期将这些观点吸收进经济应用之中。更具说服力的或许是，最近有实证研究表明，心理学上对处于经济学家所关心的情境之下的实际行为的洞察力具有重要意义。从资产定价到储蓄行为再到合法决策等多种领域中，精心进行的实证研究正在挑战传统的决策观。

我们在本章中会如何论述经济发展呢？一些领域既有的研究可以直接用于探讨经济发展，我就从着重讨论这些领域开始分析。有关储蓄行为的大部分研究能够用来理解发展中国家的储蓄机制及行为；有关自我控制力的见解对理解教育亦有直接帮助；尽管创新扩散方面已有大量研究，但行为方法同样可以给予新的视角；如何（以及何时）评价发展政策的效果也可以得到更好的理解。然而，由于心理学进入经济学应用领域的时间不长，除上述领域外，鲜有论文能够明确清晰地研究心理学和发展之间的关系。因此，我推测了将来心理学可能会大有用处的其他一些领域——例如，贫困陷阱、冲突、社会偏好、腐败和贫困心理的研究。

我事先做个重要说明。对于将心理学应用到发展中，过去的尝试存在分歧。在一些情况下，研究者给穷人贴上非常"不理性"（或者"短视"）的标签，试图以这种方式解释他们的处境。而在本章中，我是从一个截然不同的假设出发：穷人和其他每个人都具有同样的偏误。[①] 在这里，既没有企图指责穷人贫穷的根源乃是他们自己，也没有论证穷人具有某些特定的非理性特征。我的目标是理解发展中的问题是如何由对富人和穷人都适用的心理原则所诱导出的。例如，当我提及自我控制力

---

[①] 这一观点已经由 Bertrand et al.（2004）提出。

时，我指的是对所有人同等程度存在的自我控制问题（比如，抵制一块诱人点心的困难）。由于穷人所处背景不同，或许这些难题对他们来说影响更大，但本质都是共通的（Bertrand et al.，2004）。

## 3.2 教育面临的直接障碍

关于接受教育的理性选择模型简单明了，易于理解。人们在权衡接受教育的成本和收益之后，会决定上几年学。收益表现为更佳的工作、更好的婚姻前景等。成本可能是直接的经济成本（例如各种费用），也可能是机会成本（例如放弃工作收入）。当然，孩子的教育问题是由父母做决定，他们的目标是最大化他们自己以及他们孩子的长期福利之和，二者的比例取决于他们的利他之心。

但这种教育观点忽视了发展中国家中父母试图使孩子接受教育时所面临的困难的严重程度。现在考虑印度某个乡村的一位贫穷家庭的父亲，苏瑞世（Suresh）。他渴望送他的儿子拉鲁（Laloo）去学校继续下一学年的学习，因为他认识到让他的儿子接受教育的意义：可以使拉鲁有机会获得一份政府职位、婚姻更美满或者在飞速变化的世界中生活更舒适。为确保他有钱应付学费、课本和校服，苏瑞世很早便开始存钱。但很快他遇到了对钱的竞争性需求。苏瑞世的母亲生了病需要钱买麻醉药来缓解病痛。虽然他的母亲坚持认为孙子的教育更加重要，但苏瑞世内心备受煎熬，不知该作何选择。他需要拥有强大的意志力才能继续留存这笔本可以减轻他母亲痛苦的钱，尽管他知道这样做从长期来看是最优选择，但这在当时却难以给予他多大的安慰。苏瑞世跨过了这一难关，让他的儿子注册入了学。但几周之后，儿子拉鲁开始表现出厌烦上学，就像世界上大多数孩子一样，他觉得坐在教室里（并且老师讲授的正好不是有吸引力的一堂课）并不是很有趣，尤其是这时他的一些朋友正在外面玩耍。每个晚上苏瑞世都被白天繁重的体力活累得精疲力竭，被日常生活各种各样的压力压得身心憔悴，他如何应对这些额外的压力？他还有精神动力去使儿子相信教育的意义吗？他还有精力去询问老师或其他学生儿子拉鲁有没有上课吗？这个虚构的例子仅仅说明了发展中经济体中发展教育遇到的一个重大矛盾：即便是最好的意图，在实践中可能也会变得非常难以付诸实施，特别是在穷人所处的高压环境下。

这些问题与人们在当下如何看待未来密切相关，心理学家和行为经济学家已经利用实验对这一课题进行了广泛的研究,其中一些实验已经形成了一些理论成果,可用来理解个人的决策形成过程,并且这些理论可以给我们提供一个框架,通过这一框架我们可以理解前面虚构故事中的苏瑞世在试图执行他让儿子接受教育的决策时所面临的种种困难。

借助双曲线折现理论,行为经济学家最近开始对人们跨期决策的机制有了更好的理解。总的来说,人们在不同时期对各种偏好的评价是不同的,并且倾向于在短期内表现得性急,长期内表现得更有耐心。形式上,我们可以用随着时期变动的折现率将理论模型化。短期内,人们的折现率非常高(现在决策对比未来决策),但在长期内,折现率却很低。双曲线折现存在于生活中的许多方面,我们列举以下例子为证。

考虑如下提议:你愿意今天得到 15 美元还是一个月后得到 16 美元?更一般地,一个月后我应该给你多少钱才会使你对今天的 15 美元不感兴趣?那一年呢?十年呢?Thaler(1981)在实验中对被试者提出这些问题,发现这些答案的中间值是 20 美元、50 美元和 100 美元。乍一看,可能这些答案合情合理,实际上这意味着折现率较大且随时间的推移的巨大差异:一个月是 345%,一年是 120%,十年则是 19%。①这意味着,被试者偏好现在而不是未来。

这些选择同样说明,耐心程度会随着时间的长短而变化,这可以由以下选择问题清楚地说明。

(ⅰ)你偏好今天的 100 美元还是明天的 110 美元?

(ⅱ)你偏好 30 天后的 100 美元还是 31 天后的 110 美元?

许多被试者对这两个问题给出了不同的答案。在第一种情景中,他们总是偏好即刻得到回报(今天的 100 美元),但是在后一种情景中,他们总是偏好延迟的报酬(第 31 天的 110 美元)。

这类偏好与标准模型相悖。为说明这一点,假设人们的效用函数为 $u$,对将来的日折现率为 $\delta$。在情景(ⅰ)中,今天的 100 美元价值为 $u(100)$,明天 110 美元的价值为 $\delta u(110)$。另一方面,在问题(ⅱ)中,两种选择的价值分别为 $\delta^{30} u(100)$ 和 $\delta^{31} u(110)$。在简化的形式中,这是完全相同的两个选择。也就是说,在标准理论中不变的折现率下,个人会在两种情况下选择相同的结果。两种选择不一致只可能出现在折现

---

① 被试者显示出如此偏好的一个原因可能是:他们或许怀疑在未来是否可以真正得到这些钱,这会导致他们将未来贴现率定得较低。这可能是一个因素,关于折现方面的文献发现,当这些信任问题被解决后依然有相似的结果(Frederick et al.,2002)。

率随时间的推移而变化的情况下。

在该领域还可以看到，人们对现在和未来的偏好也存在差异。Read et al. (1999)让被试者选择三部电影。被试者或是选择即时消费——一个一个地选，或是为将来做打算一次性全部选完。当他们为了即时消费而相继作出选择时，倾向选择"下里巴人"式电影；当为了未来消费而一次性作出选择时，他们倾向选择"阳春白雪"式电影；当为未来计划时，与即刻的选择相比，个人更愿意作出可以有长期收益的选择（本例中大概是"阳春白雪"式电影）。

个人在不同时段会作出不同选择，这引发了一个问题。考虑下面这一具体的例子。假设我面临打扫房屋这一乏味的任务。但这周末我非常忙，所以决定推迟打扫。可是我下周末的偏好是，我应该现在开始打扫。那下周会发生什么呢？过去对未来作出的选择（我表现出耐心）会变成现在的选择（我表现出没有耐心）。我的选择现在可能会改变。而且，推迟打扫的选择似乎更加具有吸引力——就像上周我作出相同的决定一样地有吸引力。也就是说，在未来我计划去做和当未来变成现在我实际所做之间存在冲突。

这个冲突也是家长在让子女接受教育时所面临的众多难题之一。回到我们虚构的故事中，苏瑞世想要他的儿子拉鲁接受教育，现在决定他将来要付出努力和钱财送儿子拉鲁上学。然而现在，很多迫切的压力挤占着他的时间、金钱和精力，使得苏瑞世很难执行他初始的计划。该观点认为，父母愿意看到他们的孩子接受教育，但是找不到一个能让自己坚持自己计划的可靠方法。

这种行为的方法改善了我们对于教育成分的理解，为存在于父母预定的目标和实际的结果之间的偏差提供了一个解释。印度《基础教育公共报告》(Public Report on Basic Education，PROBE)(De and Drèze，1999)发现，很多家长事实上对教育相当关心。即使在印度最贫穷、教育设施最差的地方，也发现超过85%的家长认可让孩子接受教育，认为这很重要。在同一项调查中，57%的父母觉得他们的儿子在受教育的道路上走得"越远越好"；39%的人觉得他们应该接受至少10年或12年的教育。显然，这些地区的家长很看重教育。然而与之形成对比的是，这些地区的受教育程度却非常低。这种反差使我们想起在美国期望的和实际的退休储蓄之间的差距。在一项调查中，76%的美国人相信他们应该为退休而储蓄更多 (Farkas and Johnson, 1997)。尽管他们想储蓄，但很多人却从没有达到这一目的。就像我们在前面提及的，在教育领域中，即期压力太大。将钱存放起来预备应付教育，需要做代价巨大的即期牺牲。当面临如此之多的其他压力时，家长们付出努力试图使孩子转变想法的欲望会渐渐变小。每天接送孩子上学要求家长在承担繁重工作的同时还要持续地付出。也就是说，如果一个拥有许多制度保障的中产阶级的美国人都无法想储蓄多少就储蓄多少，我们如何能期望拉贾斯坦的一对父母持续、坚忍地作出代价巨大的即期牺牲去实现他们使子女接受教育的目标？

该行为框架同样有助于部分解释发展中国家中的一个有趣的现象："零星出勤"。与简单的人力资本模型不同，学生接受教育时并未遵从一个固定的停止规则，即持续上学一直到达某一年级之后才放弃上学。相反，而是坚持上一段时间，再放弃一段时间，再坚持上一段时间。这种"零星出勤"，尽管可能远远谈不上最优，却是前面描述的动态不一致的价值偏好的结果。当面临特殊的难以承受的即期压力时，个人就会屈服。当这些压力缓解后，重新执行送孩子上学这一初始计划就变得容易。更具体地，那些"跳下马车"的家长可能会在某个明显的时刻重新关注他们孩子的教育计划。根据经验预期，这一时刻是在学年的开始，此时出勤率可能要高于其他时间，因为许多家长重新受到鼓舞，决定再做一次尝试。当他们向即期压力屈服后，全年的出勤率就会下降。[①]

一些项目试图使上学变得更加吸引学生，即提供一个低成本的方式帮助家长方便地把孩子送往学校，这些项目便是对上述行为观点的实际应用。举例来说，学校供餐计划可能会使上学对孩子更有吸引力，并且缓解了家长督促孩子上学的压力（参见 Vermeesch（2003）对这一计划的探讨）。除此之外，还可以想出其他更具创造力的激励项目。提供一个全校性的运动项目、糖果或者其他成本低廉的投入，对提高出勤率都会产生巨大效应。事实上，在这种模型下，这些项目所产生的极大收益成本比率远远大于只靠货币津贴所能衡量的。

有关教育的这种观点符合发展中国家生活的复杂性。当然，即期压力并不是唯一的问题。还有很多其他因素——从流动性约束到教师出勤率问题——同样也很重要，但是这些领域已经被深入地研究过了。然

---

[①] 这最后一点提供了将这种解释与存在大量流动性冲击的理性模型相区别的一种可能方法。然而，如果家长能够理性地预期到流动性冲击，并且如果长期连续出勤具有规模经济，这样的理性模型就会面临困难。在这种情境中，家长会提前建立一个"调节性库存储备"以确保能够抵御冲击，然后在很长的一段时间送孩子去上学（并且大概更加富有成效）。

而，对自我控制的困难的研究还不多，还值得深入探究。

## 3.3 委托、默认设置和储蓄的需求

储蓄困境在发展中国家是一个更加普遍的问题，它部分地导致了教育状况上的缺陷。在发达国家，它则与会引发相似的储蓄难题的行为问题直接相关。面对即期压力，坚持一项行动确实会存在一些困难。这会对个人的储蓄方式产生影响。但标准的储蓄经济模型并没有将这些压力纳入其中。在标准模型中，人们考虑的是在借贷过程中遇到的困难和所有可能会遭受到的冲击，然后计算出未来的多少钱对他们是值得的。在这些计算的基础上，他们会随机制定一个计划以决定在每种可能的情况下花费多少。然后就像我们在前面讨论过的，他们会顺利地执行这个计划。然而，对很多发展中国家中的穷人们而言，执行这些计划，说起来比做起来更容易。他们会面临各种各样的可能会致使他们违反他们消费计划的情况。

使用双曲线折现模型我们可以理解个人实际的储蓄行为。正如我们在前面间接提到的，在这个模型中关键的问题是人们在应对跨期不一致性时，是有着周密的思考还是缺乏思考。周密思考的人们会认识到这种不一致性从而（递归地）制定动态一致的计划。也就是说，他们只会制定他们可以贯彻执行的计划。缺乏思考的人们没有认识到时间上的问题，从而会制定他们今天认为可以坚持的计划，但他们届时却会放弃这些计划。有理由相信，对这两种人分别具有的不同行为方式的看法是正确的。一方面，个人似乎有意识地需要承诺机制，以帮助他们执行既定计划。另一方面，他们倾向于制订不切实际的计划。或许最符合事实的解释是，个人可以部分地认识到他们的时间不一致性。*

事实上，这个观点的重要之处在于：制度内含的承诺机制对于理解行为至关重要。① 制度可以通过保证人们遵循某个特定的行为路径来行

---

\* 时间不一致性是对传统偏好假定的反驳，传统关于偏好的假定是偏好具有连续性、自反性及传递性，且偏好不随时间的推移发生变化。但研究发现，人们的偏好存在时间上的不一致问题。——译者注

① 承诺机制可能对中间人问题而不是内部人问题起到作用。人们可能选择承诺作为一种避免来自其他家庭成员或外部人员压力的一种方法。在两者之间的区分是非常重要的，而且如果要辨别它们还需进行进一步的研究。

动以解决自我控制问题。就像尤利西斯（Ulysses）为了可以聆听海妖们（Sirens）的歌声但又不会被她们引诱进海里而不得不把自己捆绑在他的船桅上一样，人们在每天的生活中都会依赖同样的——虽然不是如此戏剧性的——承诺机制。很多人把他们的健身馆会员资格作为一种承诺机制（"每月提前支付那么多钱真的会使我去健身"）。另一个例子是圣诞节俱乐部。虽然现在不那么流行了，但这在以前却是非常管用的履行工具，能使人们省下钱来购买圣诞礼物。

格鲁伯和穆来纳森（Gruber and Mullainathan，2002）对吸烟行为进行了研究，获得了一些启发性证据，证明了承诺机制的作用。吸烟的理性选择模型对待吸烟就像对其他事物一样。吸烟者了解伴随尼古丁而来的生理依赖，会对吸烟与否作出理性选择。另一方面，行为模型认识到了决定吸烟和戒烟（或者仅仅是尝试戒烟）的过程中的自我控制问题。一些调查证据能够令人联想到行为模型。吸烟者经常报告说，他们希望戒烟但总是做不到。这与我们前面提到的跨期形式类似。展望未来，他们会选择不吸烟。但是当未来到来时，他们最终不能抵制烟草的诱惑（可能他们会承诺明天戒掉）。为了区分这些理论，我们考察了烟草税的影响。在理性模型下，这些税收会使得他们的情况变得更糟。这是一个标准的无谓损失争论。愿意吸烟的烟民由于更高的价格而不能继续吸烟。然而，在双曲线折现行为模型中，税收会使吸烟者状况变好。在理性模型中起不好作用的力量（高价格会使得吸烟者戒烟）在这个模型中却起到了好的作用。于是，想要戒烟却没有能力履行诺言的烟民现在状况变好了。用时间不一致的模型中的术语来说，税收承担了承诺机制的作用。

我们利用个人自报幸福的数据来确定烟草税对吸烟者福利的影响。虽然这样的数据远远不够完美，但这些数据在这个例子中很有用。① 使用美国有关个人的面板数据以及州内烟草税的变动，我们发现，预期烟民的幸福程度会随着烟草税的增加而提升。与没有增加烟草税的州的人们（和相对于没有想要抽烟的人们的州）相比，这些预期烟民的个人福利上都有提升。也就是说，与理性模型所得结论相反，行为模型支持以下结论：烟草税确实会使得倾向于吸烟的人们的状况变好。这种影响我在 3.1 节已间接提及——即制度（在这个例子中是烟草税）有可能有助

---

① 在本文中，利息变量是相对简洁的，因此度量的失误被简单地包含在残差中。参见 Bertrand and Mullainathan（2001）对这些问题的讨论。

于解决个人问题和人与人之间的问题。

还有一些证据表明，人们会积极选择承诺机制。Wertenbroch（1998）认为，人们应该放弃针对具有诱惑力的商品进行的数量折扣*，以避免受其诱惑；他们还将节食者常常收到的建议——不要在家里放置大袋子装的饼干进行了量化。如果你必须购买诱惑性食物，就少买一些。Trope and Fischbach（2000）论述了人们是如何策略性地利用受罚来激励自己做不情愿做的事的。他们考察了预定要参加小型的、令人不快的医疗程序的人们，这种程序可能存在时间不一致性问题。随着程序时间的临近，人们会产生不参加程序的强烈意愿。Trope and Fischbach证明了人们会注意到这个问题，于是更加重视承诺机制。他们自愿同意如果没有履行这个程序就支付罚金，以强迫自己贯彻执行这个程序。事实上，他们会明智地选择处罚——面对更令人厌恶的程序时，他们会选择更严厉的处罚。Ariely and Wertenbroch（2002）提供了更加直接的证据。他们考察了人们是否会将截止期限作为自我控制的机制，且这样的截止期限实际上是否有效。例如，MIT 的学生自己选择课程要求的三份不同论文的最后上交截止期限。这些截止日期是有约束力的，因此，当不存在自我控制力问题时，学生们显然应该尽可能地为所有论文选择最晚的截止期限。他们被告知，早交没有奖励，晚交也没有惩罚，因此他们只能期望从尽可能晚交论文这种选择中有所收益。然而相反，学生们为三篇论文选择了三个不同的截止日期，且三个日期间隔较为平均。这大概就是以时间来激励他们完成论文。此外，最终日期是有效果的。一项相关表明，将截止日期均匀地分开比对所有论文给一个单一的最终日期的效果好。

利用行为观点可以更好地理解发展中国家的储蓄情况。它提供了一种有关机构的不同的观点，例如轮换储蓄和信贷协会（Rotating Savings and Credit Associations，ROSCAs）（Gugerty，2003）。在一个 ROSCA 中，一组成员定期见面。每次会面时，成员都会上交一笔事先确定的数额，而后协会会把全部的基金（被称作一个"壶"）交给成员中的某一人。最终，ROSCAs 的每个成员都会轮到机会得到全部基金，通过这种方式他们可以取回自己上交的钱款。ROSCAs 广泛流行，但是它们的吸引力是什么？通常它们并不支付利息。事实上，鉴于存在违约的可能性（那些早收到壶的人们可能会停止交钱），它们实际上可能

---

\* 数量折扣指因消费量大而获得的折扣优惠。——译者注

支付的是负的利息率。ROSCAs 受欢迎的一个原因可能是，它们以几种方式承担了承诺机制的作用。通过使储蓄成为公众行为，ROSCAs 可以借助来自协会其他成员的社会压力保证自己获得需要的储蓄水平（Ardener and Burman，1995）。正如 ROSCAs 的一些参与者所说的，"你不能一个人储蓄"（Gugerty，2003）。每一位 ROSCAs 成员都有动力确保其他成员继续贡献钱款。鉴于个人自我控制能力的欠缺，该协会也有助于人们存住更多的钱，即存住比他们通常能存起来的钱多的钱。假定有一个人打算支出 1 000 卢比购买一件耐用品（或是支付学费）。自己单独一个人按月存钱，在存钱过程中遇到的诱惑会越来越大。当他们存到 400 卢比时，不可能出现一些更具吸引力的其他支付或即刻需求吗？ROSCAs 可以消除这些诱惑对存钱造成的障碍。个人要么什么都得不到，要么一次性获得全额 1 000 卢比。这种要么全有要么全无的特性使人很容易存够足够的钱从而有能力进行大的支出。

我们现在论述一个关于个人流动性需求的更具细微差别的观点。在标准逻辑中，穷人无条件地看重流动性。毕竟，流动性能够使人们腾出现金应对即刻需求。如果孩子病了，就需要现金支付医药费用。这与穷人关系更大。这对富人来说是非常小的冲击，但对穷人来说则事关重大，会迫使他们动用实际储蓄。然而，在这些模型中，穷人面临一个权衡。由于上述原因他们看重流动性，但是流动性对他们来说也存在不利的一面，因为这会使得储蓄的使用变得太随意。结果是，与流动性储蓄媒介相比，耐用品和非流动性储蓄媒介更受青睐。现金等流动性资产过于具有诱惑力，轻而易举就会被花掉。而以珠宝、牲畜和谷物的形式持有财富，个人可以有效地将其储蓄起来缓解即刻消费压力。因此，在这些模型中，存在一个流动性的最优数量。甚至当提供流动性的成本为零时，他们也会选择非流动性与流动性混合的资产。

行为观点的另一个意义在于，证明显示性偏好争论\* 不一定正确；因此衡量政策的实施效果变得困难了。我认为，人们在一个给定利率下借款（并且偿还）并不一定意味着这笔贷款帮助了他们，我们必须还必须了解贷款的用途。在一些情况下，贷款可以帮助借款者解决流动性冲击的难题，这肯定会使借款者受益。但在其他一些情况下，借款者可能会用借款来满足即刻诱惑，最终背负上债务。这种区分对于理解发展中

---

　　\* 显示性偏好争论指显示性偏好是否可以成为代表个人真实决策的依据或成为指导政策的依据。——译者注

国家的小额信贷是非常重要的。通常，衡量这些项目效果的公认标准是，这些项目是否自我可持续，但是这种衡量标准只在显示性偏好适用的标准模型中有效。在该模型中，盈利意味着人们甚至在无补贴率下也愿意获得这些贷款；显示性偏好则意味着这些贷款的社会效率。然而，由于存在时间不一致性，小额贷款的盈利性和社会效率之间的关系可能会比较微弱。关键问题在于，贷款在多大程度上会加重人们短期内的难以自制情况，或是在多大程度上解决了借款者长期内的流动性约束问题。① 最后，我们还需要更深入地了解借款者的动机。一个根据可能就是贷款的用途。贷款是被用于长期投资（像经常被宣扬的）还是被用于短期消费？当然，一些短期消费可能也是有效率的，将该数据与我们对机构的理解结合起来，就可以帮助我们更好地理解和促进小额贷款的社会性效率。

政策也能提供成本更低同时更有效的承诺机制。以谷物的形式进行储蓄当然有效，但这确实极具风险。谷物可能会被虫蛀，也可能挣得的利率为零甚至为负。此外，即便人们对这样的承诺机制有需求，一个自由的市场可能也不能充分供给，认识到这一点很重要。在发展中国家高度管制的金融市场中，在这些方面可能难以进行足够的创新。如果对一个垄断金融机构来说，与满足对承诺机制需求相比，迎合诱惑性消费更能获利，那么垄断力量同样可能会导致这些承诺机制供给不充分。在这种情况下，政府、非政府组织和捐赠机构可以在促进承诺机制中发挥重要作用。

Ashraf et al.（2006）列举的一个有关承诺机制在储蓄中的作用的实例，令人印象深刻。他们为菲律宾一家银行的储户提供了一个参与"SEED"（Saving for Education, Entrepreneurship, and Downpayment，为教育、创业、首期储蓄）账户的机会。除了不能随意从中取钱以外，这些账户与存款账户没有什么差别。相反，人们只能在预先设定的日期或者达到事先设定的存款目标时取回钱款。这个账户并不支付利息且不具有流动性。在大多数经济模型中，人们理应更偏爱银行的普通账户，放弃这种机会。然而他们发现，这种账户的需求很大。超过30%的获得这种账户使用机会的人选择了使用。他们同样发现，这些账

---

① 在美国，发薪日贷款*公司这种小额贷款形式的利润很高，这一例证使得这种区别更加鲜明。

\* 发薪日贷款，指的是1～2周的短期贷款，借款人承诺在自己发薪水后即偿还贷款。——译者注

户有助于个人进行储蓄。6个月后，使用账户的人们显著地表现出了较高的储蓄率。这类实验有助于我们更深入地理解储蓄行为，且这对改善发展政策的助益很大。

## 3.4 初始设置和金融机构

金融机构不仅可以通过它们的履行功能帮助人们储蓄，行为经济学非常重要的一系列结果表明，机构常常可以简单地通过它们设定的默认值来影响行为。Madrian and Shea（2001）根据这些原则进行了一项特殊生动的研究。他们研究了一家改变了员工是否参与退休计划的选择情境的公司。员工入职之初，若要加入储蓄计划，需填写一份表格。尽管这一计划对他们非常有利，但参与率却很低。标准经济模型或许认为，解决之道在于增加补助。但公司没有这么做，相反只是改变了这个计划的一个细微之处。改变之前，新员工收到的表格内容如下：

如果你想参与到401（k）中请选择此项。写明你想要贡献的金额。

改变问题的选择情境后，雇员收到了一份这样写的表格：

如果你不想将3%的薪水投入到401（k）中，请选择此项。

按照标准理论推理，这个改变应该对贡献率几乎没有影响。在方框中画个勾会有多难呢？实际却是，研究显示，这个改变的影响非常大。当默认选项是不参与，结果只有38%的雇员提供钱款；当默认选项是参与，86%雇员会选择参与。并且，即使几年之后，这些收到默认选项是参与的表格的员工仍然表现出更高的参与率。

尽管我们不能从这些数据中确定人们的想法，但我推测是人们的拖拉行为和被动消极的结果。想必许多人看了表格会想："以后再说吧。"但以后却最终没有来到。可能是比退休计划更有趣的事情分散了他的精力。不管是哪种情况，表格的初始默认值是什么，结果往往就是什么。事实上，就像其他心理学结果告诉我们的，随着时间的推移，他们极可能通过这样说来向自己证明他们的决定是正确的，"总之，3%就是我想要的"或者，在"不参与"默认值的例子中，"401（k）计划不是那么吸引人"。于是，他们被动消极的态度为他们做了决定。他们决定稍后主动作出这一小小的决策，最终却是作出了事关几千美元的大决定。

## 第 3 章　心理学与发展经济学

这些观点同样有助于我们设计新的机制。项目"明天储蓄更多"(Save More Tomorrow, SMaRT)就是一个例证，这是由 Thaler and Benartzi (2004) 创立的一个计划。这个项目的基本思路是，让人们积极地作出决定，但同时如果人们对此消极被动，也可以确保人们保持储蓄。目标储蓄水平由参与者（那些选择储蓄的人）确定，且他们同意从他们转年的薪水中开始扣除其中一小部分。从此，每一年只要他们收入增加，扣除数量也会增加，直到达到他们个人的目标储蓄水平。他们可以在任何时间选择退出计划，但是这个计划的聪明之处就在于如果他们什么都不做或者依然被动消极，他们将会继续储蓄（并且甚至可以提高他们的储蓄率）。

结果令人惊讶。比如，在一家公司，超过 75% 的雇员选择参与其中而不是仅仅独自储蓄。其中不到 20% 的人选择了退出。结果，储蓄率大幅提高。到第三次工资上涨时，（由于默认值增加的累积）人们已使他们的储蓄率提高到原来的 3 倍多。最大的成功或许在于这种产品的扩散。很多大型公司和退休基金提供者都正在考虑采用这一项目，参与其中的人数可能将迅速达到几百万人。利用心理学知识进行的聪明的制度设计将来会是什么样，SMaRT 就是一个绝佳的例子。它没有解决人与人之间的问题，但是却可以帮助人们解决自己内部的问题——即无法储蓄他们期望的数量。[①]

这些结果的一个简单但却重要的含义是，不能混淆行为和性格（Bertrand et al., 2004）。一个研究美国中产阶级和乡村农民的储蓄的行为经济学家可能会得出两者的折现率不同的结论。在标准的模型中，美国中产阶级的高储蓄当然表明他们具有更强的耐心。这没必要成为例子。这个推论是错误的，就像推断与那些由于表格没有默认所以没有参与 401(k) 的人相比，那些由于表格默认所以才参与 401(k) 的人更加有耐心是错误的一样。也就是说，美国农民和中产阶级之间行为的差别可能是更优机制的结果，这些机制会使更多自动的默认储蓄变得更加方便。

默认行为对发展中国家极具启示意义，即发展中国家可以通过改革银行体系来改善储蓄。美国的经验可供发展中国家的部分地区借鉴、利用，类似从薪水中直接存款（存进一个储蓄账户）的机制非常有助于激

---

[①] 由于篇幅所限，我无法对所有"明天储蓄更多"计划所依赖的心理工具进行评论。在初始论文中进行的充分论述，值得一读，可以作为如何使用心理学工具来更好地设计政策的例子。

励存款。这种银行创新代价不高，且对提升发展中国家中产阶级的储蓄率具有深远意义。

在一个更基础的水平上，关于默认行为的证据表明，将基本的银行业务引入农村地区本身就可以对行为产生重大影响。尽管存款账户不如直接账户的默认值作用强大，但与手中的现金相反，一个基础的储蓄账户具有非流动性的心理元素。个人首选积极地进行决策——将钱存入账户，而后，往外取钱就变成了一个消极的行为。当家中有可用的现金时，人们需要采取行动把它存起来。当钱存入银行账户，个人花掉它们就必须采取行动。在这种意义上，银行账户就成为了一个基础的承诺机制。通过与金钱保持一定的微小的距离，支出钱财可能就没那么大的诱惑了。

## 3.5　现状偏好和创新扩散

创新扩散对发展同样具有广泛的意义。大量的文献都在关注新技术采用为何很缓慢（Rogers，2003）。这对发展中国家尤其重要。在发展中国家，创新的扩散——从绿色革命到新医疗技术再到生育措施——速度很慢的原因是一个长期的难题。[①]

从大量的实证文献中可以发现一些典型事实。第一，创新一般呈 S 形扩散，初始较缓慢，在一个"拐点"之后会突然加速，然后变缓慢，随即进入一个平稳状态。[②]

第二，根据新技术的采用时间可以将采用者分为以下几类：第一批采用者，被称做"创新者"，与社会网络的联系很微弱。第二批采用者，被称做"早期采用者"，是指与社会网络的其他部分的联系很密切的人。通常，他们是意见领袖，享有很高的地位，受过良好的教育。一旦他们采用了新技术，其他人员就会跟进行动。第三批采用者，被称做"落后者"，他们与"创新者"一样是社会孤立的。

---

① 参见 Besley and Case（1994），Foster and Rosenzweig（1996），Munshi（2003），以及 Conley and Udry（2004）在发展经济学中对农业革新扩散的经验研究。Retherford and Palmore（1983）以及 Montgomery and Casterline（1998）给出了关于生育措施的一些有趣的研究。

② 扩散过程的形状很多，但为什么这个事实如此令人震惊是不清楚的。许多以零开始，结束于正的扩散的过程也被认为是"S 形"。

第三，扩散是沿着社会网络线传播的，技术采用的时间序列证据清晰地支撑这种观点。在定性的研究以及一些定量的、客观的研究中可以发现更加直接的证据。在这些调查中，人们会被问到什么会影响他们采用新技术的决定。在一些例子中，存在令人信服的经验证据。1964年，中国台湾的一项早期的计划生育实验证明了社会网络的影响（Palmore and Freedman, 1969）。在这个随机的实验中，对一组特殊的被试者群体直接进行的计划生育干预表明，干预对目标群体行为会产生一些影响。但是，最有趣的是，那些在计划中没有直接涉及的但却与目标群体具有社会关联的人们同样会受到影响。

这些发现的理论意义在于说明政策的干预存在乘数效应。如果将试图改变行为的政策目标定位为一些特定人群，特别是思想领袖，则这种干预可能会在更广泛的人群中产生影响。Montgomery and Casterline (1998) 在他们关于中国台湾计划生育的研究中描述了乘数效应。研究发现，如果不考虑扩散（乘数效应），则项目对婚姻生育率的下降的解释率不足 5%～20%。然而，考虑到社会扩散，这个项目对婚姻生育率的下降的解释率超过 30%。乘数效应同样也会影响政策的形式。在许多例子中，计划生育政策已经在谋求争取具体当地组织和机构的支持。考虑到乘数效应的利用，农业推广和节育措施上门服务的政策都已做了调整。

这种研究是相当有趣的，越多地将心理学引入到社会扩散的文献中可以在几个方面改善我们的理解。许多扩散缓慢的问题可能是由于一种被称为现状偏好的现象（参见 Samuelson and Zeckhauser, 1988），这种现象由以下例子证明，在这个例子中，二组被试者有如下选择。

假设你是一位金融专栏的忠实的阅读者，但是最近几乎没有资金进行投资。然后你从你杰出的伯父那里继承了一大笔钱财。你正在考虑不同的资产组合。你有如下选择。

（ⅰ）投资于适度风险的公司 A。在一年的时间内，股票价值上升 30% 的概率为 0.5；价值不变的概率为 0.2；价值下降 20% 的概率为 0.3。

（ⅱ）投资于高风险的公司 B。在一年的时间内，股票价值上升 1 倍的概率为 0.4；价值不变的概率为 0.3；价值下降 40% 的概率为 0.3。

（ⅲ）投资于短期国债。在一年的时间内，短期国债的回报大约为 9%。

（ⅳ）投资于市政债券。在一年的时间内，市政债券的免税回报为 6%。

第二组被试者的选择存在一点细微的区别：他们被告知他们将从其伯父那里继承一组资产，当前这组资产大多投资在风险适度的公司 A。现在被试者拥有的选择有了巧妙的变化。现在的问题是，这个资产组合中的投资有多少会从公司 A 转移到其他的选择？有趣的是，作者发现选择结果在两组被试者之间存在很大的差别：当被试者选择继承资产时更多的资金又被重新投向公司 A。这种对现状的偏好似乎根深蒂固并且难以由一些简单的原因（例如伯父投资透露出的信息）所解释。Samuelson and Zeckhauser（1988）运用这个领域非常有趣的证据对之进行了证明。在 20 世纪 80 年代，哈佛大学给原有的健康计划增加了一些新的内容。这提供了一个有趣的机会检验现状偏好：多少老员工会选择新计划，多少新员工会选择老计划？作者发现了明显的区别。老员工中"选择"老计划的人数是选择新计划人数的 2～4 倍。也就是说，老员工会保持其原有的选择：什么都不做。这种对现状的偏好就导致了意料之中的对新技术的采用缓慢。创新不仅要克服低收益创新，还必须克服内在于行为中的天然的惯性。

大量的社会心理学文献表明了社会压力对遵从具有影响（参见 Cialdini and Trost（1998）的回顾）。Sherif（1937）在一个经典的心理物理学研究中证明了社会压力的作用。被试者坐在一个完全黑暗的屋子里，对面不远处有一个光点。经过一段什么都没有发生的时间后，光点看上去进行了"移动"，之后消失。在此之后一会儿，一个新的光点出现。它依然在一段时间后移动然后消失。有趣的是，这个光点的运动完全是心理物理现象，即自动效应。事实上，光点根本就没移动；仅仅是看上去在移动。被试者在这种环境中进行多次实验（每次均设置不同的光点），需要估计光点"移动"的距离。当被试者独自接受提问，其答案为 1 英寸到几英尺之间。然而，当两三人一组进行这项实验时，就出现了一个有趣的结果。被试者的估计无一例外地是集中在一定的数字上。一个组内的标准迅速建立起来。在一个变量中，小组中有一名成员是事先安排的工作人员，他会给出一个特定的数字。他发现，小组成员会迅速统一到这个合伙人答案上。其他人发现，以这种方式操纵的标准持续了相当长一段时间。甚至当被试者一年以后再参加，他们依然表现出对当初标准的坚持。在 Sherif 的实验环境下，Jacobs and Campbell（1961）证明了规则是如何在被试者中进行代际传递的。假设开始是由被试者 1 和 2 集中到一个标准上，然后被试者 1 被参加过多次实验的被试者 3 代替，接着被试者 2 被被试者 4 代替。最终包括新被试者 3 和 4 的这一组，同样遵从先前由被试者 1 和被试者 2 所确立的规则。①

　　Asch（1955）发现，一个更简易的任务会产生相同的结果。假设被试者进入实验室和其他人（同盟者）坐在一起判断在图 3.1 中线段的长度。被试者听到其他人的判断后再自己做判断。前几次实验中，这的确是一件非常令人厌烦的工作，哪条线段更长是相当明显的。而后事实出现了扭曲。在其中一个实验中，第一个人作出了错误的选择。第二个人也作出了相同的错误选择。这种状况一直持续，直到轮到被试者做选择。Asch 的发现是令人惊讶的。50% 和 80% 的被试者至少有一次服从了大多数人所犯的错误。当然，正如 Asch 指出的，并不是被试者对线段长度的感觉发生了变化，许多人只是简单地希望他们的行为和别人保持一致。

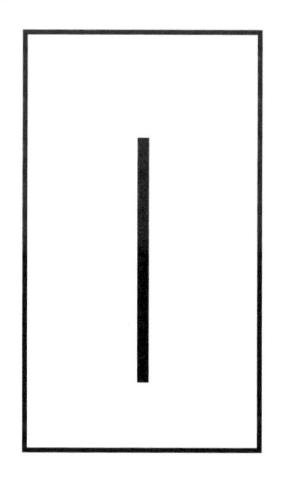

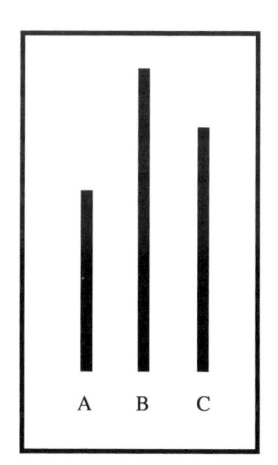

**图 3.1　Asch 的实验说明**

　　在更加贴近现实的设定下，也得到了相似的结论。例如，大量研究使用高频数据讨论了自杀的传染效应。媒体对一次自杀的报道常常会在报道后的一段时间内引起在报纸覆盖范围内的地区的更多的自杀（Phillips，1979，1980）。尽管可以基于信息进行解释，但用社会模仿进行解释更加可信。

　　上述以及大量其他的实验突出说明了社会压力对行为的绝对影响力。传统的经济模型也认可社会网络中的模仿行为，但会使用信息扩散

---

① Camerer and Weber（2003）给出了一个关于规则是如何产生以及随着时间的推移是如何发展的有趣的例子。

来解释这一现象。然而，一些导致创新传播缓慢的社会网络效应也可追溯到社会压力和遵从上。在这种文献中一个重要的问题是，如何经验地区分这两种效应（信息扩散和社会遵从），且怎样在理论上理解它们之间的不同。

即使当信息扩散是网络效应的解释时，心理学对于理解信息的影响也是有帮助的。特别地，有关扩散的大多数模型（包括贝叶斯模型）都严格假设最有用的信息扩散，且这些信息对信念有正确的影响。但这不是问题的关键。例如，有实验研究表明，数据的重要程度对数据影响信念的方式存在影响，这与数据的信息内容无关。近来，实验研究开始探究人们会选择哪种数据传递给他们的社会网络。证据显示，情感因素的影响很大，且同样与信息的内容无关（Heath et al., 2001）。这些结果在解释扩散方面非常有用，特别是在确定哪些扩散较好（具有明显积极结果）、哪些扩散较差（没有明显收益或者成本很高）时。

例如，Miguel and Kremer（2003）最近进行的关于对服用除虫药的社会学习\*的研究可以用这个观点有效地解释。他们随机选择了几所学校，让学生服用除虫药。使用实验变量，他们估计，服用除虫药对健康和教育的正向收益极大。第二年，他们进一步在最初没有被选中的学校中随机选择了几所学校，让学生服用除虫药，以观察除虫药的影响。他们调查了其中有朋友在第一年被选学校学习的孩子们（因此这些孩子们有已经服用过除虫药的朋友）。鉴于药物的积极意义，社会学习模型指出，这些学生更可能会服用除虫药。然而，事实却与此相反，他们发现这些学生更不可能服用药物。可以利用重要性来理解"负的"社会影响效果。① 服用除虫药在长期是有益的，但短期的成本非常明显。如果虫子离开身体，孩子们会出现胃痛、呕吐和其他病状。这种在成本和收益上的不对称表明，成本可能比收益更易扩散（对选择影响更大）。平均来说，孩子和家长听到的基本上都是短期内的副效应，而不是长期中的益处。

缓慢扩散可能也是自我控制局限的结果，我们在前面的章节中论述过，自我控制局限会妨碍努力储蓄。人们可能会对采用新技术感兴趣，但是在达到所需储蓄额的过程中或者在采用新技术所需进行的其他行动

---

\* 社会学习指动物个体或群体通过跟随其他动物的行为或行为结果，获得相关的环境信息，改变行为表现的过程。——译者注

① Miguel 和 Kremer 偏爱标准的一个经济解释是，对服用除虫药的期望高于他们的实际收益。

会出现拖延。Duflo et al.（2004）的研究可以非常清楚地证明这一点。他们考察了肯尼亚人使用化肥的决策。显然，化肥对提升产量的积极作用很大，但是 Duflo 等人发现，即使农民们看到了化肥的益处，他们也不一定会采用它。甚至在采用了化肥的例子中，通常他们会在几年之后回到原来的耕作方式。借助一系列创新金融干预，Duflo 等人证明了金融管理的心理学的作用很重要。似乎，尽管农民愿意使用化肥，但他们无法存得足够多的钱。可以帮助他们克服这个储蓄问题的金融干预似乎能够极大地促进对创新的采用。

总之，关于创新扩散正在经历着变革的时代。心理学的视角有助于揭示新现象，同时也赋予旧现象新的观点。

## 3.6 自私偏见和评估

评估是发展实践中面临的重要问题之一。一个特殊的发展计划应该什么时候被评估？怎样被评估？心理学可以帮助我们更好地理解社会过程，社会过程是回答这些问题的依据。一个在心理学中经常被提及的发现是，信仰和形成信仰的感知可能是有偏的。这些偏见可能是先前信仰、个人从属关系，或者是对特殊结果的期待的结果。Hastorf and Cantril（1954）邀请了两组学生观看普林斯顿对达特茅斯的足球比赛录像，这两组学生一组来自普林斯顿，一组来自达特茅斯。他们要求每一名学生根据他们个人的判断来统计两个队的犯规次数（不是场内裁判的正式的计数）。尽管两组观看的是同一场比赛的录像，但计数表明他们"看的是不同的比赛"。达特茅斯的学生看到两个球队的恶性犯规和温和犯规的数量相等，而普林斯顿的学生认为达特茅斯的恶性犯规是普林斯顿恶性犯规的 3 倍，温和犯规的次数两队相同。显然，学校的从属关系影响到了他们"看到的"比赛。

Babcock and Loewenstein（1997）列举了一个关于自私偏见的极佳的例子。被试者被要求对如何处理一起特殊的民事侵权案例进行辩论，这则案例基于发生在得克萨斯的一起真实案件。每位被试者的角色或是原告律师，或是被告律师，具体由研究人员确定。被试者阅读了案件的所有材料然后彼此对偿付金额进行辩论。如果他们没有就偿付金额达成一致，赔偿裁决就以法官在实际案件中的裁决（辩论时，被试者并不了解这一裁决）为准。有趣的是，被试者所得是双方最后达成的赔偿金额的一个函数，但如果他们没有达成一致而是寻求法官作出决定，那么他们必须付出一个额外的成本。被试者私下里也被要求判断他们所认为的法官裁决的赔偿额是多少。最后，一些被试者组合在知道他们将要扮演的角色之前阅读了这起案子的全部资料，一些被试者在了解了自己的角色之后阅读。这种阅读的顺序的影响相当大。在那些于角色分配之前阅读案件的人们中，94%的人就赔偿额达成了一致，没有要求法官作出裁决。但是那些事后阅读的只有72%的人达成了一致。此外，一般说来，获得角色在先、阅读案件细节在后的人们倾向于夸大法官对自己的支持。简言之，他们表现出了基于角色偏见的信念。这些冲突的信念仅仅是由于所获角色不同而产生的。更重要的意义是，在某种程度上这种角色扮演偏见与现实生活中的物质利益相违背：他们求助于法庭时必须付出成本，然而他们具有偏见的信念却会导致他们频繁地作出这种选择。与足球比赛一样，这些被试者看到的情形非常不同。从一定意义上说，他们看到的是他们"想要"看到的。

这些自私偏见的例子对所有的发展政策的意义都非常深远，且它们凸显了随机方法的重要性。某项政策的实施者多半具有与生俱来的自私偏见，这就对某项干预措施是否成功的评价蒙上了层阴影。Cabot 的干预计划研究对这种负面效应进行了证明。该计划是针对剑桥、萨默维尔和马萨诸塞州的违法的年轻人进行的（Powers and Whitmer，1951）。该干预综合使用了当时所有可用的最好的工具——从单独辅导到干预家庭冲突——来帮助这些违法青年。参与这个项目的人们对它的成功赞不绝口。他们的印象非常积极。然而，是什么使得此计划如此独特？是完全随机的分配程序运用到对学生的分配上。与积极的结果（以及项目工作人员内心感觉）可能相反，对这些数据进行仔细检查后，发现，这一项目几乎没有什么效果。

Ross and Nisbett（1991）引用了关于自私偏好的一个有趣的例子，即 Grace et al.（1966）对"门腔静脉分流"的医学研究进行的趋势分析。"门腔静脉分流"是治疗肝硬化的一种流行方法，有 51 项研究调查了这种治疗的功效。进行这些研究的医生和科学家都有着同样善意的目的：为了弄清这种治疗手段是否有效。但是这些研究有一点重要的区别：其中 15 项研究对过程进行了控制，没有使用随机方法；4 项研究使用随机方法。15 项非随机研究中的 13 项研究"显著或适度支持"该治疗手段，而随机研究中只有 1 项研究"显著或适度支持"该治疗手段。

这是怎么回事呢？我相信，正是医生和科学家良好的意图使得评估结果受到了质疑。在非随机实验中总是存在主观性，例如，控制哪些因素，不用控制哪些因素，遵循何种标准等等。这样的主观性为自私偏见的出现留出了空间。正是因为这些研究者的良好意图及对治疗手段有效的期望，使得他们更容易注意到积极的结果。就像达特茅斯和普林斯顿的学生一样，在一定意义上他们看到的是他们想看到的。

这些例子凸显了自私偏见在评估中的破坏性作用。尤其是处于发展的环境中，效力于某个项目的大多数人乐于看到项目成功，于是，自私偏见就易于影响评估。随机评估的最实际益处在于其不仅具有明显的经济计量优势，而且有助于减少研究者的潜在偏见。这种方法使我们摆脱了带有偏见的感知的危害，而带有偏见的感知是研究者、实地工作者，以及其他人一样无法避免的。在目前的发展研究中一个最大的转变是更加依赖随机实验，这可以使得我们免受研究者和政策制定者心理错误认知的影响。

## 3.7 有趣的深入方向

### 3.7.1 自我控制和贫困陷阱

有关自我控制局限的例证表明，储蓄是一个心理上的难题。这些结论是否有助于改善贫困陷阱的理论模型？在与 Abhijit Banerjee 所进行的研究中，我正在探讨这个问题。关于贫困陷阱的传统模型通常依赖投资的非凸性。如果投资项目要求为获得大量收益必须进行一定数额的追加投资，那么，这就会使贫困更加恶化。由于流动性约束，穷人可能难以存够足够的钱来利用投资机会。

自我控制问题可能会导致一种不同类型的贫困陷阱。假设诱惑对收入是凹的，与穷一些的人相比，更富有的人在比例上面临的诱惑更少。① 适当模型化后，这样的诱惑在理论上会致使贫困陷阱产生。穷人会因为诱惑性的东西以类似税收的方式"课走"收入的一大部分从而储蓄率较低。另一方面，尽管面临相似的诱惑且同样会向这些诱惑妥协，从比例上来说，富人不会受到同样程度的影响。于是，穷人会在贫困中

---

① 例如，特殊口味的饼干这种诱惑是次线性的。有些人的成本与收入不成比例，对他们的诱惑会随着收入比例的上升而下降。

越陷越深。这类模型的理论基础和经验的重要性在未来可以进行深入研究，且可能会取得丰硕成果。

### 3.7.2 损失厌恶和财产所有权

考虑以下简单的实验。房间中一半的学生被给予一个杯子，另一半什么都不给（或是给予杯子价值大致相等的现金）。然后把这些被试者置于一个虚拟市场，其中存在一个决定市场出清时的总价格的机制。有多少杯子会换手？效率决定，市场出清时，杯子应该配置给班里前50%最看重它们的学生。由于杯子起初是随机分配的，所以交易中应有约一半的杯子换手。事实上，Kahneman et al. (1990) 已经做过这个实验。然而，与简单的预期相反，他们发现，交易的数量相当低，只有约15%的杯子换手。一种称作禀赋效应的现象可以解释这种怪状，被给予物品的人们似乎迅速地变得比没有被给予物品的人们更看重这些物品。事实上，那些被给予杯子的人们对于杯子的保留价格是没有杯子的人们的3倍。

这种现象部分反映了效用函数更深入的一个事实，即前景理论。在该理论中人们的效用函数大部分是由变化定义的。在传统效用模型中，人们评估杯子的价值为 $u(c+$杯子$)-u(c)$。注意对称性：有杯子和没杯子的人认为其具有相同的价值（平均的）。前景理论认为，效用是由局部地以变化来评估的价值函数定义的。分配到杯子的人们是通过函数 $v(-$杯子$)-v(0)$ 衡量损失的。没有分配到杯子的人会以 $v($杯子$)-v(0)$ 衡量他的收益。在这个公式中，价值是不对称的。两者评估的区别取决于 $v($杯子$)$ 大于还是小于 $-v(-$杯子$)$。上面的证据与从其他情境获取的各种各样的证据是一致的：与等量收获相比，等量损失的感觉更显著。因此，$v(x)<-v(-x)$。这个现象被称作损失厌恶，这种现象在很多情境中都可以看到（参见 Odean (1998) 和 Genesove and Mayer (2001) 中的两个例子）。

关于损失厌恶的观点同样可以帮助我们理解为什么在发展中国家政策转变如此困难。考虑将资源从一个群体转移到另一个群体并引发效率收益的市场改革。公司私有化会给顾客带来收益，但会使得现有工作者遭受损失。前景理论有助于解释为何这样的改革会遭到激烈的抵制：工作者受到损失的感觉更显著。损失厌恶的一个启示意义是，在边际水平上，应追求保持工作者租金的策略而不是买断工作者的策略。所有其他条件相同的情况下，与保护工作者相比，买断工作者的成本更高。因为被买断的工作者需要政府补偿他们的损失，且补偿额比使用简单的效用函数计算出来的大得多。相反，保证工作者工作安全的策略不需要支付这些成本。① 制度变化的许多情况要求一定形式的再分配。损失厌恶的认知表明，成功的政策应该更多地考虑在职者的损失。

损失厌恶同样凸显了明确财产所有权的重要性。考虑只有一种商品——例如一块土地 $L$ 的情况。有两个人，A 和 B，他们都有可能付出努力争抢（或者保护）土地，且参与结果可能是得到土地。在产权明确的情况下（比如说这片土地属于 A），选择付出努力的决定是简单直接的。如果 B 参与，如果他成功，他可以获得 $v(L)$。另一方面，如果 A 没参与，他的损失是 $v(-L)$。在这个例子中，损失厌恶表明，A 的损失会大于 B 的获得。因此，明确的财产所有权表明，A 应该比 B 付出更多的努力。于是，B 可能永远不会选择付出努力。甚至在强制执行不存在的情形下，损失厌恶可能意味着，明晰的产权可以避免冲突。

现在考虑产权不明确的情形。假设两个人都不确定土地归属谁。特别地，考虑两个人都认为自己拥有土地的情形。这近似于以下情况：所有权已经产生局部的禀赋效应的概率为二分之一；两个人都存在认为自己拥有土地的可能性大于二分之一这一有偏见的信念。在这个例子中，A 和 B 认为，如果他们不参与争抢很可能会损失 $v(-L)$。也就是说，在产权不明确的情形下，两个人都将会投入大量资源保护他们已经认为是他们的土地。这就是损失厌恶的一个有力的含义。明确财产所有权可以适当地阻止两个（或者更多）当事人对同一事物产生禀赋效应。类似这种相互冲突的禀赋效应使人们试图去保护自己所认可的禀赋，以致成本很高——从成本高昂的属地活动（建立边界以及去除边界）到各种冲突。

### 3.7.3 社会偏好和腐败

在许多重要的发展情境中，自利行为是非常有害的。很多国家都存在官僚腐败现象。官僚有时会强制施行某项规定，或是收受贿赂。另一个鲜明的例子是教师的旷工。大量研究发现，教师旷工是某些发展中国家教育中遇到的主要问题之一。教师就是不在学校出现，于是，教育活

---

① 当然，这仅是比较静态的。在给定的背景下，可能会由于紧迫的原因支持一个政策而放弃另一个政策。

动几乎无法开展。这种明显的自私行为和一些社会偏好（个人看中其他人的效用）的例证形成对比。接下来我将回顾这些文献并描述社会偏好是如何导致问题的产生、如何提供部分解决方法的。

有一个被称做最后通牒博弈的简单博弈，是研究社会偏好非常出色的工具（Güth et al.，1982；Thaler，1988）。在这个博弈中，一人（称之为"提议人"）率先行动提供一种方案，在两人间分配一定金额（比如 10 美元）。第二个人（"回应人"）决定接受或者拒绝这个方案。如果接受，提议人和回应人都得到方案确定的数额；如果拒绝，双方什么都得不到。这个博弈实验在很多国家进行过，实验赌注从在美国进行时的几美元到在其他国家进行时的几个月的收入不等。然而结果是相当一致的。① 首先，回应人总是拒绝不公的提议（即没有按照 50—50 分成）。第二，提议人经常会作出公平的提议，按照接近 50—50 或是 60—40 的比例分配。此外，提议人提出的公平分配方案建议并不等于仅仅因为担心方案会被拒绝而作出的分配比例。他们倾向提议的分配比例大于因（风险中性）担心对方拒绝作出的比例分配。② 最后通牒博弈表明了两个人与人之间的偏好：人们会关心他人，且为了帮助他人愿意放弃一定的资源；人们会消极对待不公行为，且为了惩罚这一行为情愿放弃一定的资源。第二个事实说明了人与人之间偏好的部分"阴暗面"。在简单的利他模型中，人与人之间的偏好仅存在好的一面：使人们积极地互相关心，从而更容易解决外部性等等。然而，回应人可能的"惩罚"行为显示：人与人之间的偏好可能会引起低效率和冲突。

这种可能性在 Messick and Sentis（1979）的经典实验中表现得最为清晰。他们假定被试者与另一个人共同完成了某项工作，他们要求被试者说明他们认为自己应得的"公平"报酬是多少。被试者分为两组。一组被告知他们工作了 7 个小时而合作者工作了 10 个小时；另一组被告知他们工作了 10 个小时而合作者工作了 7 个小时。两个组都被告知工作 7 个小时的人的报酬为 25 美元，他们需要回答工作 10 个小时的人应该被支付多少钱。这些假定工作了 7 个小时的人们（所得报酬为 25 美元）倾向于认为工作 10 个小时的人应该被支付 30.29

---

① 在一些部落文化中，会存在一些有趣的差别。参见 Henrich et al.（2002）。
② 这可以直接参见最后通牒博弈的一个变形，即独裁者博弈。也就是说，提议人给出"提议"，但是回应人没有选择只能接受。在这个博弈中，对拒绝的威胁消除了，且提议人会继续选择非零提议博弈，尽管分配比例低于最后通牒博弈。

美元。不同的是，那些被告知自己工作了 10 个小时的人觉得自己应该获得 35.24 美元的报酬。偏见源自对"公平支付"的两种理解模式。一个模式的报酬总数相同（报酬均为 25 美元），另一个模式是每个小时的报酬相同（因此工作 10 个小时的工作者可以得到约 35.70 美元的报酬）。有趣的是，两组人群的差别主要在于每组中认可某种模式的比例。那些工作 7 个小时的人更多地表现出对报酬总数相同模式的支持，而那些被告知工作了 10 个小时的人更多地表现出对每小时报酬相同模式的支持。也就是说，两组认可的标准都很有说服力：一种是等量工作等量报酬，另一种是等量产出等量报酬。他们的角色部分地决定了他们选择哪种标准。即使对投入水平的衡量存在分歧，这样的冲突依然容易产生（这尚缺乏充分的研究）。更广泛地，当对公平的分配没有形成一致意见时，与表现出自利的人相比，努力表现"公平"的人们甚至可能会引发更多的冲突。

再回到教师旷工的例子。PROBE 广泛调查了印度很多地区的教师，发现教师旷工水平很高。调查还通过进一步的采访弄清了教师们的态度，以及教师何以会感觉缺乏动力。缺乏动力的某些方面可以看做是由于教师们认为没有达到互惠。正如我们在前面讨论的，个人强烈支持互惠原则。互惠失败（或者感觉失败）会导致惩罚的或自利的行为。教师们在早期可能感觉到了强烈的社会偏好，教学动力很强，并且会比他们应该付出的水平付出更多。毕竟，单纯出于自利的动机，他们知道他们即便几乎不进行教学也只会受到轻微的处罚。然而，起初他们可能有动力付出更多，到学校上班，与顽劣学生周旋等等。他们可能会将这些贡献视为一份"礼物"，大部分由于对工作的最初感受（比如"工作称心，待遇不错，工作稳定和业余时间充裕便于从事其他活动"）。因此，一位年轻的教师可能认为，"我正在为学校付出许多"。然而，伴随着付出，教师可能会强烈期待互惠并发现（可能从一个自利的角度）很多结果缺少互惠。例如，PROBE 注意到，许多学校的基础设施很糟糕；于是，教师可能会感觉政府对他们的"礼物"没有回报。且这可能会被印度的教师流动体系特别放大，在这种流动体系下教师会移动到很多地方，使得教师们的生活受到破坏。因此，对教学的忽视和频繁的移动使教师们感觉政府没有给他们的努力以回报。他们可能还会觉得家长们并不关心他们孩子的教育。

起初充满动力的教师很快就会觉得他们不断增长的冷漠是正确的。他们付出了最大的努力，但他们的付出没有得到回报。这些推论有道理吗？或许没有。与 Messick 和 Sentis 的研究一样，教师们可能会以自利的方式作出这种推论。这种感觉上的失败可能允许教师们作出这种对公平偏颇的判断。教师在这些原因的影响下的选择可能是非常正确的，只是我们难以判断。

在一个更深的层次上，这些关于公平的研究表明，腐败的产生也存在社会偏好。如果人们觉得不"公平"可能更愿意逃避纳税。这些关于不公平的感觉可能是由于几乎得不到政府服务或者为了得到政府服务而不得不贿赂中间人。关于腐败的经济学模型，假定人们具有公开的自利性，忽略了腐败产生的对立情绪。正如例证表明的，如果大多数人有强烈的社会偏好，腐败行为将会寻求自我辩护。这与关于腐败经历的逸事证据相类似。官员简单地索要贿赂非常罕见，这常常需要有一个接受贿赂的原因。尽管贿赂明显违背法律，但官员经常会找理由证明，在法律范围内自己的行为是正确的。例如，一位海关官员可能指出包装不合适，并将其作为索要额外支付的原因。这些观点可能有助于更好地理解腐败的性质以及反腐败的对策。

### 3.7.4 穷人心理

迄今为止，我所描述的研究都是基于一个非常简单的前提：将心理学的一般观点应用到发展中。这引发了一个问题：贫困是否具有独特的心理学特征？例如，有无一些认知启发唯一地适用于贫穷国家？贫穷国家中有无一些反映在心理中从而由经济产出所反映的文化差异？这些问题都属于文化心理学的范畴，且长期沉寂的文化心理学现在正在苏醒（Matsumoto，2001）。例如，最近的研究表明，东亚人在概率的推测上比欧美人更加过度自信，并且他们在确定归属时倾向于更少地关注个人，更多地关注背景情况（参见 Nisbett，2004）。尽管文化差异的正式解释现在仍在研究中，但实验室实验正在试图确定人们做推断时是否存在依赖于文化的区别。既然穷人和富人在生活环境和情感经历方面存在巨大差异，这两个"文化"群体是否在其他方面也存在同样巨大的差异？据我所知，目前还没有这方面的研究，但是这一问题值得深入研究。[①]

---

[①] 与 Marianne Bertrand 和 Eldar Shafir 一起进行的研究中，我已经给出一些在决策制定方面城市穷人和富人之间的有提示性的差别。我应该在这里注明，这种研究不应该与认为穷人"很笨"的轻蔑的研究混为一谈。相反，这种研究尝试强调在穷人和富人使用的认知启发间存在更多的微妙差异。

## 3.8　结论性意见

最近，发展经济学领域的许多研究都强调制度的重要性。必须加强对财产所有权的保护以适度刺激投资，必须给予政府工作人员适当的激励以确保高质量的公共服务的供给，银行需要私有化以确保信用系统运转良好，这可以改善储蓄并且刺激消费。上述事例所要说明的共同点在于，必须改进制度以利于解决存在于人们之间的种种问题。好的制度可以减少外部性，解决信息不对称问题，或是帮助解决协调问题。经济学家会很自然地关注通过人与人之间的关系来解决问题的制度，而不是关注这些问题是如何通过单个个体解决的。在有关人类行为的主流经济学模型中，个人几乎不可能犯错。事实上，经济学家假设的认知能力是无限的，意志力是无限的且自利也是无限的（Mullainathan and Thaler, 2001）。一旦我们承认人类的复杂性，发展中的制度设计就不只是解决人与人之间的问题，它同样可以帮助任何一个人解决他们自己的"问题"。我希望我提供的几组小例子阐明了对人类心理学的深入理解是如何促进发展经济学和政策的。

## 参考文献

Asch, S. E. 1955. Opinions and social pressure. *Scientific American* 193: 31–35.

Akerlof, G. A. 1991. Procrastination and obedience. *American Economic Review* 81: 1–19.

Ardener, S., and S. Burman (eds). 1995. *Money-Go-Rounds: The Importance of Rotating Savings and Credit Associations for Women*. Washington, DC: Berg.

Ariely, D., and K. Wertenbroch. 2002. Procrastination, deadlines and performance: self-control by precommitment. *Psychological Science* 13: 219–224.

Ashraf, N., D. Karlan, and W. Yin. 2006. Tying Odysseus to the mast: evidence from a commitment savings product. *Quarterly Journal of Economics* 121: 635–672.

Babcock, L., and G. Loewenstein. 1997. Explaining bargaining impasse: the role of self-serving biases. *Journal of Economic Perspectives* 11: 109–126.

Becket, G. 1993. *Human Capital*, 3rd edn. University of Chicago Press.

Bertrand, M., S. Mullainathan, and E. Shafir. 2004. A behavioral-economics view of poverty. *American Economic Review* 94: 419-423.

Besley, T., and A. Case. 1994. Diffusion as a learning process: evidence from HYV cotton. Working Paper No. 174. Woodrow Wilson School of Public and International Affairs, Princeton University.

Camerer, C., and R. Weber. 2003. Cultural conflict and merger failure: an experimental approach. *Management Science* 49: 400-415.

Cialdini, R. B., and M. R. Trost. 1998. Social influence: social norms, conformity, and compliance. In *Handbook of Social Psychology*, Volume 2 (ed. D. T. Gilbert, S. T. Fiske, and G. Lindzey). New York: McGraw-Hill.

Conley, T., and C. Udry. 2004. Learning about a new technology: pineapple in Ghana. Mimeo, Yale University.

De, A., and J. Drèze (eds). 1999. *Public Report on Basic Education in India*. Cambridge University Press.

Duflo, E., M. Kremer, and J. Robinson. 2004. Understanding technology adoption: fertilizer in Western Kenya. Preliminary results from field experiments. Mimeo, MIT and Harvard University.

Farkas, S., and J. Johnson. 1997. *Miles to Go: A Status Report on Americans' Plans for Retirement*. New York: Public Agenda.

Foster, A., and M. Rosenzweig. 1996. learning by doing and learning from others: human capital and technical change in agriculture. *Journal of Political Economy* 104: 1176-1209.

Frederick, S., G. Loewenstein, and T. O'Donoghue. 2002. Time discounting and time preference: a critical review. *Journal of Economic Literature* 40: 351-401.

Genesove, D., and C. Mayer. 2001. Loss aversion and seller behavior: evidence from the housing market. *Quarterly Journal of Economics* 116: 1233-1260.

Gruber, J., and S. Mullainathan. 2002. Do cigarette taxes make smokers happier? NBER Working Paper 8872.

Grace, N. D., H. Muench, and T. C. Chahners. 1966. The present status of shunts for portal hyperextension in cirrhosis. *Gastroenterology* 50: 684-691.

Gugerty, M. K. 2003. You can't save alone: testing theories of rotating savings and credit organizations. UCLA International Institute. Mimeo, Harvard University.

Güth, W., R. Schmittberger, and B. Schwarze. 1982. An experimental analysis of ultimatum bargaining. *Journal of Economic Behavior and Organization* 3: 367-388.

Hastorf, A., and H. Cantril. 1954. They saw a game: a case study. *Journal of Abnormal and Social Psychology* 49: 129-134.

Heath, C., C. Bell, and E. Sternberg. 2001. Emotional selection in memes: the case of urban legends. *Journal of Personality and Social Psychology* 81: 1028 – 1041.

Henrich, J., R. Boyd, S. Bowles, C. Camerer, E. Fehr, H. Gintis, and R. McElreath. 2002. Cooperation, reciprocity and punishment: experiments from fifteen small-scale societies. Santa Fe Institute Working Paper 01 – 01 – 007.

Kahneman, D., J. L. Knetsch, and R. H. Thaler. 1990. Experimental tests of the endowment effect and the Coase Theorem. *Journal of Political Economy* 98: 1325 – 1348.

Jacobs, R. C., and D. T. Campbell. 1961. The perpetuation of an arbitrary tradition through several generations of a laboratory microculture. *Journal of Abnormal and Social Psychology* 34: 385 – 393.

Laibson, D. 1997. Golden eggs and hyperbolic discounting. *Quarterly Journal of Economics* 62: 443 – 478.

Madrian, B. C., and D. F. Shea. 2001. The power of suggestion: inertia in 401 (k) participation and savings behavior. *Quarterly Journal of Economics* 116: 1149 – 1187.

Matsumoto, D. (ed.). 2001. *The Handbook of Culture and Psychology*. Oxford University Press.

Messick, D. M., and K. P. Sentis. 1979. Fairness and preference. *Journal of Experimental Social Psychology* 15: 418 – 434.

Miguel, E., and M. Kremer. 2003. Networks, social learning, and technology adoption: the case of deworming drugs in Kenya. Mimeo, University of California at Berkeley and Harvard University.

Montgomery, M., and J. Casterline. 1998. Social networks and the diffusion of fertility control. Working Paper 119. (Available at http://www.popcouncil.org/pdfs/wp/119.pdf.)

Mullainathan, S., and R. H. Thaler. 2001. Behavioral economics. *International Encyclopedia of Social Sciences*, 1st edn, pp. 1094 – 1100. Pergamon.

Munshi, K. 2003. Social learning in a heterogeneous population: technology diffusion in the Indian Green Revolution. Mimeo, Brown University.

Nisbett, R. E. 2004. *The Geography of Thought: How Asians and Westerners Think Differently... and Why*. New York: Free Press.

Odean, T. 1998. Are investors reluctant to realize their losses? *Journal of Finance* 53: 1775 – 1798.

O'Donoghue, T., and M. Rabin. 2001. Choice and procrastination. *Quarterly Journal of Economics* 66: 121 – 160.

Palmore, J., and R. Freedman, 1969. Perceptions of contraceptive practice by others: effects on acceptance. In *Family Planning in Taiwan: An Experiment in Social Change* (ed. R. Freedman and J. Takeshita). Princeton University Press.

Phillips, D. P. 1979. Suicide, motor vehicle fatalities, and the mass media: evidence toward a theory of suggestion. *American Journal of Sociology* 84: 1150–1174.

——. 1980. Airplane accidents, murder, and the mass media: towards a theory of imitation and suggestion. *Social Forces* 58: 1001–1024.

Powers, E., and H. Whitmer. 1951. *An Experiment in the Prevention of Delinquency*. New York: Columbia.

Read, D., G. Loewenstein, and S. Kalyanaraman. 1999. Mixing virtue and vice: combining the immediacy effect and the diversification heuristic. *Journal of Behavioral Decision Making* 12: 257–273.

Retherford, R., and J. Palmore. 1983. Diffusion processes affecting fertility regulation. In *Determinants of Fertility in Developing Countries* (ed. R. A. Bulatao and R. D. Lee), Volume 2. Academic.

Rogers, E. M. 2003. *Diffusion of Innovations*, 5th edn. New York: Free Press.

Ross, L., and R. E. Nisbett. 1991. *The Person and the Situation: Perspectives on Social Psychology*. McGraw-Hill.

Samuelson, W., and R. Zeckhauser. 1988. Status quo bias in decision making. *Journal of Risk and Uncertainty* 1: 7–59.

Sherif, M. 1937. An experimental approach to the study of attitudes. *Sociometry* 1: 90–98.

Strotz, R. 1955/56. Myopia and inconsistency in dynamic utility maximization. *Review of Economic Studies* 23: 165–180.

Thaler, R. 1981. Some empirical evidence on dynamic inconsistency. *Economics Letters* 8: 201–207.

——. 1988. The ultimatum game. *Journal of Economic Perspectives* 2: 195–206.

Thaler, R., and S. Benatzi. 2004. Save More Tomorrow™: using behavioral economics to increase employee saving. *Journal of Political Economy* 112 (S1): 164–187.

Trope, Y., and A. Fishbach. 2000. Counteractive self-control in overcoming temptation. *Journal of Personality and Social Psychology* 79: 493–506.

Vermeesch, C. 2003. School meals, educational achievement and school competition: evidence from a randomized evaluation. World Bank Working Paper 3523.

Wertenbroch, K. 1998. Consumption self-control by rationing purchase quantities of virtue and vice. *Marketing Science* 17: 317–337.

## 安妮·凯斯的评论

穆来纳森的这篇综述见解深刻，总结了心理学正在开始帮助我们更好地理解经济发展过程中的各种互不相同的方式。论文细节翔实，展现了一幅将实验心理学应用于发展经济学的激动人心的前景。

在我的评论中，我将关注穆来纳森在他的论文中讨论的几个有关承诺机制的问题。穆来纳森用了大量篇幅讨论发展中国家的储蓄行为，以及利用实验心理学文献中的研究成果改变发展中国家储蓄行为的方法。与尤利西斯为了不被妖妇们的歌声诱惑，于是只好把自己绑在桅杆上一样，新的实验研究表明，如果人们能够确保自己参加某项储蓄计划，他们就可以更成功地将资源储存起来。

我鼓励研究者分析在这些计划不存在的情况下，储蓄是否会被个人的内部冲突或人与人之间的冲突（由于对资源的争夺）所阻碍。尚不清楚本章中提及的许多文献中作者是否做了这种区分，但是这种区分对于政策是相当重要的。

人与人之间的冲突在发展中国家尤其普遍。在发展中国家，有一条公认的准则，这个准则不允许拒绝给予亲属某种资源。举几个例子。在发展中国家的许多地方，人们都会给来到家门口的饥饿的邻居或是亲戚一些食物。当我们在南非某一个地方进行实地考察时，如果想知道一个成人小的时候是否贫穷的最好方法就是问他："当你小的时候，你去别人家吃饭的频率是多少？"养育小孩同样也是亲人必须承担的一种责任。例如，如果我在约翰内斯堡的姐妹遇到了麻烦，想把她的孩子送到德班我这里，我理应收留他们。

在南非进行实地考察时，我们发现在一些地方，养老金（每月大量的现金拨款）不仅用在退休人员身上，而且被用来养育孩子，支付学费，维持所有家庭成员的生活。在我们收集到的数据中，我们看到了两种与养老金有关的消费方式。一个类型可以描述为"快吃"的消费方式，另一个类型则是"最后消费"的消费方式。在"最后消费"的家庭中，我们发现这些家庭一个月中的消费是平滑的。与之相反，在"快吃"家庭，养老金在月初的花费非常快（花在肉、电和奢侈品上），月末，家庭成员的饮食几乎没有变化，没有电用，没有奢侈品开支。"快吃"家庭可能必须与个人内部承诺问题作斗争，这类问题正是穆来纳森所关注的。或者，在共同准则存在的情况下，其可能会表现出人与人之间的承诺问题，同时退休者认为，他们最好在其他人之前快点吃掉他们的养老金。明显地，如果每一个人都生活在"快吃"的家庭，就无法维持"最后消费"家庭了（对"快吃"行为的第三个解释是，消费记忆是耐用品且退休者可能会选择参加由大量的养老金提供资金支持的团体，这些团体的种类不会使Kahneman和Tversky惊讶。由于没有更多的信息，以致我们不能了解哪一个选择更加有效）。

例如，菲律宾的ROSCAs和SEED账户，正如穆来纳森所述，意味着人们提防他人，而并非他们自己。更大的问题可能是，是否这是一种带有差异的区分。我认为，列举一个具有差异的例子是容易的，并且这个例子可能是非常重要的。如果承诺问题存在于个体内部，那么提供锁箱储蓄\*不会破坏社会结构。但是如果存在于亲戚之间，可能就会破坏社会结构。根据实际的最主要压力不同，最有益的承诺机制和金融教育种类也将有所不同。

穆来纳森还提及承诺机制的引入（以更高税收的形式引入）可以为吸烟者带来福利。将理性模型和对行为模型的支持进行对比后，穆来纳森发现，烟草税实际上会使倾向于抽烟的人状况转好。我对这一点很感兴趣，但我也提请注意，当显示性偏好不再是衡量政策成功与否的标准时，我们发现就没了标准。社会选择不仅基于个人的效用产出，而且也基于这个产出的决定过程，这一点同样重要。当我们相信个人是自己福利的最好承办商时，过程要比现在起到的作用更重要（最优"过程"是，可以让他们毫无阻碍地挑选他们自己的最优选择束）。在保护人们避免使其受自身局限所阻碍的过程中，社会该扮演何种角色，远未明了，这一问题也远未解决。

---

\* 锁箱储蓄即客户直接将款项汇入到或邮寄到银行设立的邮箱，由银行工作人员将款项存入企业在银行的账户，避免由企业人员再跑银行浪费时间、资金等成本，最大限度地利用企业的资金。——译者注

# 第4章 行为法经济学

克里斯廷·乔尔斯[①]

## 4.1 引言

经济学中的很多议题都与法律相关。例如，公共经济学领域中，对残疾和失业保险等法律授权的政府项目效果的大量研究（Katz and Meyer, 1990; Gruber, 1994; Cutler and Gruber, 1996; Autor and Duggan, 2003）；劳动力市场研究中，对多种类型的反歧视

---

[①] 感谢彼得·戴蒙德邀请我参加有关这个领域的会议；感谢彼得·戴蒙德、Steven Shavell、Cass Sunstein 以及与会人员，尤其感谢伊恩·艾尔斯和克里斯托弗·恩格尔具有启发性的评论；感谢 Pat Robertson 和 David Young 出色的助研。

法效果的考察（Heckman and Payner，1989；Donohue and Heckman，1991；Acemoglu and Angrist，2001；Jolls，2004）；以及近期在公司治理方面，对公司法和证券法对股票收益率和波动影响的研究（Gompers et al.，2003；Ferrell，2003；Greenstone et al.，2006）。尽管这些议题都以某种方式涉及法律，但无论是"法经济学"还是"行为法经济学"都未能将其纳入核心的研究领域。因此，当前工作的一个重要的先决问题是，如何定性"法经济学"和"行为法经济学"这两个范畴。

在与法律相关的广泛的经济议题中，与众不同的一些特征有助于界定那些严格属于法经济学领域的研究。第一个显著特征是，大部分研究关注于法经济学出现之前经济学先驱未深入研究的各种法律领域；这些领域包括侵权法、合同法、财产法和诉讼程序规则。第二个显著特征是，它惯用（有争议的）"财富最大化"规范准则（Posner，1979），而不是社会福利最大化准则——一般而言，并非根据"社会应该追求财富最大化，而不是社会福利最大化"这种观点。相反，因为法经济学一般倾向于解决分配问题，认为社会福利应该只通过税收制度来调节（Shavell，1981）。第三个显著特征是，它不仅对法律规则的效果，并且对法律规则的内容，具有解释和预测的持续兴趣。大部分经济学研究仅限于研究法律的效果（如上所述），除了与法经济学相关的研究外，只有政治经济学普遍强调分析法律的内容，且只是从某个特定的角度。[①]

基于上述对"法经济学"的粗糙概述，什么是"行为法经济学"呢？行为法经济学包括法和经济学在行为学视角下的发展与融合，这些行为学视角来源于心理学的广阔领域。自从 Allais（1952）和 Ellsberg（1961）的早期工作以后，学界广泛认为传统经济分析的一些基本假设对人类行为的描述是不切实际的。毋庸置疑，以这些假设为基础的模型时常会产生错误的预测。行为法经济学试图建立更现实的行为模型来改善法经济学的预测能力。

我们在本章中论述了迄今为止行为法经济学的一些基本特征和应用，并且指出了行为法经济学的新焦点：通过法律规则的结构来消除个体偏见的前景（Jolls and Sunstein，2006）。通过"法律除偏"手段，行为法经济学在法学与经济学领域之间开创了一个新局面：一方面，不

---

[①] 本文中法经济学的三个特征并不是要界定这个领域的内在本质，而是认为现有的被视为法经济学领域的研究具备了这些特点。

懈地坚持传统经济假设；另一方面，在人们必然会偏离传统经济假设的假设基础上，广泛地构建或重构法律制度。

本章的结构如下。4.2节回顾了行为经济学的一个主要观点的发展和完善：不论在行为法经济学领域之内还是之外，人们通常表现出一种禀赋效应；4.3节对行为法经济学中人类决策的特征进行了一般概述，强调了其与行为经济学其他领域研究的不同点；4.4节描述了一系列行为法经济学分析的解说性应用；4.5节介绍了"法律除偏"概念；4.6节给出结论。

## 4.2 行为经济学和行为法经济学中的禀赋效应

起初，法经济学和行为经济学密切相关，其连接点是对科斯定理和"禀赋效应"的基本辩论。"禀赋效应"（endowment effect）描述了人们的这种倾向：人们不愿放弃自己的初始权利，即便没有这些初始权利，他们也不愿出资购买（Thaler，1980，pp. 43-47）。这种法经济学和行为经济学的最初连接点，为行为经济学和行为法经济学中的禀赋效应理论奠定了良好的基础。

### 4.2.1 科斯定理

一个不容置疑的法经济学核心问题是科斯定理（Coase，1960）。科斯定理（Coase theorem）假定，如果交易成本足够低，无论法定权利如何分配，其结果都是相同的。例如，只要交易成本足够低，无论法律赋予工厂在洗衣房旁边的污染排放权，还是赋予洗衣房不受污染的权利，其最终结果（污染或不污染）是相同的。产生这一结果的原因是，在交易成本很低的情况下，各方可以在任何法律制度下讨价还价来达到高效率的结果。科斯定理是法经济学的核心问题，因为该定理界定了法律规则规范分析的范畴——在此范畴内，不论规则A更好还是规则B更好，法律规则的规范分析实际上是相同的。

科斯定理也在行为经济学领域起到了重要的作用，尽管与其在法经济学中的作用相当不同。15年前，卡尼曼等人（Kahneman et al.，1990）总结了一系列的实验结果，这些实验旨在为科斯定理提供一个详细的经验性评估。在第一轮实验中，每个被试者都被告知"代币"的给定价值（实验结束后被试者可把代币兑换成相应的现金），并且有半数的被试者获得了代币。当被试者随后有机会用代币换取金钱或（没获得代币的人）用金钱换取代币时，被试者的行为与科斯定理完全一致。与理论预测（随机分配特定价值的代币）的一样，有一半的代币转手了。这与代币的初始分配是无关的。这些发现是对科斯定理有力的证明。

卡尼曼在交易成本足够低的前提下证明了科斯定理，而后卡尼曼等人继续研究当交易的商品不是代币而是康奈尔大学杯子*时被试者的行为。实验结束后被试者可以保留杯子，而不是兑换给定数量的现金。与科斯定理恰恰相反，杯子所有权的初始分配是十分重要的——那些最初获得杯子的人很少出售它们，而那些最初没有获得杯子的人也很少购买。继 Thaler（1980，p.44）之后，卡尼曼等人把这个效应称为"禀赋效应"——拒绝放弃个人初始拥有的权利，但是如果没有这个初始权利，也不愿意付钱去获得这项权利。① 在禀赋效应存在的前提下，科斯定理中无论初始权利如何配置都能到达相同结果的预测不再成立。该结论对法律规则的设计也产生了显著的影响。

### 4.2.2 法经济学中的禀赋效应

法经济学的一个重要任务是评估实际的和被提议的法律规则的满意度。禀赋效应既为规范的经济分析提供了一个更广阔的范畴——因为科斯定理及与之相联系的法律规则无关性的主张不再成立，这也极大程度地撼动了这些分析的基础。

禀赋效应如此撼动法律的规范经济分析基础的原因是，在这种效应下，法律权利的价值有时会根据权利的初始分配而发生变化。规范分析随即成为非决定因素，因为复杂的规则会根据权利的初始分配使需求的目标（不论财富还是社会福利）最大化（Kelman，1979，pp.676-678）。Sunstein and Thaler（2003，p.1190）最近发现，在禀赋效应下，"成本—收益研究（cost-benefit study）不能建立在支付意愿（willingness to pay，WTP）的基础上，因为支付意愿是默认规则（default rule）的函数"。因而，成本—收益研究"必然成为福利后果的更为灵活（不可避免地有些主观）的评价"。② 不考虑禀赋效应时可行的

---

\* 带有康奈尔大学标志的咖啡杯。——译者注

① Plott and Zeiler（2005）在最近的一篇文章中讨论了禀赋效应的存在和深度及其实验设计的作用。

② Sunstein 和 Thaler 的讨论认为，禀赋效应和其他因素都会对人们背景偏好的法律结构产生影响。这里讨论的重点是禀赋效应。

传统规范经济分析通常在禀赋效应下是无法成立的。

当权利的价值取决于权利的初始分配时，一个可行的规范分析方法是，不把各方的共同财富和福利直接作为选择法律政策的基础，而是在一定程度上把竞争规则的第三方效应作为选择法律政策的基础——因为何种规则能够使共同的财富和福利最大化，这个问题的答案取决于初始规则的选择。因此，无论不确定特定工作环境中的规则对雇主和雇员最优与否（因为雇员在规则存在的情况下会高估规则赋予的权利价值，而在规则不存在的情况下会低估权利的价值），如果规则能为雇员的家庭带来显著收益，那么这个规则大概就会被采用。

当权利的价值取决于权利的初始分配时，规范分析的另一个方法是，判断哪种偏好（偏好法律规则 A 还是偏好法律规则 B）应该得到更多的尊重。Sunstein and Thaler（2003，pp. 1190-1191）在雇员储蓄计划（employee savings plans）的默认条款（default terms）方面对这个观点提供了一些支持。研究结果显示，如果加入储蓄计划是默认条款而不加入者必须明确选择退出，那么员工更容易加入储蓄计划；如果不加入是默认条款而加入者必须积极采取登记步骤，那么员工就不容易加入储蓄计划。Sunstein 和 Thaler 给出规范性的论点，即自动加入的默认规则很可能比不加入的默认规则的结果要好，因为如果自动加入，只有很少的员工会主动退出。他们欣然承认，根据偏好不确定性（indeterminacy of preferences）的基本观点，"一些读者可能会认为，我们把员工的行为作为福利的指标是不合理的"，"但事实上，这是合理的"，因为"有理由认为，如果经过仔细思量，工作者认识到他们被'欺骗'而储蓄得太多了，那么他们可能就会采取行动选择退出"。Sunstein 和 Thaler 将其与消费者购买前的强制冷静期规则（rules calling for mandatory cooling-off periods）做了一个类比："这些规则的前提是，在推销人员不在场的情况下，如果人们有足够的时间仔细考虑，那么他们更容易作出正确的选择。"也就是说，根据 Sunstein 和 Thaler 的理论，我们有理由认为，自动加入的雇员或在冷静期结束后的消费者，较之不加入的雇员或冷静期之前的消费者，其显示偏好是规范性判断更为恰当的基础。我们将在 4.3.2 小节关于有限意志力的讨论中论述类似的问题。

### 4.2.3 情境的重要性

特别地，根据禀赋效应与法律的规范经济分析的重要联系，无论效应是否发生，都有理由强调情境（context）的重要作用。早期的法经济学文献有助于理解什么时候会发生禀赋效应而什么时候不会发生禀赋效应。

在上述的康奈尔大学"杯子实验"之前，一系列法经济学文献在许多领域论证了科斯定理实际上是非常稳健的。Hoffman and Spitzer（1982，1986）的实验表明，科斯定理在大群体和小群体中的预测都是正确的。Schwab（1988）也发现，在他的研究中，权利的最终配置与权利的初始配置无关。

然而，这些实验与上述代币实验的特征相同，即每个可能结果的价值都被实验者直接用美元的形式确定了。因此，20世纪80年代以来的法经济学工作表明，如果人们被明确告知每项结果对他们的价值，只要交易成本足够低，他们通常会发现价值最大化的方法。然而，随后的"杯子实验"表明，当被试者未被告知结果对他们的价值时，上述实验结果就不复存在了。后续研究认为，20世纪80年代以后的法经济学研究的主要贡献是，对什么时候会发生禀赋效应作出重要的限定，更一般地说，即情境对这个效应发生与否的重要作用。Plott and Zeiler（2005）的研究提供了一个重要的观点：情境决定着禀赋效应的存在与程度。

在行为法经济学领域，近期的研究改进了情境重要性的基本观点。例如，Korobkin（1998）提出了一个重要的问题：在分配中，禀赋效应能否令潜在的买卖双方获得合同法的默认权利？比如，卖方在不可预见的自然灾害或类似的情况下有权拒绝提供商品或服务，以对抗在此类情况下买方要求商品或服务的权利。（例如，如果一家剧院老板已经承诺另一方使用其剧院的具体日期，但在该日期之前剧院被烧毁，那么剧院老板有权不提供剧院，还是另一方有权收取因剧院无法使用而造成的损失赔偿？）除非合同最终规定，否则这项合同法权利就不会产生，因此Korobkin指出，合同法默认规则规定的权利初始配置能否产生所有权或财产意识并发生禀赋效应是不确定的。

Korobkin的实验在这种情境下支持了禀赋效应的效力。他认为，如果合同法把权利分配给甲方，除非甲方同意放弃，否则甲方和乙方之间的合同更有可能授予甲方这项权利；如果合同法最初将权利赋予乙方，则甲方获得权利的可能要低于前述情况——即使从表面上看交易成本很低。因此，他得出结论，禀赋效应而非科斯定理，提供了合同法默认权利效应的最佳解释。在合同设置及其他方面对禀赋效应发生与否的认识深化，有助于改进我们对这种效应范围的理解，进而改进我们对法律的传统规范经济分析的有效性和局限性的理解。

## 4.3 行为法经济学的现代范畴

尽管禀赋效应在行为法经济学中发挥了重要作用，但行为经济学的其他特征也很重要。继 Thaler（1996）后，行为法经济学分析发现了人类行为与传统经济学假设存在三方面的偏离：人类表现出有限理性（bounded rationality）、有限意志力（bounded willpower）和有限自利（bounded self-interest）。我们在接下来的简短讨论中将定义这三个概念。正如我们接下来将论述的，"判断失误"（judgment errors）包含于有限理性之中，除了行为经济学现有文献中讨论的这种失误的主要类型以外，行为法经济学最近强调了判断失误的一个独立的形式——即人们对某种族成员和其他群体成员的隐性偏见，这种偏见来自于那些明确否认其抱有任何偏见态度的个体，这种形式的判断失误为我们接下来的讨论提供了起点。

### 4.3.1 有限理性

与传统经济学假设"完全理性"的偏离主要分为两类：判断失误和与预期效用理论的偏离。

#### 4.3.1.1 判断失误

在大多数情况下，实际判断与无偏预期存在系统性偏离。在这类判断失误中，行为法经济学最近强调了人们对种族和其他群体成员的隐性偏见。

**种族和其他基于群体的隐性偏见**。对"偏见"这个词最基本的定义也许是，不论是明确地还是含蓄地表示，一个人认为某个种族或其他群体成员的价值或多或少低于其他个人。现代社会心理学的大量文献探索了对种族和其他基于群体的隐性或无意识偏见的认知和动机等方面。然而，这些文献并没有表现出大多数行为经济学领域的显著特征。但形成鲜明对比的是，行为法经济学最近着重强调了对种族和其他基于群体的隐性偏见的可能性和后果。

该领域的行为法经济学的文献一直反对用 Beckerian 方法研究歧视。对歧视的法经济学研究是将这种行为视为对不同"品味"的理性反应，即厌恶与特定的群体成员交往（例如，Posner，1989）。而隐性偏见观点认为，歧视行为往往不是源自基于品味的、行为人明确表现出的偏好，而是源自那些极力否认所有形式偏见的人所持的不明确的态度，这些人把他们基于隐性偏见的判断视为"失误"。行为法经济学近期的一些研究也开始探索歧视法对多种类型的隐性偏见（例如，Gulati and Yelnosky，即将发表；Jolls and Sunstein，2006b）。

而社会心理学家已经发现了评估和衡量对种族和其他群体成员的隐性偏见的多种方法（例如，Gaertner and McLaughlin，1983；Greenwald et al.，1998），其中一个特别的方法，即暗示性联想测试（implicit association test，IAT）已经产生了特殊的影响。在暗示性联想测试中，要求被试者把文字或图片分为四组，其中两组是种族或其他群体（例如"黑"与"白"），另外两组分别是"愉快"和"不愉快"。将组配对，然后指导被试者在电脑上按键，一个键表示"黑"或"不愉快"，另一个表示"白"或"愉快"（刻板印象一致的配对）；或者相反，一个键代表"黑"或"愉快"，另一键代表"白"或"不愉快"（刻板印象不一致的配对）。被试者更易于将"黑"和"不愉快"配对，而不是把"黑"和"愉快"进行配对，这便显示出了隐性偏见。该测试揭示了隐性偏见的重要证据，包括那些极力否认任何偏见的人（Greenwald et al.，1998；Nosek et al.，2002）。

由 IAT 结果引发的一个重要问题是，测试出的隐性偏见是否与个人对待其他群体成员的实际行为一致？包括 McConnell and Leibold（2001）以及 Dovidio et al.（2002）在内的一些研究发现，IAT 和类似测试的得分与个体对其他群体成员的一般友好度的第三方评价相关。IAT 得分与实际行为的其他联系仍是研究的活跃领域。

虽然种族或其他基于群体的隐性偏见不能按常规与行为经济学中其他有限理性的形式归为同类，但是其适应性可能比一般假定更为自然。这种隐性偏见往往产生于这样一种方式：种族或其他群体成员的特点作为一种"启发法"（heuristic）运行的方式，即一种精神捷径（启发法的概念我们在接下来的章节中将仔细讨论）。事实上，最近的心理学研究强调，启发法往往是通过"属性替代"过程起作用，即人们会回答一个简单的问题以替代一个困难的问题（Kahneman and Frederick，2002）。例如，人们在解决一个概率问题时，可能不是通过调查统计数据，而是通过询问有关事件是否容易想到（Tversky and Kahneman，1973）。同样的过程可以对种族或其他群体产生隐性偏见。我们在

4.5.1节中列举了一个例子，这个例子描述了在行为法经济学领域内如何分析隐性偏见。

**有关"启发法与偏见"的文献**。判断失误，不仅可能源自对种族或其他群体成员的隐性偏见，还可能源自行为经济学中所谓的"启发法与偏见"文献中研究的其他偏见。以下三种类型的判断失误在行为法经济学范围内受到持续的关注。

第一种判断失误是乐观偏见（optimism bias），即个人认为他们自己面临糟糕结果的概率比实际要低。比如，大多数人认为他们遭遇车祸的概率明显低于一般人经历这种事件的概率（例如，DeJoy，1989），当然这些观念并非全部正确；如果人人都低于"平均"概率，那么平均概率也会降低。① 也有证据表明，人们低估了他们遭受负面事件（比如车祸）的绝对和相对（与其他人相比）概率（Arnould and Grabowski，1981，pp. 34‐35；Camerer and Kunreuther，1989，p.566）。乐观偏见作为一种常见的情况，是具有高适应性的；人们认为事情会变好，因此往往会高估好转的概率。我们在4.4.1小节中列举了行为法经济学文献中乐观偏见的一个例子。

第二个主要的判断失误是自利偏见（self-serving bias）。每当一个应由双方或多方决定的问题存在争议时（当然，经常发生在诉讼以及相关场所），个人会朝着利己的方向去理解信息。在此热门的研究领域，Babcock et al.（1996）发现，工会和学生会主席会划分"同类"区域\*，根据其不同的利益确定区域列表，以便于劳工谈判。被工会主席视为同类区域的教师平均工资为27 633美元，被学生会主席视为同类区域的平均工资为26 922美元。Babcock等人观察发现，这种差异足以导致教师罢工，且罢工是以过去工资分歧引发的罢工规模为基础的。我们在4.4.2小节中列举了行为法经济学文献中自利偏见的一个例子。

---

① 正如Jolls（1998）所论述的，这里的一个有趣的细节是，一个人经历糟糕事件的概率是否可以低于经历这一事件的平均概率（与一般人经历该事件的概率不同），并且大多数人都低于平均水平。为了说明这一点，假设80%的人口经历车祸的概率是10%，20%的人口是60%。然后，经历车祸的平均概率是20%（$0.1 \times 0.8 + 0.6 \times 0.2 = 0.2$）。因此，对于80%的人口，经历车祸的概率（10%）要低于平均概率（20%）。但是，一般人经历车祸的概率是10%，不可能有超过一半的人口低于这个概率。大多数乐观偏见研究的自然解释似乎是，人们要求与一般人的概率作比较，而不是与平均概率比较；平均概率往往很难计算并且不属于多数问题的范畴。此外，至少有一项研究明确地处理了这里提出的问题，并发现乐观偏见的大量证据，甚至使用了平均概率基准（Weinstein，1980，pp.809‐812）。

\* 具有相同个人利益的群体组成的区域。——译者注第三个在行为法经济学中广泛讨论的判断失误是后见之明偏见\*（hindsight bias），即决策者过高估计已然发生事件的发生概率。在一项引人注目的研究中，给神经心理学家一份患者症状的列表，然后要求他们评估患者处于三种状况（戒酒、老年痴呆症和酗酒引发的脑损伤）的概率。未被告知患者实际情况的医生对三种情况给出的平均概率分别为37％、26％和37％，而被经常告知患者实际情况的医生会给出更高的概率（Arkes et al.，1988）。在研究中，即使让人们去做最初的诊断并给出概率，人们似乎也很难撇开他们知道的已经发生的事件。正如我们在4.4.5小节中所强调的，后见之明偏见与法律制度显著相关，因为法律制度需要在事故或其他事件发生后判别其可能性和预见性。

#### 4.3.1.2　与预期效用理论的偏离

有限理性的人不仅会产生判断失误，而且会偏离预期效用理论（expected utility theory）戒律。虽然预期效用理论是传统经济学分析的基础，但是Kahneman and Tversky（1979）提出了前景理论\*\*（prospect theory）来代替预期效用理论。在行为法经济学领域，目前前景理论的特点——强调与禀赋点有关的收益和损失之间的区别，获得了最多的关注；与禀赋效应有关的研究我们已经在4.2节详细地讨论过。

### 4.3.2　有限意志力

我们经常看到人们违背良好意愿的行为：选择消费而不是储蓄；吃甜点而不是沙拉；去看电影而不是去健身房（Schelling，1984；Laibson，1997）。为什么人们不能遵循他们作出的计划？行为经济学强调有限意志力的概念，这个概念在经济学中有悠久的历史（Strotz，1955/1956）。这一概念在行为法经济学中也十分重要，我们将在4.4.4节中论述。

---

　\*　又可译为事后聪明偏见。——译者注

　\*\*　前景理论是心理学及行为科学的研究成果。前景理论由Kahneman和Tversky提出，是通过修正最大主观期望效用理论发展而来的。前景理论是描述性范式的一个决策模型，它假设风险决策过程分为编辑和评价两个过程。在编辑阶段，个体凭借"框架"（frame）、参照点（reference point）等采集和处理信息；在评价阶段，依赖值函数（value function）和主观概率的权重函数（weighting function）对信息予以判断。值函数是经验型的，它有三个特征，一是大多数人在面临收益时是风险规避的；二是大多数人在面临损失时是风险偏好的；三是人们对损失比对收益更敏感。因此，人们在面临收益时往往是小心翼翼，不愿冒风险；而在面对损失时会很不甘心，容易冒险。人们对损失和收益的敏感程度是不同的，损失时的痛苦感大大超过收益时的快乐感。——译者注许多法经济学研究是规范性导向的，这个特点引发了关于有限意志力的一系列规范性问题——这些问题我们已经在法经济学有关禀赋效应的讨论中论述过了（参见 4.2.2 小节）。关于有限意志力，最重要的规范性问题是如何看待一个决定：选择消费而不是储蓄；吃甜点而不是沙拉；去看电影而不是去健身房。为什么储蓄、吃沙拉或去健身房的偏好被视为规范分析的基准偏好，而消费、吃甜点或去看电影就不是？

上述禀赋效应暗示的一个可能的答案是：储蓄、吃沙拉或去健身房可以创造理想的第三方效应，这个效应在消费、吃甜点或看电影时是不存在的。另一个可能的答案我们也在前面的讨论中提到了，就是储蓄、吃沙拉或去健身房的个人偏好反映了对有关问题深思熟虑的判断——然而这个正确性并不能始终保持在人们的头脑中（Elster，1979，p.52）。当然，对不同偏好相对价值的两种不同的判断在很多情况下会成为争论点。

### 4.3.3 有限自利

原则上，传统的经济分析与偏好集是密切相关的。例如，经济分析中就包含十分注重公平的偏好（Kaplow and Shavell，2002，pp.431-434）。但在实践中，许多传统法经济学为人们的追求设定了一个相对狭窄的选择域。

与这种传统的方法相反，行为经济学中的有限自利强调，在一个设定的范围内，很多人都关心付出和回报的公平待遇（Rabin，1993）。Thaler and Dawes（1992，pp.19-20）发现：

> 在伊萨卡（Ithaca）附近的乡村，农民通常会将新鲜的产品摆在路边的桌子上。桌子上有一个钱箱，农民期待顾客拿走蔬菜后，把钱放在箱子里作为价金。箱子只有一条小缝隙，这样只能放入钱而不能拿出来。并且，箱子是固定在桌子上的，所以没人可以轻易偷取钱财。我们认为，农民使用这种做法是因为他们了解人类的本性。他们认为，足够多的人会为新鲜的蔬果付钱而使他们得到与蔬果价值相当的收入。

当然，有限自利的核心问题是，什么是"公平"的待遇。行为经济学认为，如果结果严重偏离"参考交易"（reference transaction）——界定各方相互作用基准的交易，那么人们会认为结果是不公平的

(Kahneman et al.，1986a)。例如，在著名的最后通牒博弈的基本概念中，双方分配一定数量的金钱，没有理由认为一方比另一方应得更多。"参考交易"就如同一个平等分配；严重偏离基准就会被视为不公平，并且受到这种待遇的当事人会作出相应的惩罚（Güth et al.，1982；Kahneman et al.，1986b）。我们在 4.5 节中论述了有限自利这一概念在行为法经济学中是如何应用的。

## 4.4 行为法经济学的解说性应用

我们在本节中提供了行为法经济学的一系列解说性应用（illustrative applications）。该讨论旨在说明在现有的行为法经济学文献中，本质上什么是"规范科学"：识别与完全的理性、完全意志力或完全自利的偏离，以及以此为出发点的一系列现有法律和即将进行的法律改革。我们在 4.5 节中将论述行为法经济学的一个新方法：强调对人类行为局限的反应，不是把人们的自然倾向视为给定的并按其制定法律，而是试图构建法律以降低或消除这种人类倾向——"法律除偏"（debiasing through law）方法（Jolls and Sunstein，2006a）。

Guthrie（2003）、Korobkin（2003）和 Rachlinski（2003）最近考察了现有的关于有限理性的法律导向的研究，既对判断失误，也对与预期效用理论的偏离给予了广泛的关注。[①] 本节描述了有限理性、有限意志力和有限自利的少数应用，试图进一步给出这些领域相关研究的更为全面的情况。

### 4.4.1 分配性法律规则[②]

我们在 4.1 节中指出，法经济学的一个鲜明的特点是对财富最大化的持续关注——也就是说，将合法权利赋予那些最愿意支付价金的人，并且不考虑分配问题，而不是根据规范分析准则实现社会福利最大化。许多法经济学学者反对"分配性法律规则"(distributive legal rules)——为分配性结果选择的非财富最大化的法律准则——因为他们认为，最好

---

[①] 然而，行为法经济学领域最近没有对有限意志力和有限自利进行研究，行为法经济学对有限意志力的研究包括 Weiss（1991），Jolls（1997）和 Camerer et al.（2003）；对有限自利的研究包括 Jolls（2002），Bar-Gill and Ben-Shahar（2004）。

[②] 本节是 Jolls（1998）的删节版。

单纯依靠税收制度来解决分配问题（Kaplow and Shavell，1994）。

赞成通过税收制度而不是非税收法律规则来解决分配问题的一个领先的法经济学观点是：税收制度较之分配性法律规则，可以以更低的成本达到任何所需的分配结果。当然，通过税收制度追求分配目标也不是没有成本的，对财富征税过高会扭曲工作的积极性。但在传统的经济假设下，分配性法律规则的结果也是如此："用法律规则实现的收入再分配与所得税制度对工作积极性的扭曲程度是完全相同的——因为扭曲是由再分配本身造成的……"（Kaplow and Shavell，1994，pp.667-668）。因此，在传统的经济分析中，30%的边际税率辅之非财富最大化的法律规则，能把高收入者平均收入的1%转移给穷人，这与31%的边际税率辅之财富最大化的法律规则，对工作积极性造成的扭曲是相同的。然而，由于非财富最大化的法律规则，前一种制度也需要费用。（例如，在分配性法律规则规制意外事件的情况下，潜在的被告可能过于谨慎，因此不会参与一些有社会价值的活动。）因此，在传统的经济分析中，通过法律制度选择财富最大化的法律规则并调整分配结果，较之选择非财富最大化的规则，因为后者的分配特征，前者总能以更低的成本达到任何所需的分配结果（Shavell，1981）。

人类行为的一个基本前提构成了这个分析的基础。根据概率，非税收形式的再分配对工作积极性造成扭曲的程度相同。例如，规制事故的法律，其结果与税收是相同的。因此，举例来说，如果高收入者面临概率为2%的意外事件侵权责任，并且分配性法律规则规定50万美元的额外损失赔偿（超出了财富最大化规则的要求），在风险中性条件下，与征1万美元的税，对工作积极性的扭曲程度相同。①

为什么分配性侵权赔偿责任与税收对工作积极性会造成同样的影响？"当一个人……试图通过更加努力的工作来赚取额外的收入时，他的总边际预期回报（正常收入之外的）等于他的边际税收支付额加上意外事故的预期边际成本"（Kaplow and Shavell，1994，p.671）。

由于两种再分配形式的预期成本是相同的，因此对行为的影响是相同的。至少，传统的经济分析做了这种假设。

这种假设有效吗？从行为经济学的角度看，更高的税率与更宽容（对受害者）的侵权法律制度对一个人的工作积极性的影响是否相同，这是不确定的。② 这里的讨论与4.3节论述的乐观偏见现象相关的一个

---

① 当然，风险厌恶者可以选择购买侵权责任保险，参见Jolls（1998）在这个分析中对保险的作用的讨论。

② 然而，正如Jolls（1998）所强调的，我们尚未完成能最终解决这个问题的实证研究。

重要原因是，行为法经济学认为，与税收相比，分配性侵权赔偿责任对工作积极性的扭曲较少——因为与税收相比，侵权赔偿责任是随机的而不是必然的。Jolls（1998）还提出以下观点：两种制度的影响之所以不同，是基于制度间不同的背景因素。

正如我们前面所指出的，分配性侵权赔偿责任的显著特点是，对不同行为人的应用是不确定的。这种赔偿责任的效力"往往仅限于少数成为诉讼当事方的人"（Kaplow and Shavell，1994，p.675）。人们知道，自己每年都必须缴税，同时人们也知道被卷入意外事故的概率很小。可以肯定的是，不确定的或随机的税收的可行性已在公共金融领域引发了一些讨论。然而，即使这种方法的支持者，也认为从实际角度看它是不现实的（Stiglitz，1987，pp.1012-1013）。

表现为乐观偏见的有限理性——倾向于认为，负面事件发生在自己身上的概率要小于实际的发生概率——认为不确定性事件与确定性事件是不同的。我们在4.3.1.1小节中证明了乐观偏见的普遍存在性，实证研究也发现，人们对与分配性赔偿责任直接相关的领域持有不切实际的乐观评价。例如，大多数人认为他们被起诉的概率比一般人要低（Weinstein，1980，p.810）。同样，人们不仅认为，自己发生车祸的可能性比一般人要低（Svenson et al.，1985；DeJoy，1989），还认为自己酒后驾车被惩处的概率，要低于一般司机由于此行为被拘捕的概率（Guppy，1993）。

乐观偏见与产生侵权赔偿责任的负面事件发生概率的何种关系，会对分配性侵权赔偿责任造成扭曲效应？在分配性侵权赔偿责任的条件下，人们往往会低估招致责任的概率；因此，他们认为该规则的成本更低。因而，较之政府等额征税的情况，工作积极性的扭曲程度较低。例如，在上面的数例中，风险中性的个人在分配性侵权责任赔偿条件下，如果（客观的）额外支出50万美元的损害赔偿的概率为2%，他们不会预期会损失1万美元；他们倾向于低估他们承担责任的概率——因此，由于乐观偏见，他们倾向于低估责任的预期成本。①

---

① 请注意，赔偿责任概率的低估不仅会从分配性（根据前面的定义，即非财富最大化）法律规则角度造成工作积极性的扭曲，而且会影响财富最大化法律规则的制定。如果潜在的侵权者低估了责任的可能性，那么与财富最大化的法律规则相比，若不考虑概率的低估，最优的威慑力要求对受害者更加宽容。但是，宽容的规则在相关的意义上并不是"分配性"的，因为它不会牺牲财富最大化来实现分配目标。如上所述，目前讨论的焦点是牺牲财富最大化，通过法律规则来追求分配结果。

当然，乐观偏见并不是影响人们评估不确定性事件发生概率的唯一现象。在某些情况下，由于所讨论的风险是非常显著的或者可能会遭遇到，人们就可能倾向于高估而不是低估消极事件的概率——例如，废料堆排放的危险物（Kuran and Sunstein，1999，pp.691-697）。然而，相对而言，高估现象似乎无法影响对分配性侵权责任的评估，至少个人相对于企业来说是这样的。例如，可能会使得个人面临侵权责任的最典型的事件是车祸。正如我们在前面所论述的，人们似乎低估了自己卷入车祸的概率（相对于实际的概率），这个推断来自人们对一般事故概率的低估（Lichtenstein et al.，1978，p.564），以及人们对自身相对于一般人的概率的进一步低估（Svenson et al.，1985；DeJoy，1989）。当然，情况可能会有所不同，例如废料堆排放污染的事件，其概率可能会因为它的发生可能性而被高估；但发生概率很高的事件往往牵涉公司的责任，而不是个人的责任。个人责任的概率被高估而不是（像上面提到的）被低估的例子很难找到。由于责任的概率被低估，所以分配性法律规则对工作激励的扭曲通常少于税收。

### 4.4.2　诉讼中的信息披露规则*

我们在4.1节中指出，法经济学工作的一个重要层面是对前人没有研究过的诸多法律领域进行分析。其中一个领域涉及规制诉讼程序的规则。当有人认为某行为违法时，法律制度如何认定该主张的合法性？美国主要采取对抗式审判制度，在这种制度下，由法律顾问代替双方主张各自的立场。

当然，对自身立场最有力的支持往往需要获得对手掌握的信息，因此，美国的法律体系包含了一系列规则，以约束法律纠纷中的一方何时、如何从另一方获得（"发现"）信息。自1993年以后，这些规则规定，即使在他方未提出要求的情况下，对立双方也应披露重要的信息（Issacharoff and Loewenstein，1995）。在传统的经济分析中，这种方法会增进当事人期望的融合，因此，双方的庭外和解率也提高了（例如，Shavell，2004，p.427）。

然而，我们在4.3.1.1小节中所论述的自利偏见现象认为，个人往往由于自利趋向会对信息产生不同的认知。Loewenstein et al.（1993）、

---

\* discovery rules 此处应译为取证规则，但译者认为，译为信息披露规则更符合上下文意思。——译者注

Babcock et al.（1995）、Loewenstein and Moore（2004）的实验研究，考察了特殊诉讼程序中的自利偏见。在有关此问题的第一篇文章中，Loewenstein 等人发现，被分配为原告或被告角色的双方，会根据各自的角色对相同的事实得出不同的理解；尽管他们都获得了关于这个案子的相同信息，但与扮演被告角色的被试者相比，扮演原告角色的被试者对可能的审判结果的估计更高。此外，作者发现，自利偏见最高的被试者最不可能谈判成功，最不可能达成庭外和解。这项工作提供了这样的首次证据：自利偏见会影响信息披露的后果，进而影响法律纠纷的解决率。

最初的研究并不排除以下可能性——即自利偏见的程度与和解的频率没有因果关系，因为很有可能存在某种不可测因素，既能影响自利偏见的程度，也能影响和解的频率。但是，在后续研究中，Babcock et al.（1995）有力地证明了事实上它们之间是存在因果关系的。他们发现，在双方阅读案件材料并给出他们对可能结果的估计之前，如果未被告知他们所扮演的角色，他们就不会表现出显著的自利偏见，且和解的概率明显高于事先分配了角色的情况。披露案件材料的时机很重要，因为"自利偏见在角色信息吸收以后才有可能出现"，原因很简单，"带着偏见去解读信息比改变已经作出的无偏见估计更为容易"（Babcock et al., 1995, p.1339）。Loewenstein and Moore（2004）最近的一项研究强调，对于一系列信息，当合适的或最佳的理解存在一定程度的分歧时，才会产生自利偏见，就像诉讼中经常发生的那样。

诉讼当事人至少会以自利的方式去理解一些信息，这意味着在诉讼中，信息的交流可能会导致分歧，而不是当事人期望的合意。依据这个论点，Issacharoff and Loewenstein（1995）认为，诉讼中采取强制性披露规则或许是不可取的。正如他们所述，自利偏见会破坏以下传统智慧："当事人充分交流各方所拥有的信息，会使各方对案件结果的可能性形成一个更准确的、进而更统一的估计，以便于解决争端"（Posner, 1992, p.557；引用在 Issacharoff and Loewenstein, 1995, p.773）。

与 Issacharoff 和 Loewenstein 的论点一致，2000 年的法律修订大大削减了上述强制性披露规则——尽管它们未被完全消除（192 Federal Rules Decisions 340, p.385）。

### 4.4.3 公司法中的"商业判断"规则*

我们在4.1节中讨论的法经济学的第三个显著特点是，关注对法律内容的解释和预测——法律允许和禁止什么。法经济学强调，法律应该是解决社会问题的有效途径；同时还强调——正如政治经济学所强调的那样，政治特权阶层的寻租活动会导致法律失效（Stigler，1971）。

行为法经济学从以下两个重要的方面扩展了对法律规则内容的传统解释。第一个方面，也是本节讨论的重点，即在许多涉及有限理性、有限意志力和有限自利的案例中，需要合理地理解法律的效力。一部法律从某种程度上可能是有效的，因为它解释了人类行为的三种局限之一，对此我们将在随后的章节中论述。在对法律内容进行解释的方面，超越传统法经济学的第二个扩展是，行为法经济学不属于两个传统的熟悉类别——法律促进效率提高的分类，以及法律作为传统寻租产物的分类。我们将在4.4.5小节中讨论和说明行为法经济学的第二个扩展。

Rachlinski（1998）对行为法经济学进行了一项瞩目的研究，即试图理解和解释法律内容的效率。Rachlinski研究了一系列的——包括公司法在内的法律领域。美国公司法的核心规则是"商业判断"规则，在该规则下，熟知公司活动以及赞成或默许这些活动的公司管理者和董事，只要他们理性地相信这些活动对公司都是有益的，那么他们就会履行对公司的职责。在这种高度的责任标准下，很难找出公司管理者和董事决策的法律错误。

Rachlinski认为，商业判断规则应是公司法对后见之明偏见的明智回应。正如我们在前面的章节中所论述的，后见之明偏见表明，按照惯例，法律制度是在负面事件发生后进行裁决，但往往会由于偏见而过高地估计其可能性和预见性——这有利于令行为人承担责任——仅仅因为负面事件已然发生了。但根据商业判断规则，管理者和董事将不承担错误决定的责任——"即使这些决定事后看来是疏忽大意的"（Rachlinski，1998，p.620）。后见之明偏见表明，如果有某个消极的结果产生并被知晓，且在事后看来是由疏忽大意造成的，商业判断规则会使管理者和董事免于承担决策的后见之明责任风险。Rachlinski认为，如果

---

\* 美国法院在长期的司法实践中，逐步概括出了一项商业判断规则（business judgment rule），试图在一般的经营管理失误与法律上的经营过失责任之间划以界限，即公司董事在作出一项商事经营判断和决策时，如果出于善意，尽到了注意义务，并获得了合理的信息根据，那么即使该项决策是错误的，董事亦可免于承担法律上的责任。——译者注

没有商业判断规则，管理者和董事将无法作出风险中性的决策，以令那些通过多样化来降低风险的投资者满意；"确保管理者意识到这个问题，但并不回避那些期望回报高而风险也高的决定，这是公司治理的核心问题"（Rachlinski，1998，p. 622）。在这方面，后见之明偏见可以解释规制企业管理者和董事的法律内容的效率。

### 4.4.4 合约再谈判规则①*

迄今为止，我们所讨论的行为法经济学的应用仅涉及了有限理性，但其他应用已经涉及了人类行为的另外两个局限。我们在本小节中将论述行为法经济学中有限意志力这一概念的应用。

如上所述，具有有限意志力的个人往往难以坚持即使是最完美的计划。例如，关于是消费还是储蓄的决定。若一个人周密地计划从第二年的工资中拿出一大笔数额作为退休储蓄金，但当第二年到来时，其储蓄往往会远远少于计划的数额。如果事先知道坚持不了最初的计划，那么个人会寻求坚持初步计划的约束方法。实现这种事先约束的明确且可行的一个方法是，在具有有限意志力的个人和银行或其他储蓄机构间建立合同；但是从个人立场来考量这个合同，该方法效力的关键在于合同是否或能否是不可再谈判的。通常来说，双方都愿意重新谈判最初的合同，因为如果与原始合同的约定相比，个人可以多消费而少储蓄，那么他的生活将会变得更好，因此从这点出发，双方还存在再谈判的余地。只有在不可再谈判的情况下，双方才能避免有限意志力的影响，并履行最初承诺的计划。

面临的重要问题是，合同法是否允许不可再谈判的合同？当然，合同法的默认规则是再谈判协议是可执行的。执行这种协议的主要例外是，在双方没有进行再谈判的情况下，由一方恐吓另一方违背最初的合同，胁迫其达成再谈判协议。②但是，我们这里讨论的情况是，初始合

---

① 本节是 Jolls（1997）的删节版。
* 该规则规定了有关合同再谈判的所有内容。——译者注
② 正如 Richard Posner 在 1990 年的司法意见中所表明的："在合同存续期间通常有一个时期，在这个时期中一方将受另一方摆布。A 从 B 那里预定了一台机器，A 想在一个给定的日期将其投入运行，并且已对其客户作出承诺，他的违约代价是很高的。随着预定交付日期的临近，B 可能受到诱惑，要求 A 同意重新谈判合同价格，因为他知道如果他无法按时交付，A 将面临沉重的违约开支。A 可以一直拒绝再谈判，因为如果 B 不能在商定的日期交货，他有权起诉 B 违约。但是，法律补救办法总是昂贵的和不确定的。"（United States v. Stump Home Specialties，Manufacturing，Inc.，905 F. 2d 1117，pp. 1121-1122.）

同双方的福利都可以通过再谈判来提高,所以并没有发生胁迫,因此,默认规则允许执行再谈判协议。

合同法是否允许当事各方在再谈判的默认条款中补充他们自己的附加条款?令人吃惊的是,这个问题的答案通常是"不允许"。1919年Cardozo法官在贝蒂诉古根海姆勘探公司案(Beatty v. Guggenheim Exploration Co.)的意见中提供了这一规则的经典判例以及它的基本逻辑依据:

> 那些签订合同的人可能会撤回合同。禁止更改的条款可能会像其他条款一样被改变……"任何一个协议都会被与它背道而驰的新协议取代"……被一种行为排除的,会被另一种行为恢复。你可以通过一种途径排斥某协议,而它可以通过另一种途径恢复。不论何时两个人订立合同,任何自己强加的限制都不能破坏他们重新签订合同的权力。
>
> (225 N. Y. 380,pp. 387 - 388(简略的引用))

虽然现行合同法禁止执行不可再谈判的合同协议,但一个显然的问题是,是否一项相反的规则可以有效?任何限制或禁止再谈判的条款,只有在合同的某方有动机执行这一条款时才是有效的。Jolls(1997)探讨了这种情形。与我们这里的讨论一致,法律已开始摆脱上述形式主义原则,并且在目前的有些情况下,允许合同当事人口头上消除他们未来再谈判其初始合同的权力(虽然一般而言,书面再谈判协议仍然会被强制执行)(Uniform Commercial Code sec. 2 - 209)。

### 4.4.5 消费者权益保护法[①]*的内容

传统法经济学认为,法律内容应该反映效率或传统寻租。而行为法经济学的最终例证,揭示了该领域的研究超越传统法经济学观念的方式。那种认为法律产生于这两种方式的观念,或许会令多数公民觉得荒谬。相反,大多数社会成员——也就是大多数有权选举立法委员的公民认为,法律的主要目的是认定"对"与"错"。根据我们在 4.3.3 小节中论述的有限自利的观念,这个想法可以正规化吗?

消费者权益保护法会对某些特定的市场交易施加禁令,包括(在许多司法制度下)"高利贷"和某些形式的价格欺诈(见 Uniform Con-

---

① 本节是 Jolls et al. (1998) 第三节的删节版。

\* 消费者权益保护法(consumer protection law)是调整在保护公民消费权益过程中所产生的社会关系的法律规范的总称。——译者注

sumer Credit Code sec. 2. 201）。这些法律为什么对产生利润的一般商品交易加以限制（例如电视机和木材）？禁令似乎难以在效率的角度上站住脚；一般认为，禁止无明显外部性的互利交易的规则是没有效率的。法律似乎还无法很好地解释源自政治权力导致的传统寻租活动。①

相比之下，当高利贷和价格欺诈这类活动比较盛行时，禁止这些活动的法律就是对有限自利理论的直接预测。（我们这里的分析假设自利的立法委员支持公民或其他行为者对法律内容的公平要求。②）就这些禁令来说，这些交易显著背离市场上的一般商品交易，即显著背离"参考交易"。有限自利理论认为，在一个给定的法律制度下，如果背离参考交易的贸易时有发生，那么禁止这种贸易的法律将应运而生。请注意，这个预测并不是说所有的高价（使一些人难以负担他们想要的东西的价格）都是禁止的；而是说，如果某些交易与在市场上通常发生的交易相背离，那么它们将被禁止。

思考这个例子：

甲店一个月前已经卖完了流行的椰菜玩偶。圣诞节前一周，在储藏室内发现了一个玩偶。经理知道，许多顾客都想购买这个玩偶。于是，经理通过商店的公共广播系统宣布，玩偶将被拍卖给出价最高的顾客。

(Kahneman et al.，1986a，p. 735)

尽管近四分之三的调查对象认为，该行为有点不公平或非常不公平，不过，经济分析认为，拍卖是确保对玩偶评价最高的人获得它的最有效率的方法。虽然拍卖是有效率的，但它是背离"参考交易"的，在"参考交易"下，玩偶会以正常的价格出售。

同玩偶的例子一样，如果把现金借贷给某顾客，但是利率明显高于其他顾客相同数量的贷款，那么贷款人的行为可能就会被视为是不公平

---

① 尽管可以为一些法律禁止的经济交易提供效率或传统寻租的解释（Posner, 1995），但在传统的土壤上，似乎没有一种普遍的理论或一整套理论可以解释所有这些法律，甚至没法解释这些中的大多数。

② 因此，正如传统的经济学分析一样，这里描述的行为法经济学方法把立法委员视为利益最大化者，他们关注自己的再选；热衷于再选的立法委员会认真考量选民和有权力的利益集团的偏好和判断。如果选民认为某些做法是不公平的，是应该禁止的，那么即使自利的立法委员不同意这些观点，他们也会作出回应。同样，如果一个活跃的集团持有这种观点，那么也将影响立法委员的反应，就像传统经济学假定的那样，集团要求立法为较窄的个人经济利益服务。"公平的企业家"可以发挥这样的作用：引导公众的判断，为他们自己的（自利的或非自利的）利益服务。当然，立法者根据自己个人的公平理念行事也是有可能的。

的。同样，木材一般是以一个特定的价格出售，飓风发生后其需求提高，如果此时以极高的价格出售，就被视为不公平。受欢迎的物品究竟应该怎样配给？一项研究对球票进行了调查，询问人们是否认为——将为数不多的关键比赛的剩余球票以拍卖的方式进行分配是不公平的，而将其分给在网上等待时间最长的人才是最佳的分配方案（Kahneman et al.，1986b, pp. S287-288）。当然，排队等待稀缺商品正是基于反价格欺诈的法律约束。因此，普遍的公平规范会改变对高利贷和价格欺诈的态度（进而可能是法律）。虽然"传统的经济学分析假定，商品的过度需求理所当然地为供应商提供了一个涨价的机会"，并且"市场出清的逐利调整……水到渠成般自然——并且不违背伦理"，但"公众不同意这种冷漠"（Kahneman et al.，1986a, p. 735）。

值得注意的是，行为法经济学分析并不意味着这些公平的观点必然是合理的或令人信服的。那些认为"高利贷"出借者"不公平"的人或许不会仔细思考他们的观点（例如，为贷款支付离谱的价格可能好于一个无限付出的代价；借给风险偏好者的贷款和借给风险厌恶者的贷款是不同种类的商品）。不过，如果这种说法传播开来，它们可能就会在法律内容中以特定的形式出现，例如对高利贷和价格欺诈的法律限制。我们这里的主张是对法律内容的明确主张，而不是该采取特定行为和规则的规定性或规范性主张。作为一种明确的方式，行为法经济学预期，如果某物品的交易以特定的发生频率远远背离参考交易，那么法律规则就会禁止这些物品的交易。

当然，我们还需要进一步调查高利贷和价格欺诈法的完整形式，以作出明确的解释。高利贷似乎是被广泛禁止的，所以人们不会面临这样的问题：我们为什么研究一些州而不是其他州的禁令？但价格欺诈并不是这样，似乎只有最近经历（或其临州正在经历）自然灾害的州才禁止价格欺诈；但我们仍需进行更深入的研究以证实事实是否如此。

## 4.5　法律除偏

我们在4.4节中论述了行为法经济学工作迄今为止的常规方法：分析和发现与完全理性、完全意志力和完全自利的偏离，然后提出有建设性的法律改革，或是找出已经确定这三种偏离的现有法律。可以说，这种方法致力于制定法律规则和制度，以使法律的后果不会成为有限理性、有限意志力或有限自利的牺牲品——即一种会使得法律结果绝缘于人类行为局限的策略。

关于有限理性行为人判断失误的一种不同的观点是，法律政策对这些失误的最佳反应不是重建法律规则和制度以防止这些错误（它们被视为是内生的）对法律后果造成的影响，而是直接从失误入手，并试图帮助人们减轻或消除它们。此类法律政策称做法律除偏（debiasing through law）；此类法律用于降低行为人的偏见程度（Jolls and Sunstein, 2006a）。我们这里主要强调判断失误，而不是有限理性、有限意志力和有限自利的其他方面，原因很简单，这些不同形式的人类行为不一定是需要除偏的"偏见"。（例如，回顾与禀赋效应和有限意志力相关的规范性的复合物。一般来说，消除有限自利行为人的偏见明显也是不可取的。）法律除偏策略的基本承诺是，这些策略通常提供一个中间立场：一方面坚持传统经济学假设，另一方面接受行为法经济学方法与这些假设的偏离。

### 4.5.1　通过实体法和程序法除偏

大量现存的心理学文献都涉及了法律除偏思想，这些文献旨在消除行为人广泛存在的判断失误（例如，Fischhoff, 1982; Weinstein and Klein, 2002）。然而，通过实验来研究除偏的学者，一般都没有探讨通过法律除偏的可能性。一些行为法经济学文献探讨了通过程序规则除偏的可能性，这些程序规则规范了法官或陪审团的裁决；我们在4.4.2小节中列举了诉讼中一个著名的自利偏见的例子，并指出如何要求诉讼当事人考虑裁决者作出不利判决的原因，并消除他们的自利偏见（Babcock et al., 1997）。但是，法律除偏的适用范围更广，因为它不仅是裁定性的法律程序，而且是实现除偏的法律实体。

考虑Jolls（即将发表）列举的一个法律除偏的例子，即我们在4.3.1.1小节对种族或其他基于群体的隐性偏见的研究。规制就业歧视的实体规则是否能够消除人们的这种偏见？实证研究表明，种族或其他基于群体的隐性偏见深受环境刺激物的影响。例如，在接受隐性的种族偏见测试之前，看过泰格·伍兹（Tiger Woods）和蒂莫西·麦克维（Timothy McVeigh）照片的人，其偏见程度远远低于没看过的人（Dasgupta and Greenwald, 2001）。这项研究以及更广泛的、消除种族或其他基于群体的隐性偏见的社会科学文献（例如，Macrae et al., 1995; Dasgupta and Asgari, 2004）针对在许多大学和美国国会大厦（US. Capitol），主要或完全用男性白人肖像装饰教室或礼仪场所的问题，进行了引人注目的实际论战（Gewertz，2003；Stolberg，2003）。就业环境与雇佣决策者对种族或其他基于群体的隐性偏见程度并非无关，例如，工作场所的墙壁上露骨的妇女肖像，就是频繁性骚扰诉讼的根源。Jolls（即将发表）详细描述了就业歧视法（employment discrimination law）对工作环境中什么可以出现以及什么不可以出现的规定，就是通过实体法除偏的例证。

就业歧视法作为一种实现"除偏"的机制，有必要强调其分析范畴的局限性。如上所述，在某些情况下，种族或其他基于群体的偏见可能反映了真实的品味，而不是与非歧视性品味相背离的隐性态度和行为。当然，就业歧视法的功能仍然是可取的，而且在明确的歧视性品味存在时肯定继续适用，但是在本章中这些功能不能实现法律除偏，因为没有任何形式的判断失误是有待改正的。①

### 4.5.2　法律除偏策略的一般类型

就业歧视法除偏的例子，以及 Babcock、Issacharoff 和 Loewenstein 通过重建判决程序除偏的工作，共同说明了实体法除偏与程序规则除偏的基本区别，如图 4.1 所示。纵列表示的是规范判决程序的程序规则和规范判决程序以外行为的实体规则，横行表示的是参与判决程序的除偏行为人和判决程序之外的除偏决策者。矩阵右上角的方框代表之前的除偏研究所关注的法律除偏的类型：我们这里所讨论的规则是规范判决程序的程序规则，而目标行为人是判决程序的参与者（Babcock et al.，1997；Peters，1999）。

|  |  | 法律的类型 ||
|---|---|---|---|
|  |  | 规范判决程序的程序规则 | 规范判决程序以外行为的实体规则 |
| 行为人的角色 | 参与判决程序的除偏行为人 | 程序规则除偏 | "混合"除偏 |
|  | 判决程序之外的除偏决策者 |  | 实体法除偏 |

图 4.1　法律除偏策略的一般类型

---

① 对法律除偏规范性问题的进一步讨论参见 Jolls and Sunstein（2006b）。

矩阵左下角的方框标有"X"是因为规范判决程序的程序规则对判决程序之外的除偏决策者没有明显作用——尽管这些规则肯定会通过影响未来将发生的诉讼活动以多种途径影响行为人的行为。矩阵右下角的方框表示 Jolls（即将发表）以及 Jolls and Sunstein（2006a，2006b）强调的法律除偏的种类：这里讨论的规则是规范判决程序以外行为的实体规则，目标行为人是判决程序之外的决策者。

最后，矩阵右上角表示值得简短讨论的混合类别，从某种程度上它区别于我们刚刚讨论过的通过实体法除偏的类别。这种混合类别是通过构造实体法而非程序法来实现除偏，但是作为除偏目标的判断失误出现在判决程序中，而不是裁决程序以外。例如，Farnsworth（2003）关于自利偏见的研究认为，可以通过重建就业歧视标准（规范判决程序以外的行为的实体规则）来减轻对诉讼当事人（参与判决程序的行为人）的就业歧视，且应该更多地依赖基于客观事实的标准，而不是依赖主观的或规范性的判断。这种类型的法律除偏是基于实体法的改革，而不是程序规则的改革，但是有待除偏的行为必须是诉讼当事人在判决过程中的行为。相比之下，实体法除偏的法律规则和目标行为人，都与判决程序除偏的情况不同。

## 4.6 结论

Richard Thaler 认为，行为经济学成功的最终标志是行为经济学真正成为"经济学"。同样的观点也适用于行为法经济学。我们在 4.5 节讨论的法律除偏可以通过识别人类的局限性，并且同时避免人们的排除选择（removing choices）来加速这一转变（Jolls and Sunstein，2006a）。然而，由于法律除偏并不适用于所有情况，今后的行为法经济学工作也应该从现有的（除偏后的）与传统的完全理性、完全意志力和完全自利的经济学假设的偏离出发，设法改善和加强法律规则的重构分析。

## 参考文献

Acemoglu, D., and J. D. Angrist. 2001. Consequences of employment protection? The case of the Americans with Disabilities Act. *Journal of Political Economy*

109: 915–957.

Allais, M. 1952. *Fondements d'une Théorie Positive des Choix Comportant un Risque et Critique des Postulats et Axiomes de L'Ecole Americaine*. (Translated and edited by M. Allais and O. Hagen, 1979, as "The foundations of a positive theory of choice involving risk and a criticism of the postulates and axioms of the American school." In *Expected Utility Hypotheses and the Allais Paradox: Contemporary Discussions of Decisions Under Uncertainty*, pp. 27-145, with Allais's Rejoinder. Dordrecht: Reidel.)

Arkes, H. R., D. Faust, T. J. Guilmette, and K. Hart. 1988. Eliminating the hindsight bias. *Journal of Applied Psychology* 73: 305–307.

Arnould, R. J., and H. Grabowski. 1981. Auto safety regulation: an analysis of market failure. *Bell Journal of Economics* 12: 27–48.

Autor, D. H., and M. G. Duggan. 2003. The rise in the disability rolls and the decline in unemployment. *Quarterly Journal of Economics* 118: 157–205.

Babcock, L., G. Loewenstein, S. Issacharoff, and C. Camerer. 1995. Biased judgments of fairness in bargaining. *American Economic Review* 85: 1337–1343.

Babcock, L., X. Wang, and G. Loewenstein. 1996. Choosing the wrong pond: social comparisons in negotiations that reflect a self-serving bias. *Quarterly Journal of Economics* 111: 1–19.

Babcock, L., G. Loewenstein, and S. Issacharoff. 1997. Creating convergence: debiasing biased litigants. *Law and Social Inquiry* 22: 913–925.

Bar-Gill, O., and O. Ben-Shahar. 2004. Threatening an "irrational" breach of contract. *Supreme Court Economic Review* 11: 143–170.

Camerer, C., S. Issacharoff, G. Loewenstein, T. O'Donoghue, and M. Rabin. 2003. Regulation for conservatives: behavioral economics and the case for "asymmetric paternalism". *University of Pennsylvania Law Review* 151: 1211–1254.

Camerer, C. F., and H. Kunreuther. 1989. Decision processes for low probability events: policy implications. *Journal of Policy Analysis and Management* 8: 565–592.

Coase, R. H. 1960. The problem of social cost. *Journal of Law and Economics* 3: 1–44.

Cutler, D. M., and J. Gruber. 1996. Does public insurance crowd out private insurance? *Quarterly Journal of Economics* 111: 391–430.

Dasgupta, N., and A. G. Greenwald. 2001. On the malleability of automatic attitudes: combating automatic prejudice with images of admired and disliked individuals. *Journal of Personality and Social Psychology* 81: 800–814.

Dasgupta, N., and S. Asgari. 2004. Seeing is believing: exposure to counterstereotypic women leaders and its effect on the malleability of automatic gender stereotypes. *Journal of Experimental Social Psychology* 40: 642–658.

DeJoy, D. M. 1989. The optimism bias and traffic accident risk perception. *Accident Analysis and Prevention* 21: 333–340.

Donohue Ⅲ, J. J., and J. Heckman. 1991. Continuous versus episodic change: the impact of civil rights policy on the economic status of blacks. *Journal of Economic Literature* 29: 1603–1643.

Dovidio, J. F., K. Kawakami, and S. L. Gaertner. 2002. Implicit and explicit prejudice and interracial interaction. *Journal of Personality, and Social Psychology* 82: 62–68.

Ellsberg, D. 1961. Risk, ambiguity, and the Savage axioms. *Quarterly Journal of Economics* 75: 643–669.

Elster, J. 1979. *Ulysses and the Sirens: Studies in Rationality and Irrationality.* Cambridge University Press.

Farnsworth, W. 2003. The legal regulation of self-serving bias. *U. C. Davis Law Review* 37: 567-603.

Ferrell, A. 2003. Mandated disclosure and stock returns: evidence from the over-the-counter market. Harvard Law and Economics Discussion Paper 453.

Fischhoff, B. 1982. Debiasing. In *Judgment under Uncertainty: Heuristics and Biases* (ed. D. Kahneman, P. Slovic, and A. Tversky), pp. 422–444. Cambridge University Press.

Gaertner, S. L., and J. P. McLaughlin. 1983. Racial stereotypes: associations and ascriptions of positive and negative characteristics. *Social Psychology Quarterly* 46: 23–30.

Gewertz, K. 2003. Adding some color to Harvard portraits. *Harvard University Gazette* (May 1), p. 11.

Gompers, P. A., J. L. Ishii, and A. Metrick. 2003. Corporate governance and equity prices. *Quarterly Journal of Economics* 118: 107–155.

Greenstone, M., P. Oyer, and A. Vissing-Jorgensen. 2006. Mandated disclosure, stock returns, and the 1964 Securities Acts Amendments. *Quarterly Journal of Economics* 121: 399–460.

Greenwald, A. G., D. E. McGhee, and J. L. K. Schwartz. 1998. Measuring individual differences in implicit cognition: the Implicit Association Test. *Journal of Personality and Social Psychology* 74: 1464–1480.

Gruber, J. 1994. The incidence of mandated maternity benefits. *American Economic Review* 84: 622–641.

Gulati, M., and M. Yelnosky. Forthcoming. *Behavioral Analyses of Workplace*

*Discrimination*. Kluwer Academic.

Guppy, A. 1993. Subjective probability of accident and apprehension in relation to self-other bias, age, and reported behavior. *Accident Analysis and Prevention* 25: 375–382.

Güth, W., R. Schmittberger, and B. Schwarze. 1982. An experimental analysis of ultimatum bargaining. *Journal of Economic Behavior and Organization* 3: 367–388.

Guthrie, C. 2003. Prospect theory, risk preference, and the law. *Northwestern University Law Review* 97: 1115–1163.

Heckman, J. J., and B. S. Payner. 1989. Determining the impact of federal antidiscrimination policy on the economic status of blacks: a study of South Carolina. *American Economic Review* 79: 138–177.

Hoffman, E., and M. L. Spitzer. 1982. The Coase Theorem: some experimental tests. *Journal of law and Economics* 25: 73–98.

——. 1986. Experimental tests of the Coase Theorem with large bargaining groups. *Journal of Legal Studies* 15: 149–171.

Issacharoff, S., and G. Loewenstein. 1995. Unintended consequences of mandatory disclosure. *Texas Law Review* 73: 753–786.

Jolls, C. 1997. Contracts as bilateral commitments: a new perspective on contract modification. *Journal of Legal Studies* 26: 203–237.

——. 1998. Behavioral economics analysis of redistributive legal rules. *Vanderbilt Law Review* 51: 1653–1677.

——. 2002. Fairness, minimum wage law, and employee benefits. *New York University Law Review* 77: 47–70.

——. 2004. Identifying the effects of the Americans with Disabilities Act using state-law variation: preliminary evidence on educational participation effects. *American Economic Review* 94: 447–453.

——. Forthcoming. Antidiscrimination law's effects on implicit bias. In *Behavioral Analyses of Workplace Discrimination* (ed. M. Gulati and M. Yelnosky). Kluwer Academic.

Jolls, C., and C. R. Sunstein. 2006a. Debiasing through law. *Journal of Legal Studies* 35: 199–241.

——. 2006b. The law of implicit bias. *California Law Review* 94: 969–996.

Jolls, C., C. R. Sunstein, and R. Thaler. 1998. A behavioral approach to law and economics. *Stanford Law Review* 50: 1471–1550.

Kahneman, D., and S. Frederick. 2002. Representativeness revisited: attribute substitution in intuitive judgment. In *Heuristics and Biases: The Psychology of Intu-*

itive Judgment (ed. Th. Gilovich, D. Griffin, and D. Kahneman), pp. 49 – 81. Cambridge University Press.

Kahneman, D., and A. Tversky. 1979. Prospect theory: an analysis of decision under risk. *Econometrica* 47: 263 – 291.

Kahneman, D., J. L. Knetsch, and R. Thaler. 1986a. Fairness as a constraint on profit seeking: entitlements in the market. *American Economic Review* 76: 728 – 741.

——. 1986b. Fairness and the assumptions of economics. *Journal of Business* 59: S285 – 300.

——. 1990. Experimental tests of the endowment effect and the Coase Theorem. *Journal of Political Economy* 98: 1325 – 1348.

Kaplow, L., and S. Shavell. 1994. Why the legal system is less efficient than the income tax in redistributing income. *Journal of Legal Studies* 23: 667 – 681.

——. 2002. *Fairness versus Welfare*. Harvard University Press.

Katz, L. F., and B. D. Meyer. 1990. Unemployment insurance, recall expectations, and unemployment outcomes. *Quarterly Journal of Economics* 105: 973 – 1002.

Kelman, M. 1979. Consumption theory, production theory, and ideology in the Coase Theorem. *Southern California Law Review* 52: 669 – 698.

Korobkin, R. 1998. The status quo bias and contract default rules. *Cornell Law Review* 83: 608 – 687.

——. 2003. The endowment effect and legal analysis. *Northwestern University Law Review* 97: 1227 – 1293.

Kuran, T., and C. R. Sunstein. 1999. Availability cascades and risk regulation. *Stanford Law Review* 51: 683 – 768.

Laibson, D. 1997. Golden eggs and hyperbolic discounting. *Quarterly Journal of Economics* 112: 443 – 477.

Lichtenstein, S., P. Slovic, B. Fischhoff, M. Layman, and B. Combs. 1978. Judged frequency of lethal events. *Journal of Experimental Psychology: Human Learning and Memory* 4: 551 – 578.

Loewenstein, G., and D. A. Moore. 2004. When ignorance is bliss: information exchange and inefficiency in bargaining. *Journal of Legal Studies* 33: 37 – 58.

Loewenstein, G., S. Issacharoff, C. Camerer, and L. Babcock. 1993. Self-serving assessments of fairness and pretrial bargaining. *Journal of Legal Studies* 22: 135 – 159.

McConnell, A. R., and J. M. Leibold. 2001. Relations among the implicit association test, discriminatory behavior, and explicit measure of racial attitudes. *Journal *of Experimental Social Psychology* 37: 435–442.

Macrae, C. N., G. V. Bodenhausen, and A. B. Milne. 1995. The dissection of selection in person perception: inhibitory processes in social stereotyping. *Journal of Personality and Social Psychology* 69: 397–407.

Nosek, B. A., M. R. Banaji, and A. G. Greenwald. 2002. Harvesting implicit group attitudes and beliefs from a demonstration website. *Group Dynamics* 6: 101–115.

Peters, P. G. 1999. Hindsight bias and tort liability: avoiding premature conclusions. *Arizona State Law Journal* 31: 1277–1314.

Plott, C. R., and K. Zeiler. 2005. The willingness to pay—willingness to accept gap, "endowment effect," subject misconceptions, and experimental procedures for eliciting valuations. *American Economic Review* 95: 530–545.

Posner, E. A. 1995. Contract law in the welfare state: a defense of the unconscionability doctrine, usury laws, and related limitations on the freedom to contract. *Journal of Legal Studies* 24: 283–319.

Posner, R. A. 1979. Utilitarianism, economics, and legal theory. *Journal of Legal Studies* 8: 103–140.

——. 1989. An economic analysis of sex discrimination laws. *University of Chicago Law Review* 56: 1311–1335.

——. 1992. *Economic Analysis of Law*, 4th edn. Boston, MA: Little Brown.

Rabin, M. 1993. Incorporating fairness into game theory and economics. *American Economic Review* 83: 1281–1302.

Rachlinski, J. J. 1998. A positive psychological theory of judging in hindsight. *University of Chicago Law Review* 65: 571–625.

——. 2003. The uncertain psychological case for paternalism. *Northwestern University Law Review* 97: 1165–1225.

Schelling, T. C. 1984. The intimate contest for self-command. In *Choice and Consequence*. Harvard University Press.

Schwab, S. 1988. A Coasean experiment on contract presumptions. *Journal of Legal Studies* 17: 237–268.

Shavell, S. 1981. A note on efficiency vs. distributional equity in legal rulemaking: should distributional equity matter given optimal income taxation? *American Economic Review* 71: 414–418.

——. 2004. *Foundations of Economic Analysis of Law*. Cambridge, MA: Belknap Press of Harvard University Press.

Stigler, G. J. 1971. The theory of economic regulation. *Bell Journal of Economics and Management Science* 2: 3–21.

Stiglitz, J. E. 1987. Pareto efficient and optimal taxation and the new new welfare economics. In *Handbook of Public Economics* (ed. A. J. Auerbach and M. Feldstein), Volume 2, pp. 991-1042. New York: North-Holland.

Stolberg, S. G. 2003. Face value at the Capitol: Senator wants to "promote some diversity" in congressional artwork. *New York Times*, August 13, Late edn, Section El, p. 1, col. 2.

Strotz, R. H. 1955/56. Myopia and inconsistency in dynamic utility maximization. *Review of Economic Studies* 23: 165–180.

Sunstein, C. R., and R. H. Thaler. 2003. Libertarian paternalism is not an oxymoron. *University of Chicago Law Review* 70: 1159–1202.

Svensom O., B. Fischhoff, and D. MacGregor. 1985. Perceived driving safety and seatbelt usage. *Accident Analysis and Prevention* 17: 119–133.

Thalel, R. H. 1980. Toward a positive theory of consumer choice. *Journal of Economic Behavior and Organization* 1: 39–60.

——. 1996. Doing economics without *Homo economicus*. In *Foundations of Research in Economics: How Do Economists Do Economics?* (ed. S. G. Medema and W. J. Samuels), pp. 227–237. Northampton, MA: Edward Elgar.

Thaler, R. H., and R. M. Dawes. 1992. Cooperation. In *The Winner's Curse: Paraldoxes and Anomalies of Economic Life* (ed. R. H. Thaler), pp. 6-20. Princeton University Press.

Tversky, A., and D. Kahneman. 1973. Availability: a heuristic for judging frequency and probability. *Cognitive Psychology* 5: 207–232.

Weinstein, N. D. 1980. Unrealistic optimism about future life events. *Journal of Personality and Social Psychology* 39: 806–820.

Weinstein, N. D., and W. M. Klein. 2002. Resistance of personal risk perceptions to debiasing interventions. In *Heuristics and Biases: The Psychology of Intuitive Judgment* (ed. Th. Gilovich, D. Griffin, and D. Kahneman), pp. 313–323. Cambridge University Press.

Weiss, D. M. 1991. Paternalistic pension policy: psychological evidence and economic theory. *University of Chicago Law Review* 58: 1275–1319.

# 伊恩·艾尔斯的评论

这是一篇出色的论文，不仅论述了行为法经济学领域的许多典型案例，而且给出了在这个问题上乔尔斯对自己方法的见解，因为她是这个领域非常著名的研究者。

本评论的目的是，采用怀疑论的方法为读者提供一种批判精神。当遇到一个行为经济分析问题时，这种精神普遍存在于法学院的专家讨论会中。尽管乔尔斯试图消除这些争议，但仍有必要弄清楚这些问题。

然而，在评论前我必须强调，本评论很好地连接了两种不同的有关"偏见"的文献。这种连接是研究有限理性、有限意志力以及群体压迫的核心。为了建立这个连接，乔尔斯教授要求我们重新思考偏见的多重含义。偏见并不仅仅意味着偏倚的品味（正如 Beckerian 对于歧视性偏好的概念）以及偏颇的信念（例如可被证伪的错误统计推论），也意味着既不是品味也不被证伪的偏见联想。了解这种类型的偏见对规范分析尤为重要，因为尚不确定教育是否可以消除偏见联想，即使至少消除被证伪的错误信念是有希望的。

例如，我在近期的研究中发现，纽黑文的乘客给黑人司机的小费，大概比给白人司机的少三分之一。这个差额主要源于乘客遇到黑人司机时不给小费的概率提高了，另一个原因更为微妙：那些以整数美元形式付款（车费加小费）的乘客，遇到白人司机时会提高小费数额，而遇到黑人司机时会减少小费数额。我认为，这个凑整结果与暗示性联想测试（Implicit Association Test，IAT）非常相似。试想，若在出租车停下之前，费用超过了 7 美元，你应该怎么做？是付 8 美元还是 9 美元？即使那些认为自己按固定比例给小费的人必须作出一个快速的决定，也会发现未察觉的因素会影响凑整的决定。就像那些面对 IAT 分类测试的人，经常难以自控地区别对待白人和黑人，面对凑整测试的人也难以消除种族的影响。

但是，如果这是一个 IAT 测试，尚不确定就歧视问题（这样会使种族问题更加凸显）对乘客进行教育是否可降低歧视水平。相反，Tim Wilson 教授认为，为乘客事先准备除偏的或重构的暗示是可取的，例如可以在出租车内摆放泰格·伍兹和迈克尔·乔丹的照片。

### 预测行为

对行为法经济学最普遍的批判之一是它作出的预测太多。与"不可能"理论相反，行为法经济学生产了大量有趣的"可能"理论。现在，行为学者可以通过很多方式回应这一批判。许多行为学者作出攻击性回应，坚持认为非行为经济学不能对行为作出很好的预测。但乔尔斯教授不采取这个方式。相反，她承认这个问题，认为行为方法的主要价值是单纯的纠正非行为后果的错误观念，这还需要做更多的实际工作。

但是，根据她列举的再分配性法律规则的例子，以及"行为的思维方式时常会把主张的重任转移给非行为学者"这个观点，我认为，在这些方面乔尔斯教授研究得更为深入。她回应了 Kaplow 和 Shavell 的论点——他们认为，再分配的车祸规则与先进的税收制度的收入扭曲效应相同，而乔尔斯认为，乐观偏见会使富人对随机性再分配的反应，不像对确定性税收的反应那样强烈（"我不会遭遇车祸"）。在专家讨论会中，必然会遇到这种疑问，"其他认识错误是否会不利于再分配性规则？"但是，乔尔斯在交锋时阻止了这些争论。她承认存在其他的可能性。但是，她相当有说服力地继续指出，她认为在特殊环境下，这不可能成为一个严重的现象。

### 预测法律内容

我不甚认同乔尔斯教授关于行为法经济学可以预测法律规则内容的观点。首先，作为一个说明性问题，我并未见到许多行为学者的论文试图预测法律规则的内容。与乔尔斯相反，我认为这不是行为法经济学运动的核心目标。

其次，我有很好的理由：乔尔斯教授对新行为学派项目的描述仍然与丧失声誉的旧剑桥学派的项目类似。主要论点是：行为法经济学可以更好地识别法律制定者想实现的目标（效率、公平等），法律倾向于这些目标，所以行为法经济学可以更好地识别法律规则。

非行为理论并没有解释为什么一般的法律和法规都倾向于立法者想实现的目标（比如效率和公平），但是，George Priest 提供了一个（非行为）方法来解释为什么普遍的判断趋向于效率。扭曲个人决策的有限理性和有限意志力，同样也会扭曲公共决策者的决策。

如果行为法经济学将为预测法律规则内容开发一个内部统一的理论，那么它应该不是关于效率法或公平法的理论，而是构造扭曲的标准，并预测法律生产函数效率的系统偏离，以及法律生产函数公共选择理论的系统偏离。

### 利用偏见

乔尔斯教授在与 Cass Sunstein 讨论自己的"法律除偏"课题时，她的观点是很能站得住脚的。除了用法律消除偏见之外，乔尔斯教授富于创造性地设想出了法律规则降低个体决策者各种认知偏见的实用方法。消除偏见的一个例子是，试图阻止有问题的公司提取未来的现金流。有限意志力会使人们更愿意牺牲未来，所以最好的方法就是单纯地消除他们的决策能力。另外一个方法是，运用法律来降低偏见水平——可以向人们解释双曲线偏好的跨期矛盾，并作为一种劝阻早期申请支付的方法。

但是，还存在另外一种关于偏见的基本方法，即接受现有的偏见并利用它们实现公益。事实上，可以认为乔尔斯教授的再分配性法律规则的例子是一个利用偏见的例子，而不是消除偏见的尝试。利用随机性侵权行为赔偿责任重新分配财富，就是利用乐观偏见来减轻富人的扭曲性反应。（事实上，乔尔斯教授的观点认为，再分配拥护者应该为收入分配考虑其他认知的隐性机制，包括随机性税收，以及前后保险利差。）

还存在这类利用偏见的许多例子。在有限次囚徒困境博弈中，从非行为角度看，针锋相对的策略严格说是非理性的。但是从行为角度看，这个策略是有限自利的自然结果。法律应该尽量鼓励这个策略。

但是，就像彼得·戴蒙德在讨论中指出的，利用偏见的法律策略需要在独立的基础上获得严格的证明。这是一种可以被利用或误用的家长式制度。耶鲁法学院为毕业生提供了一项贷款免除政策，即帮助从事低收入工作的毕业生偿还一部分学费。（尽管这一项目的意图是推进公共利益法，但是其基于收入的触发器在经济学上等同于"退款保证"或"保险失灵"。同时它具有把传统的学生贷款转变为托宾贷款（Tobin loans）的特征，在托宾贷款中，应付的金额是未来收入的函数。）

如果毕业生从事低收入工作长达十年之久，可以免除他们的全部贷款，但是主要的免除额出现在后半段时期：第6～10年。更重视后半段的规范理由是，从生命周期角度看，与那些去高收入公司工作之前浅尝公共利益法一两年的毕业生相比，在这个领域工作多年的毕业生更值得获得贷款免除。但是从行为角度看，这个项目利用了一些就读学生的偏见，这些学生过高地估计了其将献身于公共服务事业的可能性。（这是一种乐观偏见：他们对于获得较低工资的状态持过于乐观的态度！）

戴蒙德教授指出，利用这一偏见会使耶鲁大学面临更为极端的价格歧视形式，这种价格歧视散布于学生的认知雷达网之下。它还会扭

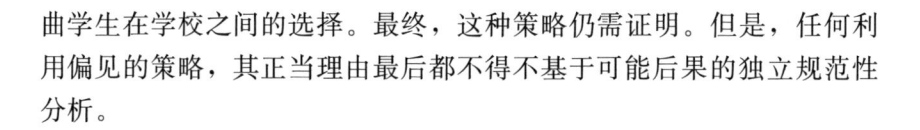

曲学生在学校之间的选择。最终，这种策略仍需证明。但是，任何利用偏见的策略，其正当理由最后都不得不基于可能后果的独立规范性分析。

# 克里斯托弗·恩格尔的评论

## 引言

规则的演进是路径依赖的。如果没有 Guido Calabresi、Richard Posner 和 Steven Shavell 这些学者，就没有法经济学（参见 Calabresi，1970；Posner，2003；Shavell，1980）。如果没有 Cass Sunstein、克里斯廷·乔尔斯和 Don Langevoort 这些学者，就没有行为法经济学（参见 Sunstein，2000a；Jolls et al.，1998；Langevoort，1992）。行为法经济学是对法经济学方法的一些主要局限作出的反应。实际上，它主要是行为经济学对法律的适应物。在它的核心中，这种方法使得越来越多的僵化于理性选择模型基本假设的经济学家感到了忧虑。我们发现许多行为经济学家的实验结果与法律也是高度相关的。同样，行为经济学家开发的模型常常也会被法学家有效地利用。

因此，行为法经济学确实是一项有价值的事业。但是，它并不是法律与行为科学研究融合的唯一路径。另外一个可替代方法称做"法律心理学"。初次听到时，会觉得它是过时的。一个多世纪以来，法学家一直热衷于心理学发现，但话题一直是不同的。经典的问题是对自由意志（例如，参见 Lipkin，1990）、犯罪行为（例如，参见 Quinsey，1995）或目击者证词可靠性的研究（例如，参见 Sporer et al.，1996）。然而，乐观地说，将法律作为一种治理工具，心理学发现和概念对其产生的影响，是未充分发展的。本评论将对这两种方法进行比较。

### 行为法经济学

为了使得这两种方法具有可比性，我们可以根据以下程式化的事实——即说明的一种方法、规范的一个基准、对政策制定者约定俗成的一类建议，以及对政治程序的一种分析处理来概括行为法经济学的特征。

行为法经济学是古典法经济学的延伸，更确切地说是新古典经济学的延伸。除了这两种方法以外，它还认同方法论个人主义（Savage，1954；Becker，1976）。行为是自变量。在给定行为安排的情况下解释产出，是研究的挑战。一般而言，某些限制也是被给定的，例如预算约束、信息不对称或制度干预。给定这些限制，假定行为人会最大化个人效用。传统的法经济学采用这个方法解释法律制度对产出的影响。行为法经济学也是如此，但是用实验结果替代了传统的经济人假设。其标准化的研究对象是标准理性的系统偏离，称为偏见（Kahneman et al.，1982；Kahneman and Tversky，2000）。因此，行为法经济学关注的是行为约束下的最优化。

古典法经济学的多数诉求都来源于其规范链。坚持这种传统的学者因此不仅借鉴经济学，也借鉴了福利经济学。他们的目标是，证明法律制度的潜在效率（著名的是 Posner，2003）。行为法经济学也是如此。这里，（隐性的）基准不是社会的，而是个人的。任何不符合经济人假设的行为都被视为是低于标准的。这导致了"反—反对家长制"（Sunstein，2000b, pp. 2ff；Rachlinski，2003），以及我们在前面的章节中论述过的"除偏"。就政策面而言，可以通过这种方式来解释若干消费权益者保护法（参见 Korobkin，2003）。并非罕见，个体偏见也被视为社会问题，需要制度干预（参见 Guthrie，2003）。

理性选择模型的另一个引人注意的特征是，其对政治程序的适用性（Buchanan and Tullock，1962；Brennan and Buchanan，1985）。法律上讲，可以在同一个模型中解释规则的产生和规则的适用（Posner，1993；Mashaw，1997；Engel and Morlok，1998）。一个逻辑延伸是行为公共选择（参见 Brennan and Hamlin，1998；Hudson and Jones，2002）和立法的行为分析。后者的一个经典例子是把政治家理解为"能干的企业家"，可以通过好的公众舆论来推动一项议题。

行为法经济学有很好的认知性原因。可以引用两个哲学家的观点支持该论点。Hans Albert 认为，发现和理解的必要前提是忽略任何事实（Albert，1978）；试图看到一切的人什么都看不到；建模是不可避免的。因此，不能反对行为法经济学的以下做法：故意忽略许多行为的心理学见解。

Kuhn（1962）指出，变革不仅可以推动科学发展，而且可以解释其原因。一种范式不被摒弃的原因是它还未被证伪，或未成为难以置信的。创造一种范式是一项昂贵的社会事业。只要旧的规则仍被遵循，新的规则就难以重新建立一种新的范式。所以，科学家不能将现有范式下的现实社会与完善的范式下的理想社会相比较。因此，只要还没有可替代的可行方法，就不能责备行为法经济学过于接近新古典经济学。

### 法律心理学

在这种背景下，法律心理学这种可替代方法就是显而易见的，就像其内在固有的显著挑战一样。本报告遵循从说明到规范，从法规到政治程序这四个步骤。

经济学与心理学不仅规则不同，而且它们自身的界定方式也是显著不同的。在新古典主流中，经济学不再被经济制度界定为一个问题领域。在一定程度上，这个领域是由其方法确定的，即方法论个人主义。在很大程度上，其自我界定更为狭义。经济学家是使用理性选择模型的人（Becker，1976）。至少这是法经济学依赖的经济学。然而，心理学是基于人类行为将其自身界定为观察的领域。目前，这种差异不再强调理论研究，而主要关注实验证据（例如参见 Strack and Deutsch，2004；Anderson et al.，2003）。

在这种情况下，很难对比经济学范式与心理学范式的不同之处。我们通过一个著名的例子——习惯驱动的决策，说明了这些不同点。在通常情况下，多数人在做决定前并不会仔细的思量。他们一定程度上依赖于现有的工具，这些工具经常被称作"启发法"（Gigerenzer et al.，1999）。因此，他们不会计算是否应该卖掉汽车，乘坐公共交通工具去上班。他们单纯地因为已经有了汽车而开车上班。这并不是说他们永远不会换乘公共交通工具。机会结构的微小改变（例如便宜的火车票），并不会改变人们交通习惯，因为这个习惯需要的信息最少。因此，人们的大脑会免于进行多余的认知努力。更极端的情形是，习惯根本不包含判断成分，且不权衡利弊。实际上，甚至没有动机性成分，也就是说，脱离了对暗示的反应的一般驱动。发生的即是合理的，大脑会核对现在的情况是否足够接近已形成习惯的构思模型（Engel，2004b）。

根据行为法经济学，一个规范的基准应该按照个人标准而非社会水平加以界定。原则上有两种观点。第一种观点非常接近理性选择。它考虑生产、运输以及处理信息的成本。这导致了交易成本理论（Williamson，1985），以及约束下最优化理论的变型（Stigler，1961）。根据同样的标准，也应该考虑到智力资源的稀缺性。

第二个观点是更基本的。它被称为生态理性（Gigerenzer et al.，1999，p.18），源于对理性的一个不同定义。理性选择在特定环境下的作用才是最大的。它在事前已知问题空间和可能性事件发生概率的情况下有效。在一定限制下，它甚至可以扩展到概率未知的情况（Knight，1921）。但是，在开放的问题空间，理性选择在认知局限下是不适用的。这些问题被错误归类了，但是如果问题被正确定义，那么理性选择就不是正确的行为模式，且复杂得像国际象棋一样。① 在这种情况下，追求完美是无意义的，重要的是必须达到足够好（Simon，1955）。因此，不能抽象地定义基准。它必须来源于情境本身。特别是，行为人的目标应该是努力发掘最适合个人能力的情境特征。因此，适应一个环境不是机动的，而是一个过程。也就是说，个人学习历史很重要。

将此转变为社会行为模式，则意味着人们更需要福利准则（参见本书第2章）。经典的帕累托准则扩展到不了解环境的个体。但是假定如果他们了解环境，那么他们应该知道自己想要什么（Pareto，1906）。然而，在根本不确定的环境下，或是在极其复杂的条件下，需求也必须具有适应性。有两个至关重要的内容：如果社会相关信息披露给了部分居民，那么它将扩散；相反，对环境的不良反应会尽可能地停留在当地。如果主要的反应是一种启发法，那么有利于社会的启发法将会传播，不利于社会的启发法将会废止。因此，沟通和学习对福利来说是决定性的。进一步地，在不确定或过于复杂的环境中，社会长期面临以下问题——在保持存续性和灵活性间作出权衡。在短期范围内，存续性是人们关心的主要问题。如果过多的社会成员对现实的假定是不同的，那么有利于社会的合作范畴就会显著地缩小（Engel，2005）。然而，在长期范围内，社会一定会基于明显相反的证据改变先前的主导假设（参见 Thompson et al.，1990，pp.69－82）。

如果当地居民的决策受到启发法的影响，那么这对制度设计就有所启示。我们列举一个例子就足以说明。启发法需要的信息极少。规则变

---

① 根据统计用语，这个问题并非 NP 问题（非多项式算法问题）。一个恰当的例子是函数 $y=a^x$。

革是罕见的事件。典型地，在通过启发法作出的决策中，潜在的规范预期的稳定性因而会被认可。因此，并无证据表明，法律变革会改变行为。一个很好的建议是立法者应该考察法律是否被适当地理解了。这隐含了多种启示：必须引导当地居民的注意力。因为他们一般都不是职业的法学家，只有把学术变革转化为规范性预期，一个普通的当地居民才能够理解它。一般而言，立法者对长期行为变化更感兴趣。如果这样，更应该为当地居民提供足够的实践机会，这样就会建立一种新的习惯（Engel，2004a）。

启发法对议会或法庭制定新法的重要性，仍然缺乏相关研究。有两个值得探究的问题。一个是在规则制定过程中的启发法的作用。原则上，我们应该认为，启发法的作用很重要，因为感知到的复杂性和不确定性一般不会比政策制定中的更为明显。然而，不论议会立法还是司法政策，都牢牢地嵌在严密的制度环境中。迄今为止，关于启发法与制度交互作用的知识仍然少之又少。

另一个是规则预期到的启发法对当地居民的影响。起初，它会导致理性主义噩梦——并不是所有人随时都会利用启发法，因为他们具有理性的推理能力。此外，启发法是个体对认知到的环境的反应。出于这两种原因，当地居民很可能会表现出异质性。表面上看，规则制定的复杂性因此显现。然而，存在两个有益的条件。立法者或法庭会对行为意向作出准确的猜测。如果他们只对通常的反应感兴趣，而不是考察每一个当地居民的反应，那么这是十分适当的。因为人们通常不会重新建立启发法——他们是通过观察身边的人来学习启发法的（Bandura，1977，1986）。这个观点可以进一步推进。既然规则制定是高度不确定的活动，那么政策制定者应该建立适当的启发法以成功地适应环境。

## 结论

程式化事实必然会过分强调差异性。就文献中的个体贡献而言，很难区分它们是行为法经济学还是法律心理学的（一个很好的例子是Rachlinski，2003）。因此，本评论的观点如下：便于记忆的词条"行为法经济学"不应该诱使法学家仅仅基于行为经济学来获得见解；对于为法律奠定行为基础这项事业而言，心理学常识如同管理方法一样诱人。

# 参考文献

Albert, H. 1978. *Traktat über rationale Praxis*. Tübingen: Mohr.

Anderson, J. R., D. Bothell, M. D. Byrne, S. Douglass, C. Lebiere, and Y. Qin. 2003. An integrated theory of the mind. Carnegie Mellon University Working Paper. (Available at http://act-r.psy.cmu.edu/papers/403/IntegratedTheory.pdf.)

Bandura, A. 1977. *Social Learning Theory*. Englewood Cliffs, NJ: Prentice-Hall.

——. 1986. *Social Foundations of Thought and Action. A Social Cognitive Theory*. Englewood Cliffs, NJ: Prentice-Hall.

Becker, G. S. 1976. *The Economic Approach to Human Behavior*. University of Chicago Press.

Brennan, G., and J. M. Buchanan. 1985. *The Reason of Rules: Constitutional Political Economy*. Cambridge University Press.

Brennan, G., and A. Hamlin. 1998. Expressive voting and electoral equilibrium. *Public Choice* 95: 149–175.

Buchanan, J. M., and G. Tullock. 1962. *The Calculus of Consent: Logical Foundations of Constitutional Democracy*. University of Michigan Press.

Calabresi, G. 1970. *The Costs of Accidents: A Legal and Economic Analysis*. Yale University Press.

Engel, Ch. 2004a. Learning the law. Max Planck Institute for Research on Collective Goods, Bonn, preprint no. 2004/5.

——. 2004b. Social dilemmas, revisited from a heuristics perspective. Max Planck Institute for Research on Collective Goods, Bonn, preprint no. 2004/4.

——. 2005. *Generating Predictability: A Neglected Topic in Institutional Analysis and Institutional Design*. Cambridge University Press.

Engel, Ch., and M. Morlok (eds). 1998. *Öffentliches Recht als ein Gegenstand ökonomischer Forschung: die Begegnung der deutschen Staatsrechtslehre mit der Konstitutionellen Politischen Ökonomie*. Tübingen: Mohr.

Gigerenzer, G., P. M. Todd, and the ABC Research Group. 1999 *Simple Heurisitcs that Make Us Smart*. Oxford University Press.

Guthrie, C. 2003. Prospect theory, risk preference, and the law. *Northwestern University Law Review* 97: 1115–1163.

Hudson, J., and P. Jones. 2002. In search of the good Samaritan. Estimating the impact of "altruism" on voters' preferences. *Applied Economics* 34: 377–383.

Jolls, C., C. R. Sunstein, and R. Thaler. 1998. A behavioral approach to law and economics. *Stanford Law Review* 50: 1471–1550.

Kahneman, D., P. Slovic, and A. Tversky. 1982. *Judgment under Uncertainty: Heuristics and Biases*. Cambridge University Press.

Kahneman, D., and A. Tversky. 2000. *Choices, Values, and Frames*. Cambridge, MA: Russell Sage Foundation and Cambridge University Press.

Knight, F. H. 1921. *Risk, Uncertainty and Profit*. New York: Houghton Mifflin.

Korobkin, R. B. 2003. Bounded rationality, standard form contracts, and unconscionability. *University of Chicago Law Review* 70: 1203–1295.

Kuhn, T. S. 1962. The *Structure of Scientific Revolutions*. University of Chicago Press.

Langevoort, D. C. 1992. Theories, assumptions and securities regulation: market efficiency revisited. *University of Pennsylvania Law Review* 140: 851–920.

Lipkin, R. J. 1990. Free will, responsibility and the promise of forensic psychiatry. *International Journal of Law and Psychiatry* 13: 331–357.

Mashaw, J. L. 1997. *Greed, Chaos, and Governance: Using Public Choice to Improve Public Law*. Yale University Press.

Pareto, V. 1906. *Manuale di Economia Politica. Con una Introduzione alla Scienza Sociale*. Milan: Società Editrice Libraria.

Posner, R. A. 1993. What do judges and justices maximize? (The same thing everybody else does.) *Supreme Court Economic Review* 3: 1–41.

———. 2003. *Economic Analysis of Law*. New York: Aspen.

Quinsey, V. L. 1995. The prediction and explanation of criminal violence. *International Journal of Law and Psychiatry* 18: 117–127.

Rachlinski, J. J. 2003. The uncertain psychological case for paternalism. *Northwesten University Law Review* 97: 1165–1225.

Savage, L. J. 1954. *The Foundations of Statistics*. Wiley.

Shavell, S. 1980. Strict liability versus negligence. *Journal of Legal Studies* 9: 1–25.

Simon, H. A. 1955. A behavioral model of rational choice. *Quarterly Journal of Economics* 69: 99–118.

Sporer, S. L., R. S. Malpass, and G. Kohnken. 1996. *Psychological Issues in Eyewitness Identification*. Mahwah, NJ: Lawrence Erlbaum Associates.

Stigler, G. J. 1961. The economics of information. *Journal of Political Economy* 69: 213–225.

Strack, F., and R. Deutsch. 2004. Reflective and impulsive determinants of social behavior. *Personality And Social Psychology Review* 8: 220–247.

Sunstein, C. R. (ed.). 2000a. *Behavioral Law and Economics*. Cambridge Series on Judgment and Decision Making. Cambridge University Press.

——. 2000b. Introduction. In *Behavioral Law and Economics* (ed. C. R. Sunstein), pp. 1–10. Cambridge University Press.

Thompson, M., R. Ellis, and A. Wildavsky. 1990. *Cultural Theory*. Boulder, CO: Westview Press.

Williamson, O. E. 1985. *The Economic Institutions of Capitalism. Firms, Markets, Relational Contracting*. New York: The Free Press.

# 第5章 公平、互惠和工资刚性

杜鲁门·F·比利[①]

## 5.1 引言

关于工资刚性存在许多相互竞争的理论，这些理论的实证检验基于工资率和就业的公开数据，但这些数据不能解释工资行为的制度和动机方面的原因。为了进一步深入研究，一些经济学家分析了特殊的数据源；一些经济学家进行了调查和实验。管理科学家和组织心理学家年复一年地收集关于工资刚性的数

---

[①] 我感谢华威大学（University of Warwick）Jennifer Smith 教授的评论。本文的初期版本发表于 H. Gintis, S. Bowles, R. T. Boyd and E. Fehr（eds），*Moral Sentiments and Material Interests：The Foundations of Cooperation in Economic Life*. MIT Press.

据。我现在论述一下我所知道的有关工资刚性的起因。

## 5.2 工资和薪水是向下刚性的吗？

在考虑为何工资是向下刚性的之前，明智的做法是首先检验工资是不是向下刚性的。因为缺少恰当的数据，回答这个问题就出乎意料地困难。不仅缺少数据，我们甚至不清楚工资恰当的定义是什么。对于工资的定义有三种理解，一是取决于每项工作平均小时名义人工成本的公司边际成本。二是取决于每个工作者总的名义报酬的雇员福利。第三种可能是，在一个工作任期、相同雇主、固定职位以及不变工作条件下，一个雇员的名义报酬。如果按小时支付雇员工资，则工资等于小时工资加上以小时计数的附加福利。总报酬是支付给月薪雇员的相关报酬，总报酬等于工资加上附加福利以及奖金。第三种工资的定义与雇员以及管理者公认的公平观念联系密切，因此与解释工资向下刚性的管理问题最相关。为了更加贴近工商企业中公认的公平意义，工资应当仅仅包括基本工资而不包括其他易变的报酬，例如奖金。这三种工资水平可以独立地发生变化。例如，在任何工作者的工资没有发生变化的情况下，如果分配到一项工作的工作者的工龄发生增长，这项工作的平均小时人工成本可以增长。类似地，在任何一项工作的每工作小时工资或人工成本不变的情况下，工作时间或工作任务的变化会导致个人总工资的变化。福利在概念上有些模棱两可。例如，如果一项医疗保险政策导致支出增加，并由公司和员工共同承担，那么公司每项工作的名义人工成本都会增加，但是工作者或许会觉得他们医疗保险金的总价值在下降。

第三种工资是一种在不变工作条件持续工作的报酬，减薪应该被定义为第三种工资的减少。遗憾的是，这种工资率是最难以计量的，因为与总工资相比它要求了解更多。

据我所知，Lebow et al. (2003) 的研究是唯一一个测度第一种工资定义即公司的平均人工成本的研究。作者使用美国劳工统计局（U. S. Bureau of Labor Statistics）的数据，发现尽管存在相当数量的减薪情况，但工资成本向下方向具有某种程度的刚性。

很多的文献都是使用对单个工作者收入的调查数据来研究第三种工资的变动。这些数据源有家庭面板调查数据和社会保险数据。此类研究包括：McLaughlin（1994，1999），Lebow et al.（1995），Card and

Hyslop（1997），Kahn（1997），Goux（1997），Altonji and Devereux（2000），Smith（2000，2002），Beissinger and Knoppik（2001，2003），以及 Fehr and Götte（2005）。其中一些作者不得不为收入报告中的错误绞尽脑汁。所有的这些研究的缺点都在于忽视工作小时、工作任务、奖金或工作环境等方面的变化，所以我们并不清楚这些数据揭示的是否是第三种工资的定义。所有的研究都报告了大量工资减少的情形。Goux 认为，60%的减薪可以归因于工作环境的改善，例如晚上工作转向白天工作、职业变化，以及年终奖金变化。她没有提及任何工作小时数的变化。其他作者都没有揭示这些细节信息。对上述列举调查中的这些困难，Kramarz（2001）和 Howitt（2002）进行了讨论。

在工资刚性方面，对不同公司的调研结论是相互矛盾的。Kaufman（1984），Blinder and Choi（1990），Agell and Lundborg（1999，2003），Agell and Bennmarker（2002，2003），以及 Bewley（1999）简单地询问雇主，他们是否削减了工资。调研答案可能适用于第三种工资的定义，但是没人能肯定。Kaufman 研究了经济衰退时期，在他调研的 26 家英国公司样本中，没有一家公司认为削减了名义工资。Blinder 和 Choi 发现了减薪的高发情况，在他们研究的 19 家美国公司中发现了 5 家。Agell 和 Lundborg 发现，几乎没有减薪的情况，在过去的高失业、低通货膨胀的 7 年里，153 家被调查的瑞典公司中有 2 家存在减薪的情况。在 20 世纪 90 年代瑞典经济深度衰退期间，Agell 和 Bennmarker 发现，只有 1.1%的工作者遭遇到减薪。减薪只在极个别的雇员身上发生。瑞典法律使得减薪变得非常困难，这可以解释 Agell 及其合作者的研究中几乎没有减薪的情况。尽管我在经济衰退期间进行了调查，积极找出存在减薪的公司，但是我发现减薪较少发生；20 世纪 90 年代早期的经济衰退期间，在 235 家被研究的公司中，只有 24 家公司削减了部分或所有员工的工资。

类似的矛盾结论出现在工会工资协议（union wage agreement）的调查中。在《当前工资发展》（Current Wage Developments）和《劳动评论月刊》（Monthly Labor Review）中，劳工统计局报告了 1959—1978 年工会和非工会平均工资变动。这些数据显示了一些无足轻重的减薪：工作者每年减薪幅度小于 0.5%。[①]（在我的研究样本中相应的百分比是 0.14%。）Mitchell（1985）发现了与此相矛盾的证据——1983

---

① 这些数据引自 Akerlof et al.（1996，p.8）。

年，他使用劳工统计局的主要包括新合同的数据计算出，被调查的所有工作者中有13%遭遇到减薪。类似地，Fortin（1996）发现，1992—1994年，加拿大1 149个大型non-COLA工会工资协议（large non-COLA union wage settlements）中有6%涉及减薪。

关于第三种工资的向下刚性，少数研究提供了更为明确的证据，这些研究使用了公司的记录以研究雇员个体在工作分配、工作时间、报酬方面的履历。这些研究包括：Baker et al.（1994），Wilson（1997），Altonji and Devereux（2000），Dohmen（2003），以及Fehr and Götte（2005）。遗憾的是，这些作者仅研究了6家公司。Baker等人研究了一家公司；Wilson研究了两家，其中一家与Baker等人研究的公司相同；Altonji和Devereux研究了三家公司；Dohmen研究了一家荷兰的倒闭公司；Fehr和Götte研究了两家瑞士的公司。Altonji和Devereux、Dohmen、Fehr和Götte报告了时薪和月薪雇员的数据。另两位作者只提供了月薪雇员的信息。所有5个研究都发现了不太显著的减薪。Altonji和Devereux发现，2.5%的时薪雇员经历了减薪。但是几乎所有这些减薪都与全职或兼职的情况有关，或者与绩效激励是否计入报酬的情况有关。Akerlof et al.（1996）对华盛顿特区596个群众的电话调查进一步强化了上述结论。（电话调查的）主要问题是："除去加班费、佣金、奖金，在过去的一年你的基本工资率发生变化了吗？"极少数报告说减薪了。根据问题的形式，这一证据所涉及的是第三种定义工资。与此相矛盾的证据是，1992年和1993年在新西兰进行的两个类似的调查，8%和5%的受访者报告说小时工资减少了（Chapple，1996，Tables 2 and 3）。对此仍需做进一步的研究。迄今为止，没人组织过一个大规模的调查，以准确测量第三种工资定义下减薪的发生率。

## 5.3 经济学家调查的证据

在工资报酬的政策方面，经济学家对工商企业的经理进行了8个调查。其中7个调查的目的是研究工资向下刚性的原因，这些研究包括：Kaufman（1984），Blinder and Choi（1990），Agell and Lundborg（1995，1999，2003）的两次调查，Campbell and Kamlani（1997），Bewley（1999），以及Agell and Bennmarker（2002，2003）。Levine（1993）所作的第8个调查也包含相关内容。虽然研究的结果在一定程度上有所不同，但是他们对工资刚性的原因都描绘出了一幅一致的图景。我讨论了 Smith（2002）的一篇文章，他对英国工作者的调查进行了分析。

我首先总结一下我自己的发现。我的发现是通过对美国东北部地区 246 个公司经理人和 19 个劳工领袖的采访得出的，当时是 20 世纪 90 年代早期，由于经济衰退，失业率非常高。我的发现反映了管理者的看法，尽管劳工领袖在这个问题上持有的观点几乎相同。对减薪首要的抵抗力量来自上层管理者，而不是来自雇员。避免减薪的主要原因是它们会破坏士气。士气有三个组成部分。一是，公司认同和公司目标内部化。二是，雇员相信，其与公司以及其他雇员之间有一种不言自明的相互回报关系；雇员知道，自己对公司和同事的帮助最终将得到回报，尽管这是以一种潜移默化的方式进行的。三是，有利于完成好工作的氛围。这不一定是某种快乐的氛围，尽管愉快对于完成一些工作是重要的，但这种氛围未必是快乐的，其类似于与客户打交道的氛围。对于不喜欢的工作，这种氛围可以使雇员严格聚焦于完成工作的成就感和自豪感。好的士气并不等同于快乐和工作满足感。仅仅因为不需要工作，工作者们就可以感到满意。好的士气与一种甘心情愿为企业和同事作出牺牲的心态相关。

一般意义上的公平有利于形成好的士气以及互相信任的一种氛围。公平的观念是由管理者恰当地处理工作者之间的关系产生的，是通过公正的规则处理争执、决定晋升、工作分配，以及基于有依据的标准分配不同雇员的相对报酬。这些标准常常很复杂，被称为内部工资结构。它们是基于以下因素，例如培训、经验、在公司的任期、生产效率等来决定工资差别的。内部工资结构特别重要，因为在一个公司中发生的任何分配不公现象可能都会导致愤怒并扰乱工作。内部公平的标准在某种程度上是随意的，并且可以深深地植根于公司的传统。

工资标准通常无法明确规定工资与产出是成比例的。多数雇主相信，即使在工资不与产出挂钩的情况下，作为整体的人力资源也可以实现产出最大化，尽管在给予一些个体更强的财务奖励时他们的产出可能会更多。在工商企业中，对报酬应该与生产率挂钩到何种程度存在不同的观点。特别是如果生产率很难衡量时，因生产率不同而导致的收入差距过大会引起不满情绪，而绩效通常是较难计量的。尽管如此，由于通常的公平观念要求人们在一定程度上将贡献差别体现在财务报酬上，因此大多数公司在生产率能被明确计量的情况下通常采用计件工资，甚至

## 第5章 公平、互惠和工资刚性

在计件工资不适用时也采用计件工资。工资对生产率的挂钩程度可能会被其他的工资影响因素削弱,例如在公司的供职期限。不论个体的工资与其生产率的挂钩多密切,通过调整不同种类的工作者数量,公司就可以自动保持不同种类工作者的平均工资大致等于边际产出的价值,以实现利润最大化水平。

经理们关心士气,是因为它会影响到劳动力流动、新员工招募和生产率。不满的员工一旦拥有其他就职机会可能就会辞职。公司的员工是最好的招募员,因此重要的是不要让他们到处抱怨他们的公司。从日常工作的完成效率上看,士气对生产率几乎没有影响。特定的生产率很大程度上是由习惯和工作环境决定的。经理要考虑士气对工作者意愿——即愿意做额外工作、愿意鼓励和帮助其他人、提出建议,以及在没有监督的情况下好好工作——的影响。同样,士气低落的工作者彼此抱怨会浪费时间。考虑士气对生产效率的影响时,重要的是必须认识到,经理无法严密监控员工,且员工对工作拥有大量的自由,这导致监控成本太高。除去一些低层次的工作,雇主依赖于工作者的自愿合作,而不是简单地发号施令。

当考虑为什么减薪会降低士气时,有必要将新员工和现有员工进行区分。减薪会伤害老员工的士气,因为减薪具有侮辱效应并会影响生活水准。工作者们通常认为,定期加薪是对努力工作和忠诚的回报,所以即使在所有员工都减薪的情况下,他们也将减薪解释为一种冒犯和对隐性互惠关系的一种破坏。如果公司的每个员工都减薪时,即使对工作者的减薪不是针对个人,他们之间的流言飞语也会激起不满。愤怒源自收入下降对生活水平的影响。当工作者们发现现有的生活方式受到压缩时,他们就会抱怨他们的雇主。这种效应就是实验经济学家所称的损失厌恶。

*162*

上述讨论不适用于新雇用的员工。如果公司在雇用他们之前有一次总体的减薪,那么他们几乎不会关心。然而,有可能是这种情况,减少新员工的薪水,同时保持老员工正常加薪。一些公司尝试过两层工资结构。经理说,新雇用的低阶层的工作者刚开始欣然接受他们的工作,但随后,当了解到他们的薪水有悖于传统的内部工资结构时,他们的态度就会转变——认为他们没有被公平对待,愤怒会挫伤他们的士气,他们的不满会影响其他人。

抵抗减薪和追求内部工资公正源自于公平的思想,公平通常是基于参考工资。减薪的参考工资是基于过去的工资。内部公平的工资参考标准是，在一个公司内相似资质和相似工作的其他员工的工资。尽管工作者和管理者都认为，雇员在一定程度上分享公司的成功是恰当的，但工资的公平与利润和生产效率关系不大。尽管管理者在建立内部薪酬结构时会采用合理的标准，一旦工资结构建立，传统本身就会成为公平的标准。

对工资向下刚性的解释与 Solow（1979）、Akerlof（1982）以及 Akerlof and Yellen（1988，1990）提出的士气理论密切相关。他们宣称士气和因士气产生的生产率会随着工资的增长而增长，工资水平由人工成本和生产率的平衡决定，且工资水平独立于失业率。Akerlof（1982）用他的礼物交换模型解释了工资和士气之间的关系。根据这个模型，工作者会以超过雇主要求的努力程度来换取高于市场出清的薪酬水平，所以努力会随着工资水平的增长而增长。但是，我不相信这个理论是准确的，因为雇主们说他们没有看到努力、士气与工资水平有多大关系，生产率和士气不会随着薪酬水平提高，但是减薪或者令人失望的小幅涨薪却会挫伤生产率和士气。甚至慷慨的加薪也不能提高士气和生产率，因为工作者很快就会习惯于薪酬水平增长，并认为加薪是他们的权利。他们很快就忘记了应该提供额外努力来换取高薪水的想法。当确定工资时，雇主不会考虑人工成本与现有雇员的生产率的平衡，但是经理人确会考虑劳工成本与公司可以吸引和留住劳工质量的平衡。Akerlof、Solow 和 Yellen 的理论认为，士气取决于工资水平，而从我的解释可以看出，仅当薪水减少时会影响士气。在 Akerlof-Solow-Yellen 理论中毋庸置疑的是，雇主避免减薪是因为这样做会挫伤士气。这个理论遗漏的是，雇员们通常对于他们所提供的劳务的一个公正报酬水平或市场价值几乎没有概念，不管薪酬有多高，他们很快都会相信他们有权享有现有的薪酬。工作者不会用其他公司的薪酬水平作为工资参考标准，因为他们对此知之甚少。

尽管减薪极少发生，而且经理也认为不该减薪，但减薪真正发生时，通常不会引发经理所描述的负面影响。对于这个矛盾的解释是，如果工作者认为减薪是为了阻止一家公司倒闭或是为了挽救更多的工作岗位，减薪就会被工作者集体接受。如果实际情况也确实如此，经理们就确信他们可以说服全体职工减薪的必要性，同时，除非经理们认为减薪是必须时，一般情况下经理们不会减薪。

关于工资刚性的学术讨论中的一个难题是，为什么公司宁愿开除工作者也不愿减薪。我发现，大多数经理相信他们公司对于劳工的需求弹性很低，以至于减薪不能减少公司内多余的劳动供给。弹性小是因为直接人工成本只占边际成本的一小部分，同时产品需求的价格弹性远不是无限的。只有在产品需求弹性高的公司，例如建筑公司，减薪才被认为可以增加劳动需求。减薪一般会发生在此类公司或者面临倒闭的公司。对于其他公司而言，减薪是裁员的一种替代选择，它只是通过裁员来节省资金，而不是去掉多余的劳动，这样的公司很多。宁愿裁员也不选择减薪的主要理由是裁员对士气的影响很少。虽然失业的工作者遭受痛苦，但是他们已经不在公司。在这里我引用一个经理人的话："裁员就是将发牢骚的人扫地出门"。好的管理就是积攒一批潜在的裁员，一次性大规模地辞退，然后向在岗的保证一段时间不再有裁员。裁员对士气的影响是短期的，而减薪的影响是长期的。其他论据是，裁员可以增加生产率，而减薪会挫伤生产率；裁员赋予经理让谁离开的控制权，而减薪却可能导致最好的工作者辞职。许多公司担忧最好的工作者离职的趋势，因为内部公平对工资的拉平效应意味着，支付给某一工种的工作者工资的增长小于其对利润的贡献。另一个因素是，可行的裁员通常比可行的减薪更节省资金，减薪通常不会超过基本工资的20%。裁员可以节省雇佣固定成本支出，该成本很可观，而减薪只会减少工资中的可变部分。

经济文献中存在的另一个难题是，为什么失业工作者不会接受更低工资，以取代就业的工作者。Solow（1990）提出，由于社会惯例的反对，失业者不能从事这样的削价竞争（undercutting）。我发现，对于大多数人来说，直接的削价竞争是不可能的，因为他们不确切知道他们申请的工作是什么或者工作的薪水是多少。而且，这种情况很普遍，在某些高失业时期，求职者为了工作只要求极低的工资。这些求职申请并非不受欢迎，但几乎从来不被接受，因为接受这些求职申请将会违背内部报酬结构，并会使新员工士气低落。而且，低工资要求的求职申请会导致雇佣试用期的工资降低。

一个类似的困惑是，为什么公司不在经济衰退期用低廉雇佣者对雇员进行替换。Lindbeck and Snower（1988）基于其内部人—外部人理论认为，公司很少对工作者进行替代是因为未被替换的老员工会阻挠并拒绝与替代者合作以及对新员工的培训，因此会导致生产率降低。我发现，雇主不对员工进行替换的主要原因是，新员工缺乏现有员工的技能，同时替换会使工作者集体士气低落。因为大多数的技能是企业特有的，替换会导致技术部分地流失。经理们认为，进行替换之后，未替换工作者可能会抵触新来者，但是经理们宣称，对于解释为什么雇员不被替换，还有比这个更重要的其他原因。

凯恩斯（Keynes，1936）提出，工资向下刚性可以由不同公司相同工作的工资级差所解释，这也是雇员们所关注的。然而我认为，除非在高度工会化的行业，这种外部工资级差不是争论的焦点。在大多数公司，雇员们几乎不知道其他公司的薪酬水平，以至于他们不知道他们是不是被少付了工资。尽管工会会尽量将其他公司的工资率通知其会员，但是在美国工会的力量薄弱。

Shapiro and Stiglitz（1984）的禁止偷懒理论是对工资刚性的一个流行解释。该理论认为，经理们是通过解雇手段来劝导工作者好好工作的，如果工作者的生产率低于某一规定的水平就会被解雇。工资水平越高的工作者失去工作所遭受的损失越大，因此高工资水平使得高生产率成为可能。根据该理论，经理们设置的工资水平是为了使工资成本与生产率平衡得到优化。但该理论不能真正解释向下工资刚性，因为它暗示——当失业率上升时工资应该下降。当失业率上升时，寻找一个新工作变得相当困难，因此解雇导致的工作者的损失更大。该理论暗示，公司可以在低工资水平保持相同的生产率。除了这个缺点，该理论在经济学家中十分流行，以至于我经常询问经理们和劳工领袖这个问题，而得到的几乎所有回答是它不适用。当用 Akerlof 的礼物交换模型进行解释时，雇主们没有看到工资与士气之间有多大关系。雇主同样也不会通过威胁开除偷懒者来获得合作。这样做会产生负面氛围，损害士气、促进反抗。虽然工作者在工作中可能会开小差，但除了在雇用后短暂的试用期内，很少因此而解雇工作者。通常会以协商和惩戒的方式处理偷懒者，只有当工作者成为极坏的典型时才会被解雇。对于员工缺乏积极性，经理会尽力解释期望达到的结果，指出完成工作的重要性，并显示出兴趣和欣赏，使工作者感到他们是这个组织中有价值的一员。一般而言，大部分员工喜欢工作、合作以及想讨好他们的老板。

尽管禁止偷懒理论不具适用性，但其中设想的激励机制是有效的。例如，在经济下滑期间工作者会努力工作，这时新工作不好找并且裁员迫在眉睫，如果裁员基于工作绩效，也就是说，在一项工作中生产效率最低的工作者首先被解雇，就更是如此。因为在经济下滑时失去工作的危险性更高，因为工作者想尽力通过合作和工作更有成效来避免解雇，以致努力工作程度会提高。由于源自外部环境导致的解雇不在管理的控制之下，所以有计划地解雇偷懒者所激起的敌意不会在这时产生。①

尽管经理一般不会使用解雇手段激发工作努力，但财务激励被认为非常有效，且被认为不会损害士气。激励会增加士气，因为工作者们认为这是公平的，他们对公司的贡献得到了回报。当激励不被夸大时，它们有助于内部公平。惩戒甚至开除也有这种效果，因为那些努力工作并且遵守公司规章的工作者看到品行不端的人逃脱处罚会很愤怒。解雇的主要作用是保护公司远离犯罪行为、不称职，并保持内部公平。恰当地使用解雇手段可以为管理者赢得尊重。管理者应该避免的是威胁每个人的惩罚氛围。然而，这种说法似乎不适用于低层次的工作。有证据表明，雇主有时会采用威胁来激励低收入工作岗位的员工，因为这些岗位不需要培训并且雇员容易监管。

Weiss（1980，1990）的逆向选择模型也对工资刚性进行了解释。该模型分析了解雇和雇用这两种情形。在解雇的情形下，管理者选择解雇而不选择减薪，因为如果减薪，则最好的工作者可能就会离开；如果经理解雇工作者，则他们可以选择谁离开。对雇用而言，经理们认为，求职者愿意接受的工资水平越高，意味着他不可观察的品质越高，而新雇员的工资是由工作者品质与工资的平衡决定的。Weiss 声称，工资与求职者质量的关系取决于在次级产业（secondary sector）的就业机会，因为次级产业求职者的质量完全可以观测。次级产业是家政工作，或劳动力流动极快且通常为兼职的工作。基础产业（primary sector）的工作是长周期的并通常是全职的，Weiss 逆向选择理论中雇用的情形适用于基础产业。他认为，次级产业劳动产出回报水平是恒定的，因此假设次级产业的真实工资是向下刚性的。根据这个理论，通过对工资报酬的逆向选择，次级产业的工资向下刚性就会传递到基础产业。

我发现了支持 Weiss 理论应用于解雇情形的证据，但没发现支持雇用情形的证据。尽管经理们相信减薪会导致好员工离开，但我发现，没有证据显示，招聘者会以求职者的工资要求作为其品质的标识（indicator）。工作招聘者会对报酬与工作者质量进行权衡，但是他们并不能从工资要求获取更多关于求职者品质的信息。招聘者权衡利弊不以低薪招聘的原因，仅仅是为了招聘到技术工人，除了经济下滑时，技术工人一般都是供不应求的。对于大多数有经验的招聘者而言，他们相信在经济

---

① 在美国，失业和解雇存在法律上的区分，发生失业是由于缺少工作岗位，而工作者被解雇是由于过失。

衰退期间以低工资就可以雇用到所有需要的技术工人。次级产业不能支撑求职者的保留工资。与 Weiss 理论预测的状况相反，次级产业比基础产业的雇佣工资更具弹性。两层或多层的工资结构在次级产业相当普遍，因为兼职以及临时性的工作性质会使得工作者彼此之间难以相互了解，并因此减少了保持内部工资公正的需要。

Kaufman（1984）的结果支持我的主要调查结果。他在 1982 年高失业率时期，采访了 26 家英国公司。他也发现雇主们"认为他们可以以较低的工资聘来胜任的工作者"。他发现，雇主之所以会避免用更低廉的工作者进行替换，是因为技能和长期雇佣关系的价值。雇主们避免减薪是出于生产率的考虑。因为监督耗费成本，雇主们很"依赖于他们的员工的善意"。工作者将工资作为称职地完成工作的回报，总是将减薪视为一种"冒犯"。雇主避免以低于现有工作者的工资率雇用新员工，因为如果真这样做了就会产生"无法容忍的冲突"，尤其是随着"新员工最终对两层工资结构变得不满"时。除非不减薪必然导致严重裁员或公司倒闭的情况下，管理者才认为可以将减薪付诸实施。

Blinder and Choi（1990）采访了 19 家公司的经理，他们的发现几乎与我的一致。他们发现，支持 Weiss 的观点的证据很少：求职者的工资要求是其生产率的有用标识。在 Blinder 和 Choi 的 19 个受访者中，尽管大多数人认为减薪会减少努力程度，但很少有人认为高工资会激发更加努力的工作。大多数受访者宣称，努力程度会因为受挫的士气而降低。没人提及解雇这种较少使用的处罚。大部分受访者认为，高失业率会带来更高的工作努力。尽管只有五分之一的公司进行了减薪并出现了离职现象显著增加的情况，但回答问题的所有受访者都认为，减薪会使得劳动力流失。"减薪的原因似乎很重要，如果是为了挽救公司免于经营失败或与竞争对手在工资水平上保持相当，则减薪被认为是合理的和公平的，但为增加利润的减薪是不合理和不公平的。"经理们强烈感到如果工资政策被视为不公正，"将影响到工作努力、离职和求职者的质量，对此……类似的态度必将强烈阻止不公平工资制度的贯彻执行……这并不是说在适当的环境下也必然会将减薪排除在外"（Blinder and Choi，1990，pp. 1008-1009）。Blinder 和 Choi 强烈支持这种观点，即工作者关心相对工资是向下工资刚性的一个原因。然而，被询问的问题没有对内部工资与外部工资进行区分，因此对凯恩斯的相对工资理论是否支持模棱两可。

Campbell and Kamlani（1997）对 184 家公司进行了调查，发放调

查问卷给经理们,要求他们用 1~4 为不同问题的重要性评定等级。大多数的结论与我的以及其他的一些调查一致。他们调查的受访者将减薪会导致最好的工作者离职的观点赋予了最高的重要等级,这也是 Weiss 逆向选择理论中离职情形的观点(Weiss,1990)。Campbell 和 Kamlani 发现,最好的工作者是有价值的,因为工资并不会与生产率成比例地增长,并且员工的技能通常是公司特有的。管理所关心的其他重要因素是,减薪会增加劳动力流动以及由此产生的雇佣和培训成本,并且会产生不满情绪,这会导致努力程度降低。Campbell 和 Kamlani 几乎没有证据支持减薪会使招聘变得困难的观点,也没发现支持禁止偷懒模型(no shirking model)的证据。经理们不认同减薪会导致努力程度降低的原因是雇员对失去工作的担心减少了,但认同努力程度降低是因为感激和忠诚减少了。此外,管理部门与工作者之间的关系对努力的影响,被认为比高工资、严密监控、高失业率的影响更重要。这也不支持内部人—外部人理论。大多数管理者不认为如果公司辞退现有工作者并用低工资的新雇员替代,未被替代的老工作者会扰乱并拒绝与新员工合作。减薪的原因很重要,如果公司在盈利而不是在亏损,减薪的负面影响会更大。增薪和减薪的影响是非对称的,减薪对努力的有害作用会超过加薪的正面作用。同样地,减薪对努力和士气的影响超过了长期保持低薪的情况。

Agell and Lundborg(1995,1999,2003)制作问卷并对瑞典制造业公司的经理进行了调查,且 1991 年获得了 179 个公司的答复;在 1998 年的后续调查中,获得了其中的 157 家的答复。绝大多数受访者认为,一项名义减薪会导致员工强烈的抵制,并认为至少有 50% 的公司工作岗位将被迫进行一项可接受的减薪。受访者强烈支持凯恩斯的理论,即用维持外部工资相对性的要求来解释向下工资刚性。瑞典劳动工会的影响比美国更强,这可以解释该结论与我的结论之间的矛盾。这一解释受到 Agell and Bennmarker(2002,2003)调查结果的支持,公司工会化程度越高,外部工资区别作为工资刚性解释的重要性越强。Agell 和 Lundborg 几乎没有发现支持禁止偷懒模型的证据。"经理们不认为偷懒是经常发生的,所以被发现多次偷懒的雇员只仅仅通过口头批评进行惩罚"(Agell and Lundborg,1999,p. 11)。与 Campbell 和 Kamlani 的分析类似,他们发现管理部门与工作者之间的关系对努力程度影响的重要性胜过了高工资、严密监控、高失业率。当经理们被要求列出激励员工的最重要的因素时,"他们回答是，他们的员工应该被分配具有挑战性的任务，并感觉到参与了决策"。一些经理强调，使得所有员工感到被关注和信任，并拥有持续的反馈和欣赏是很重要的（Agell and Lundborg，2003，p. 25，footnote 16）。正如上述作者所记录的，这些回答与我从美国管理者那里听到的回答非常相似（Agell and Lundborg，1999，p. 13）。管理者说高失业率有助于增加工作者的努力；工作者在1998年高失业率时比在1991年低失业率时似乎更加努力。这些关于失业率影响方面的结论证实了我和Kaufman的结论。与Blinde和Choi的研究类似，Agell和Lundborg没有发现支持Weiss关于求职者的保留工资是其生产率有用信息的观点的证据（Agell and Lundborg，1999，Table 6）。Agell和Lundborg同样发现支持Solow的削价竞争理论（theory about undercutting）的证据很少。尽管，或许是因为在1998年更高的失业率挫伤了找工作的积极性，导致低工资要求的求职者1998年比1991年有所减少，但与我做的调查结论相同，他们发现，低工资要求的求职者并不少见。经理们通常拒绝低工资劳务供给，因为接受它会引发公司内部薪酬不公平，同时低报价者被认为缺乏技能（Agell and Lundborg，1995，p. 299）。在我的调查中，我经常听到第一种解释，第二种很少。

Agell and Bennmaker（2002，2003）与Agell和Lundborg的研究结论大体上是一致的。Agell和Bennmaker还获取了公司大小和雇员性别对解释工资刚性的影响——这些与本章的关系不密切。

Levine（1993）在薪酬政策方面对美国大公司的139个薪酬经理进行了问卷调查。调查问卷的问题聚焦于工资和薪金是如何决定的，而不是探讨向下工资刚性的原因。尽管如此，他发现失业率以及其他劳动超额需求的指标对工资没有影响。另外，在决定相近岗位和技能的相对工资率方面，内部公平的考虑优先于劳动力市场工资率的变化。

总之，这8个调查几乎是一致的，同时这些调查指出，对工资刚性的解释是基于士气而不是工作激励，而工作激励在禁止偷懒模型中发挥着作用。

现在我论述Smith（2002）的分析，她对1991—1999年6 000户英国家庭的面板数据进行了研究。她使用了70%的工作者的数据，这70%的工作者在9年间没有改变雇主或职位级别。这些数据包括每月的收入，以及关于对薪酬和工作满意度调查问卷的回答。

她发现，在一个有代表性的月份，大约有 28% 的工作者遇到了减薪，并且有大约 6% 的工资被冻结，在工资冻结的情况下，他们的月度名义工资没有变化。她研究了满足感和月度工资变化之间的关系，发现经历减薪的工作者较加薪的工作者的平均满足感低，尽管这种满足感差异是不持续的。她还发现，那些被冻结工资的工作者与那些收入下降的工作者的满足感相同。她将这个最后的发现解释为反对上述工资刚性—士气理论的证据，因为依照该理论，与工资冻结相比，减薪引发的不满更多。当然，这个理论有可能是错的，但是不清楚从她的分析中能得出什么结论，因为她或许不拥有我们在前面给出的第三种定义的意义上的减薪和工资冻结数据，而这种定义才是与工资刚性相关的。每月收入发生波动的原因很多，例如，加班费、换岗、工作任务、奖金或是时间的变化，除了时间之外她没有取得与此相关的任何信息，她不能确定这些数据换算成小时工资数据是准确的。工资上升、冻结、下降与工资计算的方法是相关的。为了从这些规则中找出变化，需要大量的信息而不是每月收入总数。按照减薪的严格定义，我发现，从一个月到下一个月不太可能有 28% 的工作者都遭受到减薪。另一个争论焦点是，实际减薪常常被证实为对士气的影响很小，因为减薪实际发生都有正当的理由，工作者会接受减薪并认为这是公平的。当经理们说降低工资会挫伤士气，他们是指不恰当的减薪。此外，工作满意度和工资满意度对士气或许不是好的度量方法。

　　宏观经济学中一个有趣的问题是，工资刚性是真实的还是名义的。也就是说，工作者是否会遭受货币幻觉？他们是反对 10% 的名义减薪同时消费者物价水平下降 5%，还是更反对 5% 通货膨胀下的工资冻结？不问前提假设就进行调查，且混淆被调查者问题，就很难将这个话题分析清楚。大多数调查都是在低通货膨胀的情况下进行的，调查结果往往显示通货膨胀似乎无关紧要。经理们回复 Agell and Bennmaker（2002，2003）问卷调查的问题类似于上面所说的情况，其结果显示，经理们认为他们的工作者会遭受货币幻觉。在我自己开展的调查中，对同样的问题我却很少得到类似的答案。由于这些问题推测性的性质，所以难以明白如何评估这些调查结果。尽管有丰富的证据证明一些人确实会遭受货币幻觉之苦（Kahneman et al.，1986；Shafir et al.，1997；Fehr and Tyran，2001），但在工资向下刚性方面，货币幻觉是否为一个重要因素还不确定。

## 5.4 实验经济学家的证据

实验证据正在不断积累,其中大部分实证了经理关于其自身选择和工作者动机等方面的论述。最重要的发现是当前盛行的互惠理论。在实验中扮演工作者或雇主角色的大多数人,或是在被提供额外报酬时会付出额外努力,或是接受额外努力后会支付额外报酬,甚至在没有要求补偿物的情况下也是如此。人们同样会以怨抱怨。在实验中,实验对象制造成本损失是为了伤害那些伤害他们的人。以德报德的普遍愿望是好的士气的精华所在。消极互惠构成了减薪冒犯效应的基础,愤恨产生于对公司积极互惠关系的实际破坏;工作者们都希望雇主加薪,不要减薪,以换得忠诚和努力。消极互惠的弥漫或许可以解释经理们的信念,即经常以解雇为手段不会激发雇员好好工作。另一个发现是,在假定工作者没有胁迫感的条件下,财务激励确实可以激发努力工作。对这些实证文献的综述参见 Fehr and Gächter(1998b,2000),Fehr and Falk(2002)以及 Fehr and Fischbacher(2005)。

一系列实验室的实验显示了在模拟的雇佣关系中互惠的重要性(Fehr et al.,1993,1998a,b;Kirchler et al.,1996;Gächter and Falk,2002)。在这些实验中,有两个类型的主体,雇主和工作者,并有两个阶段的互动。在第一阶段,每个雇主提供一个工资报价,工作者或者接受或者拒绝。接受的工作者受到雇用并进入第二阶段,在第二阶段由工作者或者实验者选择努力水平。一个雇佣者只能雇用一个工作者,一个工作者只能受雇于一个雇佣者。一个受雇工作者的收益是工资减去成本,成本会随着努力程度的增长而增长。雇主的收益会随着努力程度的增长而增长,随着工资水平上升而下降。注意,雇主没有办法对工作者努力程度的选择进行施压。两个阶段一般重复实验10~15次。在一些实验中,雇主和工作者在每次重复实验中自行配对。在另一些实验中,在每次重复实验后由实验者改变配对关系。也就是说,搭档的建立是在对工作者和工作的重复的竞价基础上进行的。在这种工作者数量多于雇主数量的市场的相互作用中,市场出清工资只比工作者的保留工资略微高一点,保留工资是他们努力的成本。实验一贯地发现,如果工作者选择努力程度,那么平均工资就显著高于保留工资,尽管竞争性报价应该迫使工资降低到它应该的水平。另外,工作者的平均努力高于最低允许水平，并随着提供工资的增长而增长。此外，如果实验者选择努力程度，并且存在劳动过剩的竞争性报价，那么工资与保留水平就会无差别地相等。即使雇主与工作者仅仅互动一次，这些结果也是一样。这就是说，即使在工作者选择提供努力水平之前工资已经商定，并且雇主没有其他机会奖赏或惩罚工作者的情况下，工作者也可以通过提供额外的努力换取高于最低工资的报酬。雇主会通过提供优厚的工资待遇来激发工作者的互惠行为。

实验显示，只有一部分人是互惠的。另外一些人不互惠，且行为自私。自私的工作者提供的努力最低。一些雇主尽管可能也是行为自私的，但仍提供优厚的工资，希望工作者们积极响应并更为慷慨地付出劳动。因为当实验者固定努力水平时工资降到最低水平，我们可以试探性地得出结论——雇主的行为主要是受互惠期望的驱使，而不是受公平观念的驱使，也就是说，是受公平地分配工作者—雇主互惠关系产生的经济剩余所驱使。

回报的倾向可以基于人们的心灵。Rilling et al.（2002）利用核磁共振成像研究了大脑对于反复进行囚徒困境博弈的反应，发现实验对象进行合作时和决定合作时的反应，通常伴随着与愉快相关的某些大脑活动形态。[①]

所有这些调查结果都支持 Akerlof（1982）在其礼物交换模型中对工资刚性的解释。我很早以前就指出，这个理论应该不能应用到工商企业背景中，因为工作者很快就会认为他们所收到的薪水是应得的。实验没能持续地、足够长地捕捉这种适应效应。

关于这些实验，重要的是，它们揭示了大部分人的行为是互惠的。此外，实验结论确实反映了经理们描述的某些实践。当设置新雇用者薪水时，招募者会提供少量超过求职者期望的工资，是因为与他们建立好关系，激发他们对于新工作的兴趣。招募者不愿意雇用资历过高的求职者的一个原因是，求职者可能会因为工资低于他们的期望而感到不满。

Fehr and Falk（1999）对 Fehr et al.（1993）以及上面描述的其他人的实验进行了有趣的改进。在竞争性报价和过剩劳动供给条件下，Fehr 和 Falk 将求职和招聘的报价从单边报价改为了双边报价。这就是说，工作者可以像雇主一样进行工资报价。作者发现，当实验

---

① 引自 Angier（2002）。Angier 将 Rilling et al.（2002）的研究与 Ernst Fehr 的研究衔接了起来。

者确定努力水平时，雇主只接受报价最低的求职，工资被迫降到几乎接近保留水平。然而，当工作者选择努力水平时，工资会高一些，就如同在仅仅由雇主提供报价的实验中一样。工作者会进行一些低报价以尽量取得工作，但是这些报价被拒绝，显然是因为雇主希望通过支付高工资激励高努力。实验中雇主的行为与现实中的公司相符，现实中的公司通常会拒绝低报价的求职。

Burda et al.（1998）进行的实验涉及了减薪。在他们的实验中，一个雇主和工作者在两期进行匹配，雇主在每期提供一个工资报价，在每期工作者可以接受或拒绝。如果工作者拒绝了报价，雇主在支付固定培训成本后，可以在市场工资水平雇用一个虚构的工作者。同时，实际的工作者接受市场工资，他好像是被一个虚构的企业聘用。市场工资被实验者预先决定，从第一期到第二期工资下降。在实验中，几乎没有工资刚性。雇主和雇员商定的工资倾向于随市场工资下降。雇主和工作者实际上玩的是两阶段最后通牒博弈，由于工资下降，工作者的谈判地位从第一阶段到第二阶段会变弱。这里没有以努力换取收入的互惠，因为这样做会导致侮辱效用的增加；生活最低标准的影响也不适用，因为工作者不依靠他们的薪水生活。因此，这些实验提供了证据，证明了缺少这两种影响的工资将是向下弹性的。

实验证据支持企业家的观点，即财务激励是有效的，甚至负向的财务激励也是有效的，只要它们不以恶意的方式使用。例如，Nagin et al.（2002）报道了对电话销售公司进行的一个实地实验。在这个公司，电话销售员的工资会随着其声称的成功地招揽的生意数量的增长而增长，公司会通过电话回访一部分成功招揽的客户以监督员工的这些声明。公司会增加真实电话回访比率，并秘密地修改存在问题的回访（bad calls）的比率。通过分析公司的数据，作者发现，当回访报告中存在问题回访的比率下降时，欺骗行为上升，也就是说，工作者对变相的负向激励作出了反应。

Fehr and Gächter（1998a）以及 Brown et al.（2004a）的实验显示，可能的负向激励无法阻止一个强烈的正向激励产生的互惠行为。Fehr and Gächter（1998a）将 Fehr et al.（1993）的两阶段实验进行修改后进行了实验，修改主要是基于第一阶段雇主要求一个努力水平。作者与另一实验结果进行了比较，在另一实验中雇主可以在第三阶段奖励或惩罚工作者。奖励或惩罚数量由雇主选择，并且不进行事先公布。随着奖励和惩罚绝对数量的增长，雇主要负担一定的成本。除了这部分成

## 第5章 公平、互惠和工资刚性

本外，许多雇主确实会奖励努力程度高的工作者，惩罚努力程度低的工作者，与二阶段相比，在三阶段实验中，平均起来工作者付出的努力更多，但挣得的工资更低。Brown et al.（2004a）重复了 Fehr et al.（1993）的两阶段实验15次。在第一阶段，雇主和工作者可以用数字标注（identify）彼此身份。这种安排使得雇主和工作者之间建立长期伙伴关系成为可能。在其他情形的实验中，标注的号码在每期都被重新分配，以至于建立长期关系是不可能的。当标注号码保持稳定时，工作者与雇主个体就可以形成对双方都有价值的关系，因为可以建立一种高努力与高工资的互换模式。雇主可以——并且许多雇主确实也会以解雇方式惩罚努力程度低的工作者，也就是说，终止为其提供工作。当标注号码稳定时，平均工资和努力程度就会显著地高于当标注号码重新分配时，以至稳定的标注号码就会使得解雇的威胁变得可信，从而规劝工作者进行互惠合作。当 Brown et al.（2004b）重复上述实验，允许公司数量多于工作者时，即使在工作者离开旧公司且很快可以找到新工作的情况下，长期关系也会形成。在这些实验中，负向激励未明确设计或许会减弱他们在实验中所采取措施的负面效应。对于负向激励效应的其他解释也许不得不与是自私的工作者还是互惠的工作者的具体情况有关。尽管互惠的工作者也许会被可能的惩罚触怒，但自私的工作者或许会被奖金前景和处罚的危险激励而提供更多的努力。

模拟禁止偷懒模型的其他实验提供了额外的证据，证明了惩罚不会必然阻碍互惠行为，并削弱努力。Fehr et al.（1996，1997，2001），以及 Fehr and Gächter（2002）描述了这些实验。这些实验由 Fehr et al.（1993）所描述的两阶段实验构成，区别是雇主要求一定的努力程度，如果工作者努力水平达不到要求的水平，也就是说，如果工作者偷懒，将以固定的概率被处罚。在这个实验的报价中，雇主指定工资、罚金，以及要求的努力程度。Shapiro and Stiglitz（1984）的禁止偷懒模型同样也有抓住偷懒行为的概率，且实验中的罚金就相当于被解雇。一个结论是，通过罚金的威胁所得到的不仅仅是可能达到的最低努力水平。同样，存在交换的可能，当雇主提供优厚的工资时，他们可以得到超过他们要求的更多的努力。或许因为雇主希望互惠行为，他们要求的努力程度总是太高，且希望不强制执行罚金。相当数量的偷懒行为会降低平均实际努力水平，这或许是由于受处罚会被雇员认为是不友善的，从而导致消极互惠。

这方面的证据是混合的，其程度取决于惩罚规章在多大程度上会阻碍互惠行为。Fehr et al.（2001）以及 Fehr and Gächter（2002）比较了实验劳动关系模型和劳动关系模型。实验劳动关系模型模仿禁止偷懒模型，可参见 Fehr et al.（1996）。劳动关系模型基于成功只取决于互惠和信任，可参见 Fehr et al.（1993）。在信任模型中，雇主提供一定的工资，并提出一个无约束力的努力要求，然后工作者提供一个努力水平。禁止偷懒模型与我们在前面的章节所论述的一样。这两篇文章的结论相反。在 Fehr and Gächter（2002）的文章中，信任模型比禁止偷懒模型的实际努力水平高。① 在 Fehr et al.（2001）的文章中，禁止偷懒模型的努力水平更高。我认为没有办法解释这样的差异，在两个实验中收益几乎是相同的，它们之间的不同似乎是不相关的。② Fehr and Gächter（2002）进行了另一个比较，显示惩罚在一定程度上会使工作者感到恼火。他们比较了禁止偷懒模型和等量奖金模型，在模型中的处罚是剥夺奖金而不是处以罚金。与禁止偷懒模型相比，奖金模型可以提高努力程度；但与信任模型相比，奖金模型会降低努力程度。

Fehr and Rockenbach（2003）通过实验进一步验证了负面激励的有害影响。在他们的实验中，实验对象从事一个游戏，其中投资者（investor）选择一定数量的金钱付给创业者（respondent），并由投资者指定从创业者那里希望得到的回报数量。随即，给付数量由实验者改变为 3 倍*，因此投资者给创业者 $x$，创业者将获得 $3x$。创业者然后选择回报给投资者多少。在另一个版本的实验中，当对创业者进行奖励的同时，如果创业者回报少于投资者要求的数量，投资者可以对创业者施加惩罚。通常，当被施加惩罚时，创业者是最不大方的；当不存在被惩罚的可能性时，是最大方的；当投资者施加了惩罚但是选择不进行处罚时，创业者也是最大方的。

Falk and Kosfeld（2004）的实验表明，试图控制人们就会抵消人们的合作意愿。他们让两个人玩一个游戏，其中一个是代理人（agent），另一个是委托人（principal）。给代理人 120 单位的货币，代理人将其中

---

① 见 Fehr and Fischbacher（2002），Figure 6。

② Fehr et al.（2001）模型采用雇主选择的实验类型，没有劳动供给过剩，实验者在每期将工作者与雇主进行匹配；而 Fehr and Gächter（2002）的实验者选择模型中，存在劳动供给过剩，工作者与雇主的匹配通过市场竞价决定。

\* 从而在实验中形成模拟收益。——译者注

的 $x$ 单位给委托人。随即，实验者将这一数量加倍，也就是委托人获得 $2x$ 单位。委托人或者可以强迫代理人至少支付 10 单位，或者什么也不支付。如果委托人通过这一方式限制代理人，代理人支付的会更少。通常，当代理人受到胁迫时，他们支付的更少。

Gneezy and Rustichini（2000）的证据证明了负向激励的破坏效应。他们做了一个日间托儿所的实验。在实验中，父母们第一次晚接孩子将会施以一项罚金。在引入罚金后，父母们晚接孩子的情况增加了，取消罚金后这种晚接孩子的情况才消失。这种情况似乎意味着，晚接孩子的现象越来越多是因为父母们将罚金视为照看孩子更长时间的费用。

Falk et al.（2000，2003）的实验证据证明，对于公平分配的可察觉出的意图和愿望会影响互惠行为。Falk et al.（2000）的实验使用了 Fehr and Rockenbach（2003）博弈中的一个变形。第一步，投资者索取或是给予创业者金钱，创业者然后可以反过来向投资者给予或索取金钱。这个博弈的另一种情形是，实验者基于一定的随机分布决定投资者的行为。在这两种情形下，创业者一般的反应是，如果金钱从他们那取走则取回金钱，如果给予他们金钱则退回金钱。然而，当第一步行动由投资者进行选择而不是实验者时，他们的反应的意义很重要。这个行为显示，创业者的行为在某种程度上会受赢得博弈奖金渴望的驱使，但是首要是受到向投资者的好的或坏的意图进行回报的强烈欲望驱动。Falk et al.（2003）从若干最后通牒博弈的实验中得出了相同的结论。实验对象 A 可以提议一个方案，10 单位金钱中 2 单位支付给一个创业者。一个可能性是始终为（8，2）划分，8 归提议者（proposer），2 归创业者。选择可以是（5，5），或是（2，8），（10，0），甚至（8，2），这意味着，实在没有选择情况下的选择。创业者会更频繁地拒绝（8，2）划分，相对于其他的选择，这种分法似乎更不公平。如果（5，5）是可选方案，则（8，2）经常被拒绝；如果（10，0）是可选方案；则（8，2）较少被拒绝。

这些结果提供了一些但不是很强的证据支持了经理们的断言——有计划地使用解雇来激发努力不仅会使士气沮丧，而且会降低生产率。我怀疑经理们所指的影响很难在实验中获取，因为解雇是非常严厉的惩罚且无法施加于实验，很难在实验中复制威胁氛围，威胁氛围源自经常解雇或者受到明确解雇威胁的工作场合。

## 5.5 来自组织心理学和管理科学的证据

尽管管理科学家和组织心理学家对薪酬、士气、生产率关系的早期调查,与经理们在这方面的表述存在矛盾,但随着该课题的不断发展,现在经理们的断言大部分正被证实。回顾经理们所宣称的,薪酬水平对动机或绩效的影响很少,但是与工作绩效联系的财务激励可以显著地增加生产率。这些结论被大量的管理科学家和心理学家的研究所证实,但我尚未论述。相关的参考文献可参见 Vroom(1964,p. 252)和 Lawler(1971,p. 133)。早期的研究不支持经理们的直觉,这与士气和生产率之间的联系相关。士气是基于问卷调查中工作满意度、组织承诺或者忠诚方面的证据进行计量的,绩效是通过直接观察或者监督者的评估进行计量的。大量的文献讨论了这个主题,对该主题的评论参见以下一系列文献: Brayfield and Crockett,1955;Herzberg et al.,1957,Chapter 4;Vroom,1964,pp. 181-186;Locke,1976,pp. 1330-1334;Iaffaldano and Muchinsky,1985;Mathieu and Zajac,1990。通常的结论是,士气指标和业绩指标是正相关的,但相关性小。业绩指标包括个人和团体的业绩。在某种程度上,这些结论证实了经理们的断言,因为他们中的大多数声称好的士气和快乐不是一回事。

相当数量的证据表明,工作满意度与辞职和缺勤是负相关的。关于这个问题的文献综述,参见 Brayfield and Crockett(1955),Herzberg et al.(1957,pp. 106-107),Vroom(1964,pp. 175-180),Locke(1976,pp. 1331-1332),Price(1977,p. 79),Steers and Rhodes(1978),Mobley(1982,pp. 95-105),Staw(1984,pp. 638-645),以及 Mathieu and Zajac(1990)。

20 世纪 50 年代,一个有趣的研究支持管理者的直觉,即士气是重要的。调查者对管理方式进行实验性改变,以确定工作团体的工作态度与工作绩效之间的关系(Viteles,1953,Chapter 8;Seashore,1954;Whyte et al.,1955,1961;Likert,1961,Chapter 3)。其中的一个主要结论是,工作绩效与工作团队或公司的自豪感正相关,但是与其他的态度不相关。

没有显著的证据表明,工作满意度和工作绩效之间存在显著关系,为对此进行回应,研究者对工作态度和工作者为雇主做职责外工作之间的关系进行了研究。与工商企业的接触引发了学者们寻找这种相关性，因为根据经理们宣称的，好士气对生产率的影响可以被感受到，因为雇员愿意比要求的最低限度更努力。研究者赋予"比最低限度更努力"以不同的名称，例如自发行为（Katz，1964）；亲社会行为（O'Reilly and Chatman，1986；Brief and Motowidlo，1986）；角色外行为（O'Reilly and Chatman，1986），以及最为常用的组织公民行为（Organ，1988）。这些概念存在一定程度的不同。Organ（1988）定义了五种组织公民行为：利他主义（帮助其他工作者）、自觉性（遵守公司的制度，守时）、体育精神（容忍不便的好脾气）、礼貌（对待工友细致周到）和公民道德（参加组织内部的政治生活）。

第一个问题是，好的士气是否会助长组织公民行为。组织心理学家针对这个论题进行了大量的研究。他们通常基于一些松散定义的概念，例如工作满意度、在工作场所的公平观念和组织公民行为，然后他们对几百人进行样本调查，以分析调查问卷答案的方式，尽力确定这些因素是如何相关的。每个概念通常会分解成几个不同的组成部分，例如 Organ 的组织公民行为的五个类别，同时对每一个部分都有一系列问题。雇员回答工作满意度和公平方面的问题，雇员或其监督者回答组织公民行为方面的问题。通过因素分析法检验问卷调查答案是否为下列某一种情况：对一个概念组成部分的回复与其他部分是高度相关还是相关性很小。回归分析估计概念及其组成部分之间的相关性。这些调研相对于实验室实验的优点是，他们调查的是工作者和雇主存在长期合作关系的真实状况；而实验室实验的主体通常是大学生。这些调查的一个缺点是，与实验相比，调查中的因果关系不容易确立。

组织心理学家的结论并未得到广泛认同，但是他们的工作支持这样的结论——典型的士气指标，例如工作满意度和组织承诺确实与组织公民行为正相关。重要的是，在商业组织内部，公平观念与工作满意度和组织公民行为两者是正相关的关系，并且可能是影响这两项的主导因素。此外，与分配公正相比，程序公正——尤其是互动方面的程序公正，同工作满意度和组织公民行为的关系更密切。分配公正关乎员工报酬的实际分配，而程序公正关乎实现公平分配的体制。互动公平与监督者对待下属的体谅、礼貌和尊敬相关。另一个结论是，组织公民行为一般取决于员工对工作的看法，很少由员工的情绪决定。Organ and Konovsky（1989），Moorman（1991，1993），Folger（1993），Moorman et al.（1993），Niehoff and Moorman（1993），Podsakoff and

MacKenzie（1993），Organ and Ryan（1995），Konovsky and Organ（1996），Netemeyer et al.（1997）论述了组织公民行为对公平的影响。Moorman（1991）讨论了不同类型公平的相关影响。情绪的影响在 Organ and Konovsky（1989），George（1991）和 Moorman（1993）中进行了讨论。情绪和工作满意度认知的相关影响在 Organ and Konovsky（1989）以及 Moormsn（1993）中被讨论。工作满意度和承诺对组织公民行为的影响在 O'Reilly and Chatman（1986），Puffer（1987），Farh et al.（1990），Moorman（1991），Organ and Lingl（1995），Organ and Ryan（1995），Konovsky and Organ（1996），Netemeyer et al.（1997），以及 MacKenzie et al.（1998）中被讨论。关于组织公民行为对公平影响的好评论有 Organ（1988，1990），Schnake（1991），Greenberg（1993），以及 Organ and Moorman（1993）。

关于领导方式对下属组织公民行为的影响的研究，发现了士气与组织公民行为之间存在另一种联系。领导方式分为交易型和变革型。交易型领导方式宣称其借助于奖励和训诫的方式，而变革型领导方式激发人们超越自身利益局限，考虑关乎公司或者工作的一些事情。变革型领导方式说服人们认同公司，而交易型领导方式关注人们的自身利益。变革型领导方式倾向于激发好的士气，使其达到商业人士所期望的目标。调查者发现，变革型领导方式对角色内绩效和组织公民行为具有强烈的正面影响，其影响超过了交易型领导的影响，变革型领导方式的影响部分归功于在这种领导方式下信任增加了。相关的研究包括 Podsakoff et al.（1990，1996）和 MacKenzie et al.（2001）。

一个显而易见的问题是，组织公民行为是否会增加一个公司的利润。经理们显然如此认为，因为有证据表明，组织公民行为会强烈且正向地影响监督者对下属的绩效评估。例如，MacKenzie et al.（1991，1993）和 Podsakoff et al.（1993）就对之进行了证明。少数的研究测量了不同环境下组织公民行为对劳动团队绩效的影响，发现影响是正向的。这些研究包括 George and Bettenhausen（1990），Podsakoff and MacKenzie（1994，1997），Walz and Niehoff（1996），以及 Podsakoff et al.（1997）。然而，这种观测到的关系可能是虚假的，因为有实验室实验的证据表明，工作团队的高绩效对该工作团队内的组织公民行为观念具有正面的影响（Bachrach et al.，2001）。这个问题可参见 Podsakoff et al.（2000）。

近期一些有趣的研究，探讨了组织认同与离职和绩效的关系，尤其

## 第5章 公平、互惠和工资刚性

从另一个角度讨论了与角色外绩效的关系。Tyler 参加了深入的研究。他认为，对公司的认同是公司目标的内化，并声称认同是对组织社会地位评价的结果，这被他称之为自豪感。同时，对组织内部地位的评价，他称其为尊重。自豪感与对组织整体的良好看法相关，尊重与在组织内部受到良好的待遇相关。地位的评价可以是相对的或独立的，相对评价是某一组织或个人对其他组织或个人的相对评价，独立的评价是一个绝对的评价。Tyler 相信，如果人们认同一个组织，他们就希望该组织是成功的，因为组织的成功可以强化他们的自我形象。在我看来，与工作满意度甚至组织承诺相比，组织认同更能注解经理们所说的好士气。Tyler 及其合作者发现，组织认同是对一个组织内自愿合作的根本解释。在商业组织中，与公司的财务收入相比，组织认同是更重要的解释因素。这些调查者发现，相对于角色内或强制的行为，也就是说，工作内容所要求的行为，认同最大的影响在于组织公民行为、角色外行为或自由裁量行为等方面。自豪感的主要影响是遵守规则或自觉性，而尊重的主要影响是帮助行为，也就是说，协助同事。对地位的自主评价比相对评价的影响更大。Tyler 及其合作者宣称，公平观念——尤其是程序公正对组织地位的评价具有重要的影响，从而对组织的认同意愿具有影响。回顾我们在前面所引述的管理科学家（Viteles，1953；Seashore，1954，Whyte et al.，1955；Likert，1961），他们也发现了组织的自豪感和绩效之间的联系。Tyler（1999）以及 Tyler and Blader（2000，2001）论述了 Tyler 及其同事的工作。Abrams et al.（1998）发现，组织认同和辞职意愿密切相关。Tyler 及其合作者在组织认同与合作关系上的大部分研究工作，是在政治、社会、教育机构方面，但最近被引述的研究与商业有关。这一有趣的工作引发了一个问题，即人们为什么认同组织。地位是一个不完全的解释，因为地位这个词几乎没有独立的内容，仅包括与一个组织相关的所有可能因素。有趣的是，公平对地位具有强烈的影响，人们对于公平对待他们自己与其他人的组织具有自豪感，但是研究者却没有解释为什么会是这样的情形。

一个显而易见的问题是："实际减薪或工资冻结对士气的影响方面有何证据？"我发现，这个问题仅 Greenberg（1989，1990）和 Schaubroeck et al.（1994）进行过研究。Greenberg（1989）通过调查发现，工作者在减薪 6% 后确实觉得工资过低，但是工作满意度没有降低，雇员会将更多的注意力从薪酬转移到他们工作中的非财务收益。Greenberg 在其 1990 年的文章中报道了减薪 15% 后盗窃公司财产行为上升的情况。在该文中，他进行了一项实验，对一家减薪的公司，他向员工进行了很好的解释；但对另一家减薪的公司，他没有对员工进行解释。在作出解释的公司，工资不公的感觉以及偷窃行为少于另一家公司。该证据支持经理们的声明，员工如果觉得受到的是公正的对待，更容易容忍减薪，在减薪是必需的情况下说服工作者是可能的。这些结论由于Schaubroeck et al.（1994）的研究进一步强化了，他研究了领薪员工对工资冻结的反应。这些研究者也组织了一个实验，很好地对一些雇员进行了解释，而对其他人没有解释。对工资冻结的解释消除了不满。那些没有获得解释的工作者，他们自我认定经济拮据是因工资冻结导致的，以致工作不满增加；而那些获得解释的人，没有这样的想法。

## 5.6 结论

我们从这些被讨论的研究中所得出的显著结论或许是，对于劳动绩效而言公平是重要的。评价什么是公平不容易。公平当然不意味平均分配公司运营中产生的收益，且公司里的工资水平与平均主义相去甚远。由于许多因素，工作者甚至做相同的工作获得的报酬相差也很大，例如，在公司的工龄、需要的技能和生产率。在经营中，公平本身被认为是模棱两可的。例如，对于内部工资结构公平性的判断很大程度上取决于公司传统。公平，并不意味着收入平等，有关的其他方面的证据来自组织心理学；对于公平的效果而言，过程公平和互动公平比收入公平更重要。我认为，Tyler and Blader（2000，2001）的一个显著的发现是，在一个组织中，程序公平的观念有助于增加自豪感。

我们无法解释为什么人们如此迫切地要求公平。是因为它有助于建立一种正向互惠氛围，以及人们喜欢交换互惠吗？公平会使人们觉得更安全吗？人们觉得公平是对的，并且希望他们的环境符合他们的道德观念吗？是人们简单地希望有公平的竞争环境，并在这样的环境中进行竞争吗？我希望，进一步的以观察或实验为依据的研究对这些问题可以给出更具洞察的解释。

公平的观念可能是好的公司士气的最重要的决定因素。工友之间的其他重要的因素对公司产出的影响也是重大的。减薪可能会引发愤怒的一个原因是，它们终结了公平的感觉。如果工作者们觉得减薪是公平的，他们可以接受减薪；当减薪可以挽救大量的工作岗位时，他们认为减薪是公平的。

另一个重要结论是，公司会通过使得员工认同公司和使得公司目标内化来尽力取得员工的合作。正如 Tyler and Blader（2000，2001）所强调的，公平的氛围使得工作者更愿意努力工作。对于理解工资刚性以及组织如何获取合作而言，认清以下问题是有益的——即人们为何重视公平？为什么要提升对公司的认同？为什么终究要进行组织认同？这样的话，他们所做的研究就清晰了。

# 参考文献

Abrams, D., K. Ando, and S. Hinkle. 1998. Psychological attachment to the group: cross-cultural differences in organizational identification and subjective norms as predictors of workers' turnover intentions. *Personality and Social Psychology Bulletin* 24: 1027–1039.

Agell, J., and H. Bennmarker. 2002. Wage policy and endogenous wage rigidity: a representative view from the inside. CESifo Working Paper 751.

———. 2003. Endogenous wage rigidity. CESifo Working Paper 1081.

Agell, J., and P. Lundborg. 1995. Theories of pay and unemployment: survey evidence from Swedish manufacturing firms. *Scandinavian Journal of Economics* 97: 295–307.

———. 1999. Survey evidence on wage rigidity and unemployment: Sweden in the 1990s. Office of Labour Market Policy Evaluation, Uppsala, Sweden, Discussion Paper 1999–1992.

———. 2003. Survey evidence on wage rigidity and unemployment: Sweden in the 1990s. *Scandinavian Journal of Economics* 105: 15–29.

Akerlof, G. A. 1982. Labor contracts as partial gift exchange. *Quarterly Journal of Economics* 97: 543–569.

Akerlof, G. A., and J. Yellen. 1988. Fairness and unemployment. *American Economic Association*, *Papers and Proceedings* 78: 44–49.

———. 1990. The fair wage-effort hypothesis and unemployment. *Quarterly Journal of Economics* 105: 255–283.

Akerlof, G. A., W. T. Dickens, and G. Perry. 1996. The macroeconomics of low inflation. *Brookings Papers on Economic Activity* 1: 1–59.

Altonji, J. G., and P. J. Devereux. 2000. The extent and consequences of downward nominal wage rigidity. In *Worker Well-Being* (ed. S. W. Polachek), Research in Labor Economics, Volume 19, pp. 383-431. Elsevier.

Angier, N. 2002. Why we're so nice: we're wired to cooperate. *New York Times*, Science Section, July 23.

Bachrach, D. G., E. Bendoly, and P. M. Podsakoff. 2001. Attributions of the "causes" of group performance as an alternative explanation of the relationship between organizational citizenship behavior and organizational performance. *Journal of Applied Psychology* 86: 1285-1293.

Baker, G., M. Gibbs, and B. Holmström. 1994. The wage policy of a firm. *Quarterly Journal of Economics* 109: 921-955.

Beisiinger, T., and Ch. Knoppik. 2001. Downward nominal rigidity in West German earnings. *German Economic Review* 2: 385-417.

——. 2003. How rigid are nominal wages? Evidence and implications for Germany. *Scandinavian Journal of Economics* 105: 619-641.

Bewley, T. F. 1999. *Why Wages Don't Fall During a Recession*. Harvard University Press.

Blinder, A. S., and D. H. Choi. 1990. A shred of evidence on theories of wage stickiness. *Quarterly Journal of Economics* 105: 1003-1015.

Brayfield, A. H., and W. H. Crockett. 1955. Employee attitudes and employee performance. *Psychological Bulletin* 52: 396-424.

Brief, A. P., and S. J. Motowidlo. 1986. Prosocial organizational behaviors. *Academy of Management Review* 11: 710-725.

Brown, M., A. Falk, and E. Fehr. 2004a. Competition and relational contracts. Discussion Paper, University of Zürich, Switzerland.

——. 2004b. Relational contracts and the nature of market interactions. *Econometrica* 72: 747-780.

Burda, M., W. Güth, G. Kirchsteiger, and H. Uhlig. 1998. Employment duration and resistance to wage reductions: experimental evidence. Tilburg University, Center for Economic Research, Discussion Paper 9873.

Campbell, C., and K. Kamlani. 1997. The reasons for wage rigidity: evidence from survey of firms. *Quarterly Journal of Economics* 112: 759-789.

Card, D., and D. Hyslop. 1997. Does inflation "grease the wheels of the labor market"? In *Reducing Inflation: Motivation and Strategy* (ed. C. D. Romer and D. H. Romer). University of Chicago Press.

Chapple, S. 1996. Money wage rigidity in New Zealand. *Labour Market Bulletin* 1996 (2): 23-50.

Dohmen, T. J. 2003. Performance, seniority, and wages: formal salary systems and individual earnings profiles. Working Paper, Institute for the Study of Labor

(IZA), Bonn, Germany.

Falk, A., and M. Kosfeld. 2004. Trust and motivation. Discussion Paper, University of Zürich, Switzerland.

Falk, A., E. Fehr, and U. Fischbacher. 2000. Testing theories of fairness: intentions matter. Institute for Empirical Research in Economics, University of Zürich, Working Paper 63.

——. 2003. On the nature of fair behavior. *Economic Inquiry* 41: 20 – 36.

Farh, J. -L., P. M. Podsakoff, and D. W. Organ. 1990. Accounting for organizational citizenship behavior: leader fairness and task scope versus satisfaction. *Journal of Management* 16: 705 – 721.

Fehr, E., and A. Falk. 1999. Wage rigidity in a competitive incomplete contract market. *Journal of Political Economy* 107: 106 – 134.

——. 2002. Psychological foundations of incentives. *European Economic Review* 46: 687 – 724.

Fehr, E., and U. Fischbacher. 2002. Why social preferences matter: the impact of non-selfish motives on competition, cooperation and incentives. *The Economic Journal* 112: C1 – 33.

——. 2005. The economics of strong reciprocity. In *Moral Sentiments and Material Interests: The Foundations of Cooperation in Economic Life* (ed. H. Gintis, S. Bowles, R. T. Boyd, and E. Fehr), Chapter 5. MIT Press.

Fehr, E., and S. Gächter. 1998a. How effective are trust- and reciprocity-based incentives? In *Economics, Values and Organizations* (ed. A. Ben-Ner and L. Putterman), Chapter 13. Cambridge University Press.

——. 1998b. Reciprocity and economics: the economic implications of *Homo reciprocans*. *European Economic Review* 42: 845 – 859.

——. 2000. Fairness and retaliation: the economics of reciprocity. *Journal of Economic Perspectives* 14: 159 – 181.

——. 2002. Do incentive contracts undermine voluntary cooperation? Institute for Empirical Research in Economics, University of Zürich, Working Paper 34.

Fehr, E., and L. Götte. 2005. Robustness and real consequences of nominal wage rigidity? *Journal of Monetary Economics* 52: 779 – 804.

Fehr, E., and B. Rockenbach. 2003. Detrimental effects of incentives on human altruism. *Nature* 422: 137 – 140.

Fehr, E., and J.-R. Tyran. 2001. Does money illusion matter? *American Economic Review* 91: 1239 – 1262.

Fehr, E., G. Kirchsteiger, and A. Riedl. 1993. Does fairness prevent market clearing? An experimental investigation. *Quarterly Journal of Economics* 108: 437 – 459.

Fehr, E., G. Kirchsteiger, and A. Riedl. 1996. Involuntary unemployment and non-compensating wage differentials in an experimental labour market. *Economic Journal* 106: 106–121.

Fehr, E., S. Gächter, and G. Kirchsteiger. 1997. Reciprocity as a contract enforcement device: experimental evidence. *Econometrica* 65: 833–860.

Fehr, E., E. Kirchler, A. Weichbold, and S. Gächter. 1998a. When social norms overpower competition: gift exchange in experimental labor markets. *Journal of Labor Economics* 16: 324–351.

Fehr, E., G. Kirchsteiger, and A. Riedl. 1998b. Gift exchange and reciprocity in competitive experimental markets. *European Economic Review* 42: 1–34.

Fehr, E., A. Klein, and K. M. Schmidt. 2001. Fairness, incentives and contractual incompleteness. Institute for Empirical Research in Economics, University of Zürich, Working Paper 72.

Folger, R. 1993. Justice, motivation, and performance: beyond role requirements. *Employee Responsibilities and Rights Journal* 6: 239–248.

Fortin, P. 1996. The great Canadian slump. *Canadian Journal of Economics* 29: 761–787.

Gächter, S., and A. Falk. 2002. Reputation and reciprocity: consequences for the labour relation. *Scandinavian Journal of Economics* 104: 1–26.

George, J. M. 1991. State or trait: effects of positive mood on prosocial behaviors at work. *Journal of Applied Psychology* 76: 299–307.

George, J. M., and K. Bettenhausen. 1990. Understanding prosocial behavior, sales performance, and turnover: a group-level analysis in a service context. *Journal of Applied Psychology* 75: 698–709.

Gneezy, U., and A. Rustichini. 2000. A fine is a price. *Journal of Legal Studies* 29: 1–17.

Goux, D. 1997. Les salaries nominaux sont-ils rigides à la baisse? Mimeo, Institut National de la Statistique et des Études Économiques.

Greenberg, J. 1989. Injustice and cognitive reevaluation of the work environment. *Academy of Management Journal* 32: 174–184.

——. 1990. Employee theft as a reaction to underpayment inequity: the hidden cost of pay cuts. *Journal of Applied Psychology* 75: 561–568.

——. 1993. Justice and organizational citizenship: a commentary on the state of the science. *Employee Responsibilities and Rights Journal* 6: 249–256.

Herzberg, F., B. Mausner, R. O. Peterson, and D. Capwell. 1957. *Job Attitudes: Review of Research and Opinion*. Pittsburgh, PA: Psychological Service of Pittsburgh.

Howitt, P. 2002. Looking inside the labor market: a review article. *Journal of Eco-

*nomic Literature* 40: 125 – 138.

Iaffaldano, M. T., and P. M. Muchinsky. 1985. Job satisfaction and job performance: a meta-analysis. *Psychological Bulletin* 97: 251 – 273.

Kahn, S. 1997. Evidence of nominal wage stickiness from microdata. *American Economic Review* 87: 993 – 1008.

Kahneman, D., J. L. Knetsch, and R. H. Thaler. 1986. Fairness as a constraint on profit seeking: entitlements in the market. *American Economic Review* 76: 728 – 741.

Katz, D. 1964. The motivational basis of organizational behavior. *Behavioral Science* 9: 131 – 146.

Kaufman, R. 1984. On wage stickiness in Britain's competitive sector. *British Journal of Industrial Relations* 22: 101 – 112.

Keynes, J. M. 1936. *The General Theory of Employment, Interest, and Money*. London: Macmillan.

Kirchler, E., E. Fehr, and R. Evans. 1996. Social exchange in the labor market: reciprocity and trust versus egoistic money maximization. *Journal of Economic Psychology* 17: 313 – 341.

Konovsky, M. A., and D. W. Organ. 1996. Dispositional and contextual determinants of organizational citizenship behavior. *Journal of Organizational Behavior* 17: 253 – 266.

Kramarz, F. 2001. Rigid wages: what have we learned from microeconomic studies? In *Advances in Macroeconomic Theory* (ed. J. H. Drèze). Oxford University Press.

Lawler Ⅲ, E. E. 1971. *Pay and Organizational Effectiveness: A Psychological View*. New York: McGraw-Hill.

Lebow, D. E., D. J. Stockton, and W. L. Wascher. 1995. Inflation, nominal wage rigidity, and the efficiency of labor markets. Board of Governors of the Federal Reserve System, Finance and Economic Discussion Series Paper 94 – 145.

Lebow, D. E., R. E. Saks, and B. A. Wilson. 2003. Downward nominal wage rigidity: evidence from the employment cost index. *Advances in Macroeconomics* 3 (1), article 2.

Levine, D. I. 1993. Fairness, markets, and ability to pay: evidence from compensation executives. *American Economic Review* 83: 1241 – 1259.

Likert, R. 1961. *New Patterns of Management*. New York: McGraw-Hill,

Lindbeck, A., and D. J. Snower. 1988. Cooperation, harassment, and involuntary unemployment: an insider-outsider approach. *American Economic Review* 78: 167 – 188.

Locke, E. A. 1976. The nature and causes of job satisfaction. In *Handbook of In-*

dustrial and *Organizational Psychology* (ed. M. D. Dunnette), pp. 1297 - 1356. Chicago: Rand McNally.

MacKenzie, S. B., P. M. Podsakoff, and R. Fetter. 1991. Organizational citizenship behavior and objective productivity as determinants of managerial evaluations of salespersons' performance. *Organizational Behavior and Human Decision Processes* 50: 123 - 150.

———. 1993. The impact of organizational citizenship behavior on evaluations of salesperson performance. *Journal of Marketing* 57: 70 - 80.

MacKenzie, S. B., E. M. Podsakoff, and M. Ahearne. 1998. Some possible antecedents and consequences of in-role and extra-role salesperson performance. *Journal of Marketing* 62: 87 - 98.

MacKenzie, S. B., P. M. Podsakoff, and G. A. Rich. 2001. Transformational and transactional leadership and salesperson performance. *Journal of the Academy of Marketing Science* 29: 115 - 134.

Mathieu, J. E., and D. M. Zajac. 1990. A review and meta-analysis of the antecedents, correlates, and consequences of organizational commitment. *Psychological Bulletin* 108: 171 - 194.

McLaughlin, K. J. 1994. Rigid wages? *Journal of Monetary Economics* 34: 383 - 414.

———. 1999. Are nominal wage changes skewed away from wage cuts? *Federal Reserve Bank of St. Louis Review* 81: 117 - 132.

Mitchell, D. J. B. 1985. Shifting norms in wage determination. *Brookings Papers on Economic Activity* 1985: 575 - 599.

Mobley, W. H. 1982. *Employee Turnover: Causes, Consequences, and Control*. Reading, MA: Addison-Wesley.

Moorman, R. H. 1991. Relationship between organizational justice and organizational citizenship behaviors: do fairness and perceptions influence employee citizenship? *Journal of Applied Psychology* 76: 845 - 855.

———. 1993. The influence of cognitive and affective based job satisfaction measures on the relationship between satisfaction and organizational citizenship behavior. *Human Relations* 46: 759 - 776.

Moorman, R. H., B. P. Niehoff, and D. W. Organ. 1993. Treating employees fairly and organizational citizenship behavior: sorting the effects of jobs satisfaction, organizational commitment, and procedural justice. *Employee Responsibilities and Rights Journal* 6: 209 - 225.

Nagin, D., J. Rebitzer, S. Sanders, and L. Taylor. 2002. Monitoring, motivation, and management: the determinants of opportunistic behavior in a field experiment.

*American Economic Review* 92: 850–873.

Netemeyer, R. G., J. S. Boles, D. O. McKee, and R. McMurrian. 1997. An investigation into antecedents of organizational citizenship behaviors in a personal selling context. *Journal of Marketing* 61: 85–98.

Niehoff, B. E, and R. H. Moorman. 1993. Justice as a mediator of the relationship between methods of monitoring and organizational citizenship behavior. *Academy of Management Journal* 36: 527–556.

O'Reilly Ⅲ, C., and J. Chatman. 1986. Organizational commitment and psychological attachment: the effects of compliance, identification, and internalization on prosocial behavior. *Journal of Applied Psychology* 71: 492–499.

Organ, D. W. 1988. *Organizational Citizenship Behavior*. Lexington, MA: Lexington Books.

——. 1990. The motivational basis of organizational citizenship behavior. In *Research in Organizational Behavior* (ed. B. M. Staw and L. L. Cummings), Volume 12, pp. 43–72. Elsevier.

Organ, D. W., and M. Konovsky. 1989. Cognitive versus affective determinants of organizational citizenship behavior. *Journal of Applied Psychology* 74: 157–164.

Organ, D. W., and A. Lingl. 1995. Personality, satisfaction, and organizational citizenship behavior. *Journal of Social Psychology* 135: 339–350.

Organ, D. W., and R. H. Moorman. 1993. Fairness and organizational citizenship behavior: what are the connections? *Social Justice Research* 6: 5–18.

Organ, D. W., and K. Ryan. 1995. A meta-analytic review of attitudinal and dispositional predictors of organizational citizenship behavior. *Personnel Psychology* 48: 775–802.

Podsakoff, P. M., and S. B. MacKenzie. 1993. Citizenship behavior and fairness in organizations: issues and directions for future research. *Employee Responsibilities and Rights Journal* 6: 257–269.

——. 1994. Organizational citizenship behaviors and sales unit effectiveness. *Journal of Marketing Research* 31: 351–363.

——. 1997. Impact of organizational citizenship behavior on organizational performance: a review and suggestions for future research. *Human Performance* 10: 133–151.

Podsakoff, R M., S. B. MacKenzie, R. H. Moorman, and R. Fetter. 1990. Transformational leader behaviors and their effects on followers' trust in leader, satisfaction, and organizational citizenship behaviors. *Leadership Quarterly* 1: 107–142.

Podsakoff, P. M., S. B. MacKenzie, and C. Hui. 1993. Organizational citizenship behaviors and managerial evaluations of employee performance: a review and suggestions for future research. In *Research in Personnel and Human Resources Management* (ed. G. R. Ferris), Volume 11, pp. 1–40. Elsevier.

Podsakoff, E M., S. B. MacKenzie, and W. H. Bommer. 1996. Transformational leader behaviors and substitutes for leadership as determinants of employee satisfaction, commitment, trust, and organizational citizenship behaviors. *Journal of Management* 22: 259–298.

Podsakoff, P. M., M. Ahearne, and S. B. MacKenzie. 1997. Organizational citizenship behavior and the quantity and quality of work group performance. *Journal of Applied Psychology* 82: 262–270.

Podsakoff, P. M., S. B. MacKenzie, J. B. Paine, and D. G. Bachrach. 2000. Organizational citizenship behaviors: a critical review of the theoretical and empirical literature and suggestions for future research. *Journal of Management* 26: 513–563.

Price, J. L. 1977. *The Study of Turnover*. Iowa State University Press.

Puffer, S. M. 1987. Prosocial behavior, noncompliant behavior, and work performance among commission salespeople. *Journal of Applied Psychology* 72: 615–621.

Rilling, J. K., D. A. Gutman, T. R. Zeh, G. Pagnoni, G. S. Berns, and C. D. Kits. 2002. A neural basis for social cooperation. *Neuron* 35: 395–405.

Schaubroeck, J., D. R. May, and R. W. Brown. 1994. Procedural justice explanations and employee reactions to economic hardship: a field experiment. *Journal of Applied Psychology* 79: 455–460.

Schnake, M. 1991. Organizational citizenship: a review, proposed model, and research agenda. *Human Relations* 44: 735–759.

Seashore, S. 1954. *Group Cohesiveness in the Industrial Work Group*. University of Michigan Press.

Shafir, E., P. Diamond, and A. Tversky. 1997. Money illusion. *Quarterly Journal of Economics* 112: 341–374.

Shapiro, C., and J. E. Stiglitz. 1984. Equilibrium unemployment as a worker discipline device. *American Economic Review* 74: 433–444.

Smith, J. C. 2000. Nominal wage rigidity in the United Kingdom. *Economic Journal* 110: C176–195.

——. 2002. Pay cuts and morale: a test of downward nominal rigidity. Warwick Economic Research Paper 649, Department of Economics, University of Warwick, U. K.

Solow, R. M. 1979. Another possible source of wage stickiness. *Journal of Macroeconomics* 1: 79–82.

——. 1990. *The Labor Market as a Social Institution*. Cambridge, MA: Basil

Blackwell.

Staw, B. M. 1984. Organizational behavior: a review and reformulation of the field's outcome variables. *Annual Review of Psychology* 35: 627–666.

Steers, R. M., and S. R. Rhodes. 1978. Major influences on employee attendance: a process model. *Journal of Applied Psychology* 63: 391–407.

Tyler, T. R. 1999. Why people cooperate with organizations: an identity-based perspective. *Research in Organizational Behavior* 21: 201–246.

Tyler, T. R., and S. L. Blader. 2000. *Cooperation in Groups: Procedural Justice, Social Identity, and Behavioral Engagement*. Philadelphia, PA: Psychology Press.

——. 2001. Identity and cooperative behavior in groups. *Group Processes and Intergroup Relations* 4: 207–226.

Viteles, M. S. 1953. *Motivation and Morale in Industry*. New York: W. W. Norton.

Vroom, V. H. 1964. *Work and Motivation*. Wiley.

Walz, S. M., and B. P. Niehoff. 1996. Organizational citizenship behaviors and their relationship with indicators of organizational effectiveness in limited menu restaurants. In *Academy of Management Best Papers Proceedings* (ed. J. B. Keys and L. N. Dosier), pp. 307-311. Statesboro, GA: George Southern University.

Weiss, A. 1980. Job queues and layoffs in labor markets with flexible wages. *Journal of Political Economy* 88: 526–538.

——. 1990. *Efficiency Wages: Models of Unemployment, Layoffs, and Wage Dispersion*. Princeton University Press.

Whyte, W. F. et al. 1955. *Money and Motivation: An Analysis of Incentives in Industry*. New York: Harper and Row.

——. 1961. *Men at Work*. Homewood, IL: Corsey Press.

Wilson, B. A. 1997. Movements of wages over the business cycle: an intra-firm view. Board of Governors of the Federal Reserve System (U. S.), Finance and Economics Discussion Series, 1997–1.

# 塞波·洪卡波希亚的评论

## 引言

在工资形成和工资刚性的成因方面，比利引人入胜地综述了近期的实证微观研究。他的大部分研究是基于行为的，他论述了公平和互惠的观念在决定工资方面是如何扮演重要角色的。被评论的实证研究的一个重要特点是，这些研究不是仅仅基于公开的统计数据，而是基于调查问卷、实地研究、调查和实验等不同的方法。他自己的工作（见 Bewley，1999）也是实证经济学这一分支的特别且细致的范例。

我是这类研究的一个消费者而不是生产者。然而，自从工资形成和工资刚性的成因成为宏观经济的核心问题，我就是对此类文献感兴趣的消费者。我的评论聚焦于，宏观经济学可以从本章讨论的微观经济学中学到什么。从这些经常被纵览的文献中，我将开启一个重要的开放话题。

### 实证微观研究的经验

本章中论述的第一个重要结论是，向下工资刚性的观念不像听上去那么简单。存在多种不同概念的工资。原则上，工资可以是一个公司的边际劳动成本，或是每个工作者的报酬，或是在不变职位和工作条件下的雇员报酬。在基于不同的概念的情况下，实证工作变得模棱两可。既然结果不是完全的市场出清，似乎应该有相当的证据表明，除奖金、加班等之外的基本工资会受到向下刚性的支配。

这不是个令人惊奇的答案。在某些情况下，大部分宏观经济理论将其作为非正式证据已经使用了很长时间。[①] 从凯恩斯的《就业、利息和货币通论》出版和凯恩斯经济诞生以来，宏观经济学对工资刚性模型及其起因进行了大量探讨，这些话题已发展和讨论了近 70 年。

比利的研究中新颖和引人入胜之处在于，详尽分析了工资刚性背后的动机。行为经济学文献中论述的工资刚性的成因，可以视为对工资刚性不同经济理论的检验。我个人认为，比利在这方面的研究非常有趣，它为现代宏观经济中常用的工资刚性的不同模型提供了一个新颖的角度。

微观研究的一个重要的结论是，减薪被拒绝是因为它们会破坏士气，管理层似乎都这么认为。[②] 第二个重要的结论是，当减薪时士气会受到破坏，而工资水平对于士气没有影响。比利提出，雇员通常对他们的劳务没有一个公平或市场价值的概念，这引发了关于评价公平的参考标准的重要问题。我接下来将论述与该问题相关的文献中的一些观点。

对工资变动和士气的评论，与早先的劳动力市场的一些模型是相背

---

[①] 然而，新古典宏观经济学和真实经济周期理论很大程度上基于工资和价格完全有弹性。

[②] 值得注意的是，当减薪可以挽救大量的工作岗位或者整个企业时，减薪容易被接受。

离的。这些评论很大程度上基于工资、生产率或士气水平（作为例子，见 Akerlof，1982；Akerlof and Yellen，1988；Solow，1990）。相应地，凯恩斯认为，工作者会关注相似工作在不同公司中的相对工资，但该观点似乎没有从比利和其他人的研究中得到支持。① 有趣的是，扰乱和拒绝合作被解释为缺少士气的结果，内部人—外部人模型（Lindbeck and Snower，1988）在这方面的研究进展更好一些。

比利对工资变动和士气的观测，没有提供任何支持偷懒与工资模型的证据（Shapiro and Stiglitz，1984）。很显然，管理人员和公司的合作不能通过威胁开除偷懒者（或者低生产效率的工作者）而获得。这并不是说激励不重要。工作者在经济衰退中努力工作不是因为管理层威胁了他们。激励直接源自艰难的外部环境。

Weiss（1990）的逆向选择模型相当流行，其重视信号问题和激励。在离职的情况下，微观证据与该理论有趣地一致。管理者宁愿解雇也不愿减薪，因为减薪会导致最好的工作者离职。然而，微观研究并不支持 Weiss 模型关于高工资与高生产率工作者的关系。

我这里只列举了比利的深入调查中的很少一部分例子。许多宏观经济学家很长时间以来一直认为劳动力市场、工资形成、工资刚性在很大程度上涉及社会互动作用，它们不仅仅是匿名的商品交换市场。② 最近的微观研究支持并使得这些观点更为准确。

在比利综述的微观证据中，包含了重要的研究方法。特别是，访查的思想不仅涉及工资的决定，而且将受访者的逻辑推理也视为问题。与仅仅通过对动机问题（问卷调查）的回答相比，以事实为基础的观察在一定程度上更为可信。我们足够了解受访者在受访期间的动机吗？然而，必须认识到这些问题的答案通常是令人着迷的。

## 公平标准与多重均衡

我现在将话题离开微观研究，转而讨论这些模型的一个特定方面，即关于标准或者参考点的问题，因为对于公平确定工资的一些新应用模型，标准和参考点问题是这些新模型的核心部分。Driscoll and Holden（2002，2004）的引人入胜的研究论述了公平和持久通货膨胀问题，我

---

① 然而，对于工作者关于市场工资观念的形成，工会组织会使其形成机制更为明确。
② 当然，还有其他宏观经济学的主线，其意在说明，竞争性合同产生市场效率，工资形成是此类合同的一部分。

以此开始我的讨论。Driscoll 和 Holden 提出，将公平作为考虑因素纳入到标准工资谈判模型，将产生一个均衡范围，这一特征反过来在数据上有助于解释持久通货膨胀。①

Driscoll-Holden 模型描述了一个对称经济（a symmetric economy），该经济中涵盖了许多垄断竞争公司和进行工资谈判的知情的工作者。工作者关心公平待遇，对于其待遇低于其他地方同等工作者的情形，他们尤为憎恨。② 此外，与收入增加的满足感相比，收入减少导致的不满更为强烈。因此，工作者的效用函数会随着其参考群体工作者的工资水平而变换曲率。这是一种形式的损失厌恶，损失厌恶在工资标准方面的文献中经常被使用。最后，在经济中存在几个均称的工作者团体。

在这类模型中，工资谈判纳什均衡的特点是存在两个阈值。当参考群体的工资在阈值范围之内，存在一个唯一的结果，它等于参考群体被观测到的工资。如果参考群体的工资高于上限阈值，或低于下限阈值，那么谈判结果等于相应的阈值。阈值取决于参考群体的工资、整个经济的平均工资和其他宏观经济变量。

为简单起见，假设经济中仅有两个群体，并且总需求函数确定的需求等于真实均衡的需求。模型的对数线性化可以表述如下。群体 $J$ 的协议工资 $x_{Jt}$ 的决定如下③

$$x_{Jt} \leqslant x_{Gt}^e + \gamma_0(m_t - p_t) + \gamma_1^+$$
$$x_{Jt} = x_{Gt}^e$$
$$x_{Jt} \geqslant x_{Gt}^e + \gamma_0(m_t - p_t) + \gamma_1^-$$

其中，$\gamma_1^+ > \gamma_1^-$ 为阈门参数值；价格水平的对数为

$$p_t = \mu + \frac{1}{2}(x_{Jt} + x_{Gt}^e)$$

其思想是，工资必须在阈值范围之内。注意，我对其他群体的参考工资 $x_{Gt}^e$ 加了上角标 $e$。这是为了强调在发现其他地方的工资时工作者的反应函数。$m_t$ 和 $p_t$ 分别为货币供给和价格水平的对数值。

基于工资水平的定义，我们将模型写为

---

① 关于通货膨胀和价格水平持续作用的讨论在现代宏观经济学文献中占有很大篇幅，但至今仍无定论（例如，参见 Ireland（2001）和 Roberts（1997），他们反对持久通货膨胀）。
② 比利的文章不支持这一假设，除非存在工会，这里假设是这样。
③ 我的观念与 Driscoll 和 Holden 的观念有些不同。

$$x_{Jt} = \begin{cases} \varphi(x_{Gt}^e)^+ & \text{如果 } x_{Gt}^e \geqslant \varphi(x_{Gt}^e)^+ \\ x_{Gt}^e & \text{如果 } x_{Gt}^e \in (\varphi(x_{Gt}^e)^-, \varphi(x_{Gt}^e)^+) \\ \varphi(x_{Gt}^e)^- & \text{如果 } x_{Gt}^e \leqslant \varphi(x_{Gt}^e)^- \end{cases}$$

其中,

$$\varphi(x_{Gt}^e)^{+/-} = (\frac{2-\gamma_0}{2+\gamma_0}) x_{Gt}^e + \frac{2\gamma_0}{2+\gamma_0}(m_t - \mu) + \frac{2\gamma_1^{+/-}}{2+\gamma_0}$$

式中,符号 $\gamma_1^{+/-}$ 的意思是 $\gamma_1^+$ 或者 $\gamma_1^-$。因为该经济是对称的,当 $x_{Jt} = x_{Gt}^e$ 时,存在理性预期均衡(rational expectations equilibrium,REE),如图 5.1 所示。线段(A,B)表示一个很明显的均衡变动范围。

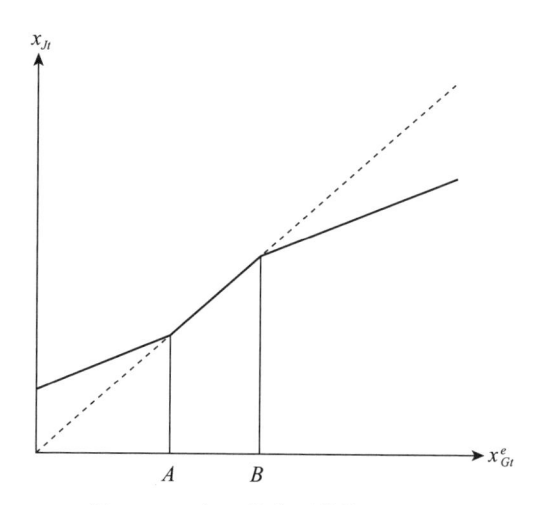

**图 5.1 一组工作者群体的反应函数**

货币供应变动会使得最佳反应曲线发生变动。然而,在(A,B)范围之内,协议工资 REE 曲线可能对于货币供应变化反应迟钝。这取决于在工资谈判中工作者的观念。Driscoll 和 Holden 设想工作者仅仅关心其他地方的工资,并且他们的观念形成源自历史的数据。如果这样的话,整个部分的确是理性预期均衡,内部的均衡由历史所决定,且不受政策变化影响。另外,工作者的看法可能是微妙的。尤其是,工作者的看法可以包含货币供应的变化,特别当货币供应量变动的系统模式是显而易见时。如果是这种情况,那么货币政策变量对协议工资会产生影响,工作者在形成他们的工资观念时将体现这种系统模式。

我的论述到此为止,借此提出一个基本的观点:我们需要进一步了解公平的参考点的决定,以及受各种因素(尤其是宏观变量)影响的环境是如何影响他们的参考点的。

## 结论

比利在工资和公平方面进行的近期调查是非常引人入胜和令人深思的。宏观经济模型中令人十分感兴趣的劳动力市场模型，不仅提出了有用的证据，而且证明了该模型可能更为实际的情形。对于不同经济环境下参考点的形成、经济环境因素如何影响潜在均衡，以及经济政策的影响，显然有待进一步的理论和实证研究。

# 参考文献

Akerlof, G. A. 1982. Labor contracts as gift exchange. *Quarterly Journal of Economics* 97: 543 - 569.

Akerlof, G. A., and J. Yellen. 1988. Fairness and unemployment. *American Economic Review* 78: 44 - 49.

Bewley, T. 1999. *Why Wages Don't Fall During a Recession*. Harvard University Press.

Driscoll, J. C., and S. Holden. 2002. Coordination, fair treatment and inflation persistence. Working Paper, Board of Governors of the Federal Reserve System.

——. 2004. Fairness and inflation persistence. *Journal of the European Economic Association* 2: 240 - 250.

Ireland, P. 2001. Sticky-price models of the business cycle: specification and stability. *Journal of Monetary Economics* 47: 3 - 18.

Lindbeck, A., and D. Snower. 1988. Cooperation, harassment and involuntary unemployment: an insider-outsider approach. *American Economic Review* 78: 167 - 188.

Roberts, J. M. 1997. Is inflation sticky? *Journal of Monetary Economics* 39: 173 - 196.

Shapiro, C., and J. E. Stiglitz. 1984. Equilibrium unemployment as a worker discipline device. *American Economic Review* 74: 433 - 444.

Solow, R. A. 1990. The *Labor Market as a Social Institution*. Cambridge, MA: Basil Blackwell.

Weiss, A. 1990. *Efficiency Wages: Models of Unemployment, Layoffs and Wage Dispersion*. Princeton University Press.

# 第6章 行为经济学与卫生经济学*

理查德·G·弗兰克①

## 6.1 引言与背景

如果一个人仔细观察卫生部门的特有经济制度，就会期望该领域成为应用行为经济学的沃土。考虑这样一系列经济活动：成瘾行为很普遍；在害怕、焦

---

\* 我们认为，此处译为健康经济学更为合适，然而，为了和国内学者的最初研究保持一致，这里依然采用了卫生经济学的译法。——译者注

① 感谢 AHRQ（Grant P0-1 HS10803）、艾尔弗雷德·P·斯隆基金会（Alfred P. Sloan Foundation）、NIH Export Center（Grant P20 MD 000537）以及约翰和凯瑟琳·麦克阿瑟基金会（John D. and Catherine T. MacArther Foundation）的资金支持。对彼得·戴蒙德、雅各布·格莱泽、Sherry Glied、Bo Koszegi、Tom McGuire、Joe Newhouse、Arnie Epstein 和 Pauly Cleary 提供的有益的讨论表示感谢。

急而又不得不信任专业人员的环境下，消费者仅能根据有限信息作出选择；使用的服务常常是信任品\*（credence goods）（Emons，1997），而且这些服务的实施通常由职业规范和习惯来管理。在这种环境下，考虑到这些明显的不符合理性人假定的特征，行为经济学的方法在修正传统模型上将具有显著优势。然而，行为经济学一直以来仅仅被应用于理解卫生经济学中香烟、毒品以及酒精的成瘾行为（参见 Becker and Murphy，1988；Gruber and Koszegi，2001；Loewenstein，2001；O'Donoghue and Rabin，1999；Schoenbaum，1997）。

### 6.1.1 卫生经济学的传统研究

对成瘾症的研究源于关于家庭生产和对好的保健需求的研究（Becker，1964；Grossman，1972）。滥用药物的决定包含了一系列危害健康的选择，这些选择代表了在今天的快乐和未来的健康与福利之间的平衡。该领域的理论分析与实证模型都取得了坚实的进展，以行为经济学相关概念为核心的研究项目正在如火如荼地进行。

我们以源于 Arrow（1963）经典论文的传统研究为起点，Arrow 提出了健康保险市场效率、医患关系、非市场因素在提升效率中的作用等命题，这些问题依然是卫生经济学的核心研究项目。使用行为经济学工具的学者对这些领域的关注还非常少。在本小节中，我集中研究治疗方案决策、卫生服务配给和健康保险市场三个问题。

我认为，行为经济学具有修正新古典方法的优势，因为像许多经济领域一样，人们在特定条件下选择卫生保健时，会由于认知误差而不能达到最优化。卫生部门的制度与决策环境不仅会造成认知误差，而且会引发冲突，阻止市场自动调整以修正错误（Glaeser，2003；Mullainathan and Thaler，2001）。这些环境包括对某人健康进行决策时的压力、职业精神、缺乏卫生保健信息等方面。本章分为 4 节。6.1 节引言回顾了研究背景；6.2 节着重分析了代表卫生部门众多问题的医生行为；6.3 节主要解决卫生经济学中有关需求行为和健康保险市场的难题；6.4 节对卫生经济学中的标准化问题提供了一些结论性的观察与评论。

### 6.1.2 Arrow 与卫生保健研究对行为经济学的挑战

Arrow（1963）试图把卫生部门的制度解释为对卫生保健与健康保

---

\* 需要消费以后才知道品质的商品。——译者注

险专有特征的反应，这些特征包括信息不对称和卫生保健的重要性。源于 Arrow 的研究项目极大推进了对医疗资源配置的理解。这些项目的研究重点是：由于道德风险和逆向选择而导致的健康保险市场失灵；卫生保健中非营利组织的重要性；医疗市场中职业规范、信任和道德的作用。

依赖于效用最大化和有效市场均衡的传统经济模型，在理论上和实证上都成果丰富，而且为设计卫生保健公共政策作出了贡献（Culyer and Newhouse，2000）。例如，对医院支付方式的研究取得的显著进步，其结论在公共政策的争论中很有影响力（Newhouse，2003）。然而，在实施传统模型时，经常也会遇到导致僵局的难题，面对这些难题，行为经济学将大大推进对卫生保健市场的研究。我们在下一节中将分析医生服务市场中的问题，我相信这些问题只是卫生经济学中更深层次问题的一个代表。

## 6.2 医生行为的模型

Arrow（1963，p.949）评论说：

从每天的观察可以清楚地发现，卫生保健市场销售者的行为与一般的商人不同。

在卫生经济学中，与行为经济学联系最为紧密的是对医生行为的研究。Pauly（2001）注意到，Arrow 使用"信任"、"道德"等词汇描述医生行为，而这些词汇总是让经济学家们感到不安。

卫生保健市场中最早的一些计量模型研究了医生服务市场（Feldstein，1970；Newhouse，1970；Fuchs and Kramer，1972），这些模型以竞争性模型为出发点，结果显示医生数量和价格之间存在正相关，该结论与竞争性模型是矛盾的。这些论文引发的对医生行为模型的研究一直持续到今天。对该结论的第一反应就是把垄断引入医生服务市场（Newhouse，1970；Frech and Ginsburg，1972）。但是进一步的研究发现了与垄断模型和竞争性模型都不一致的证据。卫生经济学家们迅速放弃了利润最大化假定，发展了一系列基于医生动机的特别解释。然而，正如 McGuire（2000）所说，除利润最大化模型之外，还没有大家一致同意的替代模型。

Feldstein（1970）试图解释医生市场对利润最大化的偏离，他认为该市场具有持续的过度需求，原因是医生故意设定了一个低于市场出清的价格，从而使得他们可以选择最感兴趣的患者。但该解释并没有医生动机与医疗实践方面的任何证据。第二种解释试图引入一个早期的行为经济学观点，即满意度模型（Simon，1958）。Newhouse（1970）和 Evans（1974）认为，由于利润最大化目标不被社会认可，医生可能会设定一个达到目标收入的价格。通过引入社会学家们提出的医生"集体取向"（collectivity orientation），Arrow（1963）以此解释了医生对利润最大化行为的偏离。Evans（1974）认为，医生会根据当地收入分配状况来设定目标收入水平。

更详细的分析发现了目标收入模型的很多缺点（McGuire，2000）。设定目标的基础是非常模糊的。另外，"目标"仅仅是主观决定的。有很多方法来达到这个目标，而该理论没有解释应采用哪种方法去实现目标。一个完整的模型还需要为实现目标而进行选择的一套规则。目标收入模型主要用于垄断竞争市场，在该市场中医生会选择一个可以达到目标收入并满足需求的价格。该模型具有多个不稳定均衡，当医生的供给变动很小时价格会发生剧烈波动。总而言之，目标收入模型只是行为经济学与卫生经济学进行结合的一个不成功的开始。

另一个不同的建模方法是在效用最大化模型中引入"医生引致需求"的概念。Evans（1974）假定，由于患者仅拥有不完全信息，医生会利用自己作为代理人的地位创造需求。也就是说，医生不是完美代理人，因为他们会推荐超出患者最优需求水平的治疗方案来获得收入。医疗上的不确定性和信息不对称都加强了医生的这种行为。该模型处理引致需求的方法和把广告引入市场模型的方式类似。引致需求可以导致医生面对的需求函数发生平移。创造引致需求的能力也被作为医生客观函数的一个变量，因此，自私的代理行为会减少医生的效用[①]，这种机制限制了对需求水平的过度移动。

直觉地，考虑到医患代理关系的重要性，对于医生创造引致需求的动机的研究还非常少（McGuire，2000；Reinhardt，1978；Fuchs，1978）。有关引致需求的绝大多数讨论需要考虑医患之间的道德规范和信任；患者的信息缺乏、恐惧与焦虑；医疗选择的不确定性。行为经济

---

① 在医生行为的利润最大化模型中，有些模型为引致需求设定了一个惩罚性成本（Stano，1987）。

学文献已经研究了这些情况是如何影响决策与经济行为的（Rabin，1988）。引致需求可能源自医疗市场中医生和患者的心理特点。还有许多行为经济学的概念与引致需求的出现相关，如自私行为、妄想、避免后悔（Rabin，1998；Thaler，1980）。这些概念使得我们在医生决策模型中会更多地考虑医患互动的性质。

### 6.2.1 医生决策经济学

医生都受到良好的教育并具有熟练的技能，被鼓励应提高患者的卫生与福利服务。然而，他们经常面临临床上的不确定性，并且需要说服患者完成临床治疗。医生在医疗决策中墨守成规，并且不积极采用能够提高医疗质量及患者健康的新方法和新技术（Institute of Medicine，2001）。一系列研究表明，医生在处理中耳炎、糖尿病、抑郁症、哮喘等疾病时常常会偏离以证据为基础（evidence-based）的临床实践（Institute of Medicine，2001，Appendix A）。这与市场模型的预期结果背道而驰，市场模型要么假定利润最大化，要么假定包含了患者卫生福利与医生收入这对参数的目标函数最大化。

例如，在美国，医生并不能从给患者开的药品中获得收益。因此，医生会选择那些最符合患者利益的药品，从而成为一个好的代理人。但是，观察发现，在选择药品代理商时，医生总是根据习惯进行选择，依赖于他们通过学习或者药品广告而熟悉的药品。这意味着他们不愿意使用更有效的新药或者成本更低的老药（Hellerstein，1998）。即使被广泛证明能够提高患者健康的药，医生也不愿意接受，如用于心脏病患者的β-受体阻滞剂（Institute of Medicine，2001）。

卫生经济学家一直试图弄清有关新药品与新医疗技术的学习成本。对医生开药时替代选择的实证研究发现，对于品牌药和一般性药物之间是否能相互替代，医生观点的差别非常大，而经历和学习成本都不能解释该问题（Hellerstein，1998）。因此，利润和效用最大化模型的简单扩展对基础的临床选择并没有给出满意的解释。

### 6.2.2 最大化、不确定性和信息不对称模型

医疗决策的特点是环境的不确定性，Arrow（1963）就是以此为前提。继承了Arrow这一传统的医生微观决策模型意识到：所有医疗技术的效果都是不确定的，患者对疗法的反应不同，对治疗程序的偏好也是不同的。我们在本小节中设定了一个简单的医生行为模型，以挖掘行

为经济学对修改传统模型的可能贡献。我采用了 McGuire（2000）在医生代理综述中使用的医生行为模型和概念。

我们假定患者可以从接收到的医疗护理（$m$）中获益，函数表达式为：$B=B(m)$，其中，$B'>0$，$B''<0$。二阶导数小于零的原因是卫生状况的边际效用递减，以及健康生产函数 $H=H(m)$ 的二阶导数小于零。考虑到这两种影响，我们可以将收益函数重新表述为 $B(m)=V(H(m))$。一般来说，假定 $V''<0$ 以表明风险厌恶。[①] McGuire（2000）把不确定性引入到健康生产函数 $H(m)$ 中。在进行不确定性医疗决策时，患者从卫生保健中获得的收益被看成是期望收益，即

$$E[B(m,u)]=E[V(H(m))+u] \tag{6.1}$$

其中，$u$ 为随机误差，均值为 $0$，方差为 $\sigma_u$。[②] McGuire（2000）指出，如果收入的绝对风险厌恶程度降低，卫生保健 $m$ 的期望收益就会随着不确定水平（$\sigma_u$）上升。如果患者是基于事后的边际健康产出作出判断，就会产生过多的卫生保健需求。这一过度需求可以被看做患者面对医疗不确定性时的自我保护。

卫生保健市场不仅具有不确定性，而且存在医患之间的信息不对称。医疗市场中绝大多数医生的支付方式都假定健康结果是不可合约化的，也就是说，依据治疗结果支付医生是不现实的（Dranove and White，1987）。[③] 医疗市场大都是根据医生保持老患者或者吸引新患者的成绩来奖励医生。绝大多数的医生要么是通过按人数计算的合同收费（每人每年支付固定费用），要么是根据安排的服务收费。无论何种方式，医生都是通过拥有更多的患者而获取酬劳（Kaiser Family Foundation，2003）。所以，如果患者根据医生的表现进行选择，那么医生将有动力提高服务质量。

因为健康生产函数受到医生提供的服务、医生的努力及其他因素的影响，所以单个患者不能通过观察医生的表现轻易辨别其努力程度。卫生经济学家长期关注代理问题。McGuire（2000）的公式通过在收益函数中加入医生努力程度这一变量而引入了信息不对称问题，$B=B(m,$

---

[①] 这里前景理论和参考健康水平是相关的，但是过多讨论这一问题将偏离医患关系的要点。

[②] 对 $m$ 的附加说明是为了使模型易于处理。

[③] 这也可能是无效率的，因为按结果支付会增加已有的选择动机。但是，检验绩效工资的兴趣正在增加。

$e$，$u$），其中，$e$ 代表医生努力。并且假定 $e$ 是不可观测的，因此是不可合约化的。因此假定患者知道 $B(\cdot)$，并且能够观测 $m$ 和治疗结果 $B_0$。假定患者可以进行贝叶斯决策。[①] 医生的努力程度可以被分为两个水平。例如，医生可以从文献中学习针对患者状况的治疗方法，贝叶斯型患者可以根据观测到的 $m$ 和 $B_0$ 推断医生的努力程度 $e$。[②] 这种推断可以被看成医生付出高努力水平的概率为 $L_1(B_0,m)$，低努力水平的概率为 $L_0 = 1 - L_1$。在信息不对称的情况下医生的利润最大化问题可以表述为

$$\pi = n(L_1)R + (p-c)m \tag{6.2}$$

其中，$n$ 为患者数量；第二个小括号中是医生支付协议的连续集，其区间从按人付费（此时 $R>0$，$p=0$）到按服务付费（此时 $R=0$，$p>0$）。如果患者把医生达到期望的努力程度定义为 $e=1$，那么观测到的结果将提供有用的信息。在这个模型中，通过需求反应，$n(\frac{\partial n}{\partial e})$ 创造了对高努力水平的激励。如果建立一个支付系统，使得医生的收入受体现他的努力程度的需求反应的影响，这也是很重要的。

需求反应的强度是决定卫生保健市场效率的中心因素，我们在前面总结的模型为早先讨论的引致需求模型提供了一个支柱（Dranove，1988）。医生可能会误导消费者，使他们相信某一特定疗程的边际效用 $H'$ 高于现实水平。结果就会导致对 $m$ 的需求水平高于有效需求。这种方法与最优欺诈文献中的方法类似，假定医生以适当自私的方式行动。McGuire（2000）等人注意到，医疗过程中医生与患者的相互作用使得患者可以在治疗过程中得知结果。这允许患者以奖励医生努力的方式作出反应。

另一个不同的建模方法是，假定医生本身是注重质量的，在与患者的遭遇中不会选择努力程度。也就是说，$e$ 是固定的。这种类型的模型被作为医生引致需求的备选模型（Pauly and Satterthwaite，1981）。这种观点暗示着医生是一种经验品，只能通过患者的调查或者可信任的信息（朋友或者家庭）去判断。在市场中，医生越集中的地方，单个医生

---

[①] 这是一个"如果—就会"的假定，允许该问题被模型化为进行贝叶斯决策的委托—代理问题。正如我们接下来将讨论的，该特点是潜在贡献或行为经济学的焦点。

[②] 该模型的最初形式集中于努力程度。正如我们接下来将讨论的，该模型很容易扩展到质量、选择或技术等问题中。

被了解得越少，这样会导致被患者了解的医生能够建立对市场的支配力。这意味着市场中医生越多，单个医生的需求曲线越陡峭，收费就越高。这种模型解释了为什么医生较多的市场中收费较高而不需要引致需求。为什么在选择集中增加一个医生会冲淡信息，我们仍然不清楚。例如，为什么当其他医生搬到镇里后，我对自己的医生知道的更少了呢？该方法说明，在接受卫生市场中基于程式化事实的标准模型以前，卫生经济学家还有很长的路要走。

### 6.2.3 行为经济学与医生行为模型：可能的方向

行为经济学不断提出质疑，这已经触及了方程（6.2）$\max \pi = n(L_1)R + (p-c)m$ 的核心。患者的需求反应是传递激励的关键。该模型假定患者将会基于医生努力程度的贝叶斯推断选择医生。这就要求患者形成关于医生努力程度的先验信息（比合同更为优先的印象），然后根据对新的治疗阶段的评估，不断更新对医生努力程度的先验判断（从最初的合同开始）（Camerer and Loewenstein，2003）。卫生部门提供了一个观察这些推断的独特制度环境。当这些制度安排与行为经济学的关键概念结合在一起时，关于卫生保健市场的新观点就出现了。

#### 6.2.3.1 先验信息的形成

我们首先考虑人们是如何选择医生以及是从何处获得信息据以判断医生质量的。在获得医生的最初联系方式之前，形成关于医生质量与敬业精神的先验信息时，患者获取医生信息的方法起着主要作用。绝大多数患者具有完全保险，仅负担医生收费的20%甚至更少。近年来，卫生部门增加了信息的透明性。州政府公布了关于外科医生和医院状况的数据。当地杂志和报纸定期公布热门医生的排行榜。互联网增加了医院、医生及其业绩信息的可获得性。这种信息膨胀是推进消费者至上、提高市场效率和医疗质量的有效策略（Shaller et al.，2003）。然而最近的调查显示，70%的消费者并没有看到关于医生质量的任何信息（Kaiser Family Foundation，2000）。这些调查显示，70%的消费者依靠朋友和家庭、65%的人依靠他们熟悉的医生作为他们最信赖的信息来源。另外，患者声称他们信赖自己熟悉的医生。例如，76%的被调查者说，他们更愿意选择一位自己熟悉的外科医生，而不是州政府或评级机构之类的专家高度评价的医生。

从朋友、亲戚和合格医生那里获得的经验是建立医生质量和表现的基础。患者通过为数不多的积极的相互作用增加对医生的了解。在选择初级护理医生时,对朋友和家庭的依赖更强,因为寻找本身可能就意味着没有合格医生,或者有合格医生但是对和该医生之间的关系不满意。处于行为经济学核心的"不同环境会影响经济选择",正适用于这种决策环境。

Tversky and Kahneman(1973)使用易得性启示法(availability heuristic),该术语描述的是仅依据生动和好记的证据建立医生水平或责任心的先验概率。Akerlof(1991)称这种现象是典型的。从上面的数据可知,个人报告比系统收集的卫生保健质量信息更值得信赖。个人提供的医生服务方面的证明比任何基于系统数据的报告都易于获得。但是,那些依赖朋友和家庭的报道可能会对感知的质量产生扭曲,因为个人报告中仅包含那些难忘事件。患者善于报告护理的某些特征,但是对其他特征则比较模糊。例如,患者能够准确地说出医生在回答临床问题时是否礼貌、敬业和清楚,以及是否具有一个廉洁高效的诊所。而这些患者却不能准确地判断护理的技术质量。也就是说,他们不能准确判断医生是否实施了适度而对症的治疗(Edgman-Levitan, and Cleary, 1996)。患者能够理解并且准确报告的护理的特征与能够准确报告护理的技术水平并不是高度相关的(Cleary and Edgman-Levitan, 1997)。患者是根据家庭和朋友的报告,评价基础护理医生的优劣,但这些人仅观察了护理的某些特性,忽略了对他们卫生效果影响最直接的那些护理因素。在质量评价上,仅专注于医生某一方面表现的易得性启示法拓展了医疗市场中需求和需求反应的概念。这提供了一个有希望的途径,即将市场模型与观测到的行为更好地联系起来。

在评价医疗服务的提供者时,医疗市场中的决策环境也会使评价者易于受到"小数定律"(law of small numbers)偏好的影响(Rabin, 1998, 2002)。Rabin(2002)解释说,当代理人相信小数定律时,他们对观察少数事件得到的信息会作出过度引申,实际上这些事件仅是少数人的经历。在医疗市场中,对医生的评价依赖于朋友、家庭以及其他医生的报告。而来自朋友和家庭的报告仅仅基于他们遇到的少数医疗专业人员。医生的推荐可能也是基于较少的经验。[1] 实际上,患者常说他们对源于少数人的医疗服务更有信心,对源于诸如认证机构和卫生计划赞助商等大的代表性机构的医疗服务则缺乏信心。全国调查数据还表明,在拥有正确选择医生与医疗程序的充分信息方面,消费者具有很高的自

---

[1] 医生一般没有受过良好的统计学训练,可能不会使用那些他们可以获得的数据。Gawande(2002)对医生训练和临床决策案例进行了生动描述。

信。81%的消费者说他们有充分的信息正确选择治疗方案，79%的人说他们能够正确地选择医生（Kaiser Family Foundation，2000）。① 认为消费者相信小数定律的模型的主要暗示是：先验信息会反映消费者在评价护理提供者的质量或表现时过分自信（Rabin，2002）。

#### 6.2.3.2 更新先验信息

假定贝叶斯型消费者在评价医疗提供者的新表现时，不受对该提供者建立的先验信息的影响。这种模型的特征适合初级保健医生或治疗慢性疾病的专家。相反的例子是在专科手术中，在选择这类医生时没有先验信息的更新过程。卫生保健市场的某些体制和环境会导致消费者过滤信息，以至于不再符合信息更新的贝叶斯假定。Arrow（1963）注意到，信任是医患关系的核心特点。信任这一重要特性源于患者的不确定性与脆弱性。信任作为一种非市场化制度，是通过减少无效与低效率而增加效率的，而这些无效与低效率源于由疾病引起的不确定、焦急以及医患之间的信息不对称。② 卫生部门具有增加医患之间信任的很多补充性制度，包括医德规范、医学教育、职业精神、职业资格认证制度以及医院的非营利性质。信任也被作为影响患者健康的一种治疗手段。

对信任的研究表明，在具有不同收入、种群、卫生水平的各个社会阶层中，患者都非常信任他们的医生（Hall，2001）。某些医患关系的心理学研究倾向于把较差的治疗效果归因于超出了医生的控制范围且是不可避免的（Ben Sira，1980）。这引出了一个问题，即患者如何使用新信息推断收益函数 $B=B(m, e, u)$ 中医生努力程度的参数。回忆上面的医患互动模型，其中贝叶斯型患者估计医生付出恰当努力的可能性为 $L_1(B_0, m)$。因此，我们现在考虑如何形成这一可能性。信任关系的滤波函数与 Rabin and Schrag（1999）提到的证实倾向*（confirmation bias）相关。由信赖的朋友、亲友或者医生的推荐而对一个医生产生的信任是否可以选择性地解释从这个医生那里获得的新信息呢？使用由 Rabin 和 Schrag 提倡的准贝叶斯方法修正信息（也就是基于有偏信息应用贝叶斯方法）将会导致患者曲解某些结果而不将它们作为医生质

---

① 应该注意到，这些数据都源于电话调查，问题具有一般性。关于特定操作和案例，患者倾向于给出不同的回答。虽然如此，不同方面的证据都显示，患者很信任在医疗事件中得到的建议和信息。

② Koszegi（2003）最近的一篇论文论述了焦虑是如何干扰患者获取相关信息并最终导致无效率的低治疗水平的。

\* 人们倾向于证实某种假设或规则，但很少去证伪它们。——译者注

量与努力程度的真实反映。对医生质量与努力的误解绝大多数来自对健康生产函数性质的错误感受或者对治疗效果的错误解释。从信任的医生造成的不好的治疗结果进行推论会产生偏差，现存心理学方面的文献把患者对健康生产函数的感知作为确认该偏差的关键。

行为经济学的核心概念非常适用于控制着信息流和患者选择方式的制度。上面讨论的形成先验信息和进行贝叶斯修正的心理状态，指向了一个医疗市场中对质量信号的需求反应性质的假定。在应用行为经济学概念形成先验信息时出现的一个假定是，根据现有市场信息或者被改良的公共信息形成的质量信号引发的需求反应并不如先前认为的那么强。只有引入超越我们前面介绍的患者决策类型的制度，改良的信息才会产生有效的市场均衡（例如雇主会根据综合信息引导供应商的选择）。在医生行为模型中引入行为经济学将会导致对医生服务计量模型的不同解释。例如，需求反应强度将会依赖于患者获得医生的方式。所以，由家庭与其他医生推荐医生的患者和由卫生计划或者地方医学学会推荐医生的患者，对质量信号的反应肯定不同。

## 6.2.4 行为经济学与治疗中的供给反应

*我发现，在很多方面，医疗是一个奇怪且令人困扰的领域。更为令我感到震惊的是，无论人们如何努力，结果都是这样。*

Gawande（2002）

上面介绍的医生行为模型包含了医生从治疗一个或者一类患者的可能性中进行选择的过程。医生的选择（假定利润最大化）依赖于她对生产函数的认识，这一认识遵循贝叶斯学习过程（Phelps and Mooney, 1993）。这些模型认可医生完成训练后的继续学习制度，学习的主要途径是进行医疗练习（与同事搭档或医务人员合作），继续医学课程深造，以及从药品推销员和医疗杂志那里获取信息。贝叶斯改进模型强调了源于本地的信息，因为它们的学习成本更低。这些模型被用于解释相邻区域医疗方法的差异，而该差异无法被疾病特征、人口或参数选择等因素解释。

例如，1999年，在佛罗里达州的迈阿密市，每个参保人的医疗保险花费为9 941美元，而在明尼苏达州的明尼阿波利斯市，这一数额为4 886美元。这一差别无法被健康、年龄、性别、种族、人口或者医疗价格等因素解释。相反地，造成这一差异的主要原因是医生访问频率、诊断性检查、住院治疗程序（Wennberg and Cooper, 1997）。与此一致的是，Phelps（2000）调查了纽约州的住院率变异系数。他发现，小儿中耳炎的变异系数为 0.49；神经衰弱的变异系数为 0.42；慢性呼吸困难的变异系数为 0.35；而难以进行自由裁量的心脏病等疾病的变异系数仅为 0.12。

医生在使用贝叶斯修正模型选择治疗技术时，某一疗法适用于特定疾病（如分娩中的剖腹产）的先验信息是在培训中（学校与实习教育阶段）形成的。于是，医生会结合新观察到的信息和先验信息，给每种情况相同的权重以形成后验分布。医疗培训与后续实践被赋予相同的权重。这一模式可以解释医疗实践中"地方特色"如何传继，以及为什么新疗法被接受得很缓慢。

该模型假定贝叶斯型医生在决定是否采用某一医疗技术时，不仅会对源于当地的信息赋予更高的权重，而且会忽视医疗杂志或者学术会议中的信息，或是仅给予较小的权重。Phelps and Mooney（1993）争论说，源于当地的低成本信息更受重视。他们还注意到，同事对实施特定医疗技术的建议的重要性。后一点与易得性启示法相一致，人们更加重视个人对失败和成功的生动描述，且会忽视可能更具代表性的文献数据。

另一种行为是后悔，这可以帮助我们理解为什么当地信息如此受重视（Thaler, 1980）。医生必须从很多方案中选择以对付特定状况并获得患者的信任。这使得医生必须为选择的后果负责。并且这些选择通常要在巨大的时间压力下作出。一个典型的医生访问需要 15 分钟。因此，后悔的概率很高，并且医生有理由试图降低医疗决策的责任成本。对医生行为具有重要影响的一个制度就是职业规范（Arrow, 1963）。职业规范就被作为指导医生选择的本地疗法。如果遵照当地规范而导致医疗效果差，医生可以争辩说是执行了标准的操作程序。如果医生的做法不符合本地疗法，那么他们所做的选择则具有更强的个人性质（Thaler, 1980）。对当地疗法赋予更大权重不仅可以减少决策责任，而且可以解释为什么在决策过程中会采用贝叶斯修正方法。这些行为对决策的影响会因为当地卫生计划而进一步加强，这些计划总是试图通过本地医生行为规范影响医疗模式。①

贝叶斯决策模型与创新思想还可以解释治疗模式地区差异的确立和延续。患者的特征与疗效无法解释这种地区差异，说明市场中存在福利

---

① 近年来，美国卫生计划开始使用有限数量的指示器设定性能标准，实践中的主要模式都以当地实际标准（平均数）为基础。

水平的不同。虽然没有获得认可，但行为经济学的思想还是常常出现在部分这类文献中。一个例子是，Phelps（2000）思考为什么不同的市场对新疗法的价值评价不同。他认为，一个创新型的医生易于接受医学文献和研讨会中的新方法。通过试用 20 次新技术，创新型医生才可以判断出该新技术是否优于现存的技术。Phelps（2000）同时注意到，医生可能会由于对新技术更感兴趣而在决策时存在偏见。这一猜想让我们想到了小数法则，由于倾向于过度解释少数实验得出的结果，导致某一特定疗法在不同地区的评价差别很大。它也提供了一个解决创新型医生和保守型医生之间分歧的方法。这些观点应用于贝叶斯决策模型后，可以帮助解释不同地区治疗模式的高离散系数和更有效的新技术的推广为何很缓慢。

这种思路的实证暗示着这样一种观点：源于医生自身和临近社区的经验对分析医生治疗模式很重要。这些因素对理解新技术的扩散和减少老技术的使用也很重要（有时称之为更新）。典型地，这些方法没有被包括在医生行为的计量模型中。

### 6.2.5　一个应用

近期的一个自然实验显示了上述观点的潜在贡献。1989 年，纽约州卫生署（New York State Department of Health）发起了一场利用市场力量提高冠状动脉搭桥术质量的运动，就是通过提高医生和医院信息的标准化、可靠性、实用性，使享受医保的消费者可以根据信息进行选择。这就是说，需求会随着医疗效果而变化，这将会约束效果差的提供者而提高医疗质量。纽约州卫生署制定了医生和医院死亡率的详细的风险调整方案，这样就可以使用综合死亡率来标准化医疗效果。① 从 1992 年 11 月开始公布每家医院每年主持过 200 个及以上手术的外科医生的外科手术死亡率。卫生署付出了极大的努力向媒体解释质量的进步和死亡率的调整。外科手术死亡率被刊登在包括《纽约时报》（*New York Times*）和《新闻日报》（*Newsday*）等主要报纸上。

两份最初的报告给卫生经济学家提出了两个难题。第一个难题是，冠状动脉搭桥术的死亡率由 1989 年的 4.17% 下降到了 1992 年的 2.45%（Chassin et al.，1996）。第二个难题是，需求反应并没有出现。患者并没有从死亡率高的医生和医院大量转向死亡率低的医生和医院

---

① 使用死亡率的统计标准化调整风险以便于说明疾病的严重性和患者从手术中恢复的能力。有关纽约使用的调整风险方法的细节，参见 Chassin et al.（1996）。

(Schneider and Epstein，1998)。最初只是认为，原因是公众对那些死亡率报告不够了解。然而，当公众对死亡率数据了解更多后，患者数量依然没有显著变化。

几乎所有卫生经济学家都不能解释这一需求反应结果，这形成了对上述质量选择模型与 Dranove and Satterthwaite（1992）模型的挑战。在决策时，与医患关系相关的一些事实为我们提供了实施行为经济学的方向。上面的数据说明患者对源自朋友、家庭和基础护理医生的推荐赋予了极大的权重。在艰难的情况下选择疗法时，患者更加依赖于知名的医生。对医疗决策分工方面的研究表明，在治疗乳腺癌和直肠癌等疾病时，多数患者宁愿让他们的医生选择疗法（在直肠癌中有78%的患者，在乳腺癌中有52%的患者）。另外，在乳腺癌中只有20%的患者希望积极参与到决策中（Beaver et al.，1999）。该研究还显示，在诸如手术等主要程序中，患者更愿意只知道消息，而由医生单独作出决策。实际上，为数不少的患者说，他们曾被迫作更多的决定。这进一步证实了信任对形成先验信息的重要性和患者害怕决策错误的后悔心理。患者不愿面对选择失误后的坏结果。

学者们的研究转而集中于供给动机和如何解释死亡率的下降（Dranove et al.，2002）。最新的观点是，医生是风险厌恶的，由于担心名誉损失，愿意减少患者的风险。这大概是由于风险调整机制还不完善。结果是，医生不愿意为病情非常严重的患者做手术。也就是说，死亡率的下降仅仅是由于医德的降低。

Dranove与同事的实证分析验证了医生的选择行为。患者的病情缓和了，但是医疗费用上升了（纽约的经验显示，五分之一的业绩评价较低的医生放弃了心脏手术，这也意味着存在另一种解释（Jha and Epstein，2004））。Dranove et al.（2002）认为，这造成了福利损失，因为实施新方案之前最严重的患者都得到了合适的治疗。因此，声誉最大化行为会影响病情严重的患者的福利。该假设还缺乏充足的证据。另外一种解释是，公开这些数据会导致医生重新评估源于自己和邻近地区之外的其他信息。这能够产生与观察到的方差变小相一致的结果，但是会得到不那么令人沮丧的标准化结论。如果在基准水平上，医生为"过多"的重症病人提供了冠状动脉搭桥术，那么很有可能就是这种情况。

### 6.2.6 另一个方向：医疗决策

经济学家开始注意到卫生政策中的一个突出问题，即不同种族对医疗的利用情况差别很大（Institute of Medicine，2002）。Balsa and McGuire（2003）提出了用行为经济学方法修正上面讨论的医患互动的一个模型。因为面临紧急情况而需要快速评估复杂临床状况，他们强调了医生经验直觉的重要作用。这种直觉能够根据有限信息作出有效判断。当然这也可能导致错误。因为个体特征和卫生状况对选择疗法也同样重要，使用的经验也可能源于某些特别的临床状况。例如，医生普遍相信，黑人比白人更倾向于滥用药物，更少遵循医嘱（van Ryn and Burke，2000）。医生的这种信念潜在地影响了他们采用某些疗法的努力。因此，对患者服从程度的判断会影响到对结果的预期。

卫生经济学的第二个应用领域涉及医疗实践的复杂性。美国医生的患者的保险协议差别巨大，这意味着患者对不同服务的个人支付价格不同，医生也有很多种被支付报酬的方式。例如，一个医生会遇到15种或者更多不同的用药目录，每一种都规定了哪一种药物可以支付以及如何支付。① 另外，他们还要面对相似数量的补偿计划、奖金安排、质量报告方法和患者分担成本的规则等。Glied and Zivin（2002）最近的一个分析显示，医生行为与简单的最大化模型不一致。他们以回访时间、医嘱测试和用药等手段检查了医生对治疗强度的选择。结果显示：医生对激励有反应，但是对边际患者*（marginal patient）的激励却不一定有反应。他们报告说，没有支付激励的患者和拥有支付激励的其他患者受到的治疗强度一样大。② 相似的患者获得了相似的治疗。③ 正如Arrow所说的，医生具有某种集体取向（可能是被职业规范所加强的），对待患者采取相同态度将具有内在价值，并且会控制医生对不同支付激

---

① 一个用药目录就是关于药品的列表和一系列如何使用之的规则，以及说明一个卫生计划包括哪些具体药物。

\* 边际患者即为拒绝接受治疗或者选择不使用医疗服务的患者。引自 Hayes-Bautista D.，Marginal patients, marginal delivery systems and health systems plans. 1977。——译者注

② 当支付激励改变时，医生也会改变其"行医风格"。一个还没有讨论的行为现象与公平的作用有关。医生可能会对所有患者依据相同的标准给予最好的治疗。这一观点与上面提到的信任交织在一起。患者对医生和医疗规范的信任的基本作用被视为是对卫生保健市场中信息不对称和刚性的有效率的非市场反应。建立信任关系的重要性给提供者创造了看起来并不是在明显地实行利润最大化行为的激励。Arrow（1963，p.966）观察到下述行为：与相同环境中所有的代理人一样，为了证实这种代表性，医生发现自己某种程度上被限制了。成为真正的代理人而需要采取的最安全方法是给予当时社会上所认为的最好的治疗。在质量上打折扣，即使处于为患者节约金钱的目的，也会因没有达到社会期望而获得失败的罪责。

③ 模型看似与差异的讨论相冲突。然而，可以假设定量配给的发生基于认知到的临床需要，并且差异产生于刻板印象以及对种族不同需要的认知。

励的反应方式。Kahneman et al.（1986）研究了公平的信念是如何抑制利益最大化选择的。被医生内生化的标准或权利、对不同激励措施供给反应的影响因素，共同扩展了公平对追逐利润的抑制。[①]

在面临最优化的成本很高的复杂环境时，实施直觉推断法是将公平引入医生行为模型的另一个手段。在对医疗实践中面临的众多支付安排作出反应时，这种方式的公平有助于用经验法则进行选择（Conlisk，1996）。

## 6.3 医疗需求与保险

我们在本节中主要研究医生服务市场，部分是因为，它们是信息不对称和不确定性条件下医疗供求问题的代表性模型。卫生经济学中还存在一些其他传统经济模型无法解决的难题，而应用行为经济学可能会非常有效。我提出了几个与医疗需求、健康保险相关的问题说明这种可能性。

### 6.3.1 医疗需求

在对医生行为的讨论中，消费者对单个医生服务的需求引发了大部分学者的注意力。这里我们简要介绍几个医疗需求中的其他问题，在解释这些问题时，行为经济学可能会起到建设性的作用。卫生政策分析家们注重于效率与质量，他们观察到对医疗服务的使用过度、使用不足、使用不当总是持续存在（Institute of Medicine，2001）。对医生行为的讨论为使用过度和使用不当提供了部分解释。从需求方面对"使用不足"的解释基本上依赖于外部性，例如对疫苗的需求和缺乏保险等情形。即使当疫苗可以免费得到时，由于外部性的存在也会导致很低的需求水平。为此在政策上采取了一些强制措施，例如要求儿童必须具有免疫证明才能入学。另一个需求不足的原因是财政困难。但是在参加保险的人群中依然存在需求不足。没有外部性时，则更难解释参保人群中的需求不足。

现存医疗需求方面的文献为研究需求不足提供了几个方向。一类研究将声誉加入效用函数并让它具有价格的作用，比如对心理健康和艾滋病治疗等医疗服务需求的研究（McGuire，1981；Frank and McGuire，

---

[①] 应该注意，这些结果涉及与医疗决策模型中的规范性假说相关的旧文献。

2000)。在这些模型中,治疗同时引发了一个声誉上的污点,因此如果患者获得治疗,他们将被强加上一个额外的成本。声誉被用于解释具有精神障碍人群的低就医率(例如,患有抑郁症的就医率仅为 27%;患精神分裂的就医率仅为 50%)。

Caplin and Leahy(2001)利用行为经济学的研究提出了新的方法来理解需求行为。Koszegi(2003)使用了 Caplin 和 Leahy 的预期效用模型,在该模型中观测到的结果为信念会影响精神状态,而精神状态会影响效用。① 信息影响信念,进而精神状态与效用相联系。Koszegi 使用这一框架分析了焦虑是如何影响对特定信息、测试和治疗的需求的。他在搜寻治疗和获得信息之间设定了一个平衡。对某些患者来说,坏消息会产生负效用,但是具有更完整的信息可以使医生和患者选择更合适的治疗方案。如果信息具有净的正效用,患者就会联系医生并获取关于他们状况的信息。不完全信息会导致其他患者产生焦虑。在如何使用医疗信息和医生交流以及如何进而影响服务需求等问题中,患者行为模型把预期加入准贝叶斯更新模型,使用这些模型可能会解决诸如不服从治疗方案等需求不足问题(Lowenstein,1987)。

研究需求的第三个方向源于科学家们的观察,他们试图研究卫生事业的状况。他们注意到,人们有很强的能力去适应改变了的卫生状况。也就是说,慢性患者(如糖尿病患者)往往认为他们和普通人一样的幸福。人们的偏好在不同时间和不同地区都很稳定。② 这些观察提供了与双曲线折现研究不同的结果(Thaler,1981)。调整卫生状况的模型可以更好地解释临终关怀、医疗预嘱等行为。

对不同用药目录需求反应的研究发现,与治疗过程无关的需求方面的问题正在引起人们的注意(有关例子参见 Huskamp et al.,2004)。由于执行不同的药品目录,在同一类治疗中不同药品(例如质子泵抑制剂)的相对价格也会相应变化,上述研究估计了对价格变化的需求反应。仅有几类治疗得到了研究,有的治疗包含一些在临床研究中具有很高替代性的药物(它们的临床效果不错,但副作用相当大),其他的都更独特而难以替代。不同类别的估计需求反应都是温和的,其大小也都近似。特别地,虽然质子泵抑制剂(用于治疗胃炎)的临床性能具有高

---

① 该方法最近的另一个应用是关于艾滋病诊断检测使用不足的标准化问题,参见 Caplin and Eliaz(2003)。

② Kahneman(2003)注意到一些对自我报告福利理解能力的关键限制。然而,多种测量生活质量和福利的方法都显示了相同的适应性结果。

度的可替代性，但对这些药物的需求反应依然很弱（Wolfe，2003）。此外，医生认为，这些药物的临床效果是类似的。这意味着患者不愿意更换药物。虽然药品具有高度替代性，为什么患者对价格的显著差异（100％）没有反应呢？

对参考水平与现状偏差的理论和经验研究结果，与上一节的观察非常相似（Knetsch，1989；Samuelson and Zeckhauser，1988）。即使交易成本很低和性能高度相似，最初的选择依然会影响偏好。因此，处方药的需求模型应该包含患者使用药品的历史信息。这种偏好结构将会成为新的用药目录设计的理论基础，这种用药目录能够纠正消费者偏好。仅仅报销推荐药品的封闭处方，代表着一种新机制，可以纠正消费者偏好并且形成新偏好。①

### 6.3.2 保险设计

已经吸收部分行为经济学研究方法的健康保险市场依然存在一个问题，即为什么全额给付保险计划占统治地位。经济学家们长期关注道德风险与风险分散之间的平衡（Zeckhauser，1970）。健康保险市场具有各级分摊费用的均衡政策，这已接近全额给付保险，令人迷惑的是，人们依然有很高的热情去支付这一最没有价值的保险保障形式。

Thaler（1980）引入后悔的概念来解释该问题。他指出，保险的某些特征，例如自付扣除金，可以强迫消费者权衡使用以现金支付的医疗服务，这给消费者增加了巨大的心理成本。为了避免作出将来会后悔的权衡选择，消费者被建议购买能够排除这种选择的健康保险设计，结果人们更倾向为全额保险支付更高的价金。

最后的问题是关于健康保险市场的。在卫生政策和卫生经济学中有一个长期的争论，即如何在竞争性保险市场带来的效率与逆向选择产生的损失之间取得平衡（Cutler and Zeckhauser，2000）。实证方面的卫生经济学文献提供的证据表明，竞争激烈时价格会显著下降，同时源于逆向选择的损失也会变大（Cutler and Reber，1998）。在卫生经济学中的一个假定是，更多的选择是更好的。而实际上，在美国和其他国家，提供保健服务的模式都是"管理竞争"（Enthoven，1988）。其假定是，

---

① 令人感兴趣的是多数美国的私人健康保险严格限制保险范围，以至于大约30％～40％的人无法选择健康计划。

消费者能够发现正确的卫生计划，而且从更广泛的选择中获得的净收益是正的。

实际上，消费者似乎对可供选择的卫生计划所知甚少。最近的消费者调查显示，仅仅 36% 的消费者认为他们了解为他们提供的卫生计划之间的不同（Kaiser Family Foundation，2000）。例如，仅有不到一半的被调查者知道健康维护组织（health maintenance organizations, HMOs）更注重预防性护理。另外，健康保险市场的设计者经常会为消费者选择健康保险设置各种限制。不过，美国公共政策近些年一直鼓励为消费者设计具有更多选择的健康保险计划，例如老年医疗保险计划（Medicare）和联邦雇员卫生福利计划（Federal Employees Health Benefit program）。迄今为止，对健康保险市场中消费者选择效力的研究还非常少。

从行为经济学的基本理论中可得出如下结论：应该如何权衡竞争性卫生计划中的扩张性决策，对这一问题的分析还不甚完善。行为经济学的研究显示，当复杂产品的数量增加时，消费者希望减少备选数目；或者，他们会通过推迟决定或选择默认项而回避选择（Johnson et al.，1993）。当决策变得更加复杂时，人们就会采用经验直觉等更简单的规则作出决定（Payne et al.，1993）。Lowenstein（2000）把这些观点应用于社会保障改革中。他认为，如果这样的话，更多选项的成本将超过其收益。健康保险市场充满了复杂的自然实验；备选项变化剧烈，看上去风险都很高。行为经济学概念引出的经验分析可以提供有用的信息，以帮助更好地理解在健康保险中增加选项的净收益。[①]

例如，美国的老年医疗保险计划项目为这类研究提供了一个很好的实验室。老年医疗保险计划的受益人可选择的管理式医疗计划的数量差异很大。当然，在所有市场中都有一个默认计划，它提供的是老年医疗保险计划的传统费用。政策制定者和研究者屡次被管理式老年医疗保险计划的低参保率震惊，这些计划在保险责任范围中提供了患者经常要求的更丰富的分类（例如没有附加保费的处方药）。理解选择集的结构是如何导致消费者离开默认选项对于理解设计选项中的权衡非常重要。特别是，具有更多选择的保险受益人是否倾向于选择传统的老年医疗保险计划而不是管理式医疗计划呢？对于非常热衷于推行管理式医疗计划的委员会而言，这将是很重要的信息。[②]

---

① 应该注意到，这些问题也适用于选择专家、医院、处方药以及诸如"自愿提供"法令等政策的评估。

② 获得与更多使用默认选项的冲击相一致的实证估计需要处理卫生计划的内生性问题。

## 6.4 最后的观察

长期以来，卫生部门为经济学家们提供了一个具有挑战性的领域。Arrow 早在 20 世纪 60 年代就认识到了该问题。沿着 Arrow 的足迹，我在本章中主要讨论了卫生服务市场和健康保险市场。卫生经济学家们已经习惯于处理卫生保健市场中的制度和事件，这些领域对应用新古典经济学的有效性提出了质疑。在卫生政策和卫生经济学的许多最具挑战性的问题中，保险市场中医患互动的性质具有核心作用。卫生经济学的第一个经验研究就是刻画医患互动的特征，它依然是卫生经济学的核心问题。应用标准的委托—代理模型不仅可以更好地刻画医患互动，而且对影响价格、产出数量和质量的参数提出了可证伪的假设。但是，在医生服务市场中观察到的供给和需求反应并没有被全部解释。在冠状动脉搭桥术中对医生表现公开报告的案例为标准模型在解释市场行为中的局限性提供了生动的例子。

行为经济学提供了非常适应卫生部门制度的一些概念和分析工具。信息不充分情况下的医患决策、有噪声的健康生产函数、恐惧、焦虑、保险责任范围和信任等概念都与行为经济学非常相称。我试图强调，一个相对简单的医患互动模型，在使用行为经济学的观点加以扩展后，是如何增强理解并发展卫生保健市场中的经验模型的。已经被识别的问题正进入卫生经济学的核心。这些问题包括：信息如何影响卫生保健市场的均衡性，医生之间的竞争如何影响价格和数量，什么因素会导致市场中治疗模式的永久变化以及相关的福利损失，以及什么因素会导致不同种族和民族使用不同的卫生保健。我一直强调行为经济学在扩展卫生保健市场中模型的作用。行为经济学为解决卫生经济学中长期存在的难题提供了方向。

卫生经济学还具有重要的规范性意义。显然地，如果医生和患者在特定背景下的选择与认知错误，需求函数就不能被给予卫生经济学中普遍存在的规范性解释（Rice，1998）。对在卫生保健中使用标准需求模型持批评态度的人清楚而有力地提出了使用规范性模型的限制，但他们未能提出理解此类行为的新方法。

Thaler and Sunstein（2003）提出了一个方向，就是使用成本收益分析作为替代政策，用以解释我们在本章中描述的认知错误。卫生保健中广泛应用经济效益分析判断竞争性医疗实践与政策的效率。在根据消费者偏好进行福利评价时，应用这些工具还存在一系列的困难（Garber，2000）。

另一个感兴趣的方法是基于实例的决策理论（Gilboa and Schmeidler，2004）。这里的规范分析是指评估一项政策措施是否可以减少决策误差，而这种误差会破坏卫生经济学中常用的期望效用模型。这样，减少决策谬误的政策被视为福利增进。这仅仅是一种新的想法，迄今为止，还没有在诸如卫生经济学这样的领域中予以实施的规范方法。

源于行为经济学的政策在分析卫生保健市场时具有重要意义。近期美国卫生政策的两块基石是：(1) 提高消费者获得信息的能力可以导致更高的医疗品质；(2) 更多可供选择的卫生计划和医疗服务提供者可以提高消费者的福利水平。通过行为经济学中的基础实验和心理研究，可以立刻对这些政策的基础提出挑战。我试图确定一些具体的领域，这些观点对现有的政策辩论具有重要意义。将行为经济学应用于卫生保健市场的研究，至少可以部分地改进这些文章的观念。

# 参考文献

Akerlof, G. 1991. Procrastination and obedience. *American Economic Review* 81: 1-19.

Arrow, K. J. 1963. Uncertainty and the welfare economics of medical care. *American Economic Review* 53: 941-973.

Balsa, A. J., and T. G. McGuire. 2003. Prejudice, clinical uncertainty and stereotyping as sources of health disparities. *Journal of Health Economics* 22: 89-116.

Beaver, K., J. B. Bogg, and K. A. Luker. 1999. Decision-making role preferences and information needs: a comparison of colorectal and breast cancer. *Health Expectations* 2: 266-276.

Becker, G. 1964. *Human Capital*. Columbia University Press.

Becker, G., and K. Murphy. 1988. A theory of rational addiction. *Journal of Political Economy* 96: 675-700.

Ben Sira, Z. 1980. Affective and instrumental components in the physician-patient relationship: an added dimension of interaction theory. *Journal of Health and Social Behavior* 21: 170-180.

Camerer, C. F., and G. Loewenstein. 2003. Behavioral economics: past present and future. In *Advances in Behavioral Economics* (ed. C. Camerer, G. Loewenstein, and M. Rabin). Princeton University Press.

Caplin, A., and K. Eliaz. 2003. AIDS and psychology: a mechanism design approach. *RAND Journal of Economics* 34: 631–646.

Caplin, A., and J. Leahy. 2001. Psychological expected utility theory and anticipated feelings. *Quarterly Journal of Economics* 116: 55–80.

Chassin, M. R., E. L. Hannan, and B. A. DeBuono. 1996. Benefits and hazards of reporting medical outcomes publicly. *New England Journal of Medicine* 334: 394–398.

Cleary, P. D., and S. Edgman-Levitan. 1997. Health care quality: incorporating consumer perspectives. *Journal of the American Medical Association* 278: 1608–1612.

Conlisk, J. 1996. Why bounded rationality? *Journal of Economic Literature* 34: 669–700.

Culyer, A., and J. P. Newhouse. 2000. *The Handbook of Health Economics*. Amsterdam: North-Holland.

Cutler, D. M., and S. J. Reber. 1998. Paying for health insurance: the trade-off between competition and adverse selection. *Quarterly Journal of Economics* 113: 433–466.

Cutler, D. M., and R. Zeckhauser. 2000. The anatomy of health insurance. In *The Handbook of Health Economics* (ed. A. Culyer and J. P. Newhouse). Amsterdam: North-Holland.

Dranove, D. 1988. Demand inducement and the physician/patient relationship. *Economic Enquiry* 26: 281–298.

Dranove, D., and M. Satterthwaite, 1992. Monopolistic competition when price and quality are not perfectly observable. *RAND Journal of Economics* 23: 518–534.

Dranove, D., and W. D. White. 1987. Agency and the organization of health care delivery. *Inquiry* 24: 405–415.

Dranove, D., D. Kessler, M. McClellan, and M. Satterthwaite. 2002. Is more information better? The effects of report cards on health care providers. NBER Working Paper 869.

Edgman-Levitan, S., and P. D. Cleary. 1996. What information do consumers want and need? *Health Affairs* 15: 42–56.

Emons, W. 1997. Credence goods and fraudulent experts. *RAND Journal of Economics* 28: 107–119.

Enthoven, A. C. 1988. *The Theory and Practice of Managed Competition in Health Care Finance*. Amsterdam: North-Holland.

Evans, R. G. 1974. Supplier-induced demand: some empirical evidence and implications. In *The Economics of Health and Medical Care* (ed. M. Perlman). Wiley.

Feldstein, M. S. 1970. The rising price of physicians' services. *Review of Economics and Statistics* 51: 121–133.

Frank, R. G., and T. G. McGuire. 2000. Economics and mental health. In *Handbook of Health Economics* (ed. A. Culyer and J. P. Newhouse). Amsterdam: North-Holland.

Frech, H. E., and P. B. Ginsburg. 1972. Physician pricing: monopolistic or competitive comment. *Southern Economic Journal* 38: 573–577.

Fuchs, V. R. 1978. The supply of surgeons and the demand for operations. *Journal of Human Resources* 13 (supplement): 35–55.

Fuchs, V. R., and M. J. Kramer. 1972. *Determinants of Expenditures for Physician Services in the United States*. Washington, DC: National Center for Health Services Research.

Garber, A. 2000. Advances in cost effectiveness analysis. In *Handbook of Health Economics* (ed. A. Culyer and J. P. Newhouse). Amsterdam: North-Holland.

Gawande, A. 2002. *Complications: A Surgeon's Notes on an Imperfect Science*. New York: Picador.

Gilboa, I., and Schmeidler D. 2004. Case-based decision theory. In *Advances in Behavioral Economics* (ed. C. F. Camerer, G. Loewenstein, and M. Rabin), pp. 659–688. Princeton University Press.

Glaeser, E. L. 2003. Psychology and the market. NBER Working Paper 10203.

Glied, S., and J. G. Zivin. 2002. How do doctors behave when some (but not all) of their patients are in managed care. *Journal of Health Economics* 21: 337–353.

Grossman, M. 1972. On the concept of health capital and the demand for health. *Journal of Political Economy* 80: 223–255.

Gruber, J., and B. Koszegi. 2001. Is addiction rational? Theory and evidence. *Quarterly Journal of Economics* 116: 1261–1303.

Hall, M. A. 2001. Arrow on trust. *Journal of Health Politics, Policy and Law* 26: 1131–1144.

Hellerstein, J. K. 1998. The importance of the physician in the generic versus trade-name prescription decision. *RAND Journal of Economics* 29: 108–136.

Huskamp, H. A., R. G. Frank, K. McGuigan, and Y. Zhang. 2004. The demand response to implementation of a three-tiered formulary. Harvard University Working Paper.

Institute of Medicine. 2001. *Crossing the Quality Chasm*. Washington, DC: NAS Press.

——. 2002. *Unequal Treatment: Confronting Racial and Ethnic Disparities in Health Care*. Washington, DC: NAS Press.

Jha, A. K., and A. M. Epstein. 2004. The predictive accuracy of the New York State bypass surgery reporting system and its impact on volume and surgical practice. Manuscript, Department of Health Policy and Management, Harvard School of Public Health.

Johnson, E. J., J. Hershey, J. Meszaros, and H. Kunreuther. 1993. Framing probability distortions, and insurance decisions. *Journal of Risk and Uncertainty* 7: 35 – 51.

Kahneman, D. 2003. A perspective on judgment and choice: mapping bounded rationality. *American Psychologist* 58: 697 – 720.

Kahneman, D., J. L. Knetsch, and R. H. Thaler. 1986. Fairness as a constraint on profit seeking: entitlements in the market. *American Economic Review* 76: 728 – 741.

Kaiser Family Foundation. 2000. *National Survey on Americans as Health Care Consumers: An Update on the Role of Quality Information. Highlights of a National Survey*. Rockville, MD: Kaiser Family Foundation, and the Agency for Health-care Research and Quality. (Available at http://www.ahrq.gov/qual/kffhigh00.htm.)

——. 2003. Trends and indicators in a changing health care marketplace. Kaiser Family Foundation publications. (Available at http://www.kff.org/insurance/7031/index.cfm.)

Knetsch, J. 1989. The endowment effect and evidence of non-reversible indifference curves. *American Economic Review* 79: 1277 – 1284.

Koszegi, B. 2003. Health, anxiety and patient behavior. *Journal of Health Economics* 22: 1073 – 1084.

Loewenstein, G. A. 1987. Anticipation and the valuation of delayed consumption. *Economic Journal* 97: 666 – 684.

——. 2000. Costs and benefits of health and retirement-related choice. In *Social Security and Medicare: Individual vs Collective Risk and Responsibility* (ed. S. Burke, E. Kingson, and U. Reinhardt). Washington, DC: Brookings Institution Press.

——. 2001. A visceral account of addiction. In *Smoking: Risk Perception and Policy* (ed. P. Slovic), pp. 188 – 215. Thousand Oaks, CA: Sage.

McGuire, T. G. 1981. *Financing Psychotherapy: Costs, Effects and Public Policy*. Cambridge, MA: Ballentine Books.

——. 2000. The economics of physician behavior. In *Handbook of Health Economics* (ed. A. Culyer and J. P. Newhouse). Amsterdam: North-Holland.

Mullainathan, S., and R. H. Thaler. 2001. Behavioral economics. In *International Encyclopedia of Social Sciences*, 1st edn, pp. 1094 – 1100. New York: Pergamon.

Newhouse, J. P. 1970. A model of physician pricing. *Southern Economics Journal* 37: 174 – 183.

——. 2003. *Pricing the Priceless*. Harvard University Press.

O'Donoghue, T., and M. Rabin. 1999. Addiction and self-control. In *Addiction: Entries and Exits* (ed. J. Elster), pp. 169 – 206. New York: Russell Sage Foundation.

Pauly, M. V. 2001. Kenneth Arrow and the changing economics of health care: foreword. *Journal of Health Politics, Policy and Law* 26: 829 – 834.

Pauly, M. V., and M. Satterthwaite. 1981. The pricing of primary care physician's services: a test of the role of consumer information. *Bell Journal of Economics* 12: 488 – 506.

Payne, J. W., E. J. Johnson, and J. R. Bettman. 1993. *The Adaptive Decision Maker*. Cambridge University Press.

Phelps, C. E. 2000. Information diffusion and best practice adoption. In *Handbook of Health Economics* (ed. A. Culyer and J. P. Newhouse). Amsterdam: North-Holland.

Phelps, C. E., and C. Mooney. 1993. Variations in medical practice: causes and consequences. In *Competitive Approaches to Health Care Reform* (ed. R. Arnould, R. Rich, and W. White). Washington, DC: Urban Institute Press.

Rabin, M. 1998. Psychology and economics. *Journal of Economic Literature* 36: 11 – 46.

——. 2002. Inference by believers in the law of small numbers. *Quarterly Journal of Economics*.

Rabin, M., and J. Schrag. 1999. First impressions matter: a model of confirmatory bias. *Quarterly Journal of Economics* 114: 37 – 82.

Reinhardt, U. 1978. Comment on monopolistic elements in the market for physician services. In *Competition in the Health Sector* (ed. H. Greenberg), pp. 121 – 148. Aspen, CO: Aspen Press.

Rice, T. 1998. *Health Economics Reconsidered*. Chicago, IL: Health Administration Press.

Samuelson, W., and R. Zeckhauser. 1988. Status quo bias in decision making. *Journal of Risk and Uncertainty* 1: 7 – 59.

Schneider, E. C., and A. M. Epstein. 1998. Use of public performance reports: a survey of patients undergoing cardiac surgery. *Journal of the American Medical Association* 279: 1638 – 1642.

Schoenbaum, M. 1997. Do smokers understand the mortality effects of smoking? Evidence from the health and retirement survey. *American Journal of Public Health* 87: 755 – 759.

Shaller, D., S. Sofaer, S. D. Findlay, J. H. Hibbard, D. Lansky, and S. Delbanco. 2003.

Consumers and quality-driven health care: a call to action. *Health Affairs* 22: 95 - 101.

Simon, H. 1958. Theories of decision making in economics and behavioral science. *American Economic Review* 49: 253 - 283.

Stano, M. 1987. A further analysis of the physician inducement controversy. *Journal of Health Economics* 6: 229 - 238.

Thaler, R. H. 1980. Toward a positive theory of consumer choice. *Journal of Economic Behavior and Organization* 1: 39 - 60.

Thaler, R. H., and R. Sunstein. 2003. Libertarian paternalism. *American Economic Review* 93: 175 - 179.

Tversky, A., and D. Kahneman. 1973. Availability: a heuristic for judging frequency and probability. *Cognitive Psychology* 5: 207 - 232.

Van Ryn, M., and J. Burke. 2000. The effect of patient race and socioeconomic status on physicians' perceptions of patients. *Social Science and Medicine* 50: 813 - 828.

Wennberg, J. E., and M. M. Cooper (eds). 1997. *Dartmouth Atlas of Health Care*. Chicago, IL: American Hospital Publishing.

Wolfe, M. W. 2003. Overview and comparison of the proton pump inhibitors for the treatment of acid-related disorders. (Available at http://patients.uptodate.com/topic.asp?file=acidpep/10094.)

Zeckhauser, R. 1970. Medical insurance: a case study in the trade-off between risk spreading and appropriate incentives. *Journal of Economic Theory* 2: 10 - 26.

# 雅各布·格莱泽的评论[①]

## 引言

在经济学中，几乎没有像卫生服务市场那样与行为经济学范式紧密联系的部门。从 Arrow（1963）开始，许多经济学家意识到，在卫生服务和医疗保险市场中，消费者和提供者不能（在他们行为的基础上）被描述为能够使得他们的期望效用或收益最大化的理性人。因为利他、信任和标准化等动机与思想常常处于一般经济学家的处理范围之外，但是它们却在代理人的决策过程中具有重要作用。绝大多数研究者常常会对市场中参与人的行为施加他们自己的假定条件，很少有人依赖于心理

---

① 我衷心感谢国家心理健康研究所（National Institute of Mental Health，R34 MH07142）的资助。我还要感谢理查德·弗兰克和 Tom McGuire 的启发性的探讨。

学、社会学以及最近出现的行为经济学提出和发展其模型。尽管很多学者做了大量的工作，但鉴于该原因，许多经济学家们感觉还没有达成一致的可以理解最重要的卫生保健行为的医患互动模型（McGuire(2000) 对该模型进行了充分的讨论）。

毫无疑问，如果我们希望更好地理解医患关系，在行为经济学和卫生经济学这两种几乎平行的研究之间的桥梁将为我们提供正确的方向。弗兰克的工作是建立这一桥梁基石的完美开始。弗兰克对参与人并不依照"认知范式"行动的卫生保健市场的主要领域进行了划分，我认为更重要的是，他不仅指出了这些参与人的"有限理性"行为的某些规律，还提出了许多令人感兴趣的观点，例如行为经济学家如何发展想法和模型，其他研究者可以用以更好理解医患如何相互作用，他甚至为这一市场中的某些令人困惑的现象提出了可能的解释。

现在我简要介绍一下我对医患互动主要方面的理解，行为经济学与这一作用很相关，可能非常有用。我的讨论主要基于弗兰克的论述以及其他一些文章。在 6.4.2 小节中，我主要介绍了卫生保健市场中提供者与患者决策和行动的范围；6.4.3 小节中，我强调了关于参与人在市场中如何行动的主要观察结果；6.4.4 小节中，我把医患两类参与人放在一起并简要讨论了这种现象：许多经济学家把小区域间差异视为卫生保健领域市场失灵的主要征兆；6.4.5 小节分析了行为卫生经济学的市场效率和福利。

### 参与人决定什么？

卫生保健市场中的消费者（常指患者）面临众多的决策和行动。我们对这些决策进行总结以后，发现卫生保健市场中的消费者的决策与下述因素有关：

- 他们的健康保险责任范围；
- 是否寻求保健；
- 寻找哪一类提供者；
- 要告诉提供者什么；
- 是否遵从提供者的安排；
- 是否寻求后备选择。

卫生保健提供者的决策与下列因素有关：

- 执行哪一个诊断程序；

- 推荐或执行哪一种治疗；
- 要告诉患者什么。

## 参与人如何决策？

卫生保健是一种非常复杂的产品。每一个都是不同的，涵盖了很多不确定下的许多决策选择。不同程序有效性的新数据和新证据伴随着新技术。这并不奇怪，因为消费者和生产者发现他们是在如此困难和令人沮丧的环境下决策，以至于常常会作出在旁观者看来是次优的决定（我们这里讨论的大多数问题可参见 McCall（1996））。偶然的观察和多数经验证据表明，患者会在下述基础上形成信念并作出决策：

- 小样本（例如，一位年轻妇女仅仅因为一位朋友被诊断出乳腺癌而决定去做乳腺 X 线检查）；
- 不受控制的经验（例如，患有背疼的人们选择去针灸因为以前有很多人这样做，而且看起来效果不错）；
- 极端个案（例如，一位孕妇因为其邻居的小孩诊断出唐氏综合征而决定去做羊膜穿刺）；
- 信任（患者只听从医生的建议，常常说："你是医生"）；
- 害怕失去信任（患者因为不想让医生失望，于是就不寻求其他人的意见了）；
- 直觉和"信任"（"这个药对我很有效"）。

类似地，卫生保健的提供者常常基于下列因素形成他们的信念并采取行动：

- 小样本（例如，医生仅仅因为某一种药对一位或者一小部分患者无效而停止使用该药）；
- 不受控制的经验（例如，医生仅仅因为对她自己的或者其同事的患者看上去更有效而更偏爱某一疗法）；
- 固执（例如，医生认为某一类患者倾向于不服从医嘱）；
- 习以为常的做法（医生对她处理的新病例并不是执行"认知决策"，而是遵循其同事中流行的或者她自己已接受并熟悉的"标准操作程序"）；
- 仅仅为了"做点什么"（有时，即使对患者的问题已经没有任何方法，医生还是觉得不能不给任何建议或者药方而仅仅让患者回家）；

- 患者的期待（例如，有时医生给患者抗生素仅仅因为患者要求这样，而不是患者的病情需要）。

此外，对最优对策的决策包含一系列选择，参与人（医生和患者）更愿意"每次解决一个问题"（例如，他们不使用逆向归纳法）。

综上所述，卫生保健市场的参与人会根据环境采用不同的决策程序和行为模式。在理解参与人如何在不同环境下采用决策程序以及如何被影响方面，卫生经济学家做的工作还非常少。这正好可以采纳行为经济学家的观点。

以下假定可以帮助我们理解医生和患者的行为。它们是：

- 搜集信息的成本；
- 处理信息的成本；
- 快速的技术创新（参见 Newhouse，2002）；
- 扭曲的激励（参见 Newhouse，2002）；
- 损失厌恶；
- 可得性启发法（参见 Tversky and Kahneman，1974）；
- 焦虑（参见 Koszegi，2003）；
- 基于案例的决定（参见 Gilboa and Schmeidler，1995）；
- 统计性歧视（参见 Balsa and McGuire，2003）。

虽然这些假定应该被分析和验证，但它们至少为更好地解释医患互动提供了一个理论起点。

### 主要表现：小区域间差异

尽管我们还无法充分理解参与人行动背后的原因，但我们仍然可以讨论它们的一些后果。卫生保健市场中最引人注目的现象，并且被许多卫生经济学家视为市场失败的最直接的证据，也许就是被称为小区域间差异（small area variations，SAVs）的现象。很多研究者发现并证明了，具有相同特征的患者在不同地区的疗效不同。这种现象被称为小区域间差异。表 6.1 列出了不同医疗程序在不同地区的表现最高和最低比率（每 10 000 人）（McCall，1996，p.188）。

表 6.1 不同医疗程序在不同地区的表现最高和最低比率（每 10 000 人）

| 程序 | 最高比例 | 最低比例 |
| --- | --- | --- |
| 痔疮注射疗法 | 17 | 0.7 |
| 全膝关节置换术 | 20 | 3 |

续前表

| 程序 | 最高比例 | 最低比例 |
| --- | --- | --- |
| 颈动脉内膜切除术 | 23 | 6 |
| 绕道手术 | 23 | 7 |
| 心导管插入法 | 51 | 22 |
| 髋关节置换（术） | 24 | 8 |
| 阑尾切除 | 5 | 2 |
| 疝修复 | 53 | 38 |

如果我们认为，其他条件相同时，存在一个特定的医疗严重性（medical severity）或需求水平，如果低于它，某些医疗程序就不应该被执行，高于它则应该被执行（例如，在这一严重程度上，边际社会收益等于边际成本），那么 SAVs 就是一个很强的关于在某些条件下一种方法被过度使用，而在其他条件下没有充分使用的指示器。

实际上，许多研究者研究了医疗服务被过度使用和未充分利用的问题，发现这两种情形都存在。表 6.2 列出了被过度使用的医疗程序（右侧一栏数据是被发现的未恰当使用的比例），表中数据源于 McCall (1996)。

**表 6.2　　被登记过度使用的医疗程序**

| | 使用的比例 |
| --- | --- |
| 住院治疗 | 23%是不恰当的（女人 27%，男人 18%） |
| 输血法 | 41%是不恰当的 |
| 子宫切除术 | 35%是不恰当的 |
| 绕道手术 | 30%是模棱两可的，4%是不恰当的 |
| 心律调节器 | 36%是可疑的，20%是绝对不应该使用的 |
| 内视镜检查法 | 只有 72%被发现是合适的 |

其他几种被发现过度使用的疗法是血管成形术、白内障手术、背部手术和滥用抗生素。

最为严重的滥用情况大概就是那些没有科学根据，甚至被证伪的产品或服务却迅速拥有了数亿美元的市场。许多这类治疗就是我们常说的"替代性"药品。

但是，过度使用并非唯一的问题。使用不足的情况也被证明存在。例如，高血压可以导致中风、心力衰竭、肾衰竭和失明，被诊断患有这类疾病的 75%～90% 的患者没有正确用药或遵医嘱。使用不足最普遍的是在预防医学领域。只要没有感觉到有病，人们就不愿意吃药。

对医生和患者决策过程和偏好更深刻的理解可以帮助我们认识究竟有多少 SAVs 是无效率的，以及如何提高保健市场的功能。

### 两个思考

我现在提出两个耐人寻味的想法结束我的评论。

**市场可以替代信任吗？**

迄今为止，卫生保健市场都是建立在信任之上的。患者需要就医时，宁愿选择他们熟悉的医生而不是去寻找可以获得的最好的医生。以往，患者对他们面临的问题和可能获得的治疗常常所知甚少，绝大多数情况下甚至不尝试去获得。而且，当医生给出建议后，患者几乎不会怀疑他们的判断。今天，情况发生了很大的变化。许多关于医生表现的信息都已公开化并且可以帮助患者选择医生。不同疾病的医疗信息和最新治疗手段都很容易获得（例如，通过互联网），并且患者通常只需从医生处获得某些特定的治疗。而且，如果他们对医生的治疗不满意，患者更倾向于寻求第二种建议或者另一个医生。卫生保健市场正变得更像其他市场。这种新变化的好处是显而易见的：当他们具有更多信息时，患者可以作出更为专业和全面的决策，由于患者可以更严格地监督医生的表现，医生也具有更强的动机去提供更高质量的服务。然而，我们不应忘记，考虑到卫生保健市场产品的复杂性和易变性、市场竞争和激励机制，尽管市场是有效，但可能依然不足以实现最高质量的医疗，最后可能仍旧是医生的偏好和责任感决定治疗效果。即使在这种新的市场组织下，选择最合适与最相关的疗法，很重要的一部分信息还是源于医生，因为医生拥有专业教育和经验，患者最终还是不得不依赖于医生的努力和道德。我认为，令人感兴趣的一个问题是，把以患者期望医生照顾作为共识的基于信任的医患关系转变为像其他经济交易中的那样，是否会减少医生的责任感，进而减少其努力，并最终降低医疗质量。市场环境改变后，医生的偏好是否会改变呢？

接下来，我分析第二个问题，即行为卫生经济学的标准化问题。

**在"愚人的天堂"中存在市场失灵吗？**

患者（医生）经常会以没有根据的或者错误的信念为基础做决策。这种行为引发了关于该环境下福利标准的问题。考虑表 6.3 中的例子。

表 6.3

| 疗法 | 成功率 | 对成功率的信念 |
| --- | --- | --- |
| C | ε | ε |
| A | 0.01 | 0.25 |

在这个例子中有两种疗法：一个我称为"C"（代表"常规的"），另一个记为"A"（代表"备选的"）。根据科学证明，疗法 A 解决问题的概率为 0.01，疗法 C 解决同一问题的概率为 $\varepsilon > 0$。消费者按自己的信念行动，他相信疗法 A 有 0.25 的概率可以解决其问题，而对疗法 C 他知道真实的概率 ε。外部条件完全一样，如果 $\varepsilon < 0.25$，患者将选择疗法 A。假定有一位仁慈的中央计划者，他应该告知该患者其对疗法 A 的信念是错误的吗？显而易见地，当 ε 足够大时，他应该告知。但是如果 ε 比较小呢？当 $\varepsilon < 0.01$ 时，患者不仅选择了较好的疗法，而且还相信成功的概率是 0.25。这样看来告诉患者实情并不能使他更好（当然，除非包含其他的决策）。现在的问题是：当 ε 比 0.01 大但是又接近 0.01 时应该怎样？告诉患者实情能够使他更好吗？这一问题的答案并不简单，而且我相信，在显示性偏好范式不被认可的情况下，它揭示了许多经济学家在试图解决福利问题时面临的难题之一。

# 参考文献

Arrow, K. J. 1963. Uncertainty and the welfare economics of medical care. *American Economic Review* 53: 941–973.

Balsa, A. J., and T. G. McGuire. 2003. Prejudice, clinical uncertainty and stereotyping as source of health disparities. *Journal of Health Economics* 22: 89–116.

Gilboa, I., and D. Schmeidler. 1995. Case-based decision theory. *Quarterly Journal of Economics* 110: 605–639.

Koszegi, B. 2003. Health, anxiety and patient behavior. *Journal of Health Economics* 22: 1073–1084.

McCall, T. B. 1996. *Examining Your Doctor: A Patient's Guide to Avoiding Harmful Medical Care*. New York: Carol Publishing Corporation.

McGuire, G. T. 2000. The economics of physician behavior. In *Handbook of Health Economics* (ed. A Culyer and J. P. Newhouse). Amsterdam: North-Holland.

Newhouse, P. J. 2002. Why is there a quality chasm? *Health Affairs* 21: 13–25.

Tversky, A., and D. Kahneman. 1974. Judgment under uncertainty: heuristics and biases. *Science* 185: 1124–1131.

# 博托德·科斯泽基的评论

正如大会上每一位发言者所说的，弗兰克就是为了总结行为卫生经济学的研究现状而生的。他贡献了一篇完美的论文，一篇关于卫生经济学中问题的代表作，可以帮助我们了解很多的问题以及行为经济学可以帮助解决的许多难题。他论述了关于医生和患者决策的经典模型要点的理论、医生和患者行为的经验事实、把理论和经验数据联系起来的深刻讨论、对不同行为方式背后心理力量的思考，以及对未来进一步研究的建议。我从这篇文章中学到了很多。

这里我简要描述医疗决策的环境和论文的主题，并进一步指出一些未来研究的方向。我仅限于讨论疾病的治疗和卫生服务，而忽略健康保险市场的不同。

我们从心理学中得到的一个重要教训是，行为对环境非常敏感。这样就值得我们识别医疗决策环境的一般特征。关于卫生的决策对福利非常重要；它们包含了精妙的平衡——成本与收益都非常高——都发生在不确定性和信息不对称的情况下。卫生保健的消费者并不能自主决策，但是有比患者更熟悉可获得的治疗和患者状况的专家（医生），他们是在一个具有许多选择和提供者信息（至少目前这样）的市场中为消费者提供建议和服务的。

新古典经济学理论预言，在这种环境下结果将会相当接近最优（在医疗资源与知识的约束下）。因为潜在的成本与收益都很高，决策也很重要，患者会从不同来源寻找很多信息，在他们的康复和治疗中付出巨大的努力以保持健康，严格遵循医嘱等。因为医生的工作非常重要且利润丰厚，医生都会尽力使其知识跟上时代并且提供最好的服务以维持他们的声誉和就医者。

经济学理论认为，卫生保健环境可以促使人们作出好的选择；然而，相反的是，心理学家认为，在某种程度上它会导致最坏的结果。这使得卫生保健成为行为经济学的重要应用与例证。在医疗决策中，必须获得大量信息并且迅速处理以得出主要结论，然而——像我们中的大多数人一样——医生和患者都会犯很多错误。因为决策的重要性和风险巨大，因为不确定性，患者不得不在极端情绪和压力下作出决定。患者必须作出许多痛苦的投资，而且只有在遥远的未来才会显现回报。这些就是心理学家预言行为会严重偏离新古典经济学理论的原因。

以此为动机，我将把弗兰克的观点分为三类。第一类，卫生保健环境的一些主要方面非常适合标准的经济学概念，因此经典的方法在分析理解卫生保健市场中非常有用。但是这并不是核心，所以我将进一步论述论文的中心。

论文用大量笔墨论述了医生的动机和决策错误。医生看上去不单纯受利润最大化动机的驱使。许多替代方案被提出——大多数已经被弗兰克讨论过——但是没有一个具有有力的证据或者能令人满意。医生看起来会受利益驱使，但只是总体上，而不是单个人。医生在采用有效的疗法和药物的信息方面行动迟缓。

本文继而研究市场的另一方面错误，即患者一方。患者常常对卫生保健使用不足，并且在选择保险和使用药物时会接受默认选项。和医生一样，患者对信息的利用也很差，是基于从家庭和朋友得来的有限信息形成对医生的观点，仅仅相信熟悉医生的治疗和建议，倾向于以不可避免以及医生已经尽力等想法原谅坏结果。这部分地可以理解，因为患者在判断医生的医疗水平时存在困难；但是，从另一方面看却无法理解，因为关于医生和医院的信息很容易获得。

这些观点主要是关于市场双方的个人决策的。经济学家们最感兴趣的是，这些行为模式是如何通过市场产生结果和成本的。显而易见地，上述许多错误的先入为主效应会使健康结果恶化。但是市场上医患互动、心理和行为之间也会相互作用、相互影响。这里经济学家根据对反馈均衡的理解，可以在争论中加入并引发很多令人感兴趣和困惑的问题。由于个体决策是如此复杂，以至于这方面的研究几乎空白。

我期待在不远的将来会出现许多这方面的研究。一个自然的问题是，患者的行动是如何影响医生提供良好服务的动机的。从弗兰克的论文看，相当悲观。因为患者仅使用有限信息且倾向于信任他们的普通医生，这样需求就对质量没有反应，医生几乎没有动机提供好的服务。我认为这是一个更复杂的问题，还不能确定论文的结论是否正确。确实，患者基于家庭和朋友而不是更为可靠的公共信息形成对医生的观点，这意味着他们大多数时间都会对医疗效果作出反应。这当然对能力较差的医生有利。但是由于同样的原因，需求也将是很不稳定的。如果一部分挑剔的患者认为某位医生不够好，那么，当关于其表现的流言传播后，这位医生很快就会失去很多患者。当这种情况发生时，以前对较差医生有利的力量反过来就会损害他：他将很难再把患者拉回来。这种威胁可能比竞争性市场更加约束医生。当然，这同时也给他们提供了一个激励，即使采取的不是恰当的医疗方案，他们也愿意作出良好的服务（例如，采取行动使人们喜欢他，从而不必选择最好的治疗）。

为模型化这种需求反应，我们需要与现有的完全不同的市场模型。论文完全没有涉及该问题的另一面：医生的动机与决策错误是如何影响患者的行为的。这里的研究空间同样广阔。在一开始，需要知道在何种程度上患者知道医生的错误，以及如果他们不知道，什么导致了他们对卫生职业的"信任"。

如果他们知道——某种程度上确实是这样的——就可以引出更复杂的问题。从一种经典的观点看，更令人迷惑的问题是，为什么患者只依赖一位医生的建议并且不去寻求更多的医疗信息。意识到医生并不完美，可能会使决策的不确定性和压力更大，加剧阻碍正确保健行为的心理机制。

我认为，论文存在三方面的缺憾。首先，在论文强调的重要论点中，几乎没有医患关系心理方面的内容。市场中的双方有点孤立，发生的相互作用（对医生表现的需求反应）过于典型化。在诊断和提供备选疗法，鼓励患者遵循医嘱，保证患者充分预防、进行卫生检查和拥有卫生的生活方式等方面，医生具有关键性作用。这些都是丰富的心理问题。这也会给医生造成很多挫折，对患者非常重要。在调查中，患者倾向于对他们的医生的技术表示满意，但是会抱怨人际关系问题，例如尊重、无法理解对方的话、非技术性术语以及使用更敏感的方式交流。

考虑源于 Christakis（1999）的表 6.4 可知，与孤立地理解市场的双方相比，理解医患关系必须考虑更多的因素。医生被给以很短的假定的医疗情景的描述，并被询问在每一个病例中的行动。令人惊异的是，对于一个给定的案例，与同其他医生交流时相比，医生与患者交流时更可能表现得持乐观态度。这种矛盾不是源于医生是如何形成他们的观点的，也不与引致需求或者其他的典型关系相关，而是与医患关系中人性的一面有关。

表 6.4　对患者和同事交流的预后的乐观（Christakis，1999，p.228）

| 医生对患者的陈述（%） | 医生对同事的陈述（%） | | | |
|---|---|---|---|---|
| | 悲观 | 都不是 | 乐观 | 合计 |
| 悲观 | 36.5 | 3.0 | 0.5 | 39.9 |
| 都不是 | 16.8 | 2.5 | 0 | 19.2 |
| 乐观 | 15.3 | 14.3 | 11.3 | 40.9 |
| 合计 | 68.5 | 19.7 | 11.8 | 100 |

注：203位内科医生接到一段文字，描述了一位患有慢性阻塞性肺病并需要重症监护的65岁男人。要求他们估计与患者和同事交流多少预后的乐观或悲观。

第二类——这是一个有关行为经济学的一般概念——一旦我们开始引进心理学的洞察力，许多可观察到的经济行为似乎大体上都是由多种因素决定的。也就是说，对于相同的现象将有多种原因来解释。然而，当考虑恰当的政策后，对一个现象作某些解释就并不充分了；由于不同的模型通常有完全不同的政策内涵，因此，得到切合实际的解释是至关重要的。

例如，弗兰克在论文中识别了患者未能充分利用医疗护理的三种可能原因，即在外部性、耻辱或情绪的影响下，患者就不会利用本可利用的保健资源。如果由于拘泥形式而产生护理提供不足（人们应该得到护理的部分理由是有益于其他人），合理的政策是补贴或控制使用（例如，要求进行免疫接种）。补贴或许也应该引入到其他的病例中，但是，在效果上，这可能是成本很高且成效不佳的政策。如果护理不足是由于耻辱（谈论某种病会给人带来耻辱），政策或许应该是针对确保完全的隐私的。要使患者相信，没有人想要知道他们的状况，并且可以使他们真正方便地得到医治，以至于不用花大量精力来处理可能会使他们受辱的事情。如果护理不足是来自于情绪方面的原因，例如害怕坏的消息，最好的办法是管理好患者收到的信息以及使他们如何收到信息。在这个和另外一些例子中，识别潜在的信息源（存在的信息源或收集信息的潜在方式）是重要的。这些信息可以被用来决定在什么范围、哪个解释是正确的。我们很可能需要的是完全不同的信息源，这与通常经济学上使用的甚至卫生经济学上使用的不同。

一种使模型及思想符合现实的方法是确保它们建立在心理学与经济学证据的基础上——我认为在这方面的工作中，弗兰克的论文很出色。但是，在已经被回顾的卫生经济学方面的某些工作中，这方面的工作是很难令人信服的，即把医生看做动机和行为模式完全不同于其他人的一类人。作为一个近似，医生与其他人一样。① 从医生工作角度考察我们现今的心理学倾向，是丰富行为模型的一种严格方法。

第三类，有关这一切，在描述行为的模式和这些模式的可能起因时，弗兰克的许多文章实际上是无可置疑的。发展若干规范的分析结论必将引起人们的广泛兴趣：我们怎样使用这些深刻的洞见去提高医疗产出。

# 参考文献

Christakis, N. A. 1999. *Death Foretold*: *Prophecy and Prognosis in Medical Care*, 2nd edn. University of Chicago Press.

---

① 特别是，他们有利润最大化之外的动因这个事实并不真正令人感到出乎意料或奇特。

# 第7章 行为组织经济学

科林·凯莫勒和乌尔莉珂·马尔门迪尔[①]

## 7.1 引言

本文将讨论如何将行为经济学应用于对组织的研究之中,以及如何通过思考与经济组织有关的经济问题来扩充行为经济学理论。

行为经济学是通过对标准经济学进行修正,来解释偏好与判断的心理学特

---

① 本文的灵感来自于美国国家经济研究局(NBER)2004年3月举办的一次组织经济学研讨会,尤其是Bob Gibbons的报告使我们受益匪浅。当然,本文的写作还得益于与以下学者的讨论,他们是Dirk Jenter、Chip Heath、森德希尔·穆来纳森和Andreas Roider。此外,本文还得益于与Bengt Holmström在赫尔辛基的讨论。彼得·戴蒙德仔细阅读了本文。

性的，因为这些特性能够制约理性计算的能力，并影响意志力和欲望的程度（比如，可参见 Rabin，1998；Mullainathan and Thaler，2001；Camerer and Loewenstein，2004）。对经济学理论进行修正，可以为那些很难被标准经济学解释的经验现象提供简洁的和在心理学上可信的解释。从方法论的角度看，行为经济学只不过是一种很谦逊的经济学研究法，它对相邻学科在经验研究上的比较优势怀有崇敬之情，并把这些相邻学科视为自身的"贸易伙伴"。这些相邻学科所精心探究的经验规则与经验观念被视为一种重要的借鉴物，它常能帮助人们摆脱那些精巧的数理经济模型的诱惑性，后者在经验上的作用经常是模糊不清的。

对有关组织的问题进行思考，就可以顺理成章地扩展行为经济学的范畴，从而能够研究社会化、人际网以及身份特征对个体行为的塑造作用（比如，可参见 Akerlof and Kranton，2005；Gibbons，2004b）。这样一来，行为组织经济学就同时面临着挑战与机遇。请思考一下行为金融学是如何发展成为一门学术性学科的，以及行为组织经济学又会如何发展。可以确信的是，直到 1990 年前后，金融学在各经济学领域中仍然最不愿承认其核心关注点——股票价格的波动——与人类的心理局限性相关。但从这之后，金融学对行为观点的关注程度却出现了戏剧性的转变。这很令人惊奇，因为许多学者辩称，庞大的股票市场是高度理性化的交易者能够弱化犯错者影响的最后领地。既然如此，为何纯理论意义上的股票交易者会如此快地被认为"举止失当"了？一个原因是，我们有大量良好的数据可用，这使得我们能轻易地检验各种行为理论，并据此对既有的理性理论加以驳斥。另一个原因是，我们有一个清晰的基准模型（有效市场理论）作为攻击的对象。良好的数据和清晰的基准模型使得研究者能够从股票定价中找到大量明显的异象。但在有关企业融资的研究中，情形却大不一样。理性的套利者很难防止企业作出次优的融资决策，因为他们无法"卖空"一家公司的 CEO 或 CFO。与此对应的事实是：企业的高层管理者常常背景深厚，难以免职。因此，与股票定价相比，决策中的偏差与失误会对企业的融资造成更为持久和猛烈的影响。然而，与对股票定价的行为研究相比，对企业融资的行为研究起步较晚，这可能是因为缺乏良好的数据与一个清晰的基准理论。从管理者层面或从公司层面获取企业融资决策的数据比获取股票价格数据困难得多。同时，人们提出了为数众多的理论来解释各种企业融资行为，包括兼并、发行股票和派发红利等,但这些理论却互不兼容。

组织经济学与企业融资面临的研究状况十分类似。我们掌握的有关企业内部的面板数据并不丰富,同时也缺乏清晰定义的外生变量,这些绊脚石一直阻碍着我们加深对组织经济学的理解。另外,如果我们能在企业内部识别出那些系统性的决策偏差,那么这些偏差就有可能对组织的决策制定造成深刻而持久的影响。如果员工错误地投资了他们的人力资本,那么无人能通过"卖空"这些资本而从错误中摆脱出来并获益。对错误的纠正必须依靠其他手段,而不是简单地将错误再转卖出去。此外,组织中的决策偏差还为我们引发了有趣的挑战,比如,我们应当如何设计一个组织以修复或利用这些偏差?又如,若是企业真的能将员工的某些偏差视为无须自责的偏好而不是失误时,这些偏差应当怎样被企业所利用?① 要想使员工不犯错误,需要借助一些启发法,当某一组织中的员工需要相互合作时,一系列的心理学因素需要考虑——社会比较、身份交换、同志间的忠诚、归因行为以及赞誉与责备的散播,等等。这类心理学因素对于近年来行为经济学的发展并不太重要,但在研究有关组织的问题时,它们的作用却凸显出来。

本文共分为四个部分,每一部分都设置了一个宽泛的问题并提出了一些想法。但对于其中的很多问题来说,我们尚无法列出任何系统性的观点。因此在涉及这些问题的讨论时,本文应当被视为一个研究日程表,而不是对这些问题的既有研究的回顾。

我们在 7.2 节中论述了最为基本的单一代理人风险激励冲突模型,并给出了应当考虑的心理学因素,这使该模型的形式能得以扩展。7.3 节提出,最简单的风险激励模型无法解释为何组织中的人们能够共同工作,对此我们讨论了团体忠诚、同伴效应、协调者以及有关文化的认知经济学。7.4 节讨论了有关高层管理与监督的问题,并着重探讨了诸如 CEO 的过度自信现象。7.5 节提出的问题是,当组织能够修正或利用个体的判断与选择模式时,这些模式会如何聚合成组织的行为结果。*
7.6 节是对本章的总结。**

---

① 弗兰克(Frank, 2005)对人们需自责的偏差和无须自责的偏差进行了区分。像社会比较这样的偏好特点可以归为后一类偏差。

\* 根据文章内容,7.5 节探讨的是有关公司治理的其他一些问题,与此处说明的不符。——译者注

\*\* 实际上,7.6 节才是在探讨组织会如何利用个体的判断和选择模式,而 7.7 节是全文的总结。——译者注

## 7.2 对单一代理人风险激励模型的扩展

为方便起见，我们首先讨论如何运用心理学来扩展简单的风险激励模型，该模型涉及的是委托—代理问题，它在组织经济学中被大量使用。首先，我们将给出一个简单的代理人模型，其中只涉及一种单一的活动。在标准的劳动经济学模型中，工作者在一个通行的工资水平下决定应当提供多少劳动（并将剩余的时光作为闲暇打发掉）。根据定义，我们假定人们喜爱金钱、讨厌工作且贪图闲暇。

一个批评标准委托—代理模型的有用方法是考察它的基本假定何时与经验相背离。批评的目标并不是对模型的缺点进行诘责（这些缺点是模型在简约化过程中的必然产物），而是提供经验事实并且对如何在有用的方向上扩展模型提供直觉经验。

我们先写出一个关于标准代理人模型的简单表达式。工作者 $i$ 会选择一个努力水平 $e_i$，成本为 $c(e_i)$。在某一努力水平下，工作者的生产率还依赖于一个被称为技能的变量 $s_i$，于是可观测到的产出是 $x_i = f(e_i, s_i) + \theta_i$，其中 $\theta_i$ 为一随机项，代表除努力与技能之外的因素所带来的产出（"幸运的产出"），其分布函数是 $m(\theta_i)$。（在最简单的分析中，工作者的技能是相同的或者不发生影响，于是有 $f(e_i, s_i) = e_i$。）厂商观察到产出 $x_i$ 并支付工资 $w(x_i)$。工资或是按固定值支付的，即 $w(x_i) = w_i$；或是按某种间断函数或附带奖金的形式支付的，即 $w(x_i) = \{w_i, 当 x_i < t_i; w_i + b_i, 当 x_i \geq t_i\}$；或是按某种线性函数支付的，即 $w(x_i) = w_0 + \beta x_i$，等等。在随后的几小节中，我们将假定 $w(x_i)$ 是随 $x_i$ 递增的。我们还假定，无论是由努力水平带来的负效用还是由工资带来的正效用，偏好都是可分的。于是，代理人的预期效用可写为

$$\mathrm{EU}(e_i) = \int_{\theta_i} u[w(f(e_i, s_i) + \theta_i)] m(\theta_i) \mathrm{d}\theta_i - c(e_i) \quad (7.1)$$

式中，由努力水平带来的负效用 $c(e_i)$ 满足通常的假定，即它会随着 $e_i$ 而递增，并且呈凸函数形式；委托人的收益为 $\pi(f(e_i, s_i) + \theta_i) - w(f(e_i, s_i) + \theta_i)$，其中 $\pi(\cdot)$ 是厂商的（总）收益。

把工作者的技能引入模型，会导致冗杂的形式主义，但这也使我们在加入以前从未考虑过的行为因素时能得到人们的容忍。我们将从如下

几方面讨论如何对上面的简单模型进行扩展：

（1）工作者并不了解每一努力水平的负效用是多少；

（2）工资的效用依赖于参考点（比如以前的工资或他人的工资）；

（3）工作者在意工资或其他结果的形成过程；

（4）精神收入会发挥影响，并且与某些心理因素有关，比如可感受到的认可等；

（5）金钱激励可能会"挤出"内在的自我激励，或是对绩效产生负面影响；

（6）厂商在判断产出的来源时（亦即把由努力水平 $e_i$ 带来的产出与"幸运的产出"$\theta_i$ 区分开来），可能会出现系统性的偏差。

### 7.2.1 工作者不了解由努力水平引发的负效用 $c(e)$

劳动经济学用消费者理论中的一个标准假定——人们对不同的商品束具有完备的和一致性的偏好——来解释人们对劳动与闲暇的选择。但是，年轻人在选择第一份工作（或是选择大学专业，或是选择大学）时，往往不清楚自己喜爱的工作到底是什么，这在一定程度上会导致他们的职业生涯无法改弦易辙，并受到路径依赖的制约。

为了考察劳动力市场上的偏好稳定性，一个办法是估测显示偏好在多大程度上会受到描述工作的方式与引出偏好的过程（比如，用竞价的方式决定工资，或是选择一个固定的工资水平）的影响。例如，Ariely et al.（2004a）询问某些被试者，他们是否愿意花 2 美元去听一次 15 分钟的诗歌朗诵会；接着又询问另一些被试者，如果给他们 2 美元的报酬，他们是否愿意去听这次朗诵会。[①] 事后，对于第一种锚定关系下的被试者，有三分之一的人表示他们只想免费去听；而对于第二种锚定关系下的被试者，仅有 8% 的人表示不愿为了报酬而去听。当然，这些被试者可能尚未建立起清晰的偏好序，因此无法确认去听诗歌朗诵到底属于劳动还是闲暇。[②] 但是如果一个随机的锚定关系有可能会影响 $c(e)$

---

[①] 在后来的实验中，实验者根据被试者的社会保障号的末尾数字来决定他被询问哪一个问题，并确保这种锚定关系是随机的，于是有关 $c(e)$ 的信息不会因锚定关系而受到传递。

[②] 对于 $c(e)$ 的模糊性，我们可用某对夫妇准备出游时的笑话来说明。这对夫妇问邻居的孩子迈克，他是否愿意在他们出游时照看他们的狗。这对夫妇提到，他们的狗需要喂食、遛弯和长时间的抚爱。他们问迈克，让他帮忙需要给他多少钱。迈克沉思片刻后说道："呵呵，我觉得我该给你们 10 美元。"这表明，某件事情对某人来说是工作，但对别人来说却可能是休闲。

的符号，那么一些更强烈的影响因素至少可能就会改变$c(e)$的相对值，从而影响进入劳动力市场的决策。①

如果雇主懂得锚定效应和市场效应会影响$c(e)$的值，那么他就可通过设置具有积极意义的锚定关系，来说服潜在的雇员去他的公司工作是一件愉快的事。我们很难知晓，这种被构造出来的偏好效应在长期中会具有怎样的影响和怎样的稳定性。锚定效应可能是会消失的，比如，当被试者听完诗歌朗诵会后，他们可能会迅速地建立起一致性的享乐主义式的偏好序，这种偏好序就不再会受最初的或后来的锚定效应的影响，而是与标准经济理论所假定的完备的偏好相类似。此外，在竞争性的劳动力市场上，锚定效应不会影响工资水平，因为工资由工作者的边际收益产品决定。但是锚定效应却能够影响劳动量的供给，哪怕它并不影响既定劳动量供给下的"价格"（即工资水平）。在诗歌朗诵会的例子中，我们可认为，由不同锚定关系所导致的花费或报酬，会使被试者对听一次朗诵会的负效用形成不同的概念。如果去听朗诵会可得到报酬（类似于公司对雇员的竞争），那么当人们意识到听一次朗诵会的负效用很低，就会有更多的被试者选择去听。这说明，锚定效应可以在不影响劳动价格的情况下影响劳动量的供给。

### 7.2.2 工资偏好的参考点依赖：$u(w(x_i)-r)$

我们前面提到的工资效用函数$u[w(x_i)]$并不依赖于任何特殊的参考点。但在人脑的大部分反应机制中，均存在着对某个设定点或参考点的稳定依赖（比如，饥饿感依赖于你最近的饮食；出汗或打冷战依赖于体温与某个设定温度的差异）。如果人们对收入变化的反应也类似于这种心理机制，那么人们就会十分关心他们的工资水平与自然的心理标准之间的差异，这使得工资的效用函数需要增加一项内容，从而变为$u(w(x_i)-r)$，于是我们需要一个理论来解释$r$是什么以及它会怎样变化（比如，可参见Bowman et al., 1999; Koszegi and Rabin, 2004）。

比利（本书第5章）讨论了如下现象，即工作者会将当前的收入与

---

① 比如，自从热门剧《洛城法网》(LA Law)于1986年开播以来，申请到大学读法律的学生增多了（参见Torry, 1996）。该剧把从事法律工作描绘成是趣味横生和令人上进的，并把律师事务所形容成一个充满艳遇和生机的工作场合。令人难以置信的是，学生们真的会根据一部电视剧所提供的信息来对$c(e)$的值进行贝叶斯更新，因为绝大多数的法律预科生在先前就已经掌握了大量信息，或者收集了很多客观信息，而这部电视剧显然不是对一位律师生活的真实写照。

过去的收入进行对比，并且反对削减工资，比如在一些传统的职业中，工资是逐期调整的，即 $r_t = w_{t-1}$（厂商会预期到这一点，因此并不对工资进行削减）。在那些每天收入和工作时数都可变的职业中，也存在着类似的参考点依赖现象。比如在纽约市，那些刚上岗的出租车司机（他们可以决定每天工作多少小时）似乎会给每天的工作规定一个收入"目标"，这导致他们的劳动供给弹性呈负值（Camerer et al.，1997）。而那些老练的出租车司机的劳动供给弹性是零，这表明随着工作年头的增加，司机们可通过学习或自我调适而消除参考点依赖的心理。Fehr and Götte（2003）在一次针对自行车邮递员的现场实验中也发现了类似的结果。虽然每月工资的随机变化对参考点每月调整的次数有显著的正向效应，但是这种变化对参考点历次调整之间的收益却有一个（较弱的）负向效应。令人感兴趣的是，那些负向收益效应（按非标准化方式计量的）最强烈的邮递员，在实验室实验中表现出了显著的损失规避心理。

另一种参考点依赖现象可从双重工资方案中看出，这通常发生在资金出现困难的企业里。那些与新员工担任同样工作的老员工有时会被支付较高的工资，为了不对他们的工资进行削减，新员工往往只能获得较低的工资，这样就从总量上控制了企业的工资支出。然而，社会比较模型却预测，新员工会由于比老员工挣得少而心怀不满，这种不满程度高于由低工资本身所引发的负效用。

参考点依赖的一个重要特征是，参考点可能反映的是人们无法正确调整他们对购买力的评估。一个受到广泛研究的例子是货币幻觉。厂商一般会认为，工作者在进行跨期比较时，只会关心他们的名义工资而不是随通货膨胀调整的实际工资（比如，可参见 Kahneman et al.，1986；Shafir et al.，1997）。Baker et al.（1994）发现，在金融服务公司中，很少看到逐年的名义工资削减，但是在通货膨胀较严重的年份，实际工资却存在许多削减。这种隐藏在货币幻觉背后的心理因素可能还会导致人们在比较不同城市的购买力时也存在幻觉（于是更愿意去生活成本高昂的城市寻找高薪的工作，而不是在生活费用低廉的城市接受低薪），以及在折算年薪与工作时长的关系时出现幻觉（于是人们更愿意选择高薪但工作强度最高的工作），然而，我们对有关这些幻觉的研究却知之甚少。

### 7.2.3　工作者关心工资或其他结果的决定过程

在经济学模型中存在这样一条简化原理，即所谓的"结果主义"

(consequentialism) 或称过程中性 (procedure-neutrality)。其含义是，人们只关心结果及其经济影响，而对产生这些结果的过程并不在意。①

收入的来源效应是一个有关过程偏好的例子。在式 (7.1) 中，收入的效用和努力水平的负效用都具有可分性，这意味着人们对勤劳所得与意外之财的态度是一样的。但是一些实验证据却表明，人们认为，由劳动挣来的钱与物要更有价值一些，也就是说，人们至少会以不同的眼光看待它们。那些"挣来"的咖啡杯要比那些被随机分配的咖啡杯卖价更高 (Loewenstein and Issacharoff, 1994)。一项人脑扫描研究显示，一份挣来的收入要比等额的意外之财更能激活人脑的伏核区域 (nucleus accumbens)，该区域是与预计的快感相联系的 (Zink et al., 2004)。

上述发现意味着，工资的效用与工作的努力水平正相关，这似乎表明 $U[w(x_i), e_i]$ 有一个正的交叉偏导数，即

$$\frac{\partial^2 U[w(x_i), e_i]}{\partial w(\cdot) \partial e_i} > 0$$

当工作者在决定最优的努力水平时，由"挣来收入的快感"所带来的额外效用似乎会随着劳动收入（即在某一努力水平下的收入）而递增，只不过这种激励机制是完全内生的。我们应当怎样把这种"自豪的快感"与绩效评比、最优工资和晋升政策联系起来，是一个饶有趣味的开放性问题。

从一个更广的视角看，决定工资水平和其他组织结果（尤其是最终结果）的过程有可能会影响人们评估这些结果的态度。在对组织的研究中，这种现象被称为"程序公平性"(procedural justice)，很多学者认为它在现实中十分重要 (Brockner and Wiesenfeld, 1996; Tyler, 2001)。程序公平性的一个要点是，如果某项重大决策会影响到你，那么你会要求在决策中有发言权或参与权；另一个要点是，程序的稳定性。人们很反感用不清晰的规则来评判他们。这种对清晰规则的偏好促进了对界限分明的规则的使用，比如论资排辈的解雇制度以及劳工法中的许多条款，等等。当然，在很多情形下，我们很难把人们对程序公平性的偏好从标准偏好中区分出来。比如，人们对"发言权"的要求也许只是反映他们希望自己喜爱的规则能得以制定；而人们对清晰规则的偏好只不过是因为这可帮助他们实现对努力水平的最优分配，从而减少相

---

① 对这种原理的一个较温和的表述是，人们对过程的偏好要弱于对结果的偏好（比如赔偿行为），也就是说，对过程的偏好太难以理解，以至于无法作为管理政策的基础。

关的成本。此外，我们还可能担心，即使我们能识别出人们对程序的关注，这种关注相对于工资水平的重要性来说也是第二位的。比如，人们也许会因为某位工友被不公正地解雇而义愤填膺，但他们真的会通过辞职来表达抗议，还是接受自身工资的削减以使那位工友重返岗位？实验研究显示，他们有可能选择辞职。但是，我们可能需要结合经济学模型进行更多的经验研究，从而可在实验中或现实分析中评价人们对程序公平性与货币收入的取舍。

组织的控制在组织的程序中会发挥较为敏感的作用。在对上文的简单代理人模型所作的一种标准扩展中，厂商可以观测到一个变量 $\gamma_i$，它与无法观测的幸运产出变量 $\theta_i$ 有关。通常的假定是，工作者可以控制他的努力水平 $e_i$，但却无法控制那个用来识别幸运产出的变量 $\gamma_i$。最优契约理论告诉我们，如果工作者比厂商更厌恶工资水平的易变性，那么厂商就会根据它观测到的 $\gamma_i$ 来评估 $\theta_i$ 的大小，并由此避免对工作者的工资作出不必要的改变，从而降低工作者所面临的风险。工作者会认为，虽然他们无法对变量 $\gamma_i$ 施加控制，但是该变量可降低他们的工资在面临调整时的非必要变动，因此这是可接受的。然而，如果工作者存在对公平的偏好，那么上述情况将发生逆转。在某些时候，$\gamma_i$ 的值可能会导致厂商对高努力水平的工作者实施惩罚（比如，罢免一位绩效甚佳的 CEO，因为与同行业中的其他 CEO 相比，他的业绩较差）。工作者会因此产生不公平感。

一个常见的例子是将绩效与某一外部标准挂钩，比如行业的利润。风险厌恶的工作者可能会欢迎这样的评价方式，因为当全行业均遭受冲击时，他们的薪资不会因此而受到太大影响。但是现实证据却显示，很少有公司会将经理人员的薪酬直接与行业利润水平挂钩，即使这种挂钩的方式很简单并且可在很大程度上降低经理薪酬的易变性。我们发现，工作者的薪资甚至与外部标准的间接挂钩都很少见（Antle and Smith, 1996；Salanié, 2003, p. 470）。[①]

### 7.2.4 精神收入

基本的风险激励模型将工作者的世界划分为两部分：努力工作是令人反感的，而获得奖励是使人愉快的。把工资看做一种奖励是比较方便

---

[①] 竞赛制度是一种与标准挂钩的方式，这似乎可解释具有清晰职业路径的内部劳动力市场的某些特征（比如，可参见 Main et al., 1993）。

的研究办法,因为工资很容易被量化,并且人们总是对它充满欲望。但人们还会受到其他的非货币形式的"精神收入"的激励。比如,Stern(2004)对生物学博士后的工作去向进行了观察,发现选择科研性较强的公司会导致报酬偏低25%,但这便于他们发表研究报告并保持与学术圈的交流。这与所谓的"补偿性差异"(compensating differential)是一致的,即工作者会在货币工资与这份工作其他方面的吸引人之处(或令人讨厌之处)进行取舍。

人们对补偿性差异的存在性并无争论。但是,行为经济学却提出,这些补偿性差异的来源还可能包括情绪、社会比较以及其他一些未被纳入典型分析的因素,主要包括安全和教育。

Ariely et al.(2004b)利用一个简单的实验范例估测了精神收入的大小,他们将之称为工作的"意义"。在实验中,学生们进行某种校对工作并将校过的稿子交给实验者,但校对每页的报酬是递减的(亦即边际上多校对一页的报酬是下降的)。当学生们的工作被"忽视"时(他们校过的稿子被随意摞在一起)或者他们的校稿被直接扔进碎纸机时,他们大约只肯校对6页纸,而当他们的校稿被立刻签收并归档时,校对的页数上升为9页。这意味着,被试者会在边际工资与工作的"意义"之间进行权衡,后者的表现形式是校稿被保存还是被销毁。

在针对本文的讨论会上,Holmström提出,工作者最为关注的是他们的努力能否得到认可。比如,创业者们常常谈到,他们的事业目标是创造一个人人争相购买的优秀产品,而对财富的追求只是这一目标的副产品。他们认为,财富表达的是人们对其事业成功的认可。初步的实验证据表明,如果收入是通过自身的努力而获取的,那么该份收入(在神经学意义上)会被认为更有价值,这一实验结果同样符合Holmström的观点。

当然,工作者还可能出于更为标准化的理由而力求获得别人的认可。在一项针对"超级明星"CEO的研究中,Malmendier and Tate(2005a)发现,那些获得某项嘉奖的CEO(比如"年度CEO"或"最佳经理"等称号)在薪酬上也会有一个可观的跃升。这种效应完全不同于前文中提到的认可与报酬的折中关系——在这里,获得嘉奖不但意味着得到认可,还意味着薪酬的提高。这一研究结果可能表明,获得嘉奖是表达认可的一种信号,可以使得CEO在面对弱势的管理层时有能力为获取高薪进行辩解。

此外,任何理论在探讨人们为何希望他们的努力被认可时,都必须正视如下事实,即支付工资是表达认可的一种方式。但认可还可能与相对工资有关,在社会比较中,这是一种表达认可的信号。组织还能以某些成本低廉的活动来对工作者表达一些认可,比如奖励、职称、经理拜访、"月度最佳员工"奖章,等等。工作者对认可的需求还可加强上文提到的对程序公平性的需求——他们希望意见能被听取,决策的结果能保持连续性。因此,如果员工希望得到认可,那么若某个组织能在最大程度上创造低成本的认可方式,它就可节省需要支付的工资总额,这使它比那些只能通过高薪来表达认可的组织更具竞争优势。

### 7.2.5 金钱激励可能会"挤出"内生激励,或是对绩效产生负面影响

对于心理学家来说,"内生激励"——某个员工从工作中获取的自我满意度——是精神收入的同义词。在心理学中被证实的一个有趣现象是,外生的激励(比如金钱)可能会"挤出"或消除内生的动机。比如,Lepper et al.(1973)曾让一些孩子为画片涂色,其中不存在任何外生激励。接下来,他们对孩子们涂的每张画都支付一些小钱。再接下来,当这种酬劳被取消时,孩子们愿意涂画的张数要比最初无酬劳条件下的涂画张数少。对此,他们使用"过度理由"(overjustification)这一概念来解释,其含义是,孩子们从所获的酬劳中对他们的内生动机形成了新的判断,亦即当他们发现进行涂画可以挣取酬劳时,那么就没有必要太自愿地做这件事,因此当酬劳取消后,他们就减少了涂画的张数。

Kreps(1997)以及 Benabou and Tirole(2003)从经济学视角考察了上述的挤出效应。由于激励经常能够带来正面作用,因此我们面临的挑战是,如何提出一个可同时解释正、负面作用的理论(亦即"隐性成本"或"挤出作用")。在 Benabou 和 Tirole 的理论中,当一位代理人认为他的委托人更清楚工作的难度和他的能力时,上述的挤出效应就会发生。此时,代理人会把高额的激励视为一个坏的信号。他们的理论与来自社会心理学的原始观点十分类似,但是表述得更清晰,经验含义也更丰富(要点在于,仅当员工认为外生激励是一个坏信号时,隐性成本才会起作用)。Benabou and Tirole(2004)对外生激励与亲社会行为(prosocial behavior)存在互动的情形作了讨论。

除了上述的挤出效应之外,当金钱激励过高时,它会产生一种刺激,从而抑制员工的自然反应或导致员工心神不宁(比如,使员工"被压得喘不过气来"),这可能会给员工的绩效带来负面影响。根据 Yerkes-Dodson 定律(Yerkes and Dodson, 1908),某种刺激首先会使一个人的绩效上

升到某一水平，但其后更进一步的刺激将降低此人的绩效。Ariely et al.（2003）通过在印度进行的一些实验证明了该定律的存在。他们对被试者承诺，参加各种简单的博弈实验累计可挣得一半的年薪。[①] 令人惊奇的是，无论在哪种博弈实验中，那些获得最高酬劳的被试者比那些获得中等或最低酬劳的被试者表现得差。当然，我们还不清楚的是，给定实际的工资制定机制和奖励措施，这种效应对组织经济学究竟有何意义。虽然这种效应普遍存在，但工资制定者仍然有可能对它作出合理反应，并恰当地调整工资水平。此外，如果应对高激励的经验能够减轻上述刺激，那么这种负面效应就只会发生在缺乏经验的员工身上。

### 7.2.6 厂商在判断绩效的来源时会出现偏差

在我们前面所述的标准代理人模型中，代理人表现出一定的努力水平，虽然产出是由努力工作带来的，但委托人却只能观察到代理人的产出水平。可观察到的产出水平不但与不可观察到的努力水平有关，还与不可观察到的幸运因素有关。通常的假定是，委托人十分了解努力因素与幸运因素在决定最终产出时的相对重要性，并且还能预测到代理人在努力水平很难被观察的情况下会怎样行为。

上述的简单假定断送了大量的行为经济学观点。将决定产出的努力因素从幸运因素中区分出来是十分困难的。因此，心理因素很可能会导致委托人无法准确判断产出是源自努力还是幸运。我们认为，有三个重要的心理因素会导致委托人在区分努力因素与幸运因素时产生如下几种可预测的偏差："后见之明"偏差、归因偏差（将责任归于个人品质而忽视外部环境的影响）和过度自信。

#### 7.2.6.1 "后见之明"偏差

人脑感知行为模式的强大能力被如下事实所证明，即我们能够快速地重组过往的记忆，以适应对现实状况的认知。但问题是，在事后才修正我们先前的信念，容易使我们记错事前是怎样对事件进行判断的。对记忆的快速重组导致了"后见之明"偏差——当我们事后回忆事前是怎样判断事件的发生概率时，会由于该事件的真实发生而出现偏差。"后见之明"偏差在每天的体育评论和新闻报道中随处可见。毫无疑问，对于一个组织的发展过程来说，这是一种至关重要的力量，但是至今尚未得到研究。

---

① 在某一实验中可获得的最高酬劳等同于印度的人均年消费支出的一半。

在代理人模型中考虑"后见之明"偏差的一个简单方法是,假设代理人付出的努力水平会使某一相关变量 $v$ 在时期 $t$ 的概率分布 $\sigma_t(v)$ 出现集中化。假定代理人的工作目标是为了实现某一 $v$ 值而作出最优的选择,这最终会形成一个可观测到的 $v^*$。委托人会根据观测到的 $v^*$ 来"回忆"他在事前对 $v$ 的分布状况的判断,亦即 $\hat{E}_t [\sigma_t(v)] = E_{t+1} [\sigma_t(v) | v^*]$,这会误使他认为概率分布过于集中于 $v^*$ 附近。现在假定,代理人的最优行为并不是为了实现 $v^*$ 而作出的。于是委托人就会(错误地)认为,代理人并没有付出足够的努力来促使 $v$ 的概率分布向需要的目标集中(他"本该知道这一点")。如果代理人的实际选择确实是能实现 $v^*$ 的最优行为,那么代理人从委托人那里几乎得不到任何表扬,因为委托人会认为发生 $v^*$ 的可能性是显而易见的(也就是说,$\hat{E}_t[\sigma_t(v)]$ 过于集中在 $v^*$ 附近,因此当代理人发现 $v^*$ 将会发生时,委托人对此却并不在意)。

如果代理人能预期到委托人具有"后见之明"偏差,那么上述的模型就会更为有趣。那些预料自己将被事后批评的代理人,会尽可能地将他事前努力的证据记录下来(这又被称为"明哲保身")。代理人还有可能完全模仿其他代理人的行为(参见 Zwiebel, 1995),或寻求其他能免遭事后批评的方法。

如果能找到一些现实证据,以使我们能把"后见之明"偏差从其他偏差中区分出来,那么这将对我们的研究大有裨益。一种办法是,我们可以对所有者管理型公司与股份制公司进行比较,其中后者的股东和董事会可对经理人员实施事后批评。我们推测,在所有者管理型的公司中,"后见之明"偏差是较为少见的,但是冒险行为将较为多见。

#### 7.2.6.2 归因偏差

那些研究"归因理论"的社会心理学家发现,人们在实施归因时容易犯一种很典型的错误,即对个体的赞誉或责备(相对于它们的情境变量来说)超出了其应得的程度。① 如果换成模型的语言来说,即委托人会高估不可观测的变量 $e_i$ 对产出 $f(e_i, s_i) + \theta_i$ 的重要性,也就是说,他会低估幸运因素的重要性(亦即低估了 $\theta_i$ 的方差)。对于一家企业来

---

① 有趣的是,Nisbett(2004)最近的研究显示,相对于情境变量而言,像过度归因这样的"基本错误"在西方世界十分明显,而在一些亚洲国家中却恰恰相反。对于代理人模型来说,这意味着在由亚裔掌管的公司中,按绩效调整工资的速度会慢得多,这种东西方的文化差异会使得 CEO 的地位及收入在东、西半球是不同的。

说，归因行为可能最易影响到对高级经理人的绩效评价，因为他们常常需要为企业作出长期决策，而这些决策的结果要到未来才会实现，并且具有很强的不确定性。因此，这些经理人员常常会受到超出其可控范围的过度赞誉或指责。另外，当我们考察一个人对自身努力水平的判断时，归因行为具有自利性。比如，Bettman and Weitz（1983）发现，当公司业绩良好时，该公司的年度报告会将成功的原因归为公司的内部因素和精明的经营；当公司业绩下滑时，年度报告就会把责任归为外部因素的影响（行业规则、需求冲击，等等）。当然，这些研究结果尚缺乏对归因偏差的最终证明。此外，由于股东缺乏信息并容易轻信管理者，因此管理者的理性反应是为股东提供明显不真实的信息。Bertrand and Mullainathan（2001）认为，企业利润的外生变化经常能够对管理者的酬金产生影响。他们发现，当国际石油价格上涨时，石油公司的经理酬金也会增加，但油价的上涨很可能是由全球需求和欧佩克国家的产油量决定的，且很少会受某一石油公司经理的行为影响。但另一方面，当国际石油价格下跌时，石油公司的经理却不太会被问责（亦即不会受到降薪的处分）。实际上，在经理的酬金中广泛存在这种"缺乏问责"的现象，亦即经理的酬金水平对业绩下滑不敏感，但却对业绩上升过于敏感（Garvey and Milbourn，即将发表）。我们从这些研究中尚无法确知，究竟是哪些人（如果有的话）会对良好的业绩实施错误的归因。一种可能是，当公司业绩良好时，董事们容易错误地将之归因为经理的努力，于是 CEO 会理性地利用这一点，并引诱董事作出错误的归因；另一种可能是，公司经理本人也会将良好的业绩归为他的努力与经营技巧，并将业绩的下滑归因为外生的坏运气。如果公司的监督机制不够完善，那么 CEO 就可在公司获取大额利润后攫取过高的报酬。最后，我们认为公司内部不存在错误归因的可能性也是存在的。总之，在监督不力的公司中，CEO 通过利用股东的天真、缺乏信息、对管理者能力的轻信以及对外部因素的抱怨，就可以在业绩提高时过度抬高他的薪金，在业绩下滑时维持既有酬金不变。

#### 7.2.6.3 过度自信

许多研究显示，人们容易过度自信。我们将过度自信定义为，某个人倾向于高估自身的（相对）能力和行为结果，并对前景的估计过于乐观。在本小节中，我们论述的是基本代理人模型中的过度自信问题。在 7.4 节中，我们会更多地讨论高级经理人的过度自信现象。

在代理人模型中，员工的过度自信究竟是什么含义？将过度自信引入模型的方法很多，但这些不同类型的过度自信在均衡中和现实中究竟意味着什么，还是一个有待深入研究的问题。一种可能的情形是，人们可能会高估他们的产出 $x_i$。比如，他们可能会假想出一个有关幸运产出的概率分布 $\widetilde{m}(\theta_i)$，且该函数一阶随机占优于真实的概率分布 $m(\theta_i)$。又比如，他们可能会高估每一努力水平下的边际生产率 $\frac{\partial f(e_i, s_i)}{\partial e_i}$。不管在哪种情形下，他们都会比不存在过度自信时更怠工一些。例如，我们可假定，根据员工的薪资制度，计件工资率是 $\beta$。如果代理人的努力水平与不存在过度自信时（且符合最优工资率要求）的最优努力水平相一致，那么代理人就会错误地以为他们此时工作得太卖力了，因为他们高估了自身的预期产出从而低估了边际效用。于是，具有过度自信的代理人就会降低工作的努力水平。根据标准的经济理论，企业会通过提高计件工资率 $\beta$ 来促使员工付出更多努力，但是我们可令人信服地证明，这种补偿办法不足以推进工资总额与努力水平重新回到不存在过度自信时的应有状态。

另一种可能的情形是，过度自信的员工会高估他们的真实技能（亦即他们会高估 $s_i$）。这类过度自信的员工究竟是会降低还是提高他的努力水平，要看努力水平与技能是否能够互补，并且还要看企业能够提供什么类型的合同。比如，如果 $e_i$ 与 $s_i$ 是互补关系，那么企业可以提供这样一种合同，其中承诺如果员工能达到某一高产出水平，就可获得一笔可观的奖金（类似于生物科技公司中常见的在合同期末支付大额酬金的行为，或是为急需资金的创业者提供高杠杆风险的投资机会）。那些高估自身技能 $s_i$ 的员工会认为提高努力水平的边际收益要比实际情形高，因此他们会加倍努力以抓住发财的好机会。如果上述的推断是正确的，那么我们应当能看到企业会通过支付超额奖金的方式来利用员工过度自信的心理，虽然这种过度自信常常是员工的错误判断。

与过度自信相反的一面也会对员工的动机产生重要的影响。精神病学家提出了一个"自我否定倾向"（impostor syndrome）的概念，其含义是，员工会低估他们的成功，或者将成功归因为运气，并觉得周围的人都会被他的成功所欺骗而误认为他能力卓越（比如可参见 Kolligian and Sternberg, 1991）。那些"自我否定者"即使认为自己确有一定能力，也会觉得如果不付出很大努力就无法达到真正的成功，因此他们会比常人工作得更加努力。

更一般地说，人们在考察组织中广泛存在的过度自信现象时，需要留意以下一些重要警告。研究者不应当只是假定代理人会以同样的方式高估他的能力，而是应当对代理人过度自信的异质性进行解释，并且应能对过度自信的一些事前特征进行评价。比如，某些研究显示，女性相对于男性来说，过度自信的程度较小一些，这对于组织的人事选择问题至关重要。另有研究发现，在回答常识性问题时，年轻的大学生比70～80岁的老年人更加过度自信，这表明随着年龄的增长人们会逐渐懂得他们究竟知道什么（参见 Kovalchik et al., 2005）。那些忧郁的人尤其不会出现过度自信（"明智但消沉"），这意味着过度自信可视为心理健康的一种体现，并且很可能是人类为了适应环境而进化出来的心理（比如，可参见 Taylor and Brown，1988）。过度自信还与人们面临的任务类型以及任务的描述方式有关。比如，当人们需要同时作出多个评估时，那么对其中某一种评估的过度自信就会萎缩（参见 Kahneman and Lovallo（1993），他们比较了单一的"内部视点"与多个"外部视点"所导致的不同结果）。又如，请考虑90％置信区间（confidence interval）的实验，其中被试者被要求对每个估计值给出一个置信区间，这些估计值的出错率只有10％。结果发现，在所涉及的10个问题中，有5个问题的估计值被给出了过于窄小的置信区间——看来被试者很容易给出过于窄小的置信区间。然而，当询问被试者这10个问题他们答对了多少，他们不会回答说"十分之一"，而是会说"十分之五"——这一点已被经验所证实（Sniezek and Buckley，1992）。此外，当人们需要回答的问题是被逐步提出的，亦即把问题分为几个部分来问，此时人们的过度自信也会出现萎缩（Dunning et al., 1989）。例如，司机虽然对他的总体驾驶技术存在过度自信，但是对于在雪中驾驶或是在交通堵塞时躲避车祸等特殊情形下，却不那么过度自信。这个事实表明，如果某人在公司中的升迁会使他逐渐丧失判断自身管理才能的标准，那么他对未来成功（和事业成就）的过度自信就会更为膨胀。

## 7.3　多代理人情形下的公司员工行为

我们前面论述的基本模型主要是探讨单一的委托—代理关系问题。这对于我们考察一个多委托人、多代理人和多层级关系的大型组织来说用处不大。如果把我们的模型扩展到对这种大型企业的分析，那么就可对诸如社会比较、团体和同伴效应、对企业范围的情感认知以及大型企业中文化与领导者的协调作用进行各种思考。

### 7.3.1　社会比较

在式（7.1）中，只有工作者的努力水平与工资水平是影响其预期效用的因素。但在真实的组织中，人们会交友和树敌，会与其他人进行比较。这意味着，员工可能会为了帮助朋友、制约敌人或是追求更高的社会比较优势而牺牲自己的利益。Fehr and Gächter（2000）对上述问题及它们对契约理论和劳动经济学的重要性作了一定讨论。

当不同的代理人选取不同的比较标准时，就会发生由社会比较引发的冲突。有学者对发生于宾夕法尼亚州的教师罢工事件进行了研究，发现教师工会倾向于和那些工资最高的邻近学校作比较，而学校的董事会却会用那些工资最低的邻近学校作参照（Babcock and Loewenstein，1997）。劳资双方在比较标准上的差异与罢工的发生率有一定的关联。一些实验研究同样可表明，人们对公平的判断标准不同会导致罢工的发生（Babcock and Loewenstein，1997）。尤其重要的是，选取不同的公平标准并不仅仅是策略性的故作姿态。当让被试者充当调解员并了解有关案例的真实情况后，对公平标准的认知差异就消失了。这意味着，如果人们无法全面了解某一事件的所有重要事实，那么他们在选取公平标准时就会存在自利偏向。

有人也许会觉得，社会比较是一种劣等商品——当人们的收益越来越高时，他们对社会比较的关注也就越来越弱了。但是我们发现，在组织经济学中仍然存在社会比较问题，甚至在经理人员可获得高额酬劳的场合也是如此。Hall and Murphy（2003）描述了美国证券交易委员会（U. S. Securities and Exchange Commission，SEC）1992年的一次监管变化及其后果，这次监管变化要求"企业的薪酬委员会必须对企业的薪资制定过程进行报告，并且对如何确定CEO的酬资进行详细解释……"。证券交易委员会认为，通过要求企业披露CEO的薪资并说明薪资是如何与CEO的历史业绩挂钩的，就可扼制企业不依业绩而随意给付高薪的行为，这也许能使酬金与绩效联系得更加紧密。但真实世界的情况是，CEO会抱怨比他能力差的同行拥有比他高的薪水，并且他们在进行社会比较时具有自利偏向，这意味着，要求企业披露CEO酬金的制度将导致一种棘轮效应，亦即当CEO们获知他们的薪水比其他同行低时，所有 CEO 的酬金都将因此而上升。① 类似地，Belliveau et al.（1996）发现，CEO 的酬金与企业薪酬委员会成员的收入大有关联，但却与普通的董事会成员关系不大。对此的一个解释是，薪酬委员会的成员会将自己的收入与 CEO 的收入进行对比。

社会比较还会影响企业的扩张边界。如果人们会自然地将收入与同一企业中其他员工的收入进行对比，那么当该企业与其他企业发生合并时，人们就会与另一企业的员工收入作对比。此时，必然会有部分员工的收入不如新同事高，这将导致营业成本或控制成本的增加。这些成本应当被算做企业兼并成本的一部分。比如，当通用电气公司（GE）买下美国国家广播公司（NBC）时，NBC 雇员的高额薪水激怒了通用电气公司中许多优秀的工程师，因为他们突然具有了与这些"新同事"的高薪进行比较的理由。Kole and Lehn（2000）对全美航空公司（U. S. Airways）接管皮德蒙特航空公司（Piedmont Aviation）的案例作了类似的描述。因此，企业在选择它的扩张边界时，也是在选择它的社会比较边界，这会对它自身产生一定的经济影响。

### 7.3.2 同伴与群体

一个在劳动经济学中引入社会偏好的方式是考虑"同伴压力"（peer pressure）的概念。人们经常用同伴压力来解释为何针对整个群体的激励机制会具有显著的成功，尽管这种激励会引发"搭便车"行为。比如，Knez and Simester（2001）提到，美国大陆航空公司（Continental Airlines）面向所有雇员提出了一项激励措施，即当航班的准点率提高时，他们每月可以获得 65 美元的奖励。虽然每个雇员的表现对于公司总体的航班准点率只会起到微小的影响，但是这项激励措施却发挥了显著的作用。他们认为，由同伴带来的即时压力提高了所有人的绩效（还可参见 Kandel and Lazear，1992）。在有关公共品博弈的实验研究中，如果被试者对其他人具有处罚权，那么博弈结果将会受到同伴压力的影响（比如，可参见 Yamagishi，1988；Fehr and

---

① Hall and Murphy（2003）写道："虽然这种新的酬金披露制度使得企业授予认股权的过程更加透明——亦即企业将限制发放那些可'掩盖'真实酬金的认股权——但我们相信，这种新制度实际上最终促进了认股权的发放。"他们指出，自 20 世纪 80 年代以来，增发认股权的方式就已经大行其道了，他们对此总结道："这种新的酬金披露制度被看做一个潜在的政府'许可'，即承认认股权是一种合理地基于绩效的酬金发放方式，这种潜在的许可也许进一步激发了认股权的发放"（Hall and Murphy，2003，p. 62）。公司管理者在社会比较中所具有的自利偏向同样也可解释公司增发认股权的现象。

Gächter，2000）。当被试者可通过放弃一定的收益来对别人实施惩罚时，他们经常会使用这种处罚权，这使得每人都会提高对公共品的供款。虽然不是所有的被试者都对他人实施了惩罚，但是现有的处罚已足以提高人均的供款额度了。

Falk and Ichino（2003）在一次实验中测度了同伴效应对产出的影响，他们拥有给被试者随机指派同伴的能力，这就避免了在大多数（但不是全部）现实案例中所存在的内生性的同伴选择问题。他们的实验是，招募一些被试者来往信封里塞信，时间是 4 个小时，报酬是一个固定值（没有绩效奖金）。其中，一些被试者单独完成这项工作；而另一些被试者与一个随机指派的同伴一起完成这项工作。这种随机指派同伴的方法使得两人的产出十分接近。在每个随机配对的小组内，两人的绝对产出偏差的平均值是 20.6——如果对那些单独工作的被试者进行虚拟配对并模拟每对成员的绝对产出偏差，那么 99% 的这种偏差要比上述随机配对情形的产出偏差大很多。此外，随机指派同伴还会提高每个人的平均产出（约为 10%）。看来，同伴效应似乎更能激发彼此的产出，而不是引起二者心照不宣的怠工。根据估算，某人提高 1 单位产出将激发他的同伴提高 0.14 单位的产出，而使用意大利某企业的现实数据所作的估算范围是 0.14~0.18（Ichino and Maggi，2000），这与前面源自实验结果的测算十分接近。

### 7.3.3 群体认同感

研究群体认同感的心理学文献十分多见，这对于组织经济学的发展大有用处（参见 Akerlof and Kranton（2005）对认同经济学的讨论）。那些得自"最小群体"实验的心理学证据表明，人们会迅速形成亲密的群体关系，比如根据他们被置于怎样的空间，或是根据他们对某位画家（比如 Klee 或 Kandinsky）的作品的偏爱。此外，这种亲密关系能够影响独裁者博弈或公共品博弈中的分配问题——他们会倾向于分给群体内成员更多的利益，而分给群体外成员的利益就较少。①

对于组织经济学来说，这些研究表明，员工可能会帮助自己群体内的成员——就好像他们意识到这是一个群体并具有相应的群体关系一样。从这个视角来看，一个群体是指人人都同意彼此相助的团队。这使

---

① 由于群体具有动态性，因此还会产生一种相反的倾向，即所谓的"黑绵羊效应"。那些不受欢迎的群体成员会比那些不受欢迎的非群体成员受到更多的惩罚（Marques et al.，1988），当同伴压力较大时，这种倾向性就更为明显。另一个需要注意之处是，被试者群体会对实验安排十分敏感（Hertel and Kerr，2001）。

得对群体范围的管理具有了一项新的有趣功能。

为了修正我们已有的理论，现在我们假定在个人的努力中存在这样一个部分，它虽然可为企业带来产出的增长，但却无法增加个人的可观测的产出水平。我们把个人的这部分努力称为"协助"，并认为它是个人对企业这一公共品的捐助行为。为了将注意力集中于研究群体认同感而不是个体执行多重任务的行为（Holmström and Milgrom，1991），可假定员工在实施"协助"时不会影响到他在其他方面的产出能力。

考虑到组织所具有的特点，我们首先认为，企业最希望的是它的员工能彼此协助，而不愿看到自己的员工去帮助竞争对手的员工。但是，群体关系（这决定了成员会帮助谁）也许并不会恰好按照法律意义上的群体关系来划分。友谊、种族、语言、所在地或居所（人们在相邻的地方生活或工作）、婚姻状况（夫妻在下班后共度良辰，或是去观看孩子的演出）以及其他一些差别因素均会导致在一个公司内部形成不同的群体关系，或是在不同公司存在同一群体关系。

在某种程度上，企业可以通过挑选雇员（亦即雇用那些"与自己同类"的人员）或其他一些组织方法来对群体实施管理。比如，如果员工过于帮助顾客会损害公司的利益，那么公司就可以通过让员工换岗以避免他帮助熟悉的顾客。然而，根据一些社会学文献，我们发现，许多公司在评估群体效应时都出现了失误，比如 Roy（1952）对芝加哥一家机器零配件商店的著名研究就是一例。在这个商店中，管理者对每种工作任务都规定了不同的计件工资率，其目的是使员工无论做什么工作，都能在同等努力下达到同一薪资目标。Roy 的研究证明，员工能够诱导管理者制定错误的计件工资率，从而使他不用怎么努力就能达到薪资目标。员工们还会毫不客气地惩罚那些想要反悔并努力工作的人。

进化心理学提供了一个有趣的方法来探究群体与企业的问题。心理学家认为，某些种类的群体是"不可磨灭"的，这意味着群体中的成员具有某种共同而且不变的特质。① 比如，Gil-White（2001，p.519）认为，基于种族的群体通常把自己视做一个物种，他们

---

① 比如，雅利安兄弟会（Aryan Brotherhood）的口号是："见血而进，见血而出"。这意味着你必须让某人流血才能入会，但要想退出就必须让自己流血。美国海军陆战队（U. S. Marines）也有一句口号："曾入海军陆战队，就永在海军陆战队"。像军队或政党这样的群体经常具有某种事实上的遗传性，这与继承祖辈的工作会带来特殊的自豪感是类似的，并且在雇用或提拔手下时会偏袒自己的"后代"。

(1) 在形态上与众不同……(2) 有很多内在关联的隐藏特性……(3) 在族内通婚，讲究血统关系；(4) 拥有鲜明的文化语境。

如果一家企业能够营造一种气氛，使员工觉得他们像是属于同一个物种——亦即拥有不变的并且可遗传的物种特征——那么就可通过影响人们的神经中枢传输系统（这一系统已经高度进化，其作用是使人们通过物种和相似物种的种群特征来区分敌友）来促使人们形成紧密的群体关系和协助关系。比如，某个无法改变的躯体特征是区分物种的标志，那么我们就可以使用文身来促使人们形成同属一个物种的感觉。实际上，耐克公司的创始人 Phil Knight 和他的许多员工一样在左小腿处刻有耐克标志的文身，这被视为相互忠诚的标志。

甚至当某一员工离开公司后，群体认同感仍会持续。比如，一个典型的例子是，很多律师或咨询师最终会离开公司而专门为该公司的某位客户提供服务（因为该客户最初就是由他们接待的）。虽然当雇员转换工作后具有了完全不同的选择权，但他们对原群体（律师事务所）的归宿感却与对新群体的归宿感（这位客户）差异不大。许多咨询公司都持有一份类似于"校友录"的机动名单，上面记录着都有哪些员工离开了公司并为客户单独服务。公司认为，利用旧员工残存的群体忠诚感可以维持与客户的关系并解决潜在的经济纠纷。

### 7.3.4 协调、文化与领导力

组织中的关系是一种典型的重复博弈。Gibbons（2004a）指出，熟人定理（folk theorem）提供了太多的可能性，使得我们无法知晓重复博弈究竟是怎样进行的——均衡实在是太多了。正如 Schelling（1960）所述，用纯数学的方法来预测参与者在多重均衡博弈中会怎样行为，无异于在讲笑话前想证明这个笑话十分有趣。当存在多重均衡时，如果我们能对某些社会学因素进行考虑，比如历史传统、道德规范以及领导者的可信性（他通过宣讲来引导人们选择较好的均衡）等，那么我们的研究就会出现转机。

对这些问题的解决之道是，我们应当把激励冲突搁置一边，并倾心于将组织看做一个"团队"。一个团队拥有一个共同的目标，但是却需要对成员的行动与信息进行协调，从而促使成员的选择能使所有人受益（参见 Radner and Van Zandt, 2001）。组织经济学经常会忽视协调问题，这也许是因为人们相信协调是很容易做到的事。毫无疑问，对于一些小群体来说，一封电子邮件就足以协调成员的行为了。但是当组织面临时间的压力、频繁的人员变动以及需要增招成员等问题时，对成员进行协调就是一项挑战。

有关协调博弈的实验研究显示，即使在规则极其简单、人员规模不大（2～16人）并且博弈关系清晰的条件下，协调也经常失败。一些研究使用了"弱链"博弈[①]来进行实验，其中，参与者同时选择某一努力水平（用数值1～7来表示），但他们所获得的收入由众人中最低的努力水平决定，并且如果某个参与者的努力水平高于众人中最低的努力水平，那么他会因高出的部分而受到惩罚。这个博弈的微妙之处在于，参与者面临着两种激励，一方面他们有动机选择较高的数值，因为这可以提高群体中最低的努力水平，但另一方面他们也有动机选择较低的数值，以防因为高出最低努力水平而受到惩罚。可见，每一努力水平都是一个不同的均衡，但大家都选择最高的努力水平却是一个帕累托占优均衡。

许多研究显示，当群体在博弈中不存在信息交流时，成员经常会出现协调失败：他们通常不能到达帕累托占优均衡（比如，可参见Van Huyck et al.，1990；Camerer，2003，Chapter 7）。但当两人一起重复进行这一博弈时，或是当群体"缓慢地"扩大人数时（亦即最初是两人，然后历次递增一人）（Weber，2006），或是当向众人宣告如果都选最高值将获得一个小额奖金时（Knez and Camerer，1994；Brandts and Cooper，2004），就能够达到帕累托占优均衡。令人惊讶的是，有限的交流并不能带来多大用处（可与Cooper et al.（1994）相比较）。当随机选择一位"领导者"来向整个群体作简短的发言时（通常他会极力劝告各位成员选择数值"7"），较大的群体仍然很难达到帕累托占优均衡，并且参与者会错误地称赞或责怪领导者。

这些研究表明，协调博弈可用来分析企业规模的扩大、奖金的吸引力效应以及简单实验组织中的领导者可信性问题。这些研究还意味着，人们通常很难做到有效的协调，哪怕是在策略和收益都很明显的博弈中也是如此。因此，大型组织要想获得成功，有效的协调就至关重要，但这种重要性却可能受到了低估。比如，Heath and Staudenmayer（2000）让被试者使用乐高（LEGO）积木来分工搭

---

[①] "弱链"博弈是指有 $n$ 人参加的"猎鹿博弈"。对于组织来说，弱链博弈是对里昂惕夫（Leontief）产出过程的一种建模，这种产出过程对质量最差的投入物十分敏感，就好比在一条组装线上，生产速度往往会被动作最慢的工作者所延误，或者说，"一粒老鼠屎，毁了一锅汤"（还可参见Kremer（1993）的"O形圈"理论）。

建"人体"的不同部分，并最终拼接成一个完整的人形。实验者将根据人形的好坏对被试者打分。如果某个小组选派一名成员作为协调者，以确保搭建出的各部分"人体"能彼此良好对接，那么就可提高整个人形的完成质量，然而，几乎没有任何小组会主动选派这样一名协调者。①

#### 7.3.4.1 文化是企业的核心准则与联系纽带

Kreps（1990）提出了这一个观点，即一个组织的文化是组织成员的联系纽带（还可参见 Camerer and Vepsäläinen, 1988）。在这一观点下，文化原则成为企业的核心准则（metaprinciples），它可以告诉员工，当遇到不可预见的紧急情况时该如何做。这与 Schelling（1960）在匹配博弈中指出的焦点选择是相类似的，而在一个由多个博弈组成的整体博弈中，这些焦点选择就扩展成了所谓的核心准则。

图 7.1 对上述观点进行了说明，这是西南航空公司的机载杂志上的一个广告，其用意是向乘客说明，他们如何用一个小测验来考察那些潜在的雇员应怎样帮助乘客。一家企业的文化可被视为一组基本的应对准则，这可帮助员工与经理在面对图中的问题时作出协调一致的"应对"，这种问题与工作场合中出现的小事故是类似的。对于西南航空公司来说，图中问题的正确回答应当是，帮助那位滞留的乘客找到一些配方奶，并同时送上一本彩图画册。这个例子是强有力的，因为它得自一个真实的故事。这个小测验的目的在于表明，西南航空公司是一切以服务乘客为导向的（请留意，图中"乘客"一词的首位字母是大写的）。

一位乘客忘记给她的宝宝带额外的配方奶，但是却不得不在阿尔布开克机场滞留一个小时。此时你应该怎么办？

a. 祝她好运；

b. 建议她穿过市区去一家不错的饭店；

c. 去帮她找一些配方奶，并为她的另一个稍大一点的孩子带一本彩图画册。

---

① 在多人划艇时，常常会选派一名舵手——他不用划桨，只需坐在船头协调众人的节奏即可（并且负责鼓励整个团队）。舵手可视为某种生产要素，他的用处就是让团队协调起来，而人们假定他的作用要大于他的体重对船速的负面影响（他的体重其实可以忽略不计）。

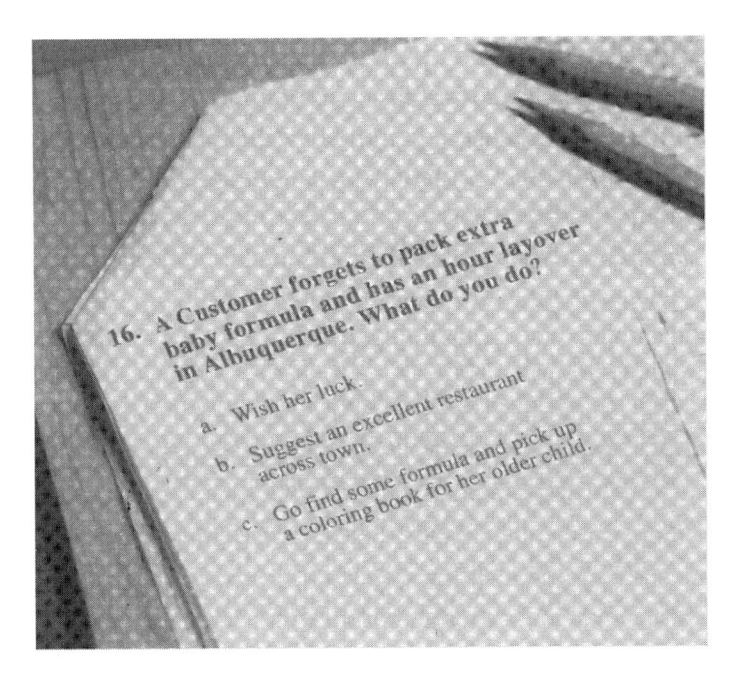

**图 7.1　西南航空公司的一个克雷普斯式（Krepsian）测验**

上述观点认为，文化是一组准则，以便于员工与经理在特定的微型博弈中都能作出焦点选择，这与组织理论中对文化所作的论述并无太大差异。比如，Schein（1983）将文化定义为"一个组织中所有成员都具有的基本假定和信念"。他后来又提到，这些"假定和信念是组织在应对群体问题时逐渐形成的，所谓的群体问题既包括如何在外生的环境下得以生存，也包括内部成员之间如何相互配合"。① 拥有共同的信念可以降低相互的冲突，并且当一家企业的文化可轻易被外人了解时，那么这将促进员工的工作态度与企业要求的态度有效地相结合。

虽然文化看起来很重要，但对文化所作的经验研究却很粗略。一个重要的难题是，我们对文化缺乏经验上的度量，对相关的外生变量也不清楚。有一类研究是采取心理测量学的方法，把组织置于一个二维空间或多维空间内进行讨论（Cameron and Quinn，1999）。这些研究很难做到统计上的精确，而且，将整个公司看成具有单一文化容易导致对公司内部的亚文化的忽视。另一类研究致力于探讨文化的某一个方面，比如

---

① 2004 年 12 月，在麻省理工学院举办的一次讨论会上，John Roberts 对文化下了一个很有帮助的定义。为了判断文化的基本要素，他向人们提问："如果你想新招一名员工，那么他需要了解哪些东西才能在你的公司中有效率地工作？"

员工的"意志力",并将其与公司的盈利能力和利润波动相联系(参见Kotter and Heskett,1992;Sørensen,2002)。还有一些研究证明了不同工作场合确实存在不同的文化(组织研究者将其称为"气候"),并且还研究了这种不同的文化对人事变更现象的影响(Bartel et al.,2003;Rebitzer,2002)。

由于缺少正式的理论框架和清晰的经验定义,组织经济学家对研究文化缺乏必要的兴趣,但这种情况正在得到改观(比如,参见Hermalin,2001)。比如,有几篇文献探讨了"密码"问题——这是员工用来描述事件的语言。用密码传递信息的效率很高,它依赖于成员的共同理解,并且很难发生变化或被人模仿,这与文化的其他方面(比如企业的价值)十分不同。Crémer et al. (2003) 认为,密码是一种对大量事件进行粗略区分的方式。但这种粗略的区分是应该的,因为员工不需要准确地获知究竟发生了什么事件。Wernerfelt (2004) 对此也给出了一个类似的模型。

学者们用一种描述图片的实验来对密码的形成作了研究。在这些实验中,被试者观看屏幕上播放的图片。一位"经理"必须弄明白员工的密码含义,从而确定员工究竟在描述什么图片。如果员工描述的图片被经理正确猜出的速度越快,那么他们得到的报酬就越高。实验结果发现,人们很快就建立了密码系统:最初,被试者需要用大约120种符号来描述区分的4幅图片(这些符号的个数与我们现在书写这句话的字母个数差不多),但经过20~40次的实际实验后,就只需用5个符号来描述每幅图片了。

一项研究显示,让经理来制定密码要比让被试者轮流编制密码更好一些(Rick et al.,2004)。这表明,让单一的"创始人"制定密码效果会更好——限定使用某种密码要优于从不同员工那里挑选最好的编码方法。然而,这种崇尚单一经理的群体却很难顺利地融入一位新员工;因为经理很可能会放弃训练新员工熟悉密码,于是这位新员工在描述图片时将犯下许多高成本的错误。

有两项研究探讨了当群体"合并"时会怎样产生冲突。Weber and Camerer (2003) 发现,当让两组描述同样图片的群体合并时(这类似于同业厂商的合并),被试者对在合并后的群体中重建密码系统的态度过于乐观。Feiler and Camerer (2006) 让两组描述不同图片的群体合并(这类似于不同行业厂商的合并),也得出了类似的结论,其中,被试者通过竞标工资溢酬(wage premia)而自发地选择是否加入合并的群体。被试者会过高估计群体合并后重建密码的速度,并且被试者对工资溢酬的第二价格竞标价——理论上这是激励兼容的——也显示他们过于乐观,因为合并的群体和未合并的群体的报酬差异并没有他们想象的那么大。我们很容易用其他方式来重做上述的密码实验,或是通过设计合作性的公共品博弈来考察各种企业价值(比如互助与忠诚)是怎样形成的。

#### 7.3.4.2 有关组织知识的认知经济学

组织是非常复杂的系统。在复杂的系统中(比如现实世界或是一个组织),人们用来指导行为的知识是非常简单的并且是经过长期进化的,这非常不同于经济理论所描述的静态分割法和贝叶斯计算法。这意味着理解认知经济学——它探讨的是,都有哪些信息便于人脑储存、记忆并能准确地重现——对于理解组织中的行为至关重要。

组织理论家曾辩称,叙述和讲故事是一种让员工懂得如何在组织中行为的常见方法(比如,可参见 Martin,1982;Heath and Seidel,2004)。如果在一个故事中有关成功与失败的经验是最有力的情节,那么它就是一个有关如何在组织中行为的基本介绍。从人类的记忆方式看,讲故事是一种传递信息的优越方式——如果这些故事能被员工们牢牢记住,那么当老员工向新员工转述这些故事时,就不会像其他信息那样受到折损。如果讲故事能让人愉快——很多故事都是用幽默的口吻讲述的——那么与令人乏味的行为指南相比,这些故事在企业中传播的速度就会更快,可靠性也更高。[①]

在组织中所要考虑的另一个认知经济学因素是"人格力量"。人们的认知和判断在很大程度上是通过对以下两个因素进行综合而得到的,一是,我们对其他人知道什么;二是,我们是如何通过其他人的特征和轮廓来形成对他们的认识的。[②] 有超凡魅力的创业者或是偶像式的领导

---

① 人类的记忆似乎会被大脑编译成情节记忆(按时间标记的事件)和语义记忆(对某些事实的记忆以及对情节记忆的抽象)。公司中的讲故事行为实际上利用了情节记忆的力量。在讲故事时,经常会非常刺激、幽默和情绪化,这增加了大脑的"处理强度",从而强化了人们的记忆。从神经的观点看,这可能属于某种工程冗余(engineering redundancy),因为在听故事后,记忆是由多种相互关联的系统共同形成的:这是谁做的?会有什么感觉?到底发生了什么?从人脑的角度来看,这意味着故事可能是由不同的关联部位同时存储的,这可增强对记忆的检索功能。

② 面部识别是一种非常独特的客体识别行为,它是由神经中枢传输系统中的特殊区域(面部轮廓识别区)作出的,这意味着如果能够以"公司的形象"为核心而编排若干文化规则,就可便于人们对该公司的认知。

人物往往是人们对某个组织进行认知的渠道，比如沃尔特·迪士尼（Walt Disney）、比尔·盖茨（Bill Gates）以及美国西南航空公司的赫布·凯莱赫（Herb Kelleher）。

如果一位领导者的行为和价值取向可被认为是企业文化的体现，那么我们就可轻易地回答这样的问题："我的这份雇佣合同究竟希望我能做什么？"因为在考虑"沃尔特·迪士尼会怎么做？"这个问题时就已为上个问题指明了答案（这正是迪士尼的雇员在沃尔特过世多年后仍然经常考虑的问题）。于是，一位偶像式的公司领袖就成为公司的一种资产，因为领袖的所作所为要比乏味的员工守则更能让人牢记并理解，从而可节省训练员工的交易成本。

#### 7.3.4.3 领导力、简洁性与公司宗旨

对协调问题以及认知经济学进行思考，有助于解释领导的行事风格与公司的语境是怎样形成的。公司内部对话的一个显著特点是，它不但具有简洁性，而且是明确易记的。"最大化利润"不是一个能激发人热情的宗旨口号。公司们往往会采用"质量第一"（福特公司），"尽管去做"（耐克公司），"永不作恶"（谷歌公司），"精确复制！"（英特尔公司，类似于从旧植株尽可能地向新植株转移输水系统），"让新手轻松，让老手享受"（福特野马车）这类口号。据说，吉隆坡的丽思-卡尔顿连锁酒店（Ritz-Carlton）有这样一条规定，为了帮助顾客解决问题，哪怕花 2 000 美元也在所不惜。之所以用 2 000 美元这样的数字，其原因有二：第一，这是个整数，便于人们记忆；第二，这是个出人意料的大数目，是丽思-卡尔顿酒店对其豪华服务品质的承诺，因此是"用行动证明自己"的一种外在表现。

为什么企业的这些宗旨如此简单明了？一种解释是，那些用来帮助人们在工作中达到协调均衡的核心准则，必须也要能用于更广范围下的各种微型博弈中。因此，这些原则必须能让人们共知，同时随着时间的推移能在员工之间不断传递，且在语义上不会退化。Heath and Seidel（2004）列举了"语言模因"*所具有的几个特点：它们应当简洁、可记、多用，并能激发复杂的情感。有关它们的各种假设可轻易地在实验中进行检验，方法是考察当人事变更和时间的推移造成企业精神的退化

---

\* 模因即文化的基本单位，靠复制、传播而得以生存，语言是它的载体之一，模因本身也靠语言得以自我复制和传播。——译者注

时,那些用语言表述的各种核心准则在协调员工行为时究竟是否有效。①

Van Den Steen(2005)讲述了一个关于企业领导力的故事,这十分类似于有关企业文化的核心准则理论。在他的模型中,一位拥有"远见"的经理对公司应追求什么宗旨目标有明确的偏好。② 经理很有远见是十分重要的,因为这可促使劳动力市场对具有不同远见的经理进行有效分类,从而使企业不会因为追求不适当的目标而浪费时间。

## 7.4 高级管理者与企业融资行为

考虑行为因素,可从两个方面加深我们对企业融资的理解。首先,我们需要承认,经理们用以赚取利润的市场经常会出错;其次,经理们也会犯错,而且无法仅靠市场来纠正。在本小节中,我们假定上述观点对组织经济学意义重大,并试图考察高级经理决策失误的可能性。③ 当经理们在面临决策时会遭遇如下三个限制性条件,他们的判断多半会受到影响,这三个条件是:

(1) 经理们所要做的决策不是经常性的,并且不会迅速得到信息反馈;

(2) 经理们对所要做的决策不是很专业化;

(3) 经理们不想过于承担市场压力和同业竞争。

条件(1)意味着,如果一位管理者在企业中的职位越高,那么他越难从足够多的重复决策中获取经验。大规模的投资、签订兼并协议或重组公司资产等行为都不是经常性的决策,并且一家公司的组织结构可能也无法用最优的方式来促成这些决策。哪怕对这些决策的结果进行评估也是相当困难的。比如,对于如何评估企业兼并的长期收益,目前尚

---

① 要想用实验来研究企业口号的作用,可以采取"电话"博弈的形式。在这个博弈中,被试者围成一圈,然后由其中一人向他右边的人附耳快语,接着这个人也向他右边的人快速重复他听到的话,如此进行下去。这样一来,就可在这一圈人中尽量避免口号或文化准则的含义退化。另一种检验人们能否长久记住口号含义的方法是,首先向某一群体宣布某一口号,然后向群体成员询问,他们在未来能否记住这一口号,以及他们是否相信其他人也能记住这一口号。在长期,好的文化准则应该能被牢记,并且也容易被他人所记。

② 这里所指的是一种有关企业远见的典型概念,即"对组织可能拥有且值得争取的某种前途的设想"(Bennis and Nanus, 1985)。

③ 如果想了解对第一个观点的综述,请参见 Baker et al. (2004)。

不存在一个大家公认的方法，哪怕在学术界也未有共识（Andrade et al.，2001）。而条件（2）指的是，如果进行决策的管理者级别越高，那么该决策的专业化程度就越低。正如 Lazear（2004）在阐释企业家精神时所论述的，企业的最高决策者必须是（而且必然是）一个多面手，而不应当仅是一个专业人员。条件（3）则意味着，我们从许多针对公司治理和自我保护的研究中所得到的结论是，CEO 们经常会设法规避来自市场的压力（比如，可参见 Bebchuk et al.，2002）。正如 Bertrand and Mullainathan（2003）所论述的，这些 CEO 会利用反收购法的各种版本来使自己摆脱外部市场规则的羁绊，但这会导致他们作出的企业决策很缺乏效率。

如果想进一步讨论企业中的决策偏差，我们需注意到市场不仅无法通过"卖空有偏差的 CEO"来纠正企业被扭曲的决策，而且企业家的过度自信可能还会受到鼓励。正如 Goel and Thakor（2000）以及 Gervais et al.（2003）所指出的，分散化的股东可能希望他们的经理人能作出风险中性的选择，以使企业的预期价值最大化。因此，当过度自信能够矫正经理的风险规避时，过度自信就是可取的。

在所有这些原因的影响下，如果某些决策偏差无法被来自市场的压力所抑制，或是也无法被适当的组织设计所纠正，那么面临的问题就是，高级经理人最开始就会表现出决策偏差吗？难道那些凭借能力和才智而成为企业领导者的人们——尤其是标准普尔 500（S&P 500）中的巨型企业的老总们——不应当是高度理性的经济人的化身吗？比如，企业管理者的选拔程序难道不能确保更理性的和更具备社会中性的人升至头位吗？这倒真不一定。只要某一特定的决策偏差不会必然妨碍管理者的成功，那么 CEO 们偏离理性选择的次数就不见得比普通人少。Goel and Thakor（2000）还指出，当升迁需要竞争时，经理们甚至会因为低估某一项目的风险而更有可能升至 CEO，其原因是，虽然他们选取的项目的风险可能很高，但是获取巨额回报的概率相应也最大。因此，在那些有潜力成为 CEO 的人选之间进行职位竞赛时，决策有偏差的人往往更有可能使公司获取高额利润。如果这就是成功的体现，那么他就必然更有可能获得高位。①

除此之外，如果不够理性或不够自利可以对高级的管理能力有制约

---

① 参见 Van Den Steen（2004）的相关讨论，其中，过度自信是内生的，因为人们会选择那些代理人好像能成功的决策方案。

作用，那么我们就可预料，高级管理者就比普通员工更有可能出现判断的偏差并受社会比较心理的影响。另外，自信可能还与其他类型的管理能力有关——比如能否激发员工的热情，或是欺骗华尔街的分析师——因此人们在实际中可能会偏向于选择过度自信的管理者，而并不是罢免他。在某一种判断中所出现的错误，可看做是因为缺乏某种管理技巧而支付的价格。该观点是否正确，有待经验检验，因为这不是单纯用理论可以解决的问题。

### 7.4.1　高级管理者的过度自信

我们可以把过度自信与过度乐观定义为，人们会高估自己比别人具有更多的技巧，并且会高估自己的预期收益和未来回报。[①] 在学术文献和商业报刊中，有关过度自信与过度乐观的讨论广为存在。一个定义清晰的典型例子是所谓的"好于一般"效应。Svenson（1981）首次证明了，当让一群被试者判断自己的驾车技巧与群体内的平均水平相比是高还是低时，绝大多数的被试者都会压倒性地认为自己的车技"好于一般水平"。当用这种办法来测试人们对自身智商或其他技巧水平的判断时，Svenson 的结论得到了更多证实（比如，可参见 Larwood and Whittaker，1977；Alicke，1985）。比如，当让一群企业家判断他们的成功机会时，Cooper et al.（1988）发现，33%的被试者认为失败的概率是零，而81%的被试者认为他们失败的概率介于0～30%之间。

另一些研究也表明，高级管理者尤其容易高估他们的管理技能和行动结果。首先，我们特别容易在掌控大局（或感觉自己在掌控大局）的决策者中观测到过度自信现象（Weinstein，1980）。如果不是公司（或部门）管理层级中的最高者掌控大局，还有谁是合适人选？CEO 往往是重大战略决策的拍板人，并且对是否执行一项大规模投资拥有决定权。这样的显赫身份容易导致 CEO 相信他能够主导结果——因此也就容易低估出现坏结果的可能性（March and Shapira，1987；Langer，1975）。其次，个人努力也促进了过度自信的产生（Weinstein，1980）。我们利用高级经理人薪资数据库，对那些可公开交易的公司中排名前四

---

[①] "过度乐观"这一术语有时还被用来特指人们对自身能力的高估。文中对该词的解释是根据那些讨论个体自利的文献而作出的，它使我们可以把人们对自身能力的高估（比如智商值或管理技巧等）从对外部环境进而对自身所处条件的高估（比如美国经济的增长）区分开来。

位到前九位的管理者的股票认购权以及投资组合进行了快速调查。结果显示,这些管理者可获取的一大笔酬金——这被假定是大多数管理者的主要收入来源——依赖于公司的经营状况。此外,管理者的人力资本也与公司的收益状况保持着紧密关系。如果公司业绩下滑,管理者就会认为他们保住饭碗的可能性降低了,并且他们另谋高就的机会也减少了。因此我们可以推断,仅是酬金和前途原因,就会让高级管理者为了促成投资、兼并和其他的公司决策结果而尽心尽力。最后一个可导致高级管理者出现过度自信的原因是,无论是好的决策还是坏的决策,都缺乏清晰的评判或参照标准。当人们很难在不同个体之间比较绩效并且当个体的参考点过于抽象时,过度自信现象往往是最明显的(Alicke et al., 1995)。由于在股票价格中存在着一定的噪音量,并且投资无论好坏都必须在长期下才能看出是否有回报,因此市场上很难有什么信息回馈能够撼动 CEO 的过度自信。

于是,无怪乎实验研究常发现管理者尤其会表现出过度自信,这既表现为"好于一般"效应,也表现为低估风险行为(Larwood and Whittaker, 1977; Moore, 1977)。在"好于一般"效应中的过度自信,还会影响当事人对事件因果关系的理解。由于当事人会预期他们的行为能带来成功,因此他们倾向于认为好的结果是靠自己的行动得到的,而坏的结果却是由(糟糕的)运气所致。①

但是,这些行为偏差在现实世界的企业决策中究竟有多重要?Roll(1986)是最先将过度自信与企业兼并行为联系起来的学者之一。他提出了一个"杂交假说"(hubris hypothesis):在企业兼并过程中,决策者的过度自信经常会导致自身公司为了达成兼并目标而付出太多的成本。Roll 认为,企业间的兼并战争其实是某种类型的"赢者的诅咒"。我们用伯克希尔·哈撒韦公司*(Berkshire Hathaway)1981 年年度报告的一段著名引文作为对 Roll 的"杂交假说"的完美总结:

许多管理者在易受影响的孩提时代听到了太多这样的故事,即被囚禁的英俊王子由于一位美貌公主的香吻而从蟾蜍的躯壳中得以释放。于是,这些管理者想当然地认为,企业之间的香吻同样也会为提升企业的获利能力带来奇迹⋯⋯我们看到了太多这样的香吻,然而奇迹却少之又少。虽然如此,许多促成兼并的"公主"仍然对香吻的魔力怀有信

---

① Miller and Ross(1975)对大量研究自我归因的心理学文献进行了评论。
* 全球知名的保险公司。——译者注

心——哪怕在兼并之后，原来的公司仍然在蟾蜍的躯壳中深陷不出。

(转引自 Weston et al.，1998)

Malmendier and Tate（2003）发现，如果一家公司的 CEO 过于自信，那么该公司确实更有可能兼并另一家公司，这一结论证实了上述的假说。通过把 20 世纪 80 年代福布斯 500 强企业和 90 年代前 250 强企业的 CEO 作为样本，Malmendier 和 Tate 发现，在任何年份，那些过度自信的 CEO 执行兼并行为的次数是较为理性的同行的 1.7 倍。在他们的研究中，对过度自信的测度不是通过对 CEO 进行提问，而是通过考察 CEO 的私人投资组合得到的。这两位学者指出，高级管理者的薪酬往往与他们手握的公司股份挂钩，并且与他们对公司的人力资本投资有关，因此高级管理者的私人投资组合可能会过于集中化。但 Malmendier 和 Tate 同时也指出，对于像福布斯 500 强这样的企业来说，如果其中某位 CEO 是理性的，那么他就会尽可能地分散化他的私人投资组合。比如，在股权授予期结束后，如果股票价格上升得足够高，那么 CEO 就可以执行他的认股权了，并且在事先承诺的非交易期结束后，他还可以卖掉手中的公司股份。[1] 但是，有些 CEO 却恰恰相反，他们会在一个价格高位上一直持有认股权（远高于执行价格），同时买进（而不是卖出）公司的股票（这样去做的 CEO 中有一半的人都损失不菲）。实际上，在近年来的公司丑闻中，尽管超额薪酬、贷款减免以及会计作假等行为不断吸引着公众的眼球，但其实在那些罪孽深重的管理者中间，很少有人真的相信他们的公司或身处的行业有什么发展潜力。世界通信公司（WorldCom）的前 CEO 伯纳德·埃伯斯（Bernard Ebbers）因为将私人投资中的大部分资金用于购买电信行业股票而损失了数百万美元，然而他却不断兼并一个又一个公司。[2]

因此，我们就可用企业管理中的过度自信来解释这样的谜题，亦即在 1998—2001 年间发生于美国的 20 000 亿美元的企业收购行为中，为何执行收购的企业会使它们的股东损失 2 500 亿美元（Moeller et al.，2003）。

同样的情况还发生在企业的内部投资项目上。虽然我们还很难判

---

[1] 事先承诺可以防止 CEO 在市场上释放不利于公司的信号。

[2] 据《纽约时报》2004 年 3 月 3 日所载："与 20 世纪 90 年代的其他电信业巨头不同的是，埃伯斯先生在莽撞的投资者出手之前就已在发狂的电信业股票上掷入了数百万美元，他显然相信，他能够用各种方法来使公司得以维持。即使当这座用纸片搭建的大厦已开始倒塌，他仍然坚持买进世界通信公司的股票。"

断,内部投资对于企业来说是不是糟糕的决策(因为我们难以获得与此相关的数据),但是想找到相关的例子却是容易的。有人曾劝说通用汽车公司的前CEO罗杰·史密斯(Roger Smith)并使之相信,不需人力的全自动生产是汽车产业的发展趋势。在这一观点指导下,他解雇了通用汽车公司的大批员工,并由此引发行业分析师和同业工程师的负面评价,他们并不相信自动化技术已经足够先进。但是,这样的评价并没有动摇史密斯这类人的幻想。结果在新建的厂房中出现了这样的情况:

> 机器人们经常彼此拆卸、击碎汽车并到处喷洒油漆,甚至对汽车进行错误的组装。
>
> (*The Economist*,August 10,1991)

然而,正如Roll把过度自信看做"赢者的诅咒"那样,如果认为过度自信只不过能带来"更多兼并"和"更多投资",那么未免就低估了过度自信的微妙之处。企业管理中的过度自信暗示着,(过度自信的)企业内部人对企业价值的观点与企业外部人是不一样的。一位过度自信的CEO会坚持认为,他的公司价值被资本市场低估了,因此他反对用发行股票的方式来为投资和兼并进行融资(Heaton,2002;Malmendier and Tate,2005b)。这只不过是传统的非对称信息下的Myers-Majluf融资模型的另一种观点形式(Myers and Majluf,1984)。在该模型中,经理掌握公司的内部信息,并且业绩好的公司不愿意发行股票,因为这会导致它们变成差的公司。而在本文的模型中,过度自信的经理会认为他掌握着有关公司的(正面的)内部信息,因此也反对发行股票。过度自信属于当事人"察觉到的信息不对称"。其结果是,当CEO需要借助外部资本市场来进行融资时,他的过度自信可能会导致公司的投资规模和兼并次数都有所减少。只有当一家公司拥有充足的内部资金或额外的负债能力时,它的CEO才有可能出现过度投资的行为。也就是说,对于过度自信的CEO来说,他的投资行为对于内部现金流的充沛性十分敏感。并且当一家公司的内部资金十分紧缺时,这种对现金流的投资敏感性就最为强烈。同时,低质的购并行为最易发生在那些内部资金充足的企业中。

现实的数据佐证了上文所述的所有预测,包括在过度自信的CEO中所存在的某些按等级顺序进行融资的现象(Malmendier,et al.,2006)。对法国的某些初创公司的考察也发现了类似的证据(Landier and Thesmar，2004）。这些有关过度自信的有力证据正呈增多之势，其所引发的问题是，公司治理应该如何应对 CEO 的过度自信。有关企业融资的大量文献都在分析如何通过认股权和股权奖励来使 CEO（或其他公司管理者）的兴趣能与股东的兴趣保持一致（Murphy，1999）。但管理者可能具有的过度自信却会使得这些激励机制无法达到期望的结果。如果我们认为，CEO 也许对他所能创造的价值持有过于乐观的看法，那么认股权和股权奖励就不会有什么作用。过度自信的 CEO 不需要什么激励来促使他最大化公司股票的市场价值——那是他已经意识到应该去做的事。实际上，认股权和股权奖励可能会促使他们像一个风险偏好者那样行事，从而选择股东并不认可的高风险投资项目（并且投资收益的净现值也较低）。当 CEO 高估了这些投机行为的预期价值时，对上述情形的考虑将尤其重要。

如果 CEO 是过度自信的，那么其他的激励方式也许就比股权奖励或认股权更加有效。一个例子是债务的作用（参见 Hart，1995，Chapter 6）。在一家现金充足的企业中，过度自信的 CEO 倾向于投资过多的项目，包括收购其他企业等。如果现金仅被允许用来偿付债务，或者企业偿付优先债务的能力已经耗竭，那么 CEO 就必须通过举借新的风险债务或是发行新股来筹措投资的资金。如果过度自信的 CEO 觉得，股票市场对他的公司估值太低，并且风险债务的贷款人也不太看好他进行投资的预期收益，那么公司中原有的债务累积就会打消他过度投资的念头。

从更广的角度看，如果可以建立这样一种机制，其中 CEO 的投资决策必须得到局外人的审定，那么就可以大大抑制 CEO 的过度自信。这种"局外人"可以是某种审查委员会。公司可以在它的工作章程中规定，超过某一金额的投资项目必须经过审查委员会的核定。如果我们相信审查委员会能够履行它的监督职能，那么把需要送审的投资额度设置得足够低就是一种很有效的策略。因此，当考虑到管理者可能出现乐观的认知偏差时，集体决策的重要性也就愈发凸显，哪怕不存在信息约束时也是如此。

虽然 CEO 的过度自信会引发代理人成本，但是过度自信也会使管理者更具有感召力，使投资者更看好公司的价值，或是使雇员们更易受到鼓舞。因此，企业也许既需要一位过度自信的领导者，但又想用某些方式来约束他的行为。一个解决办法是，企业应当让高级管理者中担任领袖的人与负责经营的人截然分开，这样一来，企业就可以借助领袖人

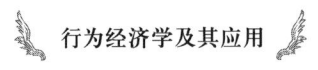

物的过度自信来激发员工和投资者的热情,同时也不会让企业陷入过度投资的境况。

### 7.4.2 资本预算

在最后一小节,我们将关注高级管理者的其他决策偏差,以及组织的结构能否限制这些偏差。企业在进行资本预算时所出现的偏差,是在CEO所能影响的范围内发生的,这种偏差不可忽视,并且会以以下三种方式发展起来:第一,企业倾向于在不同部门之间平分资本;第二,扩大对劣质项目的投资;第三,企业帝国的建立(以及资本抑制)。

#### 7.4.2.1 企业社会主义和分类依赖

Scharfstein and Stein(2000)的经验研究表明,企业会将其资本平均分配于各部门而不考虑这些部门的相对大小。他们把这种分配资本的方式称为"企业社会主义"(corporate socialism),这似乎是一种蓄意的企图,即通过平均分配的方式来从大部门抽取资源以贴补小部门的发展。Lamont(1997)对这种企业内部的相互补贴进行了另一种解释。在1986年石油价格下降之后,虽然石油企业对非石油行业的投资项目并未减少,但它们还是大规模削减了旗下非石油类子公司的资本资助。这种平均分配倾向也许反映了一种被称为"分类依赖"(partition dependence)的认知模式,或可称为"$1/n$启发法"——当给定了一种划分各部类的方法后,人们倾向于将资源平均分配于各部类(Bardolet et al.,2005)。比如,Fox and Rottenstreich(2003)让被试者猜测下周最热的一天出现在星期日或其他任一天的概率各是多少。许多被试者都会(明显地)回答说,最热的一天出现在星期日的概率是1/7,而出现在其他任一天的概率是6/7。但还有一些被试者却相信,最热的一天出现在星期日的概率介于1/7~1/2之间。可见,后一种被试者受到了将一周故意划分为"星期日"和"非星期日"两个类别的影响。在有关401(k)计划的实验研究和实际数据研究中,也发现了类似的现象(Benartzi and Thaler,2001)。当向被试者询问,他们会怎样对股票和债券进行投资时,许多被试者都选择各投资50%。而当向被试者询问,如果是两种股票和一种债券时他们会怎么办,许多被试者就会选择将他的资金平均分配于这三种投资品,这使得投资股票的总资金占到2/3。①

---

① Huberman and Jiang(2004)提出证据表明,他们很难在微观个体层面观察到"$1/n$启发法",但是对于总体来说,这种启发法却是可观察到的。

对企业资本预算中的分类依赖所做的经验验证，使得我们可以考察当由于某种外生原因（比如行业规则或税收制度）而导致企业各部门对资金的需求发生变化时，由此所引发的企业内部各部门之间的合并或拆分是怎样改变企业资本的分配的。对此，我们在这里先提及一下我们在7.6.2小节（对组织的"自我修复"行为的讨论）中将论述的内容，即当一个组织意识到它具有在各部门之间平均分配资源的倾向时，它可能会主动地对各个部门实施重组，以使这种平均分配倾向得以减轻。如果一条处于快速成长期的生产线对资本存在过度需求，那么该生产线就会被划归为一个小部门，以使企业确信该生产线实际上已经获得足够多的资本了。

#### 7.4.2.2 项目投资的扩大化

在有关行为判断的研究中，一个常见的议题是，人或组织常常会对失败的项目不断扩大投资（Bazerman and Neale，1992）。许多相关的文献都是以实验为基础的，其中，人们进行事前选择，然后根据信息反馈的好坏，以决定是否将投资项目进行下去。实验显示，即使当信息反馈是坏的，人们仍然会继续投资，亦即向"劣钱"中掷入"良钱"。

虽然在实验研究中可清晰地看到人们对劣质项目增加投资的现象，但是在实际研究中却很少能明显地看到这一点。虽然一些案例研究显示，某些并不成功的投资项目往往与资金的继续投入相联系（比如，参见 Staw and Ross，1993），但这些现象也许仅是对某些劣质项目所进行的后见之明的补充投资罢了。其他一些案例研究还讨论了当新的经理接管那些劣质投资项目时，是否会终止这些项目。但是，即使新的经理有这种倾向，也只能说明他们和以前的经理持有不同的先验信念而已，这对于理解劣质投资的扩大现象于事无补（比如，参见 Barsade et al.，1997；Weber and Camerer，1999）。因此，想对上述问题进行经验分析，必须具备如下条件：

（1）对于所考察的一组企业，我们必须掌握每个企业的相似决策行为（比如关闭一个厂房）；

（2）对于这组企业，其中若干企业会因为某些外生原因而变更决策者（比如 Johnson et al.（1985）所论述的 CEO 所遭遇的"突然免职"）；

（3）对于新接手的决策者来说，假如他最初就拥有了现在的职位，他也会执行类似的投资项目。

条件（1）的局限是，我们很难获取企业内部决策的真实数据，并且也很难拿到那些成功的项目投资的数据。对于条件（2）来说，在企业中，外生的基于资历和正常升迁的职位变动是最为多见的（而内生的由于项目投资失败而导致的职位变化则不太多见）。至于条件（3），如果该条件不具备，一个补救的办法是，我们可以分析那些按某些客观标准进行的决策，这些标准会使得决策者很难改变先验的信念。

即使我们得到的数据能够满足条件（1）～（3），我们仍然需要再向前推进一步，以说明组织会产生怎样的内生反应。我们认为，通过某些组织设计，是有可能限制劣质投资的扩大化的。企业的资本预算以及发展规划是完全可以阻止投资的扩大的。扩大劣质投资的风险越高，这种防范机制的作用范围就越大。实际上，这种防范机制有时还会导致一个反向的负面作用，亦即某些本来不错的投资项目在完成之前却被终止了。Heath（1995）指出，当某个项目导致企业的资本预算受到冲击时，人们可能会"过早地"停止继续投资。

对于投资的扩大化以及组织的反应，一个比较合适的研究对象是那些拥有分散化的资本组合但投资规模却相对很小的公司，比如一个研发型的公司，或是一个以生产消费品为主的公司，因为它们认为自身生产计划的失败率是很高的。这些公司需要经常性地停止那些劣质的投资。如果我们能够理解这些公司是如何应对投资的高失败率的，那么我们就能更好地指出应当如何防范投资的扩大化。

#### 7.4.2.3 企业帝国的建立以及资本抑制

高级管理者"建立企业帝国"的倾向——即创建经济学意义上规模过大的生产部门，这虽然可以为经理带来大量好处，但却是以牺牲股东的利益为前提的——经常被作为一种代理人成本而在标准的理性框架下进行讨论。但行为经济学家却提出了一个不同的解释：当经理通过牺牲股东的利益来扩大他的公司规模时，他这样做也许并不（仅仅）是出于控制一个超级帝国的欲望，因为他完全能预料到这样做可能会给企业的价值带来毁灭性的打击。实际上，他有可能（还会）高估了企业在他领导之下所能创造的价值，这类似于我们在7.2.6.3中讨论的过度自信问题。或者，他在未能完全预料企业的价值损失时，会觉得自己比其他公司的经理更具有竞争力。

这一心理现象还可帮助我们更好地理解一个完全相反的行为倾向——资本抑制——这种情形发生在那些投机性很强、发展迅速并具有巨大潜力的企业中。作为研究资本抑制的一个例子，Holmström and Kaplan（2001）指出，我们很难想象依靠内部资本分配的企业能够创造出20世纪90年代末依靠风险融资和IPO而迅速成长起来的高技术企业所创造的价值。他们认为,"如果网景(Netscape)、eBay和亚马逊(Amazon)最初是在某家大型公司中酝酿出来的,那么它们的潜在价值很有可能已被忽视"(Holmström and Kaplan, 2001, pp.138-139)。他们还进一步指出,"企业内部的创业者"之所以会受到限制,其原因在于缺少内部激励:"即使有某些创意价值受到瞩目,企业也很难或根本无法给管理人员提供较强的激励,以使他们能够最大化这些创意思想中的内在价值。"

但是,究竟是什么阻碍了IBM、施乐(Xerox)和微软这样的公司去复制一个由风险资本家所使用的资本分配机制,从而使它们可像风险资本家那样将自己的成功创意卖给IPO投资者(或是在公司内部孕育这些创意产品)?当考虑到大公司是否有兴趣为"企业内部的创业者"创建一个高效的激励机制时,另一个自然而然想到的问题是,是否还有其他因素也会阻碍这些大公司去容忍那些有潜力的新产品的快速成长。一种可能的阻碍因素是,身处传统行业的管理者怀有这样的心理,即他们觉得那些快速成长的新行业会挑战他们的既有地位。从损失规避和社会比较的角度我们就可理解,当身处传统行业的经理们看到大笔的资金涌入那些可能胜出他们的新行业时,他们会觉得很不自在。① 管理者具有的建立企业帝国的心理倾向可能也会压制企业内部其他小王国的成长。

## 7.5 有关公司治理的其他问题

迄今为止,我们的讨论都是在考察管理者这一方的决策偏差。现在,我们简单谈谈为了解决管理者的偏差问题,应当对组织设计和公司治理机制进行怎样的调整。很显然,不完全理性和社会偏好等因素不但会影响经理人员,而且还会影响"企业的治理者"亦即董事会成员的行为。我们将在本章的7.6节考察,这些影响会导致公司治理发生怎样的反应。虽然CEO比董事会成员更容易对投资项目产生过度自信,但在董事会成员身上却同样可以发现分类依赖和扩大劣质投资的心理倾向。

---

① "逐级的投资审核程序作为企业内部资本市场的一个重要特征,是另一个阻碍企业内部创新的因素……根据计划,大公司不是针对革命性的发明创造而创立的"(Holmström and Kaplan, 2001, p.139)。

另一个十分重要的问题是，企业应当如何选拔董事会成员。CEO需要能力超群且知识渊博的董事会吗？或者，他更愿意在董事会中安插一位好好先生？对于如何评价董事会的质量这一基本问题，目前已有一些文献做了相关研究，即怎样对高质量的董事会进行评价才是可靠的。Gompers et al. （2003）对公司治理规则——比如公司的规章制度等的分析，就是对这方面研究的一大推进。但是由于受样本所限（我们至今仍缺乏时间序列足够长的面板数据来分析企业内部治理结构的变化），并且企业存在内生的反应，这使得我们无法在更广的范围内应用已有的成果，并且这些成果的可信性在长期下也将受到质疑。行为经济学的观点也许能帮助我们找到更好的方法来评价"究竟谁有资格在董事会的会议室里大声说话"。金钱激励并不能对此作出完全解释。能否以CEO或董事会成员的口气说话、是否具有道德责任感或者是否拥有良好的公众形象，可能是主导董事会质量的更加重要的因素。

## 7.6 组织的反应：偏差归类、偏差修正以及利用偏差

组织经济学试图强调，企业对雇员的遴选行为以及对非标准化偏好的内生反应是很重要的，这种观点可能会给行为经济学带来一项特殊贡献。如果一组工作者的技巧、认知能力和社会偏好存在差异，那么组织的结果将依赖于它能否对这些工作者进行归类并"修正"他们的偏差，以及能否利用工作者的偏差来为组织谋利。

### 7.6.1 归类

我们的研究起点是工作者的异质性。人们的技巧和偏好是各不相同的。从行为经济学的观点看，异质性意味着人们可能在理性计算的能力上存在差异，并且拥有不同的意志力和欲望，对劳动与闲暇的替代关系也存在不同的认识。这些行为上的偏差是否会带来影响，主要取决于每种人会被归入哪种组织环境。Lazear et al. （2005）证明了，在一种简单的实验环境下，通过适当的归类可以造成行为偏好的逆转。在一个标准的独裁者博弈中，被试者将决定他如何与一个匿名的对象分享手中的现金，其中，75%的被试者会分给对方一定的金额，25%的被试者会把现金全部纳为己有。然而，如果允许对被试者进行归类，亦即让他们选择是参加这个独裁者博弈还是拿着所有的钱"退出"博弈（他们的博弈

对象不知道他们是否会选择退出),那么在决定参加博弈的被试者中,上述的相对比例关系将发生逆转。但从总人数看,只有30%的人决定留下来参加博弈。令人感到有趣的是,通过这种归类机制,能够使独裁者博弈更具备金钱上的刺激性,从而将那些想把所有现金纳为己有的"狠心人"率先筛选出来。这一实验结果还意味着,企业通过这种归类机制,可以甄别出那些在行为特点上具有"贪欲"的代理人。企业可以通过设计某些招聘规则,来遴选出那些公平感较强的"团队合作者"。企业还可制定适当的升迁制度,来遴选出那些具有较强团队精神的人员,从而使他们的努力程度超出金钱所能带来的激励之上。

对于认知局限性来说,上述的推理过程仍然适用。如果一个组织能把会犯错的人员安排在这样一种工作岗位上,即他常犯的错误类型不会给该工作带来什么负面影响,那么这个组织的生产能力就会得到提升。这意味着,通过对员工进行归类安排,可使得组织的整体绩效在一定程度上或基本上能避免由员工犯错带来的负面效应。[①] 也就是说,组织的计算结果可能要比它内部的每个员工(甚至是最聪明的员工)的平均选择结果更为理性。但是,组织通过对员工进行归类与合并,究竟能减轻哪些错误类型的影响,我们对此尚知之甚少。

### 7.6.2 修正

除了上述的遴选程序之外,组织还可以尝试"修正"员工的错误从而克服组织在实践中会出现的偏差。微软公司为我们提供了一个例子。软件工程师们无法相信,会有那么多人拨打1-800客服电话来抱怨软件的使用是多么困难,他们甚至会轻蔑地认为这些用户过于愚蠢。为了能让工程师们真切地了解这些用户的抱怨,微软公司安排了一个房间,并装上一面单向可视镜。工程师们透过这面镜子可以看见他们的用户——这是些看上去行为正常、思维合理的普通人,而不是排斥新科技的蠢蛋——然而,这些用户正在费力地琢磨那些软件。通过安排这样一个房间,微软公司就为工程师们提供了一个小量的但很直观的抱怨信

---

[①] 在接受一家杂志的采访中,Gary Becker指出,如果对员工的分类"不能减轻"任何由有限理性所带来的"影响",那么这种分类的作用"就会大打折扣"(参见 Stewart, 2005)。这家杂志的记者推断,"正如 Becker 所举的21点扑克游戏的例子或是共同基金的例子那样,'即使有90%的人无法进行复杂的概率计算也无关紧要,那10%的会计算的人必然会在需要的地方发挥他们的计算能力'"(实际上,在赌场规则下,人们根本无法在21点扑克游戏中发挥牌技,因此也就根本不需要判断概率的技巧)。

息，这取代了通过统计电话的拨打次数而得到的大量信息，其所使用的原理是，人脑会自动地优先接受直观的视觉信息而不是抽象信息。于是，工程师们变得哑口无言，只好另起炉灶，试图为镜子另一边的用户们设计更友好的软件。

另一个例子是由 Chris Mayer 提供的。Genosove and Mayer（2001）在研究购房者的损失规避时发现，波士顿的公寓业主在购买房子时的名义价格会影响到他今后想要卖出或实际卖出的价格。当 Mayer 向一些投资银行家介绍他的研究结果时，有一位听众表示他了解这种效应，并且说他的公司已采取措施限制员工在开展业务时出现这一情况。他的公司是这样应对员工的损失规避的，即要求每一位交易员必须定期根据公司中其他交易员的持仓状况来调整他自己的持仓状况（这种持仓状况是指交易员所持有的投资组合情况，公司会根据他的投资状况对他进行奖惩）。这种调整措施可确保交易员不会因为受损失规避或其他行为中的情绪因素干扰而作出坏的交易选择，并且还不会影响企业整体的净持仓状况。如果某一位交易员的持仓情况受到负面的情绪影响，那么上述的调整措施将可形成一种纯粹的行为上的范围经济\*（scope economy），这使得拥有较多交易员的投资公司能够战胜那些交易员较少的公司。

组织还有一种可修正员工偏差的办法，就是制定一个最后期限。当人们发觉自己出现懈怠时，如果能用某些方法制定一个最后期限，就可帮助自己按时完成工作（O'Donoghue and Rabin，2001）。如果企业能够比个人更好地制定这样一种最后期限，那么企业将比自我雇佣的个体营业者具有成本上的优势。最后期限可能是一种较为严厉的形式，比如达不到要求就被解雇，也可能是一种较为温和的形式，比如让雇员觉得他拖了同事们的后腿，还可能是一种介于二者之间的形式，比如由于本人原因使得某一合作项目未能完成，从而导致公司对所有人的责备，这可能会激怒其他一起合作的同事。

虽然我们缺乏令人信服的实际数据来说明组织是如何修正员工的偏差，但是上述的例子却可向我们展示接下来应如何继续这方面的研究。首先，我们应当找出大部分人在决策时都会犯的某种错误；其次，我们向企业询问，它们会采取怎样的措施来限制这些错误；最后，我们将考察，这些措施是否起到了作用。（在理想状态下，我们最好能劝服

---

\* 如果同时生产两种产品的费用低于分别生产每种产品的费用，所存在的状况就被称为范围经济。——译者注

某个企业在各部门间随机地变换各种组织设计!)当然,我们还可以将研究步骤调转过来:首先设想一个特殊的组织方式,然后探讨这种组织方式在经济学意义上(Gibbons,2004b)或行为意义上能够解决什么样的个人选择问题。

修正偏差还可由市场机制而不是由组织来完成。Jensen(1993,pp.847)在点评产业整合的速度为何如此之慢时,写道:

> 虽然每个产业的产能相继出现了过剩,但经理们却不愿承认他们应当缩小企业的规模;恰恰相反,他们不但维持并继续扩大既有的企业规模,而且还跻身于新的产业投资中去。

经理们不愿缩小企业的规模,可能是因为他们在情感上不愿意大量裁员(虽然这其中也与经理的自利倾向有关①)。不愿意解雇和停工是组织所表现出来的一种损失规避。在我们前面提及的简单代理人模型中,裁减员工对于大部分经理来说是一种努力工作的表现——这种行为他们本人虽不愿做,但却对股东有利。

企业要想让经理执行必要的裁员工作,一种解决的办法是使用我们前面提到的归类措施——雇用那些并不觉得解雇工作者有多困难的经理(就像"电锯手"阿尔·邓洛普和"中子弹"杰克·韦尔奇那样)*。Jensen提出,融资合并的组织形式是一种缩小企业规模的有效机制(其他机制在公司治理方面的变化也有一定作用)。融资合并的一大特征是,原有企业的控制权被转移到新的投资者手中(亦即参与合并的其他公司),这些新主人对旧员工没有什么情感上的负担。这种情感负担的转交,以及让新主人来决定是否接受由旧公司政策带来的"损失",是决定这种企业重组能否成功的关键。当然,兼并融资还会引发巨大的资本激励,从而促进了重组的进行,并且能够快速完成(因为偿付债务的压力很大)。然而,这些巨大的好处也许只不过反映了大部分经理在裁减员工时的痛心程度而已。

### 7.6.3 利用员工的偏差

有越来越多的文献开始关注"行为产业组织经济学"这一领域,它所要解决的是个人如何与企业互动的问题(Della Vigna and Malmendi-

---

① 大部分研究均显示,经理的酬金主要是与企业的经营规模挂钩,而不是其他因素。因此,裁员会使经理本人的酬金也被降低。这表明,必须采取足够的激励措施才能让经理愿意裁员。

\* 这两位经理是以大力裁员而知名的,故获得了"电锯手"和"中子弹"的称号。——译者注

er, 2004; Eliaz and Spiegler, 2004; Gabaix and Laibson, 2005; Heidhues and Koszegi, 2005)。在这些文献中，一条基本的假定是，消费者会犯系统性的错误，而厂商却是理性的行为者。这条假定是有一定道理的，因为一名经理必须具备一定的职业经验和专业化知识，并且必须能够处理大规模资源的分配问题，同时还要应付选拔机制和各种市场竞争，这些都会促使企业训练并选出那些能熟练利用消费者偏差以及员工偏差的经理人员（Glaeser, 2004）。理性的厂商能够利用个体消费者的偏差，比如对消费者不太可能过多消费的服务品或商品收取较高的统一费用——想想你能坚持去几次健身房！或是设计一种特殊的合约，以便消费者错过了合约的终止日期时，合约会自动续订下去；或是在投资者情绪高涨时增发新股（Della Vigna and Malmendier, 2003; Baker and Wurgler, 2000）。

类似地，一个组织中的雇员也会发生某些偏差，而组织可从中为自身谋利。比如，Oyer and Schaefer（2005）分析了企业为何会向中级和低级员工赠送认股权的问题。这些认股权的赠送量不是很大，并且风险利差也较低，因此很难说它们是对雇员实施激励的有效措施。然而，赠送认股权却可吸引并留住员工。Oyer 和 Schaefer 的分析表明，如果雇员对公司的前景十分乐观，那么由认股权带来的利益也就很高。把认股权作为一种酬劳向雇员发放，可以使公司甄别出哪些（潜在的）雇员会对公司的前景持有十分强烈的信心，这样一来，公司就可以通过发放这些被过高估值的认股权来谋利，而不再仅限于对员工发放工资现金。如果员工由于获得认股权而提高了生产率，比如他们对公司的态度更热情了，那么发放认股权的策略就是更为有利可图的。[①]

其他一些组织设计方式也具有类似的特点。Lazear and Rosen（1981）曾指出，当满足若干条件时，企业的职位竞赛制度将会优于其

---

① 正如 Bergman and Jenter（2004）所指出的，利用员工对公司前景的过度乐观并不足以解释为何赠送认股权会成为雇佣合同的条款之一。对于那些相信公司前景的员工来说，用工资现金进行付酬也能起到同样的效果——由于他们可用获得的现金去购买被他们高估了的公司股票或认股权，因此他们的保留工资水平也就较低。或者他们甚至并不为这一公司工作，而只是购买该公司的股票或认股权。然而，如果市场是不完全的，员工的这些局限性就不会引发不良后果。比如，十年期的公司公众股的员工认股权是不能在公开市场上进行交易的，甚至期限更短一些的私人公司的认股权也不能交易。此外，员工可能也无法根据可观测的市场价格来对手中的认股权进行估值。在这些情形下，当企业在制定能最大化利润的雇佣合同时，就会加入赠送认股权这一条款，哪怕那些对公司持有乐观信念的雇员并不具有较高的工作能力也不要紧。

他形式的劳动合同，尤其当这种竞赛制度能够区分能力强和能力差的员工时更是如此。当我们考虑到员工们会持有异质性的自我信心时，Lazear 和 Rosen 的论点就会进一步得到加强（并且更为可信）。如果某些员工对自身的能力坚信不疑（并且他们的过度自信程度是不与他们的能力呈负相关的），职位竞赛制度就会变成一个成本低廉的付酬方式。那些过度自信的员工会过高地预计他通过参与竞赛而获得的好处，因此他们也就愿意接受目前较低的酬金。

赠送认股权和职位竞赛制度是企业降低酬金成本的两个例子，其所利用的是员工对公司前景的乐观心理。这些例子的隐含假定是，组织本身——或者组织的高级管理团队——并不具有下层员工或非组织人员所具有的那种可观测的偏差，但是组织能够修复甚至利用这些偏差。

## 7.7 结论

本章所涉及的内容是，如何将行为经济学应用于对组织问题的研究，同时通过探讨组织中员工与经理所特有的问题，来丰富行为经济学的内涵。本章与其说是对既有研究的回顾，不如说是给出了一个研究日程表，其中所涉及的问题远远多于答案。在本节中，我们将重述全文的若干要点。

第一个问题是，如何扩展基本的代理人模型。一种方式是，我们应考虑到代理人的偏好（亦即努力水平的负效用和保留工资水平）可能会受到工作的描述方式、工资的支付方式以及工作选择的引出方式的影响。此外，由于人们的欲望和利己心不是完全的，这意味着人们经常会帮助朋友和攻击敌人，并且反对受到不公平的对待。那些关于社会偏好的精确模型由于经过了简单博弈实验数据的考验，因此应当被引入组织经济学的研究中。在实验室情形下，人们的偏好经常与参考点相关，比如前期的工资水平（可能与习惯的塑造过程有关）或其他人的工资水平等。这种证据不但可从员工的薪资安排上看出来（比如在资金困难的企业中所出现的双重工资标准），还可从管理者的薪酬中看出来。此外，工作者似乎还关心公平性，或是对决定结果的过程公正性非常在意。然而，这些偏好特征是否可以得到实际数据的有力支持，并且组织会对这些现象作出何种反应，我们尚未进行透彻的研究。另外，心理因素还会影响人们对因果关系的判断（用代理人模型的语言来说，即指委托人是否可以从生产结果中推断出代理人的努力水平）。后见之明偏差、将生产结果过度归因于雇员而不是运气、不对等的归因（称赞或指责别人）、在大群体中散布对某人的指责以及对自身技巧的过度自信等等，都可能在组织行为中扮演重要角色，而这些在组织经济学的范畴内却并未得到充分研究。

273　　我们在7.2节中不再探讨个人层面的问题，而是论述对组织层面的问题。组织需要一些非正式的规则以促成人员间的协调行动。我们从Kreps（1990）那里接受了这样的观点，即企业文化是一组由员工共享的可变化的焦点规则，当员工无法完全认知雇佣合同所规定的权利和义务时，企业文化可以帮助员工解决与其他员工的协调问题。当我们拥有这样一个定义精准的经济学概念以作为研究对象时，就可以为企业文化的经验研究搭建一个良好的基础。除此之外，人脑组织信息的方式（认知经济学）也可解释为什么企业能够以讲故事、树立偶像和制定口号等形式来传递它的文化（Heath and Seidel，2004）。如果企业的文化准则很便于人们理解，并且在语义转换上不会出现信息缺失，那么由此可获得的好处是，企业领导者的作用将得以发挥，并且不再需要过于复杂的管理语言（比如企业对经营目标的描述）。

在大型的组织中（尤其是某些美国企业），高级管理者（即CEO）的判断具有重大作用。我们在7.3节中对高级管理者容易出现的各种偏差进行了讨论，比如，倘若管理者在过去曾获得过成功，并且在重大决策之后得到的信息回馈存在噪音，那么他们就会出现过度自信。于是，他们可能就会犯各种错误，尤其当企业的监督机制不能对这些错误实施惩罚时更是如此。例如，过度自信的经理人会过分依赖企业内部的既有资金来实施（过度的）投资，并敢于执行那些有损企业价值的购并行为。

如果组织能够觉察到员工和经理会犯各种错误，那么它就可根据这些错误来对成员进行归类（办法是采取适当的雇佣规则，或是将员工安排在适当的岗位上，以使他们的错误不会引发太大的负面影响）；或是设计某些"修正偏差的组织方式"，甚至想办法利用员工所犯的错误（比如，使用在合同期末支付大额酬金的办法来激励那些乐观的员工，他们相信自己必然成功）。正如我们在7.4节中所论述的，如何进行最优的组织设计来应对员工的偏差，不但是一个实证经济学问题，而且还在规范意义下对经理人员具有潜在的用处。

在本书的结尾，我们想对读者提出一条告诫。心理学与经济学都基于方法论的个人主义：心理学家对个人感兴趣，而经济学家对人与人之间的互动（以及制度）如何导致各种经济结果感兴趣。但是，许多组织经济学的理论家却是从中间层次来探讨问题的，这有时被称为"中观"，其中组织是具体的研究对象。然而，中观的概念（比如组织的常规活动和学习过程等）并不是基于个体行为的概念。当然，组织经济学是有可能以中观的组织（或宏观的组织）为研究对象的，但这并不是一个活跃的研究领域。

# 参考文献

Akerlof, G., and R. Kranton. 2005. Identity and the economics of organizations. *Journal of Economic Perspectives* 19: 9–32.

Alicke, M. D. 1985. Global self-evaluation as determined by the desirability and controllability of trait adjectives. *Journal of Personality and Social Psychology* 49: 1621–1630.

Alicke, M. D., M. L. Klotz, D. L. Breitenbecher, T. J. Yurak, and D. Vredenburg. 1995. Personal contact, individuation, and the better-than-average effect. *Journal of Personality and Social Psychology* 68: 804–825.

Andrade, G., M. Mitchell, and E. Stafford. 2001. New evidence and perspectives on mergers. *Journal of Economic Perspectives* 15: 103–120.

Antle, R., and A. Smith. 1996. An empirical investigation into the relative performance evaluation of corporate executives. *Journal of Accounting and Economics* 24: 1–40.

Ariely, D., U. Gneezy, G. Loewenstein, and N. Mazar. 2003. Large stakes and big mistakes. Federal Reserve Bank of Boston Working Paper 05–11.

Ariely, D., G. Loewenstein, and D. Prelec. 2004a. Tom Sawyer and the myth of fundamental value. MIT Working Paper. (Available at http://sds.hss.cmu.edu/faculty/Loewenstein/downloads/Sawyersubmitted.pdf.)

Ariely, D., E. Kamenica, and D. Prelec. 2004b. Man's search for meaning: the case of Legos. Harvard Business School Working Paper. (Available at http://www.people.fas.harvard.edu/~kamenica/papers/legosFinal.pdf.)

Babcock, L., and G. Loewenstein. 1997. Explaining bargaining impasse: the role of self-serving biases. *Journal of Economic Perspectives* 11: 109–126.

Babcock, L., X. Wang, and G. Loewenstein. 1996. Choosing the wrong pond: social comparisons in negotiations that reflect a self-serving bias. *Quarterly Journal of*

*Economics* 111: 1-19.

Baker, G., M. Gibbs, and B. Holmström. 1994. The wage policy of a firm. *Quarterly Journal of Economics* 109: 921-955.

Baker, M., and J. Wurgler. 2000. The equity share in new issues and aggregate stock returns. *Journal of Finance* 55: 2219-2257.

Baker, M., R. Ruback, and J. Wurgler. 2004. Behavioral corporate finance: a survey. Harvard Business School Working Paper. (Available at http://www.people.hbs.edu/mbaker/cv/papers/behavioralcorporatefinance.pdf.)

Bardolet, D., C. Fox, and D. Lovallo. 2005. Partition dependence in organizational capital allocation: an experimental investigation. UCLA Anderson School Working Paper.

Barsade, S., K. Koput, and B. Staw. 1997. Escalation and the credit window: a longitudinal study of bank executives' recognition and write-off of problem loans. *Journal of Applied Psychology* 82: 130-142.

Bartel, A., R. Freeman, C. Ichniowski, and M. M. Kleiner. 2003. Can a work organization have an attitude problem? The impact of workplaces on employee attitudes and economic outcomes. NBER Working Paper 9987.

Bazerman, M. H., and Neale, M. A. 1992. Nonrational escalation of commitment in negotiation. *European Management Journal* 10: 163-168.

Bebchuk, L., J. Fried, and D. Walker. 2002. Managerial power and rent extraction in the design of executive compensation. *University of Chicago Law Review* 69: 751-846.

Belliveau, M. A., C. O'Reilly, and J. Wade. 1996. Social capital at the top: effects of social similarity and status on CEO compensation. *Academy of Management Journal* 39: 1568-1593.

Benabou, R., and J. Tirole. 2003. Intrinsic and extrinsic motivation. *Review of Economic Studies* 70: 489-520.

Benabou, R., and J. Tirole. 2004. Incentives and prosocial behavior. Princeton University Working Paper. (Available at http://www.wws.princeton.edu/rbenabou/w11535.pdf.)

Benartzi, S., and R. Thaler. 2001. Naïve diversification strategies in defined contribution saving plans. *American Economic Review* 91: 79-98.

Bennis, W., and D. Nanus. 1985. *Leaders: The Strategies for Taking Charge*. New York: Harper and Row.

Bergman, N., and D. Jenter. 2004. Employee sentiment and stock option compensation. MIT Sloan Research Paper 4504-04.

Bertrand, M., and S. Mullainathan. 2001. Are CEOs rewarded for luck? The ones without principals are. *Quarterly Journal of Economics* 116: 901-932.

——. 2003. Enjoying the quiet life? Corporate governance and managerial preferences. *Journal of Political Economy* 111: 1043-1075.

Bettman, J. R., and B. A. Weitz. 1983. Attributions in the board room: causal reasoning in corporate annual reports. *Administrative Science Quarterly* 28: 165-183.

Bowman, D., D. Minehard, and M. Rabin. 1999. Loss aversion in a consumption-savings model. *Journal of Economic Behavior and Organization* 38: 155-178.

Brandts, J., and D. Cooper. 2004. A change would do you good.... An experimental study on how to overcome coordination failure in organizations. Weatherhead Business School Working Paper. (Available at http://pareto.uab.es/wp/2004/60604.pdf.)

Brockner, J., and B. Wiesenfeld. 1996. An integrative framework for explaining reactions to decisions: interactive effects of outcomes and procedures. *Psychological Bulletin* 120: 189-208.

Camerer, C. F. 2003. *Behavioral Game Theory*. New York: Russell Sage Foundation Press and Princeton University Press.

Camerer, C. F., and G. Loewenstein. 2004. Behavioral economics: past, present, future. In *Advances in Behavioral Economics* (ed. C. Camerer, G. Loewenstein, and M. Rabin). New York: Russell Sage Foundation Press and Princeton University Press.

Camerer, C. F., and A. Vepsäläinen. 1988. The efficiency of cultural contracting. *Strategic Management Journal* 9: 77-94.

Camerer, C. F., L. Babcock, G. Loewenstein, and R. Thaler. 1997. Labor supply of New York City cab drivers: one day at a time. *Quarterly Journal of Economics* 112: 407-442.

Cameron, K. S., and R. E. Quinn. 1999. *Diagnosing and Changing Organizational Culture*. Reading, MA: Addison-Wesley.

Cooper, A. C., C. Y. Woo, and W. C. Dunkelberg. 1988. Entrepreneurs' perceived chances for success. *Journal of Business Venturing* 3: 97-108.

Cooper, R., D. DeJong, B. Forsythe, and T. Ross. 1994. Alternative institutions for resolving coordination problems: experimental evidence on forward induction and preplay communication. In *Problems of Coordination in Economic Activity* (ed. J. Friedman). Kluwer.

Crémer, J., L. Garicano, and A. Prat. 2003. Language and the theory of the firm. University of Chicago Graduate School of Business Working Paper. (Available at http://gsbwww.uchicago.edu/fac/luis.garicano/research/index_files/codes.Pdf.)

Della Vigna, S., and U. Malmendier. 2003. Overestimating self-control: evidence from the health club industry. Stanford GSB Research Paper 1800.

———. 2004. Contract design and self-control: theory and evidence. *Quarterly Journal of Economics* 119: 353-402.

Dunning, D., J. A. Meyerowitz, and A. D. Holzberg. 1989. Ambiguity and self-evaluation: The role of idiosyncratic trait definitions in self-serving assessments of ability. *Journal of Personality and Social Psychology* 57: 1082-1090.

Eliaz, K., and R. Spiegler. 2004. Contracting with diversely naive agents. CEPR Discussion Paper 4573.

Falk, A., and A. Ichino. 2003. Clean evidence on peer pressure. IZA Discussion Paper 732. (Available at ftp://repec.iza.org/RePEc/Discussionpaper/dp732.pdf.)

Fehr, E., and S. Gächter. 2000. Cooperation and punishment in public goods experiments. *American Economic Review* 90: 980-994.

———. 2000. Fairness and retaliation: the economics of reciprocity. *Journal of Economic Perspectives* 14: 159-181.

Fehr, E., and L. Götte. 2003. Do workers work more when wages are high? Evidence from a randomized field experiment. IEW Working Paper 125.

Feiler, L., and C. F. Camerer. 2006. Code creation in endogenous merger experiments. Caltech Working Paper. (Available at http://www.hss.caltech.edu/~camerer/codecreation_feb2006.pdf.)

Fox, C. R., and Y. Rottenstreich. 2003. Partition priming in judgment under uncertainty. *Psychological Science* 14: 195-200.

Frank, R. 2005. Departures from rational choice: with and without regret. In *The Law and Economics of Irrational Behavior* (ed. F. Parisi and V. Smith), pp.13-36. Stanford University Press.

Gabaix, X., and D. Laibson. 2005. Shrouded attributes, consumer myopia, and information suppression in competitive markets. NBER Working Paper 11755.

Garvey, G., and T. Milbourn. Forthcoming. Asymmetric benchmarking in compensation: executives are paid for good luck but not punished for bad. *Journal of Financial Economics*.

Genosove, D., and Ch. Mayer. 2001. Loss aversion and seller behavior: evidence from the housing market. *Quarterly Journal of Economics* 116: 1233-1260.

Gervais, S., J. B. Heaton, and T. Odean. 2003. Overconfidence, investment policy and stock options. Duke University Working Paper. (Available at http://faculty.haas.berkeley.edu/odean/papers/Managers/GervaisHeatonOdean0703.pdf.)

Gibbons, R. 2004a. Four formal(izable) theories of the firm? MIT Department of Economics Working Paper 04-34.

———. 2004b. What is economic sociology and should any economists care? *Journal of Economic Perspectives* 19: 3-7.

Gil-White, F. J. 2001. Are ethnic groups biological "species" to the human brain? Essentialism in our cognition of some social categories. *Current Anthropology* 42: 515–554.

Glaeser, E. 2004. Psychology and the market. *American Economic Review* 94: 408–413.

Goel, A. M., and A. V. Thakor. 2000. Rationality, overconfidence, and leadership. University of Michigan Working Paper.

Gompers, P. A., J. L. Ishii, and A. Metrick. 2003. Corporate governance and equity prices. *Quarterly Journal of Economics* 118: 107–155.

Hall, B., and K. J. Murphy. 2003. The trouble with stock options. *Journal of Economic Perspectives*. 17: 49–70.

Hart, O. 1995. *Firms, Contracts, and Financial Structure*. Oxford University Press.

Heath, C. 1995. Escalation and de-escalation of commitment in response to sunk costs: the role of budgeting in mental accounting. *Organizational Behavior and Human Decision Processes* 62: 38–54.

Heath, C., and V. Seidel. 2004. Language as a coordinating mechanism: how linguistic memes help direct appropriate action. Stanford University Working Paper. (Available at http://www.si.umich.edu/ICOS/Linguisticmemes4.2.pdf.)

Heath, C., and N. Staudenmayer. 2000. *Coordination Neglect: How Lay Theories of Organizing Complicate Coordination in Organizations* (ed. B. M. Staw and R. I. Sutton), Research in Organizational Behavior Series, Volume 22, pp. 153–191. Greenwich, CT: JAI Press.

Heath, C., R. P. Larrick, and J. Klayman. 1998. Cognitive repairs: how organizations compensate for the shortcomings of individual learners. *Research in Organizational Behavior* 20: 1–37.

Heaton, J. B. 2002. Managerial optimism and corporate finance. *Financial Management* 31: 33–45.

Heidhues, P., and B. Koszegi. 2005. The impact of consumer loss aversion on pricing. CEPR Working Paper 4849.

Hermalin, B. 2001. Economics and corporate culture. In *The International Handbook of Organizational Culture and Climate* (ed. C. L. Cooper, S. Cartwright, and P. C. Earley). Wiley.

Hertel, G., and N. Kerr. 2001. Priming in-group favoritism: the impact of normative scripts in the minimal group paradigm. *Journal of Experimental Social Psychology* 37: 316–324.

Holmström, B., and S. Kaplan. 2001. Corporate governance and merger activity in the United States: making sense of the 1980s and 1990s. *Journal of Economic Per-*

spectives 15 (2): 121-144.

Holmström, B., and P. Milgrom. 1991. Multi-task principal-agent analyses: incentive contracts, asset ownership, and job design. *Journal of Law, Economics, and Organization* (Special Issue) 7: 24-52.

Huberman, G., and W. Jiang. 2004. The $1/N$ heuristic in 401(k) plans. EFA 2004 Maastricht Meetings Paper 2036. Mimeo.

Ichino, A., and G. Maggi. 2000. Work environment and individual background: explaining regional shirking differentials in a large Italian firm. *Quarterly Journal of Economics* 115: 1057-1090.

Jensen, M. 1993. Modern industrial revolution, exit, and the failure of internal control systems. *Journal of Finance* 48: 830-880.

Johnson, B., R. Magee, N. Nagarajan, and H. Newman. 1985. An analysis of the stock price reaction to sudden executive deaths: implications for the management labor market. *Journal of Accounting and Economics* 7: 151-174.

Kahneman, D., and D. Lovallo. 1993. Timid choices and bold forecasts: a cognitive perspective on risk taking. *Management Science* 39: 17-32.

Kahneman, D., J. Knetsch and R. H. Thaler. 1986. Fairness and the assumptions of economics. *Journal of Business* 59: 285-301.

Kandel, E., and E. P. Lazear. 1992. Peer pressure and partnerships. *Journal of Political Economy* 100: 801-818.

Knez, M., and C. F. Camerer. 1994. Creating "expectational assets" in the laboratory: "weakest-link" coordination games. *Strategic Management Journal* 15: 101-119.

Knez, M., and D. Simester. 2001. Firm-wide incentives and mutual monitoring at Continental Airlines. *Journal of Labor Economics* 19: 743-772.

Kole, S., and K. Lehn. 2000. Workforce integration and the dissipation of value in mergers: the case of USAir's acquisition of Piedmont Aviation. In *Mergers and Productivity* (ed. S. Kaplan), pp. 239-279. NBER and University of Chicago Press.

Kolligian Jr., J., and R. J. Sternberg. 1991. Perceived fraudulence jn young adults: is there an "imposter syndrome"? *Journal of Personality Assessment* 56: 308-326.

Koszegi, B., and M. Rabin. 2004. A model of reference-dependent preferences. EconWPA Working Paper 0407001.

Kotter, J., and J. L. Heskett. 1992. *Corporate Culture and Performance*. New York: Free Press.

Kovalchik, S., C. F. Camerer, D. M. Grether, C. R. Plott, and J. M. Allman. 2005. Aging and decision making: a comparison between neurologically healthy elderly and young individuals. *Journal of Economic Behavior and Organization* 8: 79-94.

Kremer, M. 1993. The O-ring theory of economic development. *Quarterly Journal of Economics* 108: 551–576.

Kreps, D. M. 1990. Corporate culture and economic theory. In *Perspectives on Positive Political Economy* (ed. J. Alt and K. Shepsle). Cambridge University Press.

——. 1997. Intrinsic motivation and extrinsic incentives. *American Economic Review* 87: 359–364.

Landier, A., and D. Thesmar. 2004. Financial contracting with optimistic entrepreneurs: theory and evidence. CEPR Discussion Paper 3971.

Lamont, O. 1997. Cash flow and investment: evidence from internal capital markets. *Journal of Finance* 52: 83–109.

Langer, E. 1975. The illusion of control. *Journal of Personality and Social Psychology* 32: 311–328.

Larwood, L., and W. Whittaker. 1977. Managerial myopia: self-serving biases in organizational planning. *Journal of Applied Psychology* 62: 194–199.

Lazear, E. 2004. Balanced skills and entrepreneurship. *American Economic Review* 94: 208–211.

Lazear, E., and S. Rosen. 1981. Rank-order tournaments as optimum labor contracts. *Journal of Political Economy* 89: 841–865.

Lazear, E., U. Malmendier, and R. Weber. 2005. Sorting in experiments with application to social preferences. NBER Working Paper 12041.

Lepper, M. R., D. Greene, and R. E. Nisbett. 1973. Undermining children's intrinsic interest with extrinsic reward: a test of the "overjustification" hypothesis. *Journal of Personality and Social Psychology* 28: 129–137.

Loewenstein, G., and S. Issacharoff. 1994. Source-dependence in the valuation of objects. *Journal of Behavioral Decision Making* 7: 157–168.

Main, B., C. O'Reilly, and J. Wade. 1993. Top executive pay: tournament or teamwork? *Journal of Labor Economics* 11: 606–628.

Malmendier, U., and G. Tate. 2003. Who makes acquisitions? CEO overconfidence and the market's reaction. Stanford Research Paper 1798.

——. 2005a. Superstar CEOs. 7th Annual Texas Finance Festival Paper. (Available at http://ssrn.com/abstract=709861.)

Malmendier, U., and G. Tate. 2005b. CEO overconfidence and corporate investment. *Journal of Finance* 60: 2660–2700.

Malmendier, U., G. Tate, and J. Yan. 2006. Corporate financial policies with overconfident managers. (Available at http://faculty-gsb.stanford.edu/mahnendier/personal_page/Papers/cs050206.pdf.)

March, J., and Z. Shapira. 1987. Managerial perspectives on risk and risk taking.

*Management Science* 33: 1404 – 1419.

Marques, J. M., V. Y. Yzerbyt, and J. - P. Leyens. 1988. The "Black Sheep Effect": extremity of judgements towards ingroup members as a function of group identification. *European Journal of Social Psychology* 18: 1 – 16.

Martin, J. 1982. Stories and scripts in organizational settings. In *Cognitive Social Psychology* (ed. A. Hastorf and A. Isen), pp. 255 – 305. Elsevier.

Miller, D., and M. Ross. 1975. Self-serving biases in the attribution of causality: fact or fiction? *Psychological Bulletin* 82: 213 – 225.

Moeller, S., F. Schlingemann, and R. Stultz. 2003. Do shareholders of acquiring firms gain from acquisitions? *Research Technology Management* 46: 62 – 66.

Moore, P. G. 1977. The manager's struggle with uncertainty. *Journal of the Royal Statistical Society* A 149: 129 – 165.

Mullainathan, S., and R. H. Thaler. 2001. Behavioral economics. In *International Encyclopedia of Social Sciences*, 1st edn, pp. 1094 – 1100. New York: Pergamon.

Murphy, K. J. 1999. Executive compensation. In *Handbook of Labor Economics* (ed. O. Ashenfelter and D. Card), Volume 3B, Chapter 38. Amsterdam: North-Holland.

Myers, S., and N. Majluf. 1984. Corporate financing and investment decisions when firms have information that investors do not have. *Journal of Financial Economics* 13: 187 – 221.

Nisbett, R. E. 2004. *The Geography of Thought: How Asians and Westerners Think Differently... and Why*. New York: Free Press.

O'Donoghue, T. D., and M. Rabin. 2001. Choice and procrastination. *Quarterly Journal of Economics* 116: 121 – 160.

Oyer, P., and S. Schaefer. 2005. Why do some firms give stock options to all employees? An empirical examination of alternative theories. *Journal of Financial Economics* 76: 99 – 133.

——. 1998. Psychology and economics. *Journal of Economic Literature* 36: 11 – 46.

Radner, R., and T. Van Zandt. 2001. Real-time decentralized information processing and returns to scale. *Economic Theory* 17: 545 – 575.

Rebitzer, J. 2002. Monitoring, motivation and management: the determinants of opportunistic behavior in a field experiment. *American Economic Review* 92: 840 – 864.

Roll, R. 1986. The hubris hypothesis of corporate takeovers. *Journal of Business* 59: 197 – 217.

Roy, D. 1952. Quota restriction and goldbricking in a machine shop. *American Journal of Sociology* 57: 427 – 442.

Salanié, B. 2003. Testing contract theory. *CESifo Economic Studies* 49: 461 – 477.

Scharfstein, D. S., and J. C. Stein. 2000. The dark side of internal capital markets: divisional rent seeking and inefficient investment. *Journal of Finance* 55: 2537 – 2565.

Schein, E. H. 1983. The role of the founder in creating organizational culture. *Organizational Dynamics* 12: 13 – 28.

Schelling, Th. 1960. *The Strategy of Conflict*. Harvard University Press.

Shafir, E. , P. Diamond, and A. Tversky. 1997. Money illusion. *Quarterly Journal of Economics* 112: 341 – 374.

Sniezek, J. , and T. Buckley. 1992. Confidence depends on the level of aggregation. *Journal of Behavioral Decision Making* 4: 263 – 272.

Sørensen, J. 2002. The strength of corporate culture and the reliability of firm performance. *Administrative Science Quarterly* 47: 70 – 91.

Staw, B. , and J. Ross. 1993. Organizational escalation and exit: the case of the Shoreham nuclear power plant. *Academy of Management Journal* 36: 701 – 732.

Stern, S. 2004. Do scientists pay to be scientists? *Management Science* 50: 835 – 853.

Stewart, S. A. 2005. Can behavioral economics save us from ourselves? University of Chicago Magazine. Feature article, February, Volume 97, Issue 3.

Svenson, O. 1981. Are we all less risky and more skillful than our fellow drivers? *Acta Psychologica* 47: 143 – 148.

Taylor, S. E. , and J. D. Brown. 1988. Illusion and well-being: a social psychological perspective on mental health. *Psychological Bulletin* 103: 193 – 210.

Torry, S. 1996. The paper chase slows down, here and nationally. *Washington Post*, June 10, 1996. (Available at http://www.washingtonpost.com/wp-adv/classifieds/career-post/library/lesslaw.htm.)

Tyler, T. R. 2001. Cooperation in organizations. In *Social Identity Processes in Organizational Contexts* (ed. M. A. Hogg and D. J. Terry), pp. 149 – 166. Philadelphia, PA: Psychology Press.

Van Den Steen, E. 2004. Rational overoptimism (and other biases). *American Economic Review* 94: 1141 – 1151.

——. 2005. Organizational beliefs and managerial vision. *Journal of Law, Economics and Organization* 21: 256 – 283.

Van Huyck, J. B. , R. C. Battalio, and R. O. Beil. 1990. Tacit coordination games, strategic uncertainty, and coordination failure. *American Economic Review* 80: 234 – 248.

Weber, R. A. 2006. Managing growth to achieve efficient coordination in large groups. *American Economic Review* 96: 114 – 126.

Weber, R. A. , and C. F. Camerer. 2003. Cultural conflict and merger failure: an experimental approach. *Management Science* 49: 400 – 415.

——. 1999. The econometrics and behavioral economics of escalation of commitment: a re-examination of Staw and Hoang's NBA data. *Journal of Economic Behavior and Organization* 39: 59 – 82.

Rick, S. , R. A. Weber, and C. F. Camerer. 2004. The effects of organizational structure and codes on the performance of laboratory "firms". Carnegie Mellon University Working Paper. (Available at http://ssrn.com/abstract=644346.)

Weinstein, N. 1980. Unrealistic optimism about future life events. *Journal of Personality and Social Psychology* 39: 806–820.

Wernerfelt, B. 2004. Organizational languages. *Journal of Economics & Management Strategy* 13: 461–472.

Weston, J. F., K. Chung, and J. Sui. 1998. *Takeovers, Restructuring and Corporate Governance*. Upper Saddle River, NJ: Prentice Hall.

Yamagishi, T. 1988. The provision of a sanctioning system in the United States and in Japan. *Social Psychology Quarterly* 51: 264–270.

Yerkes, R. M., and J. D. Dodson. 1908. The relation of strength of stimulus to rapidity of habit-formation. *Journal of Comparative Neurology and Psychology* 18: 459–482.

Zink, C. F., G. Pagnoni, M. E. Martin-Skurski, J. C. Chappelow, and G. S. Berns. 2004. Human striatal response to monetary reward depends on saliency. *Neuron* 42: 509–517.

Zwiebel, J. 1995. Corporate conservatism. *Journal of Political Economy* 103: 1–25.

# 迈克尔·D·科恩的评论

## 超越有限理性[①]

本章从行为经济学的视角解读了各种组织现象，并给出了许多富有启发的洞见。为了做到这一点，本章不断在两种截然不同的概念体系下进行变换，这两种概念体系反映了在不同社会科学之间出现的观点竞争。

细心的读者会发现，这两种完全不同的组织观点是在文章的不同小节进行应用的，每种都反映了该种论点正不断改进的一面。第一种观点

---

[①] 本论文集中所收录的这篇由科林·凯莫勒和乌尔莉珂·马尔门迪尔撰写的"行为组织经济学"不仅是令人振奋的会议报告，而且还附带了生动的讨论，此外，作者还指出了接下来进行哪些研究会有价值。类似地，在我所作的这篇评论中，不但包括来自讨论会上的观点，而且还对凯莫勒和马尔门迪尔后续的讨论和修改作了评论。现在，不论是这篇文章还是我的评论，都与最初会议上宣讲的原稿大不相同了，但我仍然保留了原来的评论题目，挑选这一题目是为了能够引起大家的争论。虽然评论的文字有很多变动，但是这一题目却能体现我的目标，即我相信这一研究领域已进入了一个重要的变革时期，我希望能加速这一变革。

我们称之为"对基准理性的偏离",第二种观点称为"人脑活动对经济学的启示"。前者所应用的例子是诸如对后见之明偏差和聪明依赖等的讨论。而后者所应用的例子出现于对"认知经济学"的讨论,包括讲故事、树立偶像以及用参考点来决定工资的价值,等等。

在我看来,本章在两种分析体系中的摇摆不定,正体现了这一研究领域的真实现状。在社会科学中,对人类意识活动所作的基于计算能力的假定与基于生理过程的假定存在冲突。"偏离理性"的观点代表了旧有的研究方法,它可追溯至赫伯特·西蒙(Herbert Simon)的有限理性以及他关于人类是如何解决问题的启发式模型,这些模型又是基于他的符号处理假说(symbol processing hypotheses)而提出的。虽然西蒙和他的后继者陷入了与正统经济学家的争论之中,但无论是哪一阵营,都是基于一个强大的认知方法来讨论人类决策的。这两大阵营都假定,很多有关选择和解决问题的过程都是可研究的、可内省的并且可表达为"放声思考"的程式。此外,这两大阵营都明白无误地将人类行为的情绪因素纳入研究之中,即在有关选择和决策的模型中考虑这些因素,但方法仅仅是加入价值、效用、目标或欲望水平等概念。在这种处理方法下,基于经验观察的经济行为模型就可被描述为是符合还是偏离那些基于传统理性假定得出的行为预测。

而"人脑活动对经济学有怎样的启示"是一个较新的研究视角。它之所以日益重要,是因为在文化和技术层面存在若干推进力量,但更重要的原因是,我们在心理测量能力方面取得了一些重大进步,接下来我将予以讨论。对于这种方法来说,它的研究起点是,如何基于心理学上的已有发现,来构建能够反映人脑活动过程的模型。经济行为是由个体作出的,而这些个体可用各种记忆处理、习惯倾向和情绪反应模式来进行刻画,这些模式得自于心理学的研究。于是,经济分析的目的就在于,如何阐释这些人脑活动的结果。

"偏离基准理性"的定义特征是,它主要围绕观测到的经济行为来开展探讨,这些行为往往无法达到符合某些标准的有效性。我们总是能发现人们的行为方式"没有最大化他们的资产价值"。比如,如果某一事件并未发生,他们就会低估这一事件的发生概率(与此有关的例子被归为"后见之明偏差")。从这个视角看,观测到的偏差确实可被理解为人们所犯的"错误"。"错误"一词暗示着,我们对某一心理过程的评价标准是,它是否能够满足经济理性的要求。

而对于第二种方法来说,我们所面临的问题在于,如何对正常心理过程所产生的行为进行真实的建模,并以此来开展经济学研究。虽然心理学上的真实性看起来是一个饶有价值的目标,但这一研究方法的风险是,富含心理学因素的模型可能无法与20世纪发展起来的强大的经济理论体系进行良好对接,而正是这一理论体系,使得经济学家们能够通过对个体实施某些假定,来得出有关群体行为的结果。

凯莫勒和马尔门迪尔的这篇文章力图给出一个研究概览,它既回顾了我们已经知道了什么,同时也提出了我们应当继续研究什么。由于有太多已知的研究是基于"偏离理性"的观点作出的,因此将这部分研究置于一个较重要的地位,也就不足为奇。但是,由于当代心理学取得的进步日新月异,并且新的研究工具既可用又强大,因此当人们在探索什么样的研究最有希望时,自然就会把目光投放于"人脑怎样活动"这一方法上来。①

因此,我的评论也分为两个部分。第一部分将考察,对于"偏离理性"方法来说,都有哪些有力的研究成果和局限性;第二部分通过讨论若干例子,来说明经济学如果以"人脑怎样活动"作为组织经济学的研究起点,存在哪些潜在的好处和挑战。

### "偏离理性"的研究方法

在用行为经济学来研究组织经济学时,如果用"偏离理性"的方法来进行阐释,就存在很多方便之处。首要的一点是,很多基础性的行为经济学文献都是用这种方法来开展研究的,因此在研究组织经济学时仍然采取这一方法,就是顺理成章的事。

但是,除此之外还有其他一些好处。比如,"偏离理性"的方法经常可用来表明如何扩展既有的标准模型。凯莫勒和马尔门迪尔对此提供了一个不错的例子,即在代理人模型中除工作者的努力水平之外还加入了一个技巧因素,从而扩展了该模型的标准方程。虽然这是对原有模型的一种复杂化,但这种扩展并不是不可处理的,并且作者也表明,这新增的一项使得理论的适用范围得以扩大,从而可解释那些观测到的对原有简单结论的偏离。这种"偏离理性"的方法还能表明,对既有的标准模型可进行哪些合理的修正。确实,对于整个风险规避模型来说,虽然现在已被作为标准理论看待,但在其中却存在着

---

① 虽然此处并未提及,但实际上凯莫勒本人正进行着这类有趣的工作,比如他最近的一本合集就是对人类如何建立信任关系进行脑成像研究(King-Casas et al., 2005)。

可进行修正之处。

对于管理措施和政策制定来说，"偏离理性"的方法同样也大有可用之处。由于我们从实际数据和实验室数据中可以看出，人们对于实现潜在的收益存在系统性的偏差，因此如果能够揭示人类的行为中存在一个类似后见之明偏差这样的一般模式，就可帮助当事人规避成本高昂的错误。除此之外，通过"偏离理性"的方法我们还可知道，人们的命名惯例往往是基于对事物主要标记的记忆，这意味着我们可有效地教会学生去防范类似"基本归因失误"这样的问题。

最后，"偏离理性"的方法还为那些研究组织经济学的学者指明了哪些研究是前景广阔的。凯莫勒和马尔门迪尔通过对已知的个体偏差进行描述，较好地展示了哪些研究更有前途，这可促使一个组织去发展出更有效的机制设计。比如，他们指出，预算约束和项目规划就属于组织设计的范畴，它们可抑制个体扩大劣质投资的倾向。

当然，除了上述这些好处之外，使用"偏离理性"的研究方法还具有某些坏处。

在前面我曾指出，使用"偏离理性"这一方法的一个好处是，它可促进人们对现有的模型进行调整，以适用于解释观测到的"偏差"。但是那些被引入模型的心理学理论可能受到了严重的曲解，这本身可能会使模型只是被装点了缺乏实质内容的冗饰而已。而对于当前由心理学发展出来的有关人脑活动的模型来说，它已获得了学术界的普遍认可，这种转变使得经济学已很难继续在政策制定者和管理者眼中保持可信性，然而，它却仍然坚持对经济行为进行过于典型化的描述，因为这种描述对于建模来说最为方便。但对于需要得到政策建议的人来说，他们可能已经开始询问，人类的习惯、技巧、人际关系以及情绪是否纳入了经济分析之中。

同时，即使在经济学自身内部，如果我们通过修正既有的理论来解释所观测到的行为偏差，那么这将逐渐破坏经济理论的简洁性，而这一特性却正是标准理论的吸引人之处。其危险在于，我们的理论将陷入像托勒密的周转圆假说那样的复杂境地，当哥白尼建立了更简明的假说之后，该假说就被弃之不用。

然而，我们可看到，"偏离理性"的研究方法还是有很多显著的益处的，因此虽然存在很多问题，但我们有充足的理由继续使用这一方法。现在，我们针对另一种研究方法的潜在好处和挑战性给出若干例子。对于第二种方法，即从"人脑的活动方式"出发来研究问题，我不是从经济学家或心理学家的角度来进行评论的,而是从一名组织理论家的角度,但我却十分重视心理学和经济学的关系。

实际上,是否与心理学相关,是我们将组织理论从组织经济学中甄别出来的关键。大致上看,人们可以认为,许多组织理论家更倾向于使用我们这里所讨论的第二种研究方法,他们觉得,他们有必要用自己的方式来利用心理学(和社会心理学)成果,并基于这些成果构建出一个组织理论,以作为研究的起点。而经济学家却会质疑——并且确实也是这么做的——心理学成果怎样才能符合经济学的模型并被经济理论所吸收。其结果是,组织理论的规范化发展比组织经济学落后很多,但它却可以解答更广范围内的许多重要问题。[①]

### 以"人脑的活动方式"为起点的研究方法

我现在列举若干例子来阐述,第二种方法能为我们带来什么样的机会。这些例子所涉及的是,心理学上有哪些显著的进步,以及这些进步是如何显著地改变经济学家对组织问题的观点的。我所列举的例子主要集中于人类情绪的作用,因为这些情绪作用会带来十分深刻的挑战。

首先需要申明的是,心理学本身也在发生变化——对于一门科学来说,这是常有的事——引发这一变化的原因是,在心理学方面出现了许多新的令人振奋的测量方法。最引人注目和最广为人知的方法就是各种形式的人脑成像——比如正电子放射断层造影术(positron emission tomography,PET)和功能磁共振成像(functional magnetic resonance imaging,fMRI)——除此之外,还有许多其他的测量方法,包括对人类以及动物模型的精度更高的病变分析,以及改进过的化学探测法(只需几美元,就可对唾液中的重要化学成分进行一次简单而可靠的检验,比如睾酮、皮质醇和黄体激素等),还包括对动物模型实施的基因剔除研究,以及改进过的微电极放置和记录法,该技术目前已经可观测单个脑细胞的活动,等等。

这些在心理学上新兴的测量方法带来了许多变化。其中,对于先前

---

① 我认为,组织理论与组织经济学的这种差别,为经济学带来了重要的选择空间:如果组织经济学能够满足经济学对其他领域的要求(比如金融学、卫生经济学、劳动经济学、宏观经济学……),那么它就不需要将当前所有的心理学成果统统用上,或是将我们日常所见的复杂的组织行为统统进行考虑,或者……但是,"真正的经济学"在应对这一问题时,要比我明智得多,因此我将对我所坚信的前景进行尽力描述,并探讨留存于经济学内部的那些问题,即判断经济理论中应当吸收多少心理学成果,并判断如何在当前的理论建模方式下吸收这些成果且不丢失理论的预测能力。

那些"软性"的临床观测来说，现在我们可提供一个更为精确的观测结果。这些观测结果是如此"稳健可靠"，以至于我们在研究决策与选择行为时很难忽视这些观测。

为了体现上述的这种变化，我们列举一个颇具传奇色彩的例子——关于菲尼亚斯·盖奇（Phineas Gage）的故事。他是一位口碑不错且工作努力的年轻人，然而，在1848年的一起建筑事故中，他不幸被一根金属条径直插入脑中。但他却从这起事故中完全康复了。他的智力虽未受到影响，但根据主治医生的记录，他的性格在接下来的12年中发生了迥异的变化。他不再能够遵守一般的社会规范，也不再能够履行所作出的承诺。他沦落为一个失业者，一个满口脏话的流浪汉。在他亡故后，他的主治医生设法获得了他的头盖骨。历经155年之后，研究者把金属条在他头骨中的经过区域，亦即右腹内侧前额叶皮质（right ventro-medial prefrontal cortex）与在其他研究中获知的和该区域有关的病变效应做了联系。

我们从一篇重新研究盖奇头盖骨的论文报告中截取了一些图像，如图7.2所示。

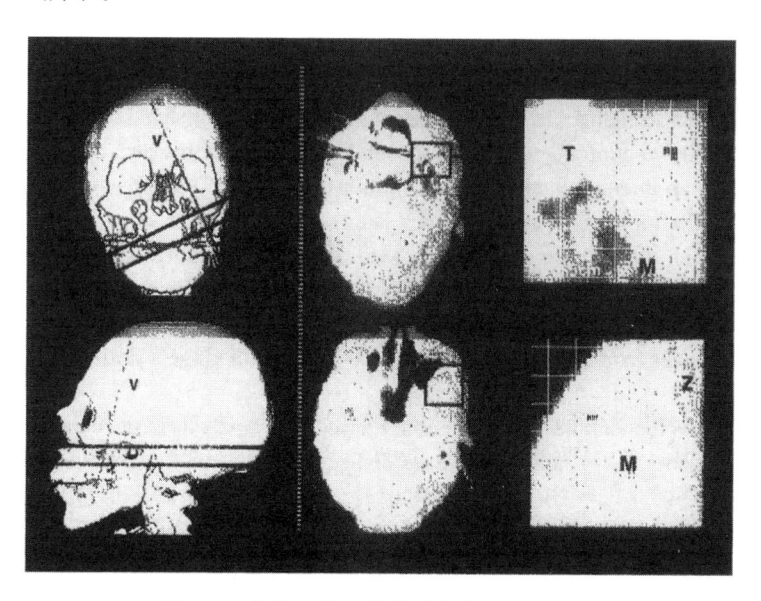

**图7.2　菲尼亚斯·盖奇头盖骨的成像分析**

资料来源：Reprinted with permission from Damasio et al.（1994）. "The return of Phyineas Gage: Clues about the brain from the skull of a famous patient." *Science*, Volume 264, p.1102. Copyright [1994] AAAS. Reproduced courtesy of Dr Hanna Damasio, the Dana and David Dornsife Cognitive Neuroscience Imaging Center and Brain and Creativity Institute, University of Southern California.

现在我们给出研究者对此的解释,并将他们的分析与许多具有类似行为障碍的当代病例进行了对比:

对于那些与盖奇有相似伤害经历的病人来说,他们在个人与社会事务中作出理性决策的能力受到了永久性的限制,他们控制情绪的能力也大为折损。然而,他们处理抽象逻辑问题的能力、执行计算的能力以及回忆并运用合理知识的能力却未受影响。当我们确立了这种行为模式后,我们就可提出这样一个假说,即情绪以及决定情绪的神经机制会参与到人们对社会事务的决策中来,而参与这种决策的脑内区域就是所谓的腹内侧额叶区域。这一区域与皮层下核(subcortical nuclei)存在互动的关系,而皮层下核控制着基本的生物调节、情绪处理、社会认知以及扁桃腺或下丘脑的行为等。

(Damasio et al.,1994)

上述案例可以证明两点:

(1)对情绪、感觉和社会反应的软性的临床观测,现在可以通过成像技术和病变分析而得出更为精确的结果;

(2)我们在对人类选择(或决策)的研究中,过于关注了记忆与计算的基本能力,但这二者并不足以形成最基本的经济行为。

对于正常人来说,理性能力与情绪反应共同在一种复杂机制中相互联结,由此形成思考和行动,并从连续事件中进行学习——有时或许也并非如此。在上述受到细心观测的伤病案例中,这种复杂机制已经崩溃掉了,这种崩溃给我们提供了一个窗口,用以考察在社会事务的正常选择行为中,情绪具有怎样的基础性作用——这种作用常常是很微妙的。

另外一种研究思路是所谓的"镜像神经元"(mirror neurons),它为我们提供了一个思考组织设置问题的绝佳例子。这一例子是从 Rizzolatti et al.(2001)的一篇针对镜像神经元的研究综述中截取的。当某人执行某一肌制动作(motor acts)时,镜像神经元就会起反应,而当某人看到别人做同一肌制动作时,他的镜像神经元也会起反应。对此进行观测,需要涉及很多技术,但在这些技术中,最引人注目的莫过于对单个神经元的激活数据法(firing data),比如可记录猴子看到食物被放到盘子中与它们亲自从盘子中拿走食物时的神经元反应。

当猴子看到实验者放置食物的手时,受监视的神经元会被激活;而当猴子用自己的手来执行这一肌制动作时,神经元也会被激活。可是当猴子看到食物是用钳子夹取时，它的镜像神经元不会有任何反应。

这种镜像系统对于理解他人的行为是很有意义的，即对于我们所看到的行为，该系统能在一定程度上激活我们本人脑内与该行为相对应的系统。我所要补充的是，有很多显著的证据表明，镜像神经元系统与受情绪影响的区域有关，比如扁桃腺。因此，先天的神经畸变会导致某些病症，比如莫比斯综合征（Mobius syndrome）。患有此病的人无法控制面部肌肉。同时，这些病人还很难学会理解其他人的面部表情。

上述案例的结果表明，对他人行为的情绪反应是我们的一种基本心理倾向，它属于人体内一种正常的生理"装备"，借助这一装备，我们对他人行为的理解和评估就可以上升到这样一种层次，即我们可把他人的行为详细地映射为我们自身的经验，对于这种经验，我们的身体内部已发展出某种系统来执行它。沿着这条思路，我们或许还可以对群体意识和利他主义等问题进行研究。

现在我们列举最后一个例子，考察由 Bechara and colleagues (1997) 所进行的一项实验。其中，被试者中既有正常人，也有脑部腹内侧前额叶皮质受损的病人。这些被试者从四叠卡片中的某一叠中抽取卡片，实验所涉及的金额是以代币形式给出的 2 000 美元，被试者需要最大化所赢得的金额。

图 7.3 对各叠卡片进行了介绍，其中每叠卡片中都含有一定的奖金卡片，但同时还混有较低比例（概率为 $p$）的罚金卡片。在 A 叠和 B 叠中，虽然每张卡片的奖金较大（为 100 美元而不是 50 美元），但是罚金也足够大，这导致从这两叠中抽取卡片会有一个预期的损失。而在 C 叠和 D 叠中，虽然每张卡片的奖金只有一半，但是罚金也足够小，这意味着从这两叠中抽取卡片会有一个预期的收益。在实验中，不会提前结束游戏。在进行 100 轮后，游戏才结束。

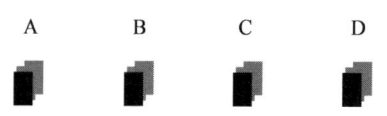

初始金额：2 000 美元代币

| | A | B | C | D |
|---|---|---|---|---|
| 奖金卡片： | 100 美元 | 100 美元 | 50 美元 | 50 美元 |
| 罚金卡片（概率为 $p$）： | >100 美元/$p$ | >100 美元/$p$ | <50 美元/$p$ | <50 美元/$p$ |

图 7.3　可抽取的各叠卡片

首先需要指出的是，在图 7.4 的最顶端，左半边显示的是正常人组的数据，而右边显示的是病人组的数据。说明文字下方的色条代表的是对数据所作的几个分段：未受罚阶段（被试者未抽取到任何罚金卡片之前）；无直觉阶段（被试者抽取到了若干罚金卡片，但是被试者尚未说出"我喜欢这叠卡片"这样的话）；有直觉阶段（被试者表达了对某一叠卡片的喜好，并存在对预期的皮肤传导反应（skin conductance response，SCR））以及观念阶段（被试者明确地表达了一些看法，比如"在那两叠面额为 100 美元的卡片中，惩罚比收益大，而那两叠面额为 50 美元的卡片却不是这样"）。

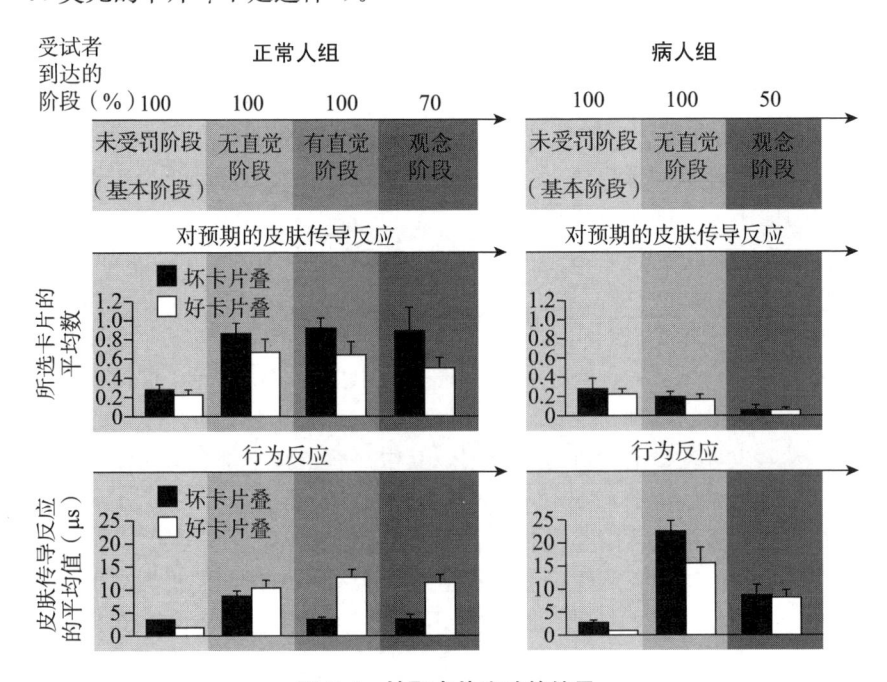

图 7.4 抽取卡片实验的结果

资料来源：Reprinted with permission from Bechara et al. 1997. "Deciding advantageously before knowing the advantageous strategy." *Science*，Volume 275，p. 1293. Copyright [1997] AAAS.

皮肤传导反应揭示了被试者在抽取卡片时的情绪反应。此处需要留意如下几点：

（1）在未受罚阶段，没有任何被试者表现出皮肤传导反应；

（2）正常人组在无直觉阶段就开始出现皮肤传导反应，但在病人组中却并未出现，实际上，病人组在这一阶段未表现出任何显著的皮肤传导反应；

（3）对于正常人来说，他们对"坏卡片叠"的初始偏好在无直觉阶段就开始衰退了,而在有直觉阶段就变得更为微弱(实际上,某些正常的被试者从来没有进入观念阶段,但是却不断地在 C 叠和 D 叠中抽取卡片);

(4)有一半的病人被试者能够进入观念阶段,但是他们从 A 叠和 B 叠中抽取的次数却要比在 C 叠和 D 叠中抽取的次数多!

正常的被试者即使对预期的行为还未产生任何直觉,他们也会产生情绪反应,而病人被试者却只有最基本的反应,他们从不表现出任何直觉,并且尽管有时能形成正确的观念,但也从不按这些观念行事。因此,通过数据我们可得到另一个启示,亦即人脑需要一个复杂的处理程序,以使人们对过往经验的评价能够与未来的行为联系起来。这种处理程序可能在它影响人们的认知之前就影响到人们的行动了,甚至根本就不会影响人们的认知。相反地,病人被试者的实验结果显示,他们也许能获得对客观环境的认知理解,但是这种理解却不会影响到他们的行为。

我们给出上述例子的用意在于说明,如果我们的研究方法继续从"偏离理性"向"人脑的活动方式"转变,那么这些研究就会使我们对组织的经济分析发生很大的改变——对其他经济学领域的研究也会如此。这种改变的程度可从凯莫勒和马尔门迪尔的总结评论中看出来:

> 中观的概念(比如组织的常规活动和学习过程等)并不是基于个体行为的概念。当然,组织经济学是有可能以中观的组织(或宏观的组织)为研究对象的,但这并不是一个活跃的研究领域。

如果我们从"偏离理性"的视角来思考"个体行为的概念",那么这个直率的观点就是正确的。然而,对于一位组织理论家来说,上述观点却是古怪的,因为随着经济学界的演变,我们已经写就了数百篇有关企业行为的论文,而这些论文正是针对企业常规活动的研究,它们都是从 Nelson and Winter(1982)的研究中派生出来的。但除此之外,研究者也已把常规活动的各种特征与"人脑的活动方式"联系了起来(Cohen and Bacdayan,1994)——对此,人们还对程序性记忆与表述性记忆作了区分(Squire and Kandel,1999)。这些研究方法上的明显差异意味着,我们所见到的对组织常规活动的研究,以及对企业日常活动的其他重要方面的研究,关键取决于经济学家在未来会如何看待上述两种相互竞争的观点。

# 参考文献

Bechara, A., H. Damasio, D. Tranel, and A. Damasio. 1997. Deciding advantageously before knowing the advantageous strategy. *Science* 275: 1293-1295.

Cohen, M., and P. Bacdayan. 1994. Organizational routines are stored as procedural memory: evidence from a laboratory study. *Organization Science* 5: 554-568.

Damasio, H., T. Graboski, R. Frank, A. Galaburda, and A. Damasio. 1994. The return of Phineas Gage: Clues about the brain from the skull of a famous patient. *Science* 264: 1102-1105.

King-Casas, B., D. Tomlin, C. Anen, C. F. Camerer, S. R. Quartz, and P. R. Montague. 2005. Getting to know you: reputation and trust in two-person economic exchange. *Science* 308: 78-83.

Nelson, R., and S. Winter. 1982. *An Evolutionary Theory of Economic Change*. Belknap Press of Harvard University Press.

Rizzolatti, G., L. Fogassi, and V. Gallese. 2001. Neurophysiological mechanisms underlying the understanding and imitation of action. *Nature Neuroscience* 2: 662-670.

Squire, L., and E. R. Kandel. 1999. *Memory from Mind to Molecules*. New York: Scientific American Library.

# 第 8 章　分组小结

本章由与会者的评论构成。

## 8.1　有关决策的有争议内容和背景：来自埃尔达·沙菲尔的评论

好的理论通常是以少数实际上是起重要作用的事物为基础的，并且会忽略大量细节。理论有成效的大前提是，我们能够用它来区分两种细节——即以很低的成本就可以忽略的细节，以及对有关事实进行成功描述时所需要的细节。当一个理论将重要结果的核心内容当做不相关因素抛弃时，该理论也就陷入了困境。

在将现代经济理论作为一个描述性活动的这一方面，对于各种行为因素我们已经获得越来越多的有益证据和一些深刻的理解，这些行为因素对经济结果显现出的因果性非常高。然而，很多这些因素明里或暗里却被传统经济理论视为不重要的枝节而抛弃。这类事情不胜枚举。这些因素包括各种认知的、感知的、社会的、文化的，以及那些在人们的决策中明显扮演核心角色的其他因素，在某种程度上，这完全不同于理性行为人的前辈所预想的那样。这些因素中的许多已经在本书中有所讨论，并且有些因素在梯若尔接下来的评述中将被进一步论及。

现在，在将现代经济理论作为描述性活动的这一方面，迄今为止，我们所拥有的主要是一个因素的"清单"，而不是一个在本质上更加普遍性的或更加理论化的特征描述。这是事实。而这一普遍化的缺乏使得任何试图将关于行为的新见解纳入模型的尝试都相当艰巨。这一点\*也是梯若尔告诫的核心。他告诫我们要抵制这样一个诱惑，那就是把"程式化事实"（stylized facts）纳入到经济学家们的相对统一的、"便携式的"（portable）理论中。

作为建模策略，这也许是完全正确的。但对我们这些想要对事实进行忠实表述的人来说，对便携式理论的一些比较激进的修正似乎不可避免。这个问题和仅仅选择要哪些程式化事实，不要哪些程式化事实的问题相比更加深刻。如果我们遇到这类事情，面临的问题不仅有内容上的，而且还有结构上的。

在经济学家和心理学家之间的对话中，在学科敏感性上显示出了典型的分歧。就心理学家而言，他们感兴趣的是发生在两眼之后两耳之间\*\*的令人着迷的活动，而经济学家要了解的是特定的行为是如何产生的。这一张力\*\*\*（tension）已经对那些正在同经济学家对话的心理学家产生了实质的影响：他们的工作已经转移到更加关注在真实环境下、真实激励下的实际结果上了。与此同时，对行为上更加复杂的理论感兴趣的经济学家们，也必须考虑到关于我们的精神生活的一些基本事实。我这里所说的事实，不是指任何一个具体活动背后的任何具体的大脑过程，而是指一个相当更加有普遍性的，在某种程度上是有些平淡的，对决策来说至关重要的关于心理的事实。

---

\* 即这一普遍化的缺乏。——译者注
\*\* 此处指大脑。——译者注
\*\*\* 即对经济学者和心理学者的共同吸引力。——译者注

## 第8章 分组小结

虽然识解*（construal）这一概念对心理学家们而言是第二天性，但是，它对未受过训练的观察者来说，远远不是那么显而易见，对经济学家们来说就更不是那么显而易见。关于最优化方面的经济思考关注的是世界上的事物，是真实存在的选项（alternatives）（也就是说，是理性的行为者最理解的那种选项）。作为规范性理论背后的基本公理，是用关于外延的结果（extensional outcomes）的语言来陈述的。在这种语言里，每个选项（代表世界的某一状态）都被清楚地和唯一地标明，而与它多么精确地被描述或感知无关。这个观点存在一个问题，这个问题是一个关于人类本性的事实，它非常琐细，但是又有重大影响：人们实际上并不会选择世界上的物件（items），而是按照这些物件在他们心中被表示的那样来选择。决策不是关于世界的客观的（外延的）状态，而是关于那些状态的精神上的（内涵的）表示（参见 Tversky and Kahneman, 1983）。而且，世界的状态的精神上的表示（mental representation）会受到内容丰富的心理影响，这种心理涉及感知（perception）、渲染（embellishment）、诠释（interpretation）和曲解（distortion）。

识解过程对心理学的许多领域至关重要，这些领域的范围包括从听觉和视觉感知、记忆、语言、自我感知，到判断、决策、民意调查（opinion surveys）以及社交互动（social interaction）。就决策而言，我们都深知，表示选项的方式方面的微妙差别（除了这些微妙差别外，表示选项的方式在逻辑上是等价的）不仅会产生显著不同的感知，而且会触发不同的反应，并产生系统性的不同的选择。

因此，多种张力源就摆在了我们面前。首先，是决策的"内容"：什么属性进入人们的盘算。这些属性包括诸如亲社会行为、关注公正、人与人之间的比较。结果证明，这些属性具有的影响，比被规范化地预期到的影响更大。其次，是决策的结构或是背景。这包括不可避免的背景的细微差别，这些细微差别的范围包括从选项如何被描述（即使在其他方面提供了完全相同的信息时），到用来引出偏好的过程、存在或不存在其他（"无关的"）的选项、参照点等等。

实际上，还存在介于背景和内容两者之间的其他因素。存在这样一些特性（比如说，不像公平），人们并不公开宣称他们在乎它们，并且也许人们甚至都未察觉到它们，但是，它们一旦被引入到决策的背景

---

\* 识解是一个社会心理学的概念。它指的是人们感知、了解和解释他们周围的世界的方式。——译者注

中，就可以对选择产生重大的影响。例如，一些人在餐馆里被女服务员轻轻地触碰了一下肩膀，他们给小费的时候，比那些没有被触碰的人给的更多。并且，当后来被问及此事的时候，他们都把他们给小费的行为归因于服务质量，而对肩膀被触碰的影响一无所知（Crusco and Wetzel，1984；Schwarz，1990；Schwarz and Clore，1983）。

我们最近在南非进行了一项实地实验，以评估在决定是否从一个本地放款人那里接受贷款报价的决策中，价格和各种微妙的心理特征的相对重要性（Bertrand et al.，2005）。我们向大约 57 000 名该放款人的现有客户发出信件。我们在信里提供了大额短期贷款，每笔提供贷款的利率是随机抽选出来的。和标准的经济学相一致的是，与那些可以获得更低的利率的人相比，那些被索要更高的利率的人更不愿意接受贷款。此外，每一封报价单里的各种各样的心理学特性（它们并不会影响报价的条款或经济内容）也是独立地随机抽选出来的。其中一个特性是，报价单中显示的样本贷款（sample loans）的数量：报价单要么显示一个例子，例子的内容包括贷款额度、期限和每个月的还款，要么显示多个（在这里是四个）例子，例子的内容包括贷款额度和期限。与标准的经济预测相反，我们发现，关于贷款的描述，与多个例子的版本相比，一个例子的版本的贷款接受率更高。这一影响的幅度是巨大的：对贷款报价的更加简单的描述和把这些贷款的月息下调 2 个百分点，对接受贷款提议有同等的正面作用。（与此类似，Huberman et al.（2004）发现，当雇主提议的基金选项的数量增加时，雇员们对 401（k）计划\*的参与下降了。）我们也随机地决定在报价单的下角落里放上或不放上一个微笑的女人的图片。对于样本中的男人，该图片的存在和把这些贷款的月息下调 4.5 个百分点，对接受贷款提议有同等的正面作用！平均而言，我们所尝试的任何一个心理操纵，和月度利率上的 0.5 个百分点的变化的效果同等。

不同于关注公正，甚至不同于对损失的厌恶，没人会承认，肩膀被轻轻地触碰一下或者一封信的角落里的一张图片，会预先使他们倾向于作出一个极不一样的经济决策。或者，就此而言，没有人会愿意考虑这种可能性。选择行为是多种认知和情感过程的结果。我们有意识地认可甚至坚持这些认知和情感过程中的一些认知和情感过程。然而其他认知

---

\* 401（k）是美国人做养老打算的有一定的税收规定的投资账户，个人对如何投资有一定的决定权。——译者注

和情感过程我们不能以内省的方式接触到，也不能控制（Bargh，1997）。而且，这两类过程中的许多认知和情感过程，非常严重地背离了经济学家们的统一的、"便携式的"理论。

梯若尔恰恰观察到（见本书边码298页）

当家长们报告说他们"重视"教育时，当美国人"相信"他们应该储蓄更多时，或者当人们"相信"他们在许多方面的表现高于平均水平时，他们实际上可能是在犯错误，但是，他们也可能是在对他们的身份（identity）和自我形象（self-image）进行便宜的（尽管因此不是很有效的）强化。

类似的言论可能也适用于经济学家们的这样一个"信念"，那就是，他们的模型"表现很好，谢谢"。或许他们实际上并不是在犯一个错误，只是在重申他们的身份而已。诸如这次会议可能有助于减轻压力，并允许有更随意的自我形象。实际上，拥有这样一个理论是相当可敬的，尽管该理论在许多方面可能是非常漂亮的，但是在它能够预测我们的古怪行为之前，还是需要重大的结构调整。

# 参考文献

Bargh, J. A. 1997. The automaticity of everyday life. In *Advances in Social Cognition* (ed. J. R. S. Wyer), Volume 10, pp. 1–61. Mahwah, NJ: Erlbaum.

Bertrand, M., D. Karlan, S. Mullainathan, E. Shafir, and J. Zinman. 2005. What's psychology worth? A field experiment in the consumer credit market. NBER Working Paper 11892.

Crusco, A. H., and C. G. Wetzel. 1984. The Midas touch: the effects of interpersonal touch on restaurant tipping. *Personality and Social Psychology Bulletin* 10: 512–517.

Huberman, G., S. S. Iyengar, and W. Jiang. 2004. How much choice is too much: determinants of individual contributions in 401K retirement plans. In *Pension Design and Structure: New Lessons From Behavioral Finance* (ed. O. S. Mitchell and S. P. Utkus), pp. 83–96. Oxford University Press.

Schwarz, N. 1990. Feelings as information: informational and motivational functions of affective states. In *Handbook of Motivation and Cognition: Foundations of Social Behavior* (ed. E. T. Higgins and R. Sorrentino), Volume 2, pp. 527–561. New York: Guildford Press.

Schwarz, N., and G. L. Clore 1983. Mood, misattribution, and judgments of well-being: informative and directive functions of affective states. *Journal of Personality and Social Psychology* 45: 513-523.

Tversky, A., and D. Kahneman. 1983. Extensional vs. intuitive reasoning: the conjunction fallacy in probability judgment. *Psychological Review* 91: 293-315.

# 8.2 让·梯若尔的评论

## 8.2.1 一个常见的权衡

丘吉尔曾经说过这样一句名言："除了所有那些被尝试过的其他政体，民主是最糟糕的政体"。长期以来，经济学家们用类似的态度看待新古典主义的模型：显然是不令人满意的，但好过其他选择。这种令人不愉快的状态，使得像这样的研究和这本书如此令人兴奋。

经济学家的自我看法目前正受到挑战。特别是基于心理学方面的工作，最大化现期折现预期效用的标准模型，最近已经被修正，以适应：

- 对偏好的更广泛的描述，随着早期的感情和记忆（anticipatory feelings and memories）、对自我形象的关注（concerns about self-image）、社会价值甚至情绪的引入，随着参照点和路径依赖的应用；
- 对折现的一种更加广泛的研究方法，就像双曲线偏好对折现的研究方法*那样；
- 关于信念的形成（belief formation）的更加广泛的看法，包括贝叶斯更新中的误差（errors in Bayesian updating）、不完美的记忆和享乐预测中（hedonic forecasts）的偏好；
- 对最优化假说的挑战——经验法则（rules of thumb）、心理表现（mental representation）、类推法、分类策略（categorization strategies），还有正在进行中的一个争论——即当给定记忆、心理搜索和时间三方面的约束时，有限的最优化是不是理性的。

正如本书中已经提到的那样，尽管其他社会科学家往往不追求一个

---

\* 偏好的折现乘数（discount factor）在时间上是一个双曲线函数，例如 $f(t)=1/(1+kt)$。——译者注

全局（overarching）的决策理论，但经济学家们往往倾向于更喜欢相对统一的、"便携式的"理论，这样一个理论有助于解释一个宽范围内的各种行为，且只需要少数的核心假设。他们使用的是相对简约的框架，这样的框架在宽范围的各种情况下，具有预测能力以及规范性蕴涵其中的推论。Thaler 曾经恰当地评论道：一旦行为经济学不再是"行为的"并且变成完全的经济学，行为经济学就成功了。为了达到这个目的，在我看来，我们有时需要抵制这样一个诱惑。那就是，把关于人类行为的"程式化事实"纳入到建立经济学模型时用到的简化型中的诱惑。相反，我们应当建立更加结构性的模型，"更深入地挖掘"，并且，为了进行规范分析，必须做实验来细致地辨别各种选择。我们这个行业有时以惨痛的方式吸取了这类教训。例如，在对企业并不最大化利润的（正确的）观察作出反应的过程中，在 20 世纪 50—60 年代的文献中，人们往企业的简化型的回报函数（reduced form payoff function）里添加了目标（当代理理论在不对称信息这一统一的原理基础上建立了一个替代研究方法的时候，这些文献就被遗弃了）。请很好地理解我的意思：对不使用简化型（reduced forms）的告诫有其局限性；毕竟，在一定程度上我们总是在使用简化型来限制复杂程度，而且，那些用任何标准来衡量都是非常宽松（sloppy）的简化型，都能被证明是令人振奋的，并且最终是有用的（参见 IS—LM 理论）。

### 8.2.2　一些例证

#### 8.2.2.1　亲社会的行为

我的第一个例证以我与 Roland Benabou 最近的工作（Benabou and Tirole，即将出版）为例。它可能不一定十分合适，但是，我将更多地讨论建模的挑战，在这方面我相当有信心；而更少地讨论我们解决建模挑战的方法，在这方面我是一位很差的评判员。这个例证涉及经济学是如何能够接纳亲社会行为的。人们常常从事这样的活动：投票、志愿提供时间、帮助陌生人、向政治或慈善组织赠送东西、献血、参加救援队，有时甚至冒着生命危险或者牺牲自己的生命，这样的活动对他们来说成本很高，但是从中受益的主要是其他人。

经济学家们的一个易于操控的研究方法也许在于假定存在这样一个简化型，在这个简化型中，个人或者至少部分的个人，对亲社会的行为有喜好。假定存在这样一个简化型的方法，与宏观经济学家们为了建立关于遗赠行为（bequest behavior）的容易操控的一个模型而使用温情

（warm-glow）偏好\*的方法一样。人们或许还可以添加一些情景参数来解释亲社会的贡献在不同的个人、环境或目的下的巨大差异。即使内容如此丰富，这个"对亲社会行为的喜好在效用函数里"的研究方法也许还是会遇到一些困难。

首先，除非以一个特设的方式，否则很难解释，为什么激励要素（incentives）有时候会把亲社会行为挤掉。在这个简化型里，激励要素和个人的从事亲社会行为的自然倾向是相加关系的。

其次，简化型将不会为——为什么亲社会行为有时候是由社会决定的这样一个问题提供线索。

最后，而且相当重要的是，亲社会行为的"亲社会性"（prosociality）往往会受到质疑。考虑一下以下的情景。

• 我们给富有的国家的出租车司机小费，但是却不把钱给非洲的挨饿的儿童。

• 在 Glazer and Konrad（1996）所报告的研究中，少于1‰的捐赠是匿名的。①

• 当某个人表露他是多么慷慨和公正无私时，人们的反应往往是不认同。

• 在一个与运输有关的调查中，约1 300人接受了调查。Johansson-Stenman and Svedsäter（2003）发现，当被调查者被问及一部汽车里的哪些属性对他们来说是最重要的时，他们系统性地把汽车的环境方面的性能（environmental performance）放在接近顶部的位置，而把汽车代表的社会地位放在靠近底部的位置；但是，当问及他们的邻居或普通同胞的真实的偏好时，他们给出的排名正好相反。

Dana et al.（2003）认为，当人们知道他们的选择会如何影响到其他人时，他们往往会显示出大量的利他行为；而当他们有机会对他们的选择如何影响到他人或者对他们在结果中扮演的确切角色仍然无知时，他们中的许多人选择不去了解，并回到自私的选择。也就是说，人们会利用"道德逃避室"（moral wriggle room）。为了说明这一点，假设一个人参加"独裁者博弈"，即在博弈中，他必须在两个行动中作出选择，这两个行动会影响到他和另一个被动的参与者的福利。一个"自私的行

---

\* 在有遗赠行为的模型里，人们的偏好里有对他人（比如说下一代）的温情。——译者注

① 匿名捐赠仍然是可减税的，因此匿名的缺乏（lack of anonymity）大概是由于信号传递（signaling）方面的顾虑（concerns）。

动"行动 A，对独裁者给出了最高的物质回报，这个回报等于 5。另一个行动，行动 B，对独裁者只给出了等于 4 的回报。假设自私的行动对被动的参与者的回报为零，而行动 B 对他的回报为 8。正如众所周知的那样，在这种情况下，很大一部分独裁者会选择行动 B，即为精神上的回报（和善事联系在一起的精神上的回报）而牺牲一点物质回报。接下来，假设存在两种自然状态，并且，不管在什么自然状态下，独裁者的回报都是如上所述。相比之下，被动参与者对不同行动的偏好取决于自然状态。在第一种自然状态，他们的偏好如上所述。在第二种自然状态，行动 B 给这个被动的参与者的回报为 4，而行动 A 给他的回报为 5。最后，这个独裁者被问道，他想不想知道哪个自然状态居于支配地位（prevails）。似乎，独裁者想知道哪个状态居于支配地位，并且，倘若他享受把被动的参与者的回报从 0 提高到 8 的行动所带来的精神上的回报的话，会在第一种自然状态下选择行动 B，在第二种自然状态下选择行动 A。但是，由于有了行动 A 这个实际上可能是有益于另一个人（至少在他们眼里）这个"借口"，很大一部分独裁者都会选择不去了解，并且选择自私的行动 A。[①]

• 确认自己属于某个群体的身份和随之而来的利他主义的或者甚至英雄主义的行为，往往是与针对外群体的敌视的或者甚至残忍的态度联系在一起的。

这六个观察到的事实，以及其他观察到的事实，表明经济学家们对亲社会行为的描述应该把个人的在利他主义以及贪婪方面的程度上的异质性（heterogeneity），与对社会声誉和自尊的关注相结合。从过度理由效应\*（over-justification effect）的角度看，这与许多心理学家们对这些问题的研究方法是一致的。例如，前面提到的激励要素对亲社会行为的"挤出效应"的一个著名的解释是，奖励或处罚的存在，会以一个有害的方式，改变人们附加在行动（别人的或者他们自己的行动）上的意义。我自己和 Benabou 关于亲社会行为的工作将认知（cognition）和异质的社会偏好（heterogeneous social preferences）两者结合起来。也

---

① 这个使用道德逃避室（use of moral wriggle room）的证据是与安妮·凯斯关于社会性的信号传递（social signaling）的观点相对应的关于自我信号传递的观点（self-signaling counterpart）；也就是说，人们通过立即把钱花掉或在非流动性的资产上做投资，试图逃避共享这种社会规范（social norms of sharing）。

\* 过度理由效应，指的是外在的激励要素（比如说金钱）降低了从事某项任务的内在的动机。——译者注

就是说，有人从事亲社会的行动，是因为两个原因，一是因为一部分个人是真诚地关心他人的，一是因为个人要么正在追求社会的尊重要么正努力保持他们是"什么样的人"的某一自我看法。那么，在这样的环境下，按照经济学的说法，激励要素就会导致一个信号提取的问题（signal extraction problem）。这个问题赋予过度理由效应一个正式的内涵（这个认知的研究方法被用来研究各种问题，比如亲社会的行为的形式和保密性、在荣誉和耻辱的相互作用下得到执行的多种社会规范的出现，以及利他行为的接受者们之间的竞争。）

我现在偏离主题一下：当相当一般性地讨论关于态度和信念的调查证据时，我们应当比目前更加严肃地对待社会信号传递——特别是，自我信号传递。在刚刚讨论过的运输调查里，这一点是非常清楚的。同样地，当家长们报告说他们"重视"教育时，当美国人"相信"他们应该储蓄更多时，当人们"相信"他们在许多方面的表现高于平均水平时，他们实际上可能是在犯错误，但是，他们也可能是在对他们的身份（identity）和自我形象（self-image）进行便宜的（尽管因此不是很有效的）强化。①

与针对行为经济学的任何其他主题一样，为了找到基础要素和进行福利分析，社会科学家们也许必须更加深入地挖掘针对亲社会的行为。其他例证包括三个概念：公平、禀赋效应和有限的意志力。这次会议上的许多人，包括我自己在内，认为经济学家们应该接纳这三个概念。

### 8.2.3 公平

为什么在最后通牒博弈中，人们会拒绝不公平的提议？为什么与比利所记录的（参看本书的第 5 章）那样，当人们被降薪时，他们的士气会下降？这是因为基于意图的偏好（一种对相互对等的内在偏好）、社会偏好（对收入分布的某些形式的偏好——或许这是一种这样的偏好，该偏好指的是一种道德理念：同工同酬——对逆向选择极为敏感的一个规则；等额产量等额报酬——对道德风险极为敏感的一个规则）、对自我形象的全神贯注（例如，一个不甘忍受屈辱的人对自我名誉的管理）、对程序公正的喜好（或许也来源于和组织效率联系在一起的一个道德理念），还是因为由 Holmström 在这次会议上提出的一个更加标准的经济学解释（在这样一个解释里，受害人了解到别人对他自己的看法，并且推测出这个信号所蕴涵的关于双方关系的未来可能结局）？

---

① 其他众所周知的与调查证据（survey evidence）联系在一起的偏差（biases），包括不充分的思考（insufficient thinking）和取悦实验员（experimenter）的愿望（desire）。

我不知道答案，但是有两点值得一提：首先，不同的假说具有不同的实证方面以及政策方面的蕴涵；其次，与我们在前面的章节中论述的前四个假说有关，了解偏好的起源是有帮助的。Ernst Fehr 的研究议程应该会被证明在这方面非常有用。

### 8.2.4 损失厌恶和禀赋效应

与上面提到的公平一样，损失厌恶和禀赋效应也是一个引人入胜并且相关的效应（例如，为了记录这个领域的快速发展而被比利记录下来的（参见本书第 5 章），在加薪之后，人们的应得额感觉效应）。但是，另外，对关于损失厌恶和禀赋效应的理论的一个关键性的挑战是，参照点的决定。正如洪卡波希亚在上文中提到的那样（参见本书的第 5 章），实证观察不能从具有具体应用的参照点角度来解释。相反，需要一些广泛的原则。我的直觉是，建立在自我信号传递和社会信号传递的基础上（有时也同时建立在知情委托人理论的基础上）的认知研究方法可能是相关的。但是，在现阶段，这是在很大程度上尚未被探索过的领域。[①]此外，其他研究方法，例如，建立在神经科学的基础上的研究方法，可能也是相关的。

其他例子浮现在脑海里。例如，双曲线折现就是一个易于操控的成功地描述了有限意志力的简化型。但是，对一些应用来说，这个简化型将被证明是相当不令人满意的（顺便说一句，古典经济学家们——例如斯密（Smith）、庞巴维克（Bohm-Bawerk）或杰文斯（Jevons）对有限意志力的描述，比行为经济学家们的描述更丰富）。我的猜测是，就像经济学的其余部分那样，行为经济学必须建立在简约的建模和细致的建模这两者之间的反反复复的相互作用的基础上，同时，这种简约建模和细致建模必须是与在实地里的以及在实验室里的关于结构的测试相结合的。

# 参考文献

Benabou，R，and J. Tirole. Forthcoming. Incentives and prosocial behavior. *Ameri-*

---

① 一个有趣的例外是 Koszegi and Rabin（2004）的文章，它使用 Koszegi 的"个人均衡"（personal equilibrium）的概念内生化了参照点。

can Economic Review.

Dana, J., R. Weber, and J. Kuang. 2003. Exploiting moral wriggle room: behavior inconsistent with a preference for fair outcomes. Carnegie Mellon Behavioral Decision Research Working Paper 349. （Available at http://ssrn.com/abstract=400900.）

Glazer, A., and K. Konrad. 1996. A signaling explanation of charity. American Economic Review 86: 1019-1028.

Johansson-Stenman, O., and H. Svedsäter. 2003. Self image and choice experiments: hypothetical and actual willingness to pay. Göteborg University and London School of Economics, Working Paper 94.

Koszegi, B., and M. Rabin. 2004. A model of reference-dependent preferences. EconWPA Working Paper 0407001.

## 8.3 蒂莫西·D·威尔逊的评论

看到社会心理学领域里的想法是如何被应用到行为经济学与现实世界的问题上，是令人高兴的。这两个学科有一个共同的目标：理解人们是如何以各种影响他们自己的和他人的生活方式来处理信息并作出决策。

但是，指出社会心理学和行为经济学这两个学科之间的差异，是很重要的。它们之间的这些差异也许可以使得这两个学科独立开来。行为经济学在很大程度上关注的是理解政策和现实世界的应用，而社会心理学则更多地关注这样的基础研究，也就是说，是关于什么让人们作为个体运转（on what makes people tick）的研究。这两个学科之间，也存在重要的方法论上的差异。心理学被实验室实验所统治，而行为经济学更多地依赖实地研究。当然，在这两个学科中，都存在这些规则的许多例外。但是，你可能会发现一个社会心理学家正在与大学里的学生们一起做基础的实验室研究，同时，也会发现行为经济学家们也正在做关于重要的现实世界问题的大规模的实地研究。

我认为这两个领域中的任何一个领域都可以向另一个领域学习，而且，如果我们通力合作的话，将取得很多进展。我们如何促进这种互动，并且这种互动可以采用什么形式呢？我建议，我们先在小规模的研究上合作，且采用应用背景下的实验方法。

因为许多原因，社会心理学家们一直对做实地研究有所保留。一个

第 8 章　分组小结

原因是，我们可能很难知道，我们在实验室研究中所研究的过程（在这些过程中，我们专注于少数的自变量）在自然环境中会如何演变。有关干预是如何运作的纸上谈兵的思考在这里没有太大的帮助。正如 Ross and Nisbett（1991）主张的那样，我们需要在这样的小规模的干预方面尽最大的努力，这样的小规模干预里的控制组是通过对实验对象进行随机分组而建立起来的。

无可否认，在自然环境中进行被控制得很好的实验是不容易的。然而，就像下面的例子中所分析的，用一点点智慧，我们是可以做到这一点的。

第一，艾尔斯（参见本书边码 145 页）提到一个引人入胜的关于相关性的研究，这是他在纽黑文做的关于给出租车司机小费的一个研究。出租车乘客给非裔美国人司机的小费比给白人司机的小费少。与任何关于相关性的研究一样，这一发现的因果关系的解释并不清楚。为了做一个更强的因果关系的推断，可以通过做实验完成这样的研究。出租车司机可以用帽子（hat）或兜帽（hood）来使他的脸看不清楚，这样他的种族对别人来说就不明确了。然后，通过改变张贴在后座的司机照片，研究员可以随机地把乘客分配给各个种族的司机。用这样的实验，我们就会肯定地知道司机的种族是否会导致人们不一样地给小费（当然，司机不应该知道在任何特定的乘车旅途中车里张贴了哪张图片）。这属于社会心理学的领域，这个领域可以观察到有关人们的偏见态度的背景效应，特别是他们的不被控制的偏见态度的背景效应。

第二，穆来纳森（参见本书边码 86 页）描述了发展中国家的低入学率问题。有人建议，添加一些激励要素（例如，在午餐时间学校里给孩子们提供食物）可能是解决这个问题的一个办法。这个建议可以用一个小干预来实验性地试试看，在这样的小干预中，激励要素在一些学校里有提供，在另一些学校则没有。这个实验虽然存在现实的（practical）和道德的（ethical）问题，但是，这种实验设计的影响力可能可以为这个实验提供正当的尝试。

第三，许多大学和企业正在设立关于多样性的培训项目（diversity training programs），在其中，参加者被要求经历某种教育训练活动，目的既是为了对他们进行关于多样性的启迪，也是为了把他们的行为往更加平等主义的方向改变。我们对这些项目是如何影响人们的知之甚少。如果您问组织者，他们是如何评估这些项目是否具有预期效果的，他们往往指向参加项目的人的反应。这也许有一定的价值，但是一个在实验上更加强有力的设计可以用来测试这些项目。存在一个很大的提供关于多样性的培训服务产业，但是，由于显而易见的原因，对深入地评估它们的有效性，他们并不总是感兴趣。然而，为了评估不同的待遇的真实的效果，建立被随机地分配给不同待遇的对照组应该不难。

第四，设想一种新的治疗癌症的药物。我们都同意，在上市前应该非常谨慎地对它进行测试，看看有无危害。我们似乎对心理干预不抱同样的态度。例如，在加拿大，法律目前要求香烟盒上必须贴有患有癌症的人的图片和其他可怕的图片以劝阻人们吸烟。据我所知，这个干预从来没有被实验性地测试过，以观察这些图片对劝阻人们吸烟是否有任何效果，不管是中意的还是不中意的效果。当涉及心理干预时，我们更加依靠我们认为什么将会发生的某些常识，并且，与测试一种药物来观测它将如何发挥作用不同，我们看不出用什么理由可以实验性地测试这些干预。我觉得加拿大香烟盒上的图片确实有一些效果，但这只是我的常识性的谈论而已。我认为，在实证上找出这些效果是什么是很重要的。

人们经常听社会心理学家们说，他们希望做更具应用性的研究，但是存在各种各样的现实的和制度上的障碍。行为经济学就是这样一个领域，在这个领域里，社会心理学家们应该更多地了解相邻的领域。许多经济学家们经常使用实验设计来研究重要的现实世界的问题，正是这种实地研究，让我印象非常深刻。这里存在一种很自然的合作。社会心理学家们对社会影响和认知处理知道很多，而且，他们中的许多人渴望看到这些处理是如何在现实世界发挥作用的。通过与拥有更多的研究真实世界问题经验的经济学家们成为伙伴，社会心理学家们可以取得实质性的进展。

## 8.4 彼得·戴蒙德的评论

我也希望，像梯若尔在上文里表述的那样，在将来某个时点，行为经济学将不复存在。目前，一年级的经济学研究生学习统计、数学、微观和宏观经济学。有时，这些学生中对行为经济学感兴趣的某个学生，会以某种形式学习心理学。心理学这门课是由一个经济学家——如果这个学生幸运的话，是由一名心理学家来讲授的。但是，把行为分析的知性基础（intellectual basis）整合到研究生第一年的核心课程里，还是一个长期的希望。

# 第8章 分组小结

在设计这个会议时，我们面对这么一个问题，那就是，如何筹划一个会议和一本书，使之可以对行为经济学起到提升作用。针对这个问题，凯莫勒（参见第7章）明确指出，行为经济学实际上是从研究异常现象开始。当相关的数据存在时，这是非常容易做的。我认为，关注异常现象始终是很重要的，但是，每个人都意识到，单凭只研究异常现象是不能推动范式（paradigms）前进的。除了研究异常现象外，有更多的工作要做。

我希望，这次会议和这本书可以导致人们更加关注心理学在经济学中的潜力。我相信所有出自神经经济学（neuroeconomics）中大脑视图（brain pictures）的令人兴奋的成果。然而，从大脑图像（brain images）到获得结果（outcomes），还有一条艰苦的而且漫长的路要走。但是，我认为通过实验，我们能够增强对社会科学在优化政策上具有潜在贡献的总体认识。而这一点也将使心理学在经济学中更加可以被人们接受。最初对行为经济学产生兴趣的对象显然是国会。国会投票表决是否为建造桥梁提供资金，但是，它不对桥梁的图纸进行投票。然而，当涉及设计一个养老金制度时，国会会规划出蓝图。如果我们可以把实验重要性的概念更多地植入到公众意识中，也就是说，让人们更加觉得社会科学里存在真正的专业知识，那么国会也许就会更多地依赖这种专业知识，就像他们面对桥梁时必须依靠关于桥梁的专业知识一样。

如何把行为经济学推进到超越异常现象的阶段，并且更使人敬佩呢？我认为，我们需要说服很多人，主要是青年人，相信这是一个好的研究机会。这就是本书试图做的。一个好的研究机会需要具备的第一个要素是，它必须包含人们喜欢做的那种工作。一个例子是，一种极端复杂的模拟，该模拟用 Tom Sargent 的工作为例可以被最好地说明——这群人喜欢扎进代码中并且利用电脑技巧来做非常复杂的计算。如果做这种研究对你来说不是有趣的事，你就不会陷入到这种风格的工作里。有些人喜欢研究艰难的理论，因为他们可以利用他们的数学技能。在这次会议中，好几次都提到 Gul 和 Pesendorfer 的研究。我认为他们的研究可以帮助人们认识到，行为经济学里存在这么一个余地，人们在这里可以做这类研究。我的意思是，我认为他们在工作中对心理学还不是很精通。我们必须认识到，不同的人喜欢做不同类型的研究，并且，不同的人做不同类型的研究对研究尝试有好处。

在这里，我不太同意梯若尔的观点。我认为，有时候来自简化型模型的见解还是有价值的，只要人们不过度解读它们。这与一个基本的观点很一致,即真正的区别不在于好模型和坏模型的区别,而是在于对某个问题来说是好的模型和是坏的模型的区别。

第二个要素是,要有听众。大部分作者不是为自己而写作(虽然少数人是这样的)。他们想要有听众,以至于他们就可以认为他们的作品会有人读,进而会有人鼓掌。我想这本书能够表明,这里存在拥有听众和潜在的听众的一系列的领域。我们选择话题的方式是远离那些已经很完善的或已经被很好地宣传过了的领域——行为金融学不需要这种宣传,并且行为宏观经济学也刚刚经历了从事这个领域的研究的人获得诺贝尔经济学奖这一事件所引发的所有的纷扰。这次会议没有涉及行为产业组织理论(behavioral industrial organization),因为这个领域还不存在听众。

第三个要素,而且是令我迟疑最久的一个要素,是评判一个贡献质量的能力。如果大部分听众不喜欢作者所写的东西的话,大多数作者不会为单个听众写作。一个研究人员必须清醒地认识到如何才能做好工作。行为经济学中非常困扰我的一件事是,与一个已经很成型的领域相比,在行为经济学领域更难判断什么会受欢迎。在已经很成型的领域里,一个研究人员能够判断一篇潜在的文章是否看起来比那些已经发表的类似的文章更有意义——所以很容易看出这个主题会往哪里发展。与那些正在考虑从事行为学研究的研究生交谈时,我会非常紧张;我认为,与已经很完善的领域相比,在行为经济学里风险(这是做任何研究所内在固有的)更大。

本书对我们的研究会有所帮助,因为它们清楚地说明了一些研究人员喜欢什么。而且,一个好的研究机会的定义的底线是研究所创造的工作。经济学家们很关注这个。与一个普通的求职者相比,打算在名校里找工作的热门候选人更容易发现支持他们的环境。

来参加会议之前的很早的时候,我有一种感觉,那就是,人们应该永不使用不带修饰性形容词的"偏好"这个术语,不管它是真实的偏好(real preferences)、背后的偏好(underlying preferences),还是选择偏好(choice preferences)。偏好——我认为需要被修饰,因为在语言上很容易从一个"偏好"的解释滑到另一个"偏好"的解释。我在这次会议中学到的东西之一是,也应该对"激励要素"(incentives)进行修饰。我们有金钱上的激励要素(financial incentives)和经济上的激励要素(economic incentives)。但是,我们也有改变行为的其他方式,这些方式改变的是激励要素的本质。我认为,在这里,我们需要一些术语来记住这么一个事实，那就是，与对结果和均衡一样，经济学家们对激励要素的兴趣极大。

经济学和心理学是不同的学科，因为它们试图研究不同的事情。有时，拥有不同的学科对取得结果是非常重要的；有时，它们会产生障碍，但是，人们正在努力拆除障碍。这次会议的参加者们就在拆除这些障碍。我认为，提醒经济学家同行们这样一个事实是有用的，那就是，我们倾向于和心理学家们不一样地使用心理学。有时，这个不同点是一个好想法，有时又不是。这次会议的另一个目的是要表明，存在一个宽广的心理学的领域，该心理学领域对经济学是有用的，这就是为什么在本次会议中，我们想使心理学家的类型多样化的原因。

这次会议对我们来说，是一件很有趣的事情。我们希望这次会议对其他人也是有益的。

## 8.5　一般性的讨论

### 伊恩·艾尔斯

我们应该更加积极地向政策制定者推销进行社会或经济问题的实验的可能性，并且要求在法律实施之前对法律进行测试。在某些领域内，这是非常值得研究的，这类领域的一个例子是关于枪械的立法（firearms legislation）。

### 克里斯托弗·恩格尔

由于海德堡原则（Heidelberg Principle），法律中的一个实验和医学中的一个实验是非常不同的：就法律而言，进行实验会改变环境。

### 蒂莫西·D·威尔逊

如果你从一个小实验开始，这种对一般均衡效应的关心就不必那么严格，并且我们仍然可以得出有价值的结果。

### 彼得·戴蒙德

政客们可能不赞成对实验进行评估，因为许多政客担心，实验的结果会削弱他们想要推动的立法结果的支撑根基。

来自听众：进化心理学的角色是什么？

## 埃尔达·沙菲尔

我们不太了解进化心理学，因为不存在这方面的旧事物。它对开发直觉（developing intuitions）有益，但是，用它来支持和解释新发现的东西（findings）是不够的。

## 蒂莫西·D·威尔逊

进化心理学有点类似精神分析（psychoanalysis）。它可以解释任何东西，但是，检验它非常困难。它的价值也许在于可以产生用实验来检验的新假说。我认为，它所产生的关于社会行为的新颖假说非常少。

## 安东尼奥·兰格尔

我相信神经科学，并且我想做这方面的研究。它从事的不仅是脑部成像，而且还试图去理解哪些大脑过程被激活了。大脑如何作出决策，对经济学来说非常重要。就上瘾而言，我们知道特定的物质是如何激活大脑里的过程的。让我感到意外的是，和经济学家相比，心理学家的热情甚至更低。这是因为对资源的竞争吗？

我想回到动物研究这个话题上，例如沙菲尔谈论过的关于蜜蜂的研究。存在两类动物研究。一类研究是关于过程的，例如对猴子的研究，我发现这些研究很有价值；一类研究是关于选择的，这类研究对经济学来说用处更少，因为人类是用一个更加复杂的大脑网络系统来作出选择的，因此，在这个方面动物研究的作用有限。

## E. 费尔（E. Fehr）

我可以想象，20世纪50年代，心理学家说过，社会心理学没有用。我认为，在所有领域里，都存在好的研究和坏的研究。在神经科学里一些严肃的研究正在进行中，并且神经科学是一个合情合理（legitimate）的探索领域。结果证明，它对动物和灵长类的研究是非常有用的，因此它有潜力进一步理解人类的行为。神经科学也许是歇斯底里的，但其本质是有趣的，这个领域的研究将会继续进行，并且也许会产生非常重要的发现。在这个领域，让经济学家扮演一个角色是非常重要的，因为他们会询问不同的问题（就像现在经济学家询问心理学家一样，只不过询问的问题不同罢了）。

### 尼古拉斯·斯特恩

您能在神经科学里举例子吗？这也许比在经济学里容易。我长期试图说服政客们；而且，我意识到，一个好例子比得上一千个回归。

政客们所拥有的时间跨度非常短。因此，一个更有希望的影响政策的途径是，去和有更长时间跨度的政府机构，例如美国教育部（U. S. Department of Education）或者世界银行（World Bank），一起共事。

### 森德希尔·穆来纳森

这早就开始研究了。例如，在实施新政策之前，美国教育部现在要求进行随机化的实验和仔细的评估。这通常是由该机构的负责人来驾驭的，并且，与民选官员相比，那些高层管理人员对使用随机化的实验的态度更开放。

心理学和经济之间存在一个矛盾：经济学家喜欢普遍性，喜欢能够作出预测，但心理学家往往不愿意把他们的发现扩展到他们研究的特定背景之外。

### 蒂莫西·D·威尔逊

这种差异可能并不是那么绝对。心理学家们也愿意对现实世界进行预测；该差异实际上是关于他们是否愿意走出去并且实地检验这些预测。

### B. 霍姆斯特姆（B. Holmström）

这完全是一个非理论的会议。对理论家来说，会出现这么一个担心：你听信实例，你的魔道就跟着实验走了，这在一段时间里可能行得通，但是最终你将不得不使用理论来组织事实（就像梯若尔在前面强调的）。从这个意义上说，这次会议是令人失望的，因为它尚未达到提出理论的阶段。

### E. 费尔

在行为经济学里，存在这样一些领域，在这些领域里，我们试图理清理论，例如，关于社会偏好，就是这种情况，在这里理论被提出来，然后用实验进行检验。我希望，提出理论和用实证的（empirical）或实验（experimental）的证据来检验理论的周期将会很短（几周），就像物理学研究一样；而不是很长的（数十年），就像过去的经济学研究一样。

### 让·梯若尔

每个人都使用简化型，并且它们确实是非常有用的。例如，虽然宏观经济学里的 IS—LM 理论是一个非常简化的形式，但它扮演了一个非常重要的角色。后来，基于不完全竞争、有成本的价格再调整（costly price readjustments）、搜索理论，以及公司财务等领域的新进展的研究，最终都吸收了 IS—LM 简化型预测的许多方面。然而，我们的目标应该是，发展不依赖于背景的统一的理论，这样它们就可以被用于规范性的目的（normative purposes）。

### 埃尔达·沙菲尔

如果我们想在行为上变得更加具有远见卓识，我认为，至少在我们目前的理解水平上，我们需要许多不同的理论。而且，发展一个统一的理论来解释所有的事情是一个不可能实现的梦想。

# 索 引*

401（k），401k 计划，26，38，96，264，293

Addiction，成瘾，40，91，195
    physiology of，生理学的成瘾，91
    rational，理性成瘾，41
Adverse selection，逆向选择，166
Advertising，广告，34，52，65，198
analysis: normative，分析：规范的，14，31，81，117，145，295
"as-if" interpretation，"如果—就会"解释，24
attribution theory，归因理论，245
availability heuristic，易得性启示法，203

Ayres, Ian，伊恩·艾尔斯，145，300

behavior: dynamically inconsistent，行为：动态不一致性，30
    prosocial，亲社会的，296
behavioral anomalies，行为异常/行为异常的现象，12
Bernheim, Douglas，道格拉斯·伯恩海姆 7，10，23，43，67，81，152
Bewley, Truman，杜鲁门·比利，158，188，239，298
bias: "law of small numbers"，偏好："小数定律"，204
    group-based，基于群体的，121，138

---

\* 冯丽君、王晓、胡安荣、孙晖、程诗、王小芽、马慕禹、张伟、顾晓波、李军、王建昌、王晓东、李一凡、刘燕平、刘蕊、秦升、程悦、曾景、徐秋慧、钟红英、赵文荣、杨威、崔学峰、王博、刘伟琳、周尧、刘奇、李君、彭超、张小军、徐志浩、李朝气、马二排、罗宇、刘兴坤、蔡彤娟、邓娟、张宏宇、付欢、覃福晓、王宝来、陈月兰校对了书稿，在此表示感谢。

hindsight，后见之明，124，132，245
implicit，隐性，122
optimism，乐观，123
racial，种族，121，138
self-serving，自利，102，123，130
bounded rationality，有限理性，121，145，223，281

Camerer, Colin，科林·凯莫勒，3，13，64，240，256，283
Case, Anne，安妮·凯斯，113
choice：dynamically inconsistent，选择：动态不一致性，27
　　inefficient，无效率的，26
citizenship：organizational，公民：组织的，177
Coase Theorem，科斯定理，117
cognitive：ability，认知：能力，110
　　economics，经济学，256
　　economy，经济，281
　　error，错误，5，146，196
　　heuristics，启发法，109
　　mechanism，机制，48
　　process，过程，28，47
　　therapy，疗法，44
coherent preference，行为一致性偏好，11
commitment，承诺，90-91，133，260，265
　　device，机制/策略，92，113-114
　　problem，问题，114
consumer protection law，消费者权益保护法，134
consumption，消费，23
context，背景、环境、语境、情境，120
contract：law，契约、合同：法律，120
　　renegotiation，再谈判，133
coordination failure，合作失败，253
corporate finance，公司财务，253
corporate law，公司法，131
corruption，腐败，106
counter-cue，反暗示，52

cue，暗示，28，146
cue-conditioning，以暗示为条件的，49
cue-triggered mistakes，暗示触发错误，32，49
cue-triggered present-bias，暗示触发偏好现期，53
cue-triggered recidivism，暗示触发的复吸行为，43
culture，文化，252

debiasing，除偏，116，137，146
default，默认，82，90，95，118，133，231
　　option，选项、选择，26，38，217
　　plan，计划，217
development economics，发展经济学，78，85
Diamond, Perter，彼得·戴蒙德，19，62，301
diffusion of innovations，创新扩散，97
discrimination，歧视，121
doctor-patient relationship，see physician-patient interaction，医患关系，见医患互动
downward rigidity，向下刚性，159
drugs，毒品，199
dynamically inconsistent：behavior，动态不一致：行为，30，64
　　choice，选择，27
　　valuation，估价，89

economics：cognitive，经济学：认知，256
　　development，发展，78，85，113
　　health，健康/卫生，195
　　law and，法和，115
　　public，公共，7
education，教育，86
empire building，企业帝国的建立，266
endowment effect，禀赋效应，116，298
Engel, Christoph，克里斯托弗·恩格尔，148
equilibria, multiple，均衡，多重的，190

## 索  引

equilibrium,均衡,215,247,253
　　market,市场,206
error: of judgment,失误:判断,121
expected utility theory,预期效用理论,124
experiment,实验,27,61,82,98,100,105,107,117

failure,失败,212
　　formulation,制定,25
　　of reciprocity,互惠,108
　　rate of,比率,247,266
　　to plan,计划,38
fairness,公平,109,157,181,298
finance: corporate,金融:公司的,258
financial institutions,金融机构,95
fines,惩罚,174
firing,解雇,176
Fisher, Irving,欧文·费雪,20
formulation failure,计划制定失败,25
framing,构造,35,108,147,248
　　effect,效应,68,82
Frank, Richard,理查德·弗兰克,195,213,223,234
frontal cortex,额叶皮层,48

group-based bias,基于群体的偏见,121,138
Gruber, Jonathan,乔纳森·格鲁伯,42,53,91

harnessing bias,利用偏见,147
health care,卫生保健,196
health economics,卫生经济学,195
heuristics,启发法,122,153
hindsight bias,后见之明偏见,124,132,245
Holmström, Bengt,本特·霍姆斯特姆,251,266
Honkapohja, Seppo,塞波·洪卡波希亚,188

hyperbolic: discounting,双曲线:折现,87,214,299
　　preference,偏好,147,295
implicit bias,隐性偏见,122
incentive,激励,34,110,127,303
　　mechanism,机制,165
　　negative,负面的,175
　　price,价格,82
inefficient choice,无效率选择,26
inflation,通货膨胀,190
information asymmetry,信息对称,200
innovations, diffusion of,创新,扩散,97
insider-outsider theory,内部人—外部人理论,168
insurance,保险,213

Jolls, Christine,克里斯廷·乔尔斯,116,128,138
judgment error,判断失误,121
justice: procedural,公正:程序,181

Keynes, John Maynard,约翰·梅纳德·凯恩斯,164,167,189
Koszegi, Botond,博托德·科斯泽基,19,42,53

law: and psychology,法律:和心理学,150
"law of small numbers" bias,"小数定律"偏好,204
law and economics,法经济学,115
layoff,解雇,163
leadership,领导力,252,257
Life-Cycle Hypothesis,生命周期假说,20,23
litigation,诉讼,130
loss aversion,损失厌恶/损失规避,105,298
loyalty,忠诚,176

macroeconomics, 宏观经济学, 188
Malmendier, Ulrike, 乌尔莉珂·马尔门迪尔, 243, 261, 283
market: equilibrium, 市场：均衡, 81, 206
　　failure, 失灵, 22, 196, 224, 226, 229
measuring welfare, 测量福利, 10
medical care, see health care 医疗护理, 参见卫生保健
mental state, 心理状态, 14
mistake, 错误, 16, 24, 29, 33, 44, 67, 236, 245, 270
　　cue triggered, 暗示触发的, 32, 49
　　self-described, 自我描述, 44
　　self-reported, 自陈, 24
Modigliani, Franco, 佛朗哥·莫迪格里安尼, 20
morale, 士气, 160
Mullainathan, Sendhil, 森德希尔·穆来纳森, 85, 91, 110, 114, 196, 246
multiple equilibria, 多重均衡, 190

Nash equilibrium, 纳什均衡, 59, 61
negative incentive, 负向激励, 175
neoclassical: paradigm, 新古典：范式, 10
　　perspective, 视角, 21
neuroscience, 神经科学, 35, 45
normative analysis, 规范分析, 14, 31, 81, 117, 145, 295

optimism bias, 乐观偏见, 123
organizational citizenship, 组织公民行为, 177
organizational knowledge, 组织知识, 256
overconfidence, 过度自信, 246

paternalism, 家长式作风（制度）, 80, 148
peer pressure, 同伴压力, 250
pension, 养老金, 23, 81
physician, 内科医生, 197, 207
　　decision-making, 决策, 199
　　induced demand, 引致需求, 198

physician-patient interaction, 医患互动, 199, 210, 223, 233
poor, 穷人, 109
"portable" theory, "便携式的"理论, 291, 295
poverty, 贫困, 86
　　trap, 陷阱, 104
precommitment, 预先承诺, 12, 22, 133
preference, 偏好, 8, 10, 303
　　coherent, 一致性的, 11
　　hyperbolic, 双曲线的, 147
　　revealed, 显示性的, 7, 11-12, 15, 19, 119
　　social, 社会的, 13
prefrontal cortex, 前额叶皮质, 287
present-bias: cue triggered, 偏好现期：刺激触发的, 53
price incentive, 价格刺激, 82
pride, 自豪感, 179
principal-agent relations, 委托—代理关系, 237
procedural justice, 程序公正, 181
productivity, 生产率, 161
projection: bias, 预测：偏差, 57
projection bias, 预测偏差, 57
property right, 财产所有权, 105
prosocial behavior, 亲社会行为, 296
psychic income, 精神收入, 242
psychology, 心理, 心理学, 27
　　law and, 法和心理, 150
public: economics, 公共：经济学, 7
　　goods, 产品, 57, 251

quasi-hyperbolic discounting, 准双曲线折现, 9, 16, 29, 32, 53

racial bias, 种族偏见, 121, 138
Rangel, Antonio, 安东尼奥·兰格尔, 7, 10, 43, 81, 152
rates of failure, 失败率, 266
rational: addiction, 理性的：成瘾, 41

# 索 引

expectations equilibrium（REE），预期均衡，192
rationing，定量配给，196
recidivism：cue triggered，复吸：刺激触发的，43
reciprocity，互惠，170
 failure of，失败，108
REE, see rational expectations equilibrium，理性预期均衡
regret，后悔，210
renegotiation，再谈判，133
rent-seeking，寻租，131
retirement，退休，8，21，23-24，31-32，39，83，89，95，133
revealed preference，显示性偏好，7，11-12，15，19，119
rigidity：downward，刚性：向下，159
 wage，工资，157，188
risk-incentive model，风险激励模型，237

Saez, Emmanuel，伊曼纽尔·赛斯，38，81
Save More Tomorrow，明天储蓄更多，96
savings，储蓄，20，90
second-best policy，次优政策，22
self-control，自我控制，12，18，27-28，44
 problem，问题，29，32
self-described mistake，自我描述错误，44
self-image，自我形象，298
self-interest，自利，125
self-serving bias，自私偏见，102，123，130
self-signaling，自我信号，299
selfish worker，自私的工作者，171
Sen, Smartya，阿马蒂亚·森，12
Shafir, Eldar，埃尔达·沙菲尔，240，291
shirking，偷懒，164
simplicity，简单，257
sin tax，罪恶税，54

SMaRT, see Save More Tomorrow，参见明天储蓄更多
social：imitation，社会：模仿，100
 preference，偏好，13，106
sorting，归类，268
status judgment，地位评价，179
status quo bias，现状偏好，97
stereotyping heuristic，经验直觉，211
Stern, Nicholas，尼古拉斯·斯特恩，78
Stiglitz, Joseph，约瑟夫·斯蒂格利茨，164
stimulus，刺激，29

taxation，课税，征税，41，82，128
 "sin tax"，罪恶税，54
temptation，诱惑，13，35，54
time-inconsistency，时间不一致，12，92
tipping，小费，300
Tirole, Jean，让·梯若尔，243，291，295，302
transaction costs，交易成本，117
true preference，真实偏好，53
trust，信任，174，197，205，228

ultimatum game，最后通牒博弈，107，126，172
uncertainty，不确定性，200
unemployment，失业，168

wage，工资，157
 rigidity，刚性，157，188
warm-glow model，温情模型，62
willingness to pay（WTP），支付意愿，118
willpower，意志力，124，145
Wilson, Timothy，蒂莫西·威尔逊，299
worker：selfish，工作者：自私的，171
WTP, see willingness to pay，支付意愿

Behavioral Economics and Its Applications by Peter Diamond, Hannu Vartiainen

Copyright © 2007 by Princeton University Press

All rights reserved. No part of this book may be reproduced or transmitted in any form or by any means, electronic or mechanical, including photocopying, recording or by any information storage and retrieval system, without permission in writing from the Publisher.

Simplified Chinese version © 2013 by China Renmin University Press.

## 图书在版编目（CIP）数据

行为经济学及其应用/（美）戴蒙德，（美）瓦蒂艾宁编著；贺京同等译. —北京：中国人民大学出版社，2012.12
（诺贝尔经济学奖获得者丛书）
ISBN 978-7-300-16953-8

Ⅰ.①行… Ⅱ.①戴… ②瓦… ③贺… Ⅲ.①行为经济学 Ⅳ.①F069.9

中国版本图书馆 CIP 数据核字（2012）第 306921 号

**诺贝尔经济学奖获得者丛书**
**行为经济学及其应用**
彼得·戴蒙德
汉努·瓦蒂艾宁　编著
贺京同　等译
贺京同　校
Xingwei Jingjixue ji Qi Yingyong

| | | | | |
|---|---|---|---|---|
| 出版发行 | 中国人民大学出版社 | | | |
| 社　　址 | 北京中关村大街 31 号 | 邮政编码 | 100080 | |
| 电　　话 | 010-62511242（总编室） | 010-62511770（质管部） | | |
| | 010-82501766（邮购部） | 010-62514148（门市部） | | |
| | 010-62515195（发行公司） | 010-62515275（盗版举报） | | |
| 网　　址 | http://www.crup.com.cn | | | |
| 经　　销 | 新华书店 | | | |
| 印　　刷 | 北京宏伟双华印刷有限公司 | | | |
| 开　　本 | 720 mm×1000 mm　1/16 | 版　次 | 2013 年 1 月第 1 版 | |
| 印　　张 | 21.25　插页 1 | 印　次 | 2024 年 1 月第 10 次印刷 | |
| 字　　数 | 355 000 | 定　价 | 69.00 元 | |

版权所有　侵权必究　印装差错　负责调换